인공지능을 위한

LEARN IT

머신러닝과 딥러닝 with 파이썬

인공지능 개론 및 실습

김현정, 유상현 지음

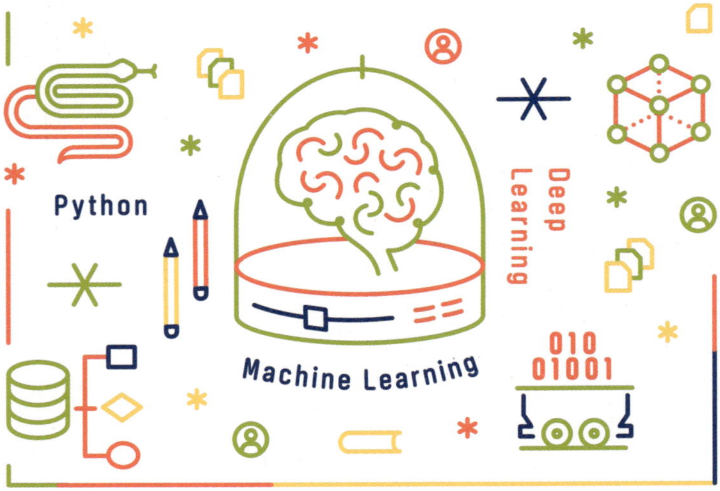

길벗캠퍼스

김현정 | nygirl@konkuk.ac.kr

건국대학교 컴퓨터공학 박사, 건국대학교 상허교양대학 조교수

주요 연구 분야 : 인공지능, 알고리즘, 정보보안, AI 교육

저서 : 누구나 쉽게 컴퓨팅 사고 with 파이썬, 누구나 쉽게 자료구조와 알고리즘 with 파이썬, 누구나 쉽게 SQL과 AI 알고리즘 with 파이썬, python으로 배우는 문제해결과 인공지능, 알기 쉬운 인공지능 with 파이썬 등

유상현 | simonyoo@kyunmin.ac.kr

건국대학교 컴퓨터공학 박사, 경민대학교 컴퓨터소프트웨어과 조교수

주요 연구 분야 : 인공지능, 영상처리, 웹 개발

저서 : 알기 쉬운 인공지능 with 파이썬 집필

인공지능을 위한

머신러닝과 딥러닝 with 파이썬

초판 1쇄 발행 • 2023년 9월 22일

지은이 • 김현정, 유상현
발행인 • 이종원
발행처 • (주)도서출판 길벗
브랜드 • 길벗캠퍼스
출판사 등록일 • 1990년 12월 24일
주소 • 서울시 마포구 월드컵로 10길 56(서교동)

대표 전화 • 02)332-0931 | 팩스 • 02)323-0586
홈페이지 • www.gilbut.co.kr | 이메일 • gilbut@gilbut.co.kr

책임편집 • 신유진(backdoosan@gilbut.co.kr) | **디자인** • 강은경 | **제작** • 이준호, 손일순, 김우식
영업마케팅 및 교재 문의 • 박성용(psy1010@gilbut.co.kr) | **영업관리** • 김명자 | **독자지원** • 윤정아, 최희창
베타테스터 • 김정섭, 노현용

전산편집 • 앤미디어 | **CTP 출력 및 인쇄** • 북토리 | **제본** • 경문제책

▸ 길벗캠퍼스는 (주)도서출판 길벗의 IT대학교재 출판 브랜드입니다.
▸ 잘못된 책은 구입한 서점에서 바꿔 드립니다.

ISBN 979-11-407-0611-2 93000
(길벗 도서번호 060102)

정가 28,000원

머리말

인공지능은 인간의 지성을 모방하고 확장하여 혁신적인 기술 혁명을 일으키고 있습니다. 이미 이러한 기술의 영향을 체감하며, 우리는 미래의 변화에 신속하게 적응하고 있습니다. 우리는 오랜 기간 인공지능 분야에 관심을 가져왔습니다. 첫 번째 인공지능 학습 프로젝트를 시작한 그 순간부터 흥미로운 도전과 새로운 발견에 매료되었습니다.

이 책은 인공지능에 대한 불안감을 해소하고 이 기술의 가치와 잠재성을 깊이 이해하려는 독자들을 위해 준비되었습니다. 학습과 연구를 통해 얻은 지식과 경험을 공유하고자 하는 노력의 결과로, 전문가부터 비전공자까지 모두가 쉽게 읽을 수 있도록 설명했습니다. 복잡한 용어나 수학적인 공식은 최소화하고, 다양한 인공지능 주제를 폭넓게 다룹니다. 인공지능의 역사와 현재 상황, 그리고 미래의 가능성을 탐색해 보기 바랍니다.

이 책에서는 인공지능에 대한 이해와 핵심 용어부터 출발해 인공지능 발전에 영향을 미친 역사적 사건과 선구자들을 탐구합니다. 특히, 인공지능은 컴퓨터 시스템이 인간과 유사한 지능적 작업을 수행하는 능력을 의미하는데, 이를 위해 사용되는 주요 기술 중 머신러닝과 딥러닝을 자세히 살펴볼 것입니다.

머신러닝은 데이터에서 패턴을 학습하여 예측이나 결정을 내리는 알고리즘을 개발하는 분야를 포함합니다. 예를 들어, 스팸 메일 필터링, 온라인 추천 시스템, 의료 진단 등에 활용됩니다. 지도 학습, 비지도 학습, 강화 학습 등 다양한 학습 방법이 있습니다. 딥러닝은 신경망 구조를 기반으로 한 머신러닝 기법으로, 데이터의 복잡한 특징을 자동으로 학습합니다. 이미지 인식, 자연어 처리, 음성 인식 등 다양한 분야에서 놀라운 성과를 보여주고 있습니다. 특히 GPU와 대용량 데이터 세트의 활용으로 딥러닝 기술이 급속히 발전했습니다. 최근에는 GPT-3와 같은 대형 언어 모델이 언어 생성 분야에서 큰 주목을 받고 있습니다.

이처럼 인공지능 기술은 사회, 경제, 교육, 의료 등 다양한 분야에 혁신을 가져왔습니다. 예를 들어, 의료 분야에서는 암 진단 보조 시스템과 같은 응용이 개발되어 환자 치료를 지원하며, 교육 분야에서는 개별 학습 지원 및 온라인 교육 플랫폼이 발전하고 있습니다. 최신 기술과 연구는 계속 진행 중이며, 인공지능이 더 많은 분야에서 혁신을 이끌어낼 것으로 기대됩니다.

이 책을 통해 인공지능의 혁신적인 세계를 깊이 있게 이해하고, 기술적 지식을 습득하며, 긍정적으로 인공지능 시대를 맞이할 수 있기를 진심으로 기대합니다.

– 저자 일동

차례

<7장> 머신러닝

<8장> 인공 신경망

<9장> 딥러닝

<10장> 딥러닝 응용 분야 - 강화 학습

<11장> 빅데이터

<12장> 딥러닝을 이용한 컴퓨터 비전

• 책 내용을 따라할 수 있는 실습 파일은 길벗 홈페이지를 통해 제공됩니다.

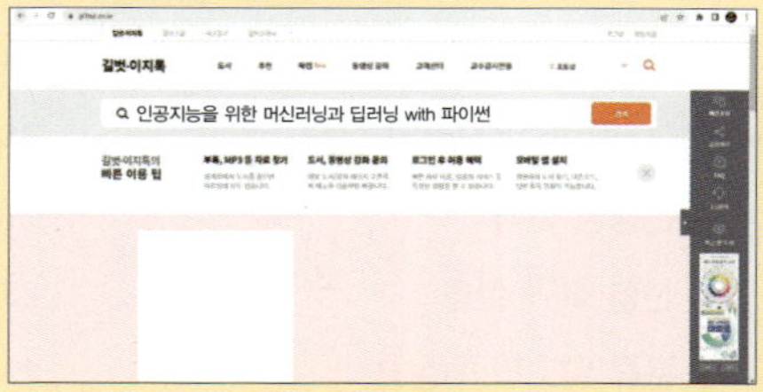

길벗 출판사 홈페이지(www.gilbut.co.kr) 검색란에 '**머신러닝**', '**딥러닝**'을 검색 → 해당 도서 자료실의 '**실습예제**' 항목 → **실습에 필요한 예제 소스** 내려받기

주차별(15주) 학습 진도표

주차별	챕터	주제	주차별 내용
1주	1장	Orientation 파이썬 다루기	수업 내용 소개 파이썬 개념과 설치 환경 파악
2주	2장	인공지능 I	인공지능 개념과 역사
3주	3장	인공지능 II	인공지능 판별 실험(튜링 테스트, 중국인의 방) 인공지능을 배우는 이유 인공지능 사회와 이에 따른 윤리
4주	4장	탐색과 최적해 I	인공지능 탐색 개념 인공지능 탐색 종류 맹목적 탐색 최적해 구하기
5주	5장	탐색과 최적해 II	경험적 탐색 최적해 구하기 게임 트리 탐색 방법
6주	6장	지식 표현	지식 개념 인공지능 지식 표현(규칙, 의미망, 프레임, 고급 지식) 불완전 지식 표현
7주	7장	머신러닝	인공지능 머신러닝 개념 머신러닝 종류
8주	중간고사		
9주	8장	인공 신경망	생물학적 뉴런과 인공 신경망 개념 순전파, 오차 역전파 알고리즘 개념 신경망과 머신러닝 실습
10주	9장	딥러닝 I	딥러닝 개념과 역사 머신러닝과 비교 딥러닝 구성 요소 딥러닝에서 사용되는 인공 신경망 이미지 분류 예측 모델 실습
11주	9장	딥러닝 II	자연어 처리와 순환 신경망 개념 자연어 처리 실습
12주	10장	강화 학습	강화 학습과 원리 이해
13주	11장	빅데이터	빅데이터 개념 빅데이터 활용 실습
14주	12장	딥러닝을 이용한 컴퓨터 비전	컴퓨터 비전 개념 얼굴 인식 실습
15주	기말고사		

| 1장 |

파이썬 다루기

학습 목표

- 파이썬 개념과 설치 환경에 대해 파악할 수 있다.
- 파이썬의 기초를 간단하게 다루는 방법에 대해 배울 수 있다.

1 〉 파이썬의 장점 살펴보기

파이썬(Python)은 컴퓨터와 소통하기 위한 프로그래밍 언어 중 하나이다. 그러나 많은 언어 중에서 왜 파이썬이 갑자기 대세가 되었을까? 바로 다음과 같은 장점이 있기 때문이다. 이와 관련해서 하나씩 살펴보자.

1. 문법이 상당히 쉽고 간단하며 직관적이다.
2. 접근이 쉽다.
3. 다양한 환경에 쉽게 적응할 수 있다.
4. 다른 언어와 함께 다양한 환경에서 손쉽게 결합할 수 있다.
5. 오픈 소스(Open Source)로 파이썬 프로그램 및 라이브러리를 쉽게 가져다 쓸 수 있다.
6. 실무에도 점점 많이 활용하고 있다.

❶ 문법이 쉽고 간단하며 직관적이다

예를 들어, '만약 a가 10보다 작거나 같다면'이라는 조건을 파이썬으로 표현하면 다음과 같다.

```
if a <=10:
```

이처럼 누구나 쉽게 이해할 수 있고 직관적으로 표현되어 있어 언어를 처음 배우는 초보자도 이해하기 쉽다.

❷ 접근이 쉽다

접근이 쉽다는 의미는 기본 문법부터 많은 소프트웨어가 제공되는 상황이기 때문에 누구나 쉽게 검색을 통해 다양한 정보(사용 방법, 오류 해결 방법 등)를 얻을 수 있다.

❸ 적응력이 좋다

파이썬은 어떤 환경(윈도우, iOS, 리눅스, 안드로이드 등)에서도 쉽게 적응할 수 있는 학습 환경이 매우 풍부하다.

❹ 친화적이다

파이썬은 다른 언어(C, C++ 등)나 라이브러리들과 같이 다양한 환경에서 손쉽게 결합해서 높은 성능의 애플리케이션을 개발하거나 데이터 분석 등을 위해 사용할 수 있다.

❺ 무료로 사용할 수 있다

파이썬은 오픈 소스로써 누구나 무료로 다운로드 및 사용이 가능하며, 다양한 라이브러리들이 공유되어 있어 편하게 사용할 수 있다.

❻ 실무 환경에서 널리 사용 및 활용하고 있다

Worldwide, Jul 2023 :

Rank	Change	Language	Share	1-year trend
1		Python	27.43 %	-0.2 %
2		Java	16.19 %	-1.0 %
3		JavaScript	9.4 %	-0.1 %
4		C#	6.77 %	-0.3 %
5		C/C++	6.44 %	+0.2 %

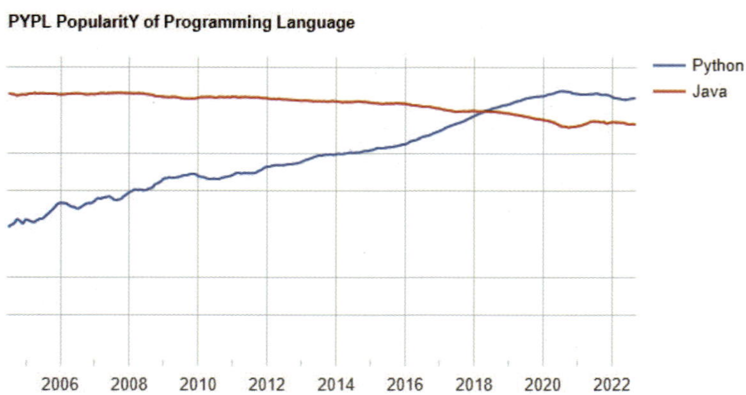

그림 1-1. 파이썬 사용 추세(http://pypl.github.io/PYPL.html)

그림 1-1과 같이 파이썬이 압도적으로 사용되고 있고, 이에 기반하듯 그림 1-2 처럼 정부 기관이나 유명 기업 등에서 파이썬을 다양하게 사용하고 있다.

그림 1-2. 파이썬을 사용하는 정부 기관 및 기업

2 〉 파이썬 설치 및 실행하기

2.1 파이썬 설치 환경 살펴보기

파이썬은 크게 두 가지 설치 환경으로 나눌 수 있다. 클라우드 방식과 스탠드얼론 방식으로, 이 두 가지는 어떤 차이가 있는지 살펴보자.

클라우드 방식

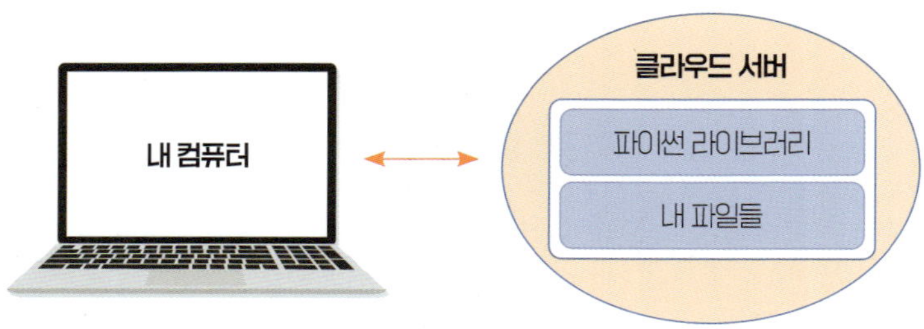

그림 1-3. 클라우드 설치 환경

그림 1-3처럼 클라우드 방식은 프로그램과 데이터가 서버에 저장되고 관리된다. 따라서 서버에 환경이 대부분 갖춰져 있어 계정을 가지고 있다면 로그인하여 바로 프로그래밍할 수 있다. 또한 인터넷이 연결된 곳 어디서나 개발할 수 있으며 코드 공유도 쉬워 동료들과 협업도 가능하다.

대표적인 예가 구글 코랩(Colab, https://colab.research.google.com/)이다. 코랩(Colaboratory)을 통해 무료로 따로 설치 및 구성하지 않아도 브라우저에서 쉽게 파이썬 코드를 작성하고 실행할 수 있다.

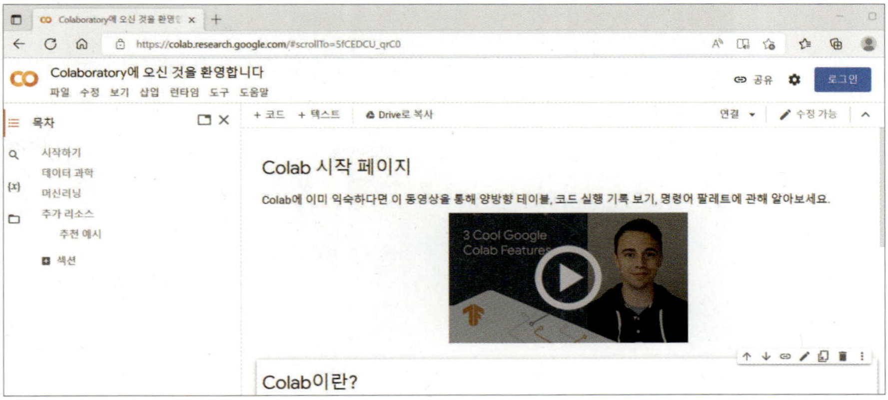

그림 1-4. 코랩 사이트 첫 화면

스탠드얼론 방식

그림 1-5. 스탠드얼론 설치 환경

스탠드얼론 방식은 컴퓨터에 최적의 환경을 구축하기 위해 직접 파이썬(Python) 프로그램을 다운로드받아 설치하고 그에 맞는 환경을 스스로 구축해야 한다. 대표적인 예로 파이썬 쉘(IDLE, https://www.python.org/)과 파이참, VSCODE(https://code.visualstudio.com/) 등이 있다.

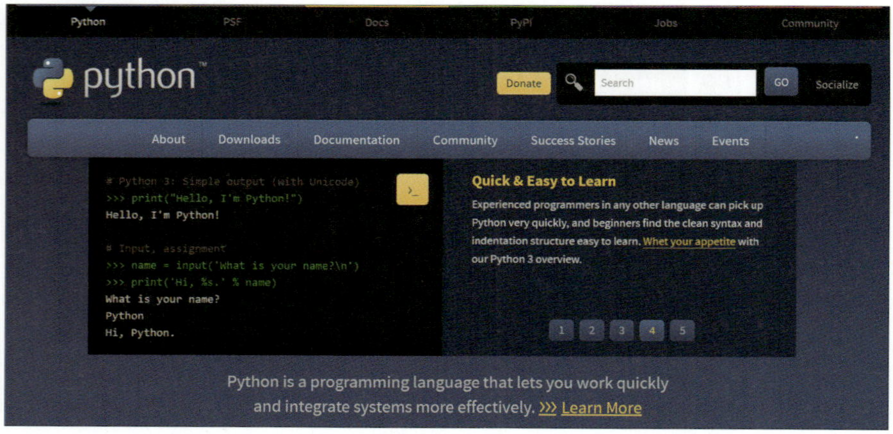

그림 1-6. 파이썬 IDLE 사이트 시작 화면

위에서 소개한 두 가지 설치 환경 중 어떤 것을 선택해도 상관없다. 중요한 것은 자신에게 맞는 적절한 환경을 선택해 사용하는 것이다.

2.2 파이썬 설치 및 사용하기

클라우드 방식

파이썬 프로그램을 따로 설치할 필요 없이 언제 어디서든 파이썬 프로그램을 작성하고 실행할 방법이 있다. 구글에서 지원하는 무료 파이썬, 인공지능(딥러닝)을 실행할 수 있는 사이트인 구글의 코랩이 그것이다. 코랩은 구글 'Colaboratory'의 약자로 'Colab(코랩)'이라고 부른다.

코랩은 구글 계정만 있으면 언제든지 로그인해 무료로 사용할 수 있으며, 클라우드 기반으로 언제 어디서나 사용 및 공유할 수 있고, 성능이 좋으며 빠른 장점이 있다. 또한 구글 드라이브에 자동으로 저장되어 필요할 때마다 언제든 불러와서 다시 사용할 수 있다.

그러나 인공지능(딥러닝) 실습을 위해 GPU를 사용하는 경우에는 하루에 최대 세션 유지 시간이 12시간으로 제한된다는 단점이 있다.

코랩의 사용 방법은 다음과 같다.

❶ 구글 코랩 홈페이지(https://colab.research.google.com/)에 접속한다.

구글 계정으로 로그인한 후 코랩을 사용한다. 만약 구글 계정이 없다면 구글 계정을 만들고 이를 통해 접속해야 한다. 단, 이러한 점이 불편하다면 직접 설치하는 스탠드얼론 방식을 선택하면 된다.

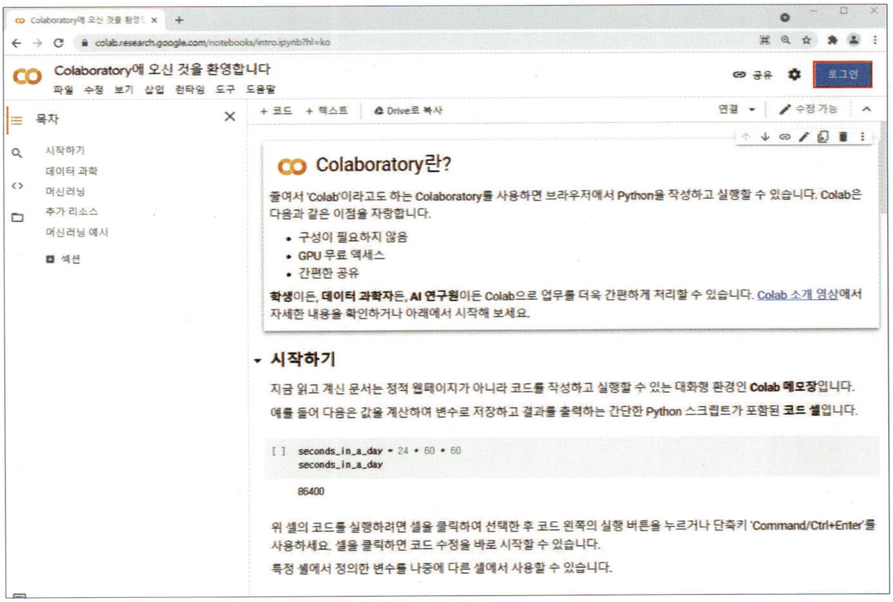

그림 1-7. 코랩 사이트 접속하기

❷ 팝업창 오른쪽 아래의 '새 노트'를 클릭한다. '취소'를 클릭했다면 메뉴에서 [파일]-[새 노트]를 실행하여 새 파이썬 노트를 생성한다.

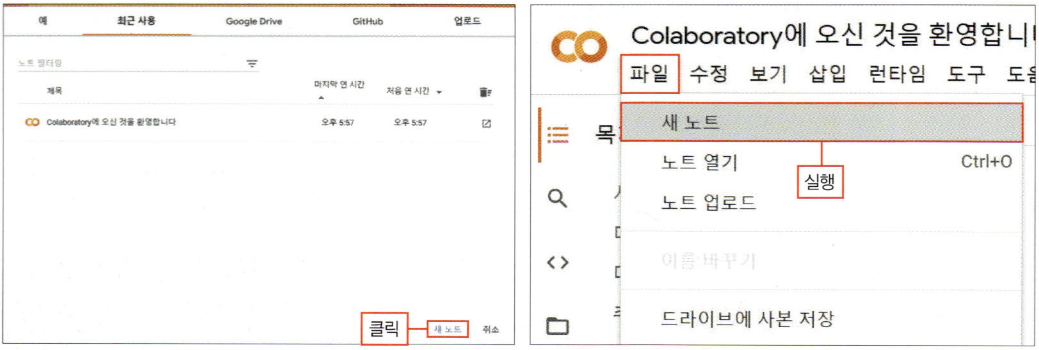

그림 1-8. 새 노트 생성하기

❸ 새 파일이 열리면 맨 위의 파일명이 'Untitled'로 되어 있다. 여기를 클릭하고 파일명 부분에 다음과 같이 "코랩-테스트해보기"를 입력한 다음 Enter를 눌러 수정해 보자.

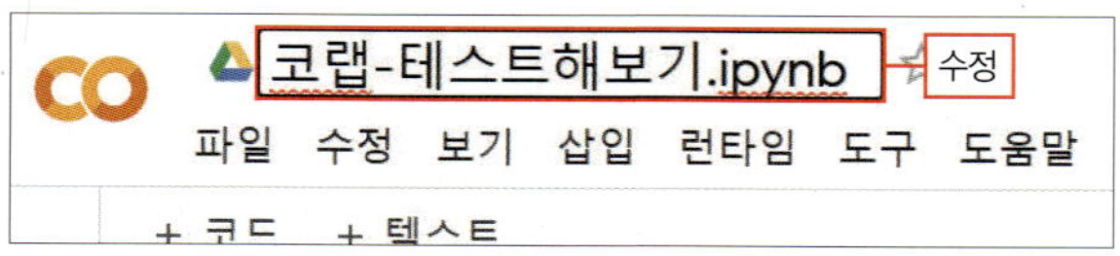

그림 1-9. 제목 변경하기

이때, 파일명(코랩-테스트해보기)만 입력해도 문제가 없이 실행된다. 파일명 뒤에 나온 ipynb는 코랩 파이썬 확장자이다.

❹ 〈+ 텍스트〉 버튼을 클릭하면 설명이나 주석, 제목을 작성할 수 있는 텍스트 편집 창이 추가된다.

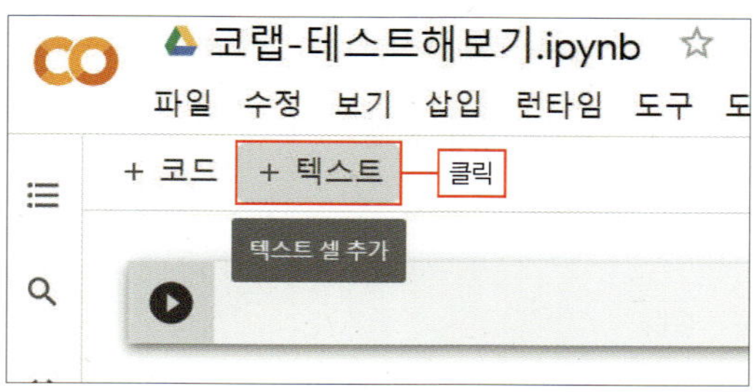

그림 1-10. 텍스트 편집 창 표시하기

텍스트 편집 창에 다음과 같이 텍스트를 작성해 보자.

```
구글 코랩을 현재 테스트 중입니다.
```

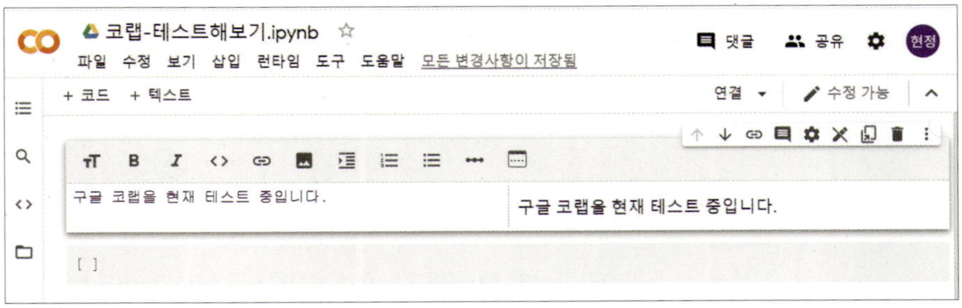

그림 1-11. 텍스트 작성하기

❺ 〈+ 코드〉 버튼을 클릭하면 다음과 같이 코드 편집 창이 추가되고 텍스트 편집 모드가 자동으로 해제된다.

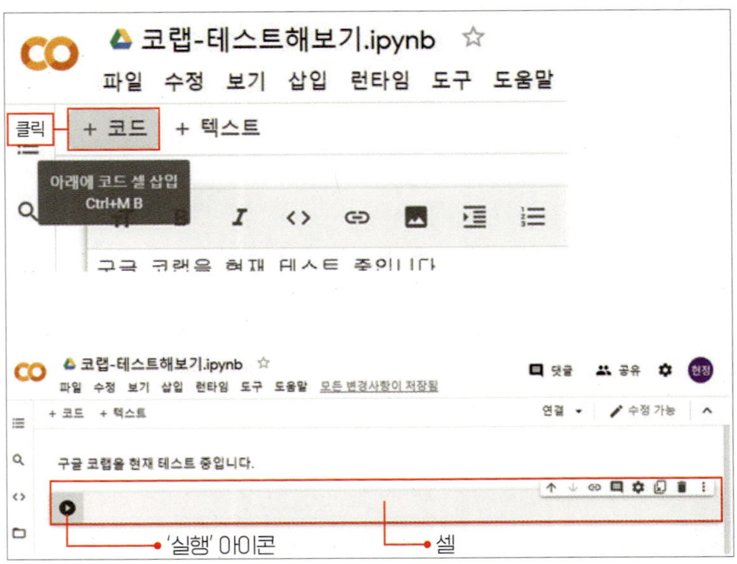

그림 1-12. 코드 편집 창(셀) 표시하기

생성된 코드 편집 창(셀)에 다음과 같이 코드를 작성해 보자.

앞에서도 설명했듯이 로그인만 하면 설치나 버전에 상관없이 사용할 수 있다. 이를 실제로 확인해 보자. 인공지능(딥러닝)을 하기 위해서는 텐서플로우(Tensor Flow)가 설치되어 있어야 한다. 텐서플로우가 설치되어 있다면 버전을 확인할 때 버전을 출력할 것이다. 이를 위해 다음과 같이 코드를 작성해 보자.

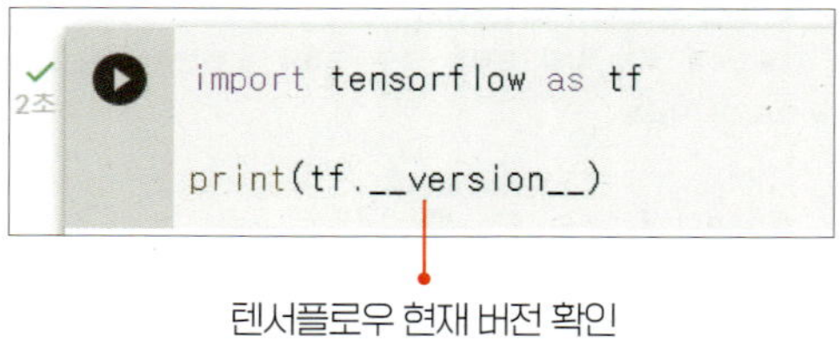

그림 1-13. 텐서플로우의 현재 버전을 확인하기 위한 코드 입력하기

❻ '실행' 아이콘(▶) 또는 Ctrl+Enter를 눌러 실행하면 현재 코랩이 기본으로 사용하는 텐서플로우 버전을 출력한다.

❼ 코랩에서 작성한 코드를 직접 다운로드해 보자. 이때 다음과 같이 두 가지 방식의 파일(*.ipynb / *.py) 중 하나를 선택하여 다운로드한다.

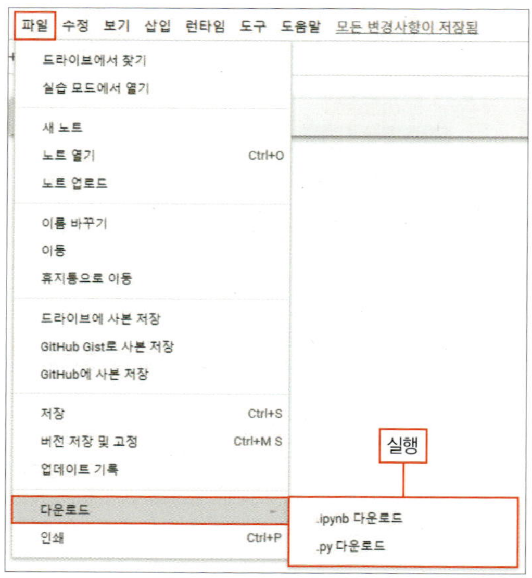

그림 1-14. 코랩에서 파일 다운로드하기

잠깐만요

코랩에서 다시 불러와 사용하고 싶다면 확장자가 'ipynb'인 파일을 다운로드해야 한다. 반면, 스탠드얼론 방식을 이용해서 파일을 불러오고 싶다면 'py' 파일로 다운로드하고 이를 스탠드얼론 방식인 파이썬 IDLE이나 파이참, VSCODE 등에서 실행하면 된다.

8 파일을 코랩에 불러와서 실행해 보자. 직접 작성한 소스 파일, 외부에서 제공 또는 다운로드한 소스 파일을 불러와 실행할 수 있다.

다운로드 방법은 다음과 같다. 우선 다운로드 또는 불러와야 할 파일이 있는 폴더 위치를 확인한다.

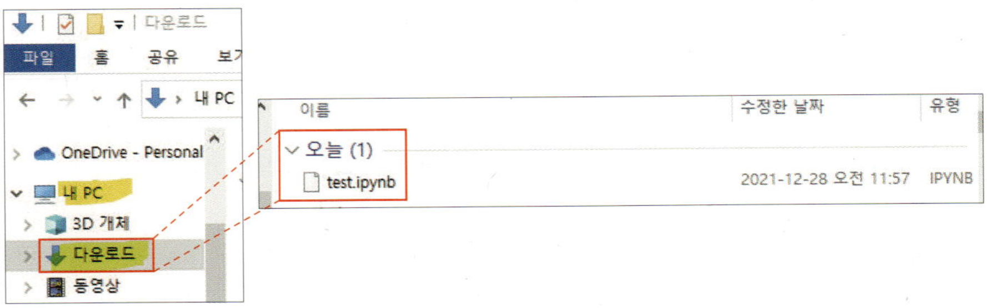

그림 1-15. 코랩에 불러올 파일 확인하기

메뉴에서 [파일]-[노트 업로드]를 실행하여 소스 파일을 업로드해 보자.

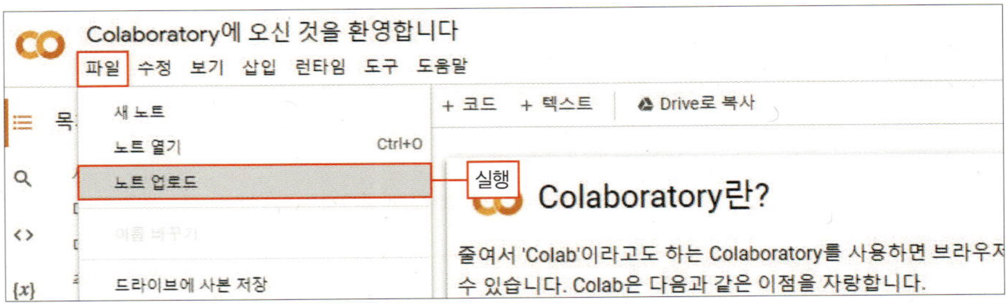

그림 1-16. 파일 업로드하기 (1)

[업로드] 메뉴를 선택한 다음 〈파일 선택〉 버튼을 클릭해 열기 대화상자에서 불러오고 싶은 파일을 선택한다.

그림 1-17. 파일 업로드하기 (2)

불러온 코드가 자동으로 읽혀 열리고 그 내용을 확인할 수 있다.

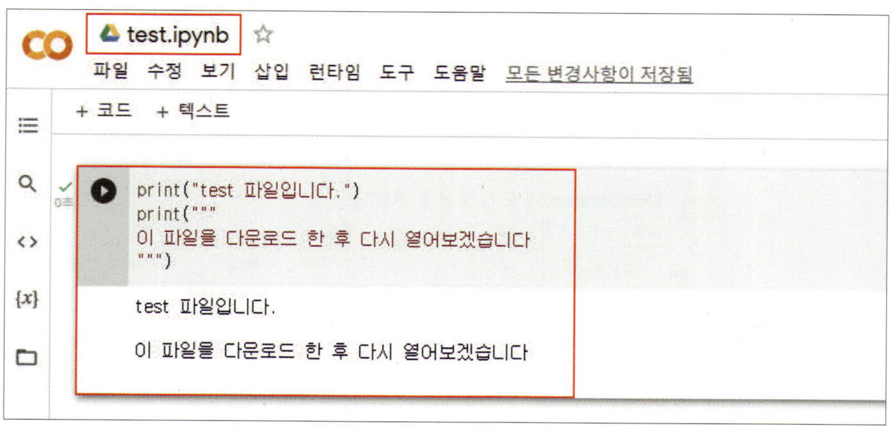

그림 1-18. 업로드를 통해 읽어온 내용 확인하기

스탠드얼론 방식

스탠드얼론 방식은 직접 내 PC에 설치하는 방법으로, 본 교재에서는 파이썬 IDLE을 설치하는 방법에 대해서 설명한다. 그 외 파이참이나 비주얼 스튜디오 코드(VSCODE)를 이용해 설치하는 방법은 다루지 않았다.

파이썬 IDLE 설치 방법은 다음과 같다.

❶ 파이썬 홈페이지(http://www.python.org)에 접속하여 운영체제에 맞는 파이썬 언어를 선택하고 python 3.x로 시작하는 버전 중에서 다운로드한다.

> **잠깐만요**
>
> 본 교재에서는 집필 당시의 최신 버전(3.11.4)으로 설명하지만 다른 최신 버전을 선택해도 코드를 작성하고 실행하는 데 아무 상관이 없다.
> 또한 윈도우 11 – 64bit 운영체제를 기준으로 설치 방법을 설명하기 때문에 각자 운영체제에 맞는 버전을 찾아서 설치하도록 한다.

> **잠깐만요**
>
> **시스템 종류 확인**
>
> 일반적으로 64비트(x64)이지만, 혹시 모르니 꼭 한 번씩 확인하고 설치하기를 바란다.
> '시스템 → 정보'에서 '시스템 종류'를 확인하도록 한다.

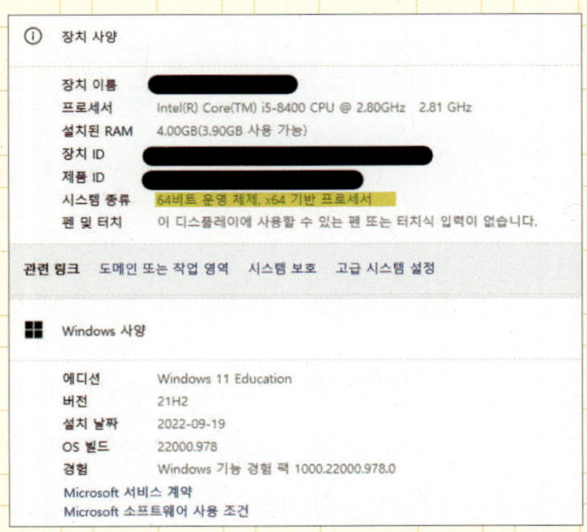

그림 1-19. 시스템 종류 확인하기

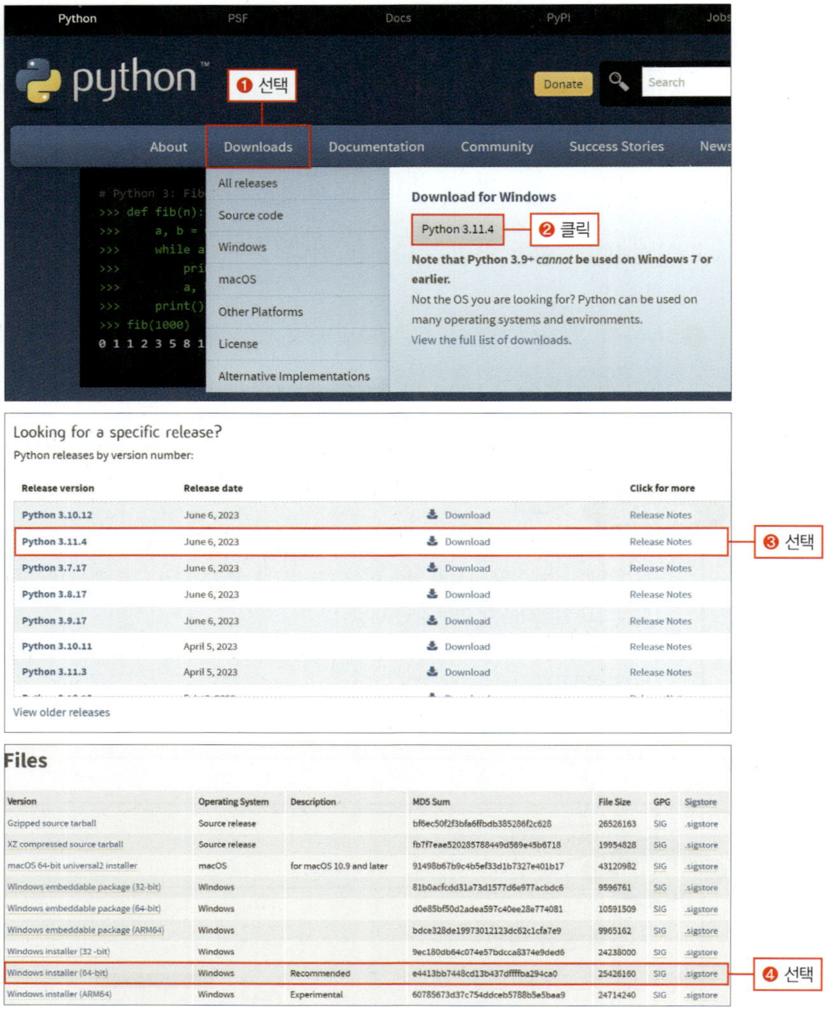

그림 1-20. 윈도우용 설치 버전 선택 예

❷ 파일을 다운로드한 후 파이썬 설치 프로그램을 실행한다.

이때 반드시 'Add python.exe to PATH'를 체크 표시(☑)한 다음 'Install Now'를 선택한다. 체크 표시하는 이유는 파이썬 파일을 실행할 때 컴퓨터가 어느 디렉터리에 있던지 상관없이 파이썬을 실행하기 위해서다. 즉, 좀 더 쉽게 파이썬을 사용하기 위함이다.

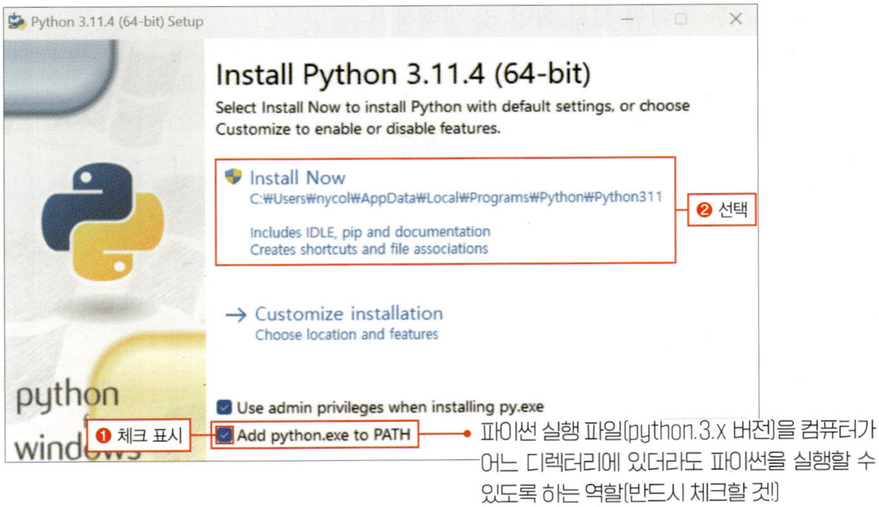

그림 1-21. 파이썬 설치하기 (1)

❸ 〈Close〉 버튼을 클릭하여 설치를 완료한다.

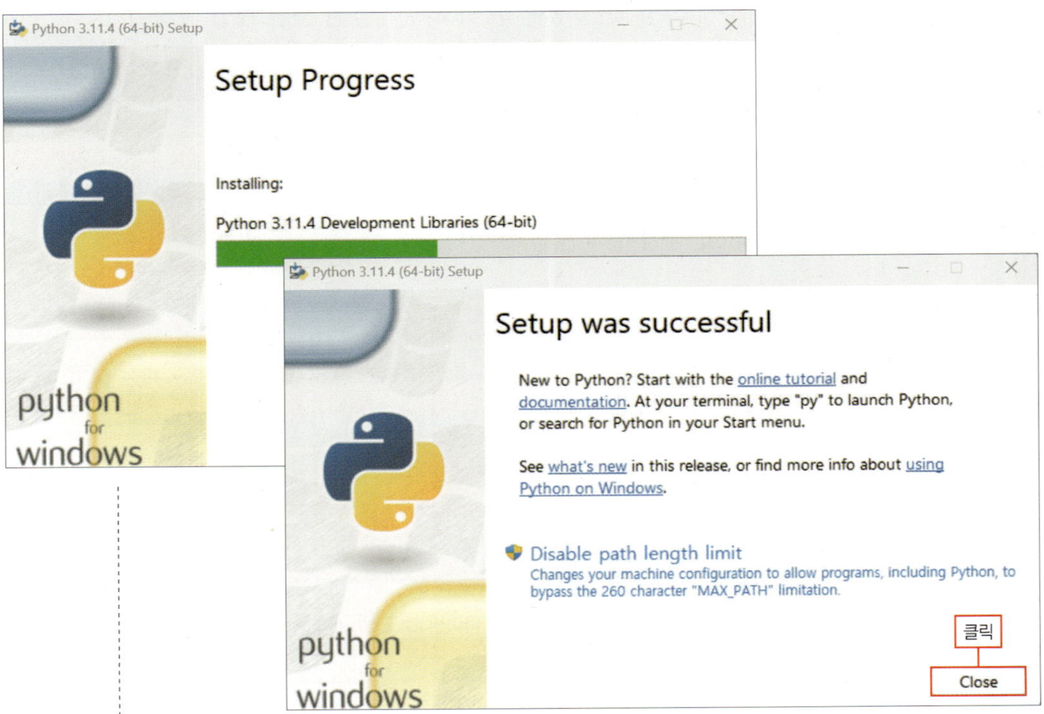

그림 1-22. 파이썬 설치하기 (2)

❹ 파이썬 설치 확인 및 실행하기

파이썬이 성공적으로 설치되었다면 프로그램 메뉴에서 확인 후 실행한다.

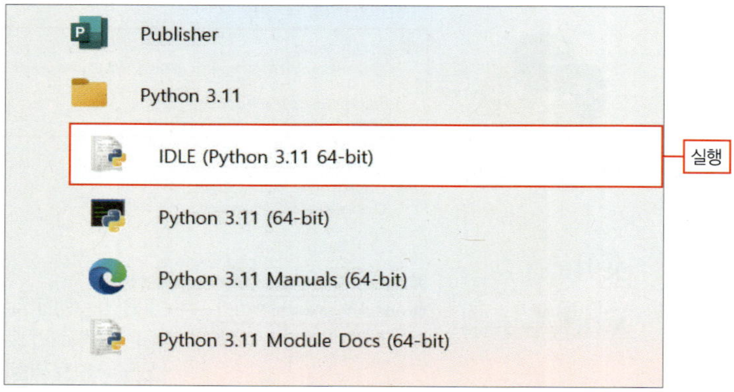

그림 1-23. 파이썬 설치 확인 후 실행하기

파이썬 IDLE(Integrated Development and Learning Environment)은 파이썬 프로그램을 편하게 작성 및 실행할 수 있도록 개발된 통합 개발 환경이다.

- 파이썬을 바로 쉽게 작성 및 실행할 수 있지만, 파일을 저장했다가 불러와서 실행할 수 없다.
- IDLE 편집창(에디터창, 인터프리터 모드)에서 작성한 코드의 실행 결과를 IDLE Shell 창에서 확인할 수 있다.

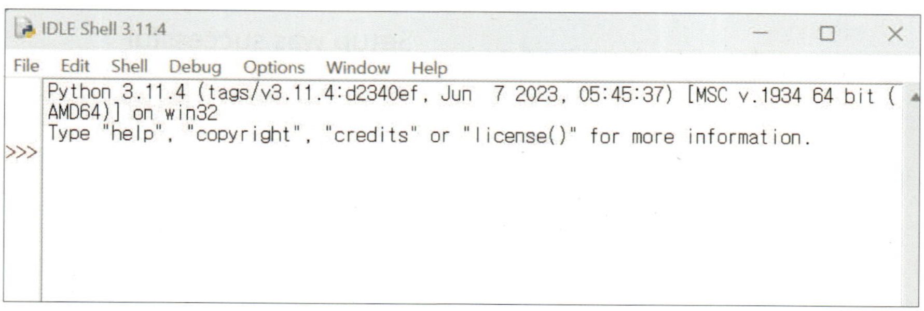

그림 1-24. 파이썬 IDLE Shell 창

❺ IDLE 편집창(에디터창, 인터프리터 모드) 작성하기

IDLE Shell 창의 메뉴에서 [File]–[New File]을 실행하여 편집창을 표시한다.

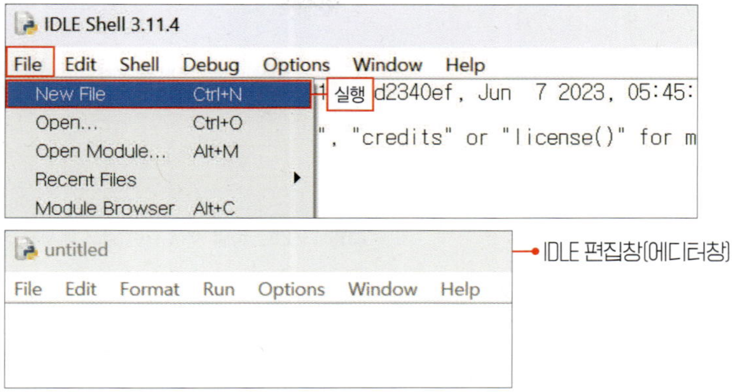

그림 1–25. 파이썬 IDLE 편집창 표시하기

IDLE 편집창에서 작성한 코드는 저장 후 언제든지 불러올 수 있다. 다음과 같이 코드를 작성해 보자.

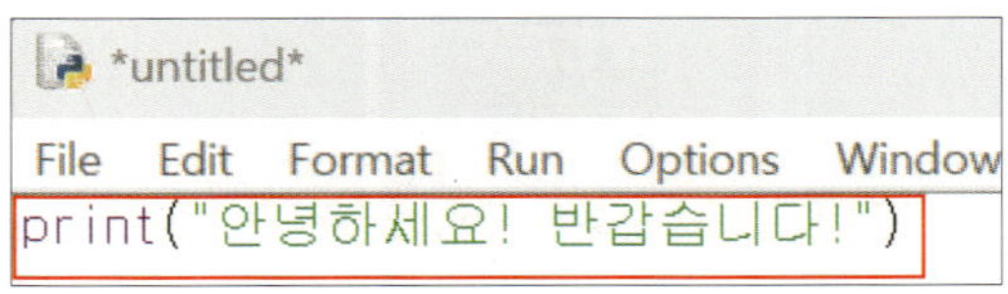

그림 1–26. 코드 작성하기

❻ 코드 실행하기

메뉴에서 [Run]–[Run Module(F5)]을 실행한다.

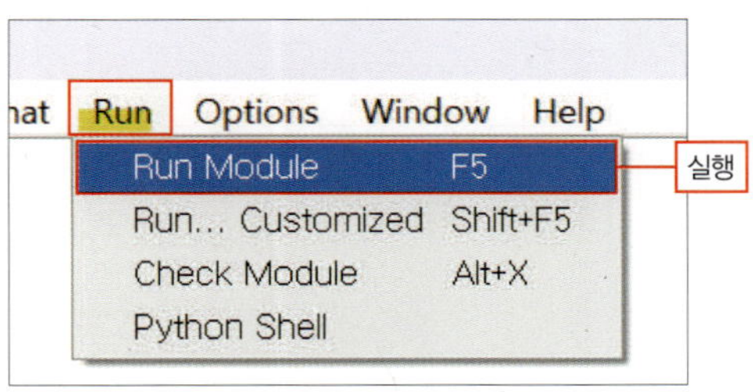

그림 1–27. 코드 실행하기

프로그램을 실행하면 표시되는 파일을 저장하라는 경고 메시지 창의 〈확인〉 버튼을 클릭한다.

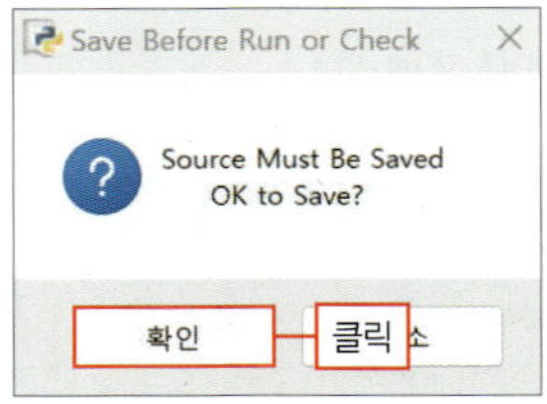

그림 1-28. 파일 저장 관련 경고 메시지 창

저장 위치에서 '문서\Python' 디렉터리를 생성한 후 'one.py' 파일로 저장한다.

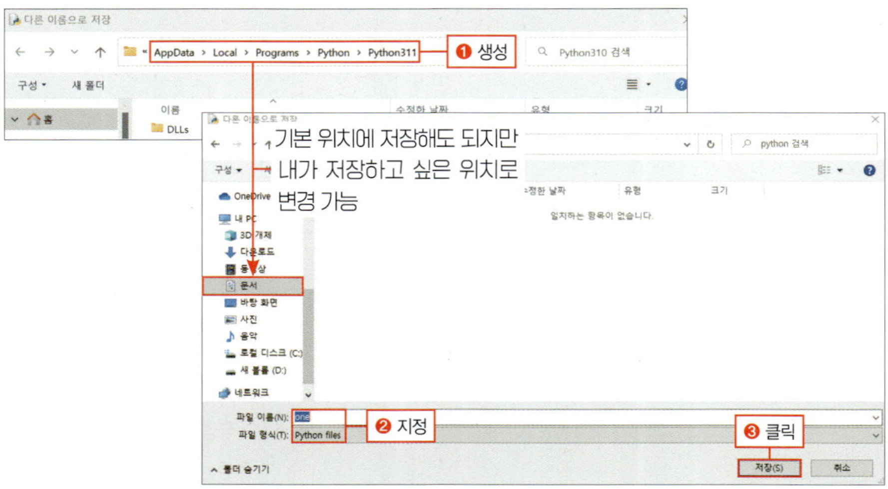

그림 1-29. 파일 저장하기

IDLE Shell 창에서 실행 결과를 확인한다.

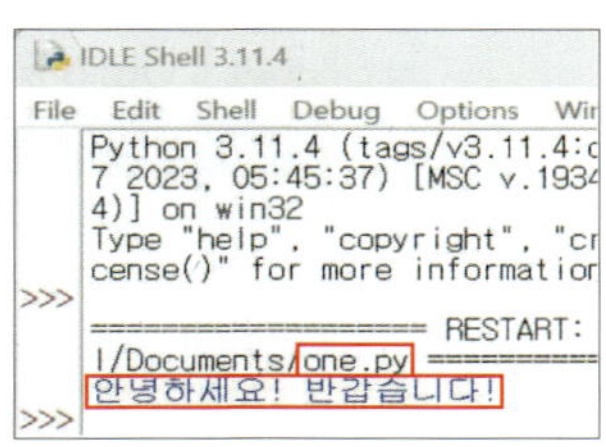

그림 1-30. 실행 결과 확인하기

3 〉 파이썬 다루기

파이썬의 몇몇 대표적인 내용을 살펴보자. 제어문(선택 구조와 반복 구조), 그리고 함수에 대해 간략하게 다뤄보자.

3.1 제어문

제어문이란 실행할 수 있는 모든 프로그래밍 언어에서 실행 순서를 바꿔 수행할 수 있도록 제어(Control)하는 방식이다. 이를 위해 크게 세 가지 방법을 설명할 수 있다.

1. 순차 구조 : 처음부터 끝까지 순차적으로 진행하는 구조
2. 선택 구조 : 특정 조건에 따라 실행을 다르게 선택할 수 있도록 진행하는 구조
3. 반복 구조 : 특정 조건을 만족하는 동안 계속 반복할 수 있도록 진행하는 구조

이를 그림으로 표현하면 다음과 같이 나타낼 수 있다.

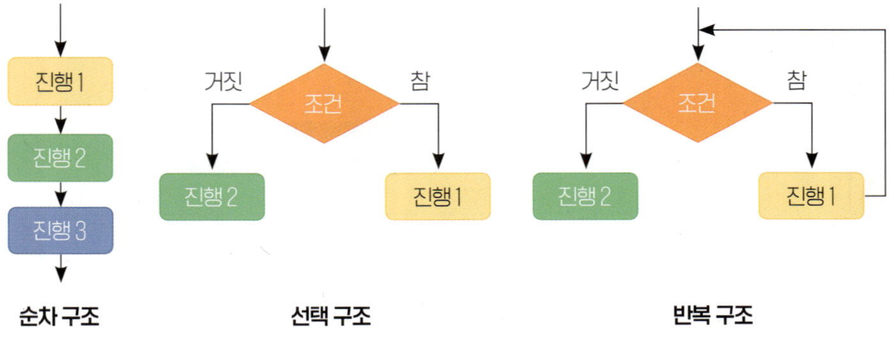

그림 1-31. 세 가지 제어 구조

순차 구조

순차 구조는 처음부터 끝까지 순서대로 진행하는 구조이다. 이를 파이썬 코드로 표현하면 다음과 같다.

실습 예제

순차 구조

다음의 순차 구조를 출력해 보자. 어떤 결과가 나오는지 살펴보자.

```
print("오늘 처음으로 파이썬을 다뤄봤습니다.")
print("내가 입력한 내용이 화면에 출력되어 신기했습니다.")
print("인공지능이 무엇인지 너무 궁금합니다.")
```

〈실행 결과〉

```
오늘 처음으로 파이썬을 다뤄봤습니다.
내가 입력한 내용이 화면에 출력되어 신기했습니다.
인공지능이 무엇인지 너무 궁금합니다.
```

입력한 순서대로 출력되는 것이 바로 순차 구조이다. 위 예제와 같이 차례대로 결과가 출력된다.

선택 구조

선택 구조는 특정 조건에 따라 실행을 다르게 진행하는 구조이다. 이를 파이썬으로 표현하는 방법은 다음과 같이 나타낼 수 있다.

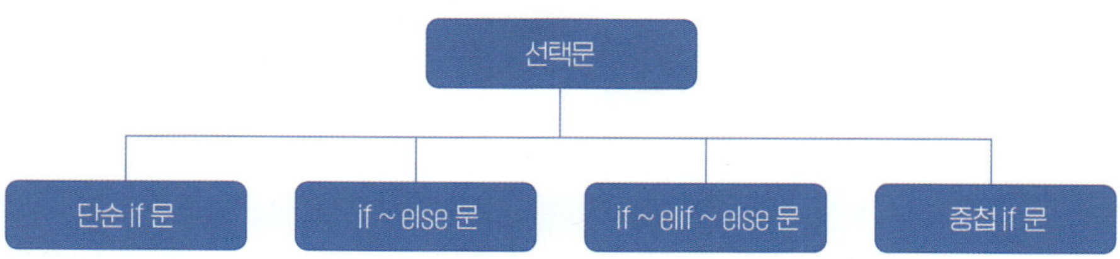

그림 1-32. 선택문 표현 방법

다양한 선택문의 예를 다음 실습을 통해 살펴보자.

실습 예제

단순 if 문

```
#단순 if 문
선택=input("당신의 선택은(예: 스트레스): ")
if 선택=="스트레스":
  print("매운 떡볶이를 먹는다.")
```

〈실행 결과 예〉

당신의 선택은(예: 스트레스): 스트레스
매운 떡볶이를 먹는다.

위의 실습 예제를 살펴보면 단순 if 문 구조이므로 if 문의 조건을 만족하는 '스트레스' 단어가 나오면 "매운 떡볶이를 먹는다."라는 문장이 출력된다.

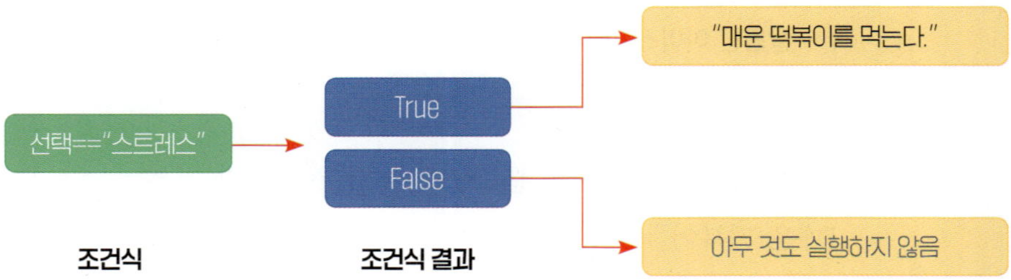

그림 1-33. 단순 if 문 원리

그 외에 기쁨, 슬픔, 화남이라는 단어를 선택했다면 어떤 결과도 나오지 않는다.

반면 if-else 문은 양자택일로 if 문 조건이 참인 경우와 거짓일 경우의 선택에 따라 실행 결과가 달라진다.

실습 예제

if-else 문(양자택일)

```
선택=input("당신의 선택은(예: 스트레스, 기쁨): ")

#if-else 문
if 선택=="스트레스":
  print("매운 떡볶이를 먹는다.")
else:
  print("달콤한 아이스크림을 먹는다.")
```

〈실행 결과 예〉

〈스트레스가 선택된 경우의 결과〉

당신의 선택은(예: 스트레스, 기쁨): 스트레스
매운 떡볶이를 먹는다.

〈기쁨이 선택된 경우의 결과〉

당신의 선택은(예: 스트레스, 기쁨): 기쁨
달콤한 아이스크림을 먹는다.

위 실습 예제는 if-else 문 구조로 if 문을 선택한 경우는 '스트레스'가 선택되어 "매운 떡볶이를 먹는다."가 출력된다. 그러나 '기쁨'을 입력했다면 if 문 조건이 거짓이기에 else 문의 결과인 "달콤한 아이스크림을 먹는다."가 출력된다.

이를 그림으로 표현하면 다음과 같다.

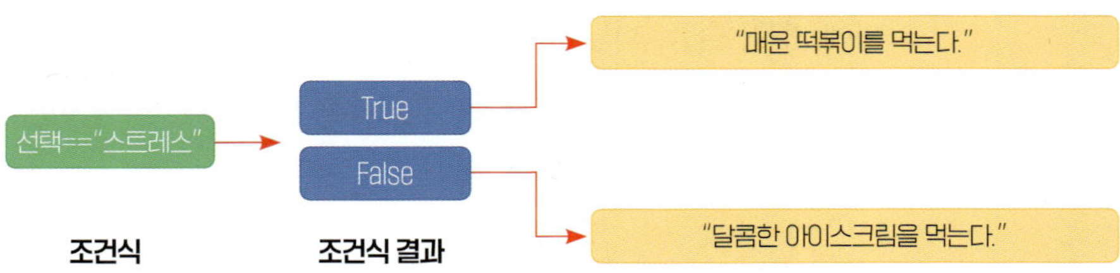

그림 1-34. if-else 문(양자택일) 원리

실습 예제

if-elif-else 문(다중 비교)

```
선택=input("당신의 선택은(예: 스트레스, 기쁨, 슬픔, 화남): ")

#if-elif-else 문
if 선택=="스트레스":
  print("매운 떡볶이를 먹는다.")
elif 선택=="기쁨":
  print("달콤한 아이스크림을 먹는다.")
elif 선택=="슬픔":
  print("따뜻한 차를 마신다.")
else:
  print("씹을 수 있는 어떤 종류의 음식이라면 다 좋다.")
```

〈실행 결과 예〉

〈스트레스가 선택된 경우의 결과〉

당신의 선택은(예: 스트레스, 기쁨): 스트레스
매운 떡볶이를 먹는다.

〈기쁨이 선택된 경우의 결과〉

당신의 선택은(예: 스트레스, 기쁨): 기쁨
달콤한 아이스크림을 먹는다.

위의 실습 예제는 if-elif-else 문 구조로 if 문을 선택한 경우는 '스트레스'가 선택되어 "매운 떡볶이를 먹는다."가 출력된다. 그러나 '기쁨', '슬픔', '화남'을 입력했다면 if 문의 조건이 거짓이기에 이에 따른 각각의 선택에 대한 결과가 달라지므로 이를 비교할 수 있도록 'elif 조건'을 이용해 '그렇지 않으면 ~일 경우'와 같이 표현한다. 이를 통해 각각 '기쁨'일 때는 "달콤한 아이스크림을 먹는다.", '슬픔'일 때는 "따뜻한 차를 마신다.", '화남'일 때는 "씹을 수 있는 어떤 종류의 음식이라면 다 좋다."가 출력된다.

이때, 마지막은 다른 조건들이 아니라면 이기 때문에 굳이 else 뒤에 조건을 붙이지 않아도 된다.

이를 그림으로 표현하면 다음과 같다.

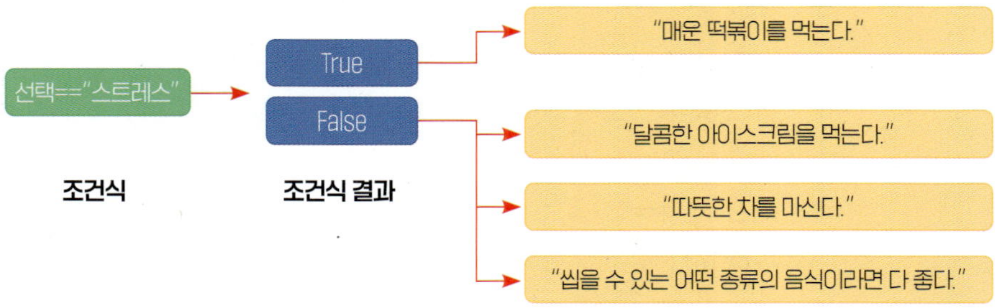

그림 1-35. if-elif-else 문(다중 비교) 원리

반복 구조

반복 구조란, 특정 범위 안에서 특정 명령을 반복하는 구문이다. 이때 반복할 범위라는 것은 크게 두 가지로 나눌 수 있다. 첫 번째는 특정 조건을 만족하는 경우이고, 두 번째는 일정한 횟수나 범위를 만족하는 경우로 나눌 수 있다.

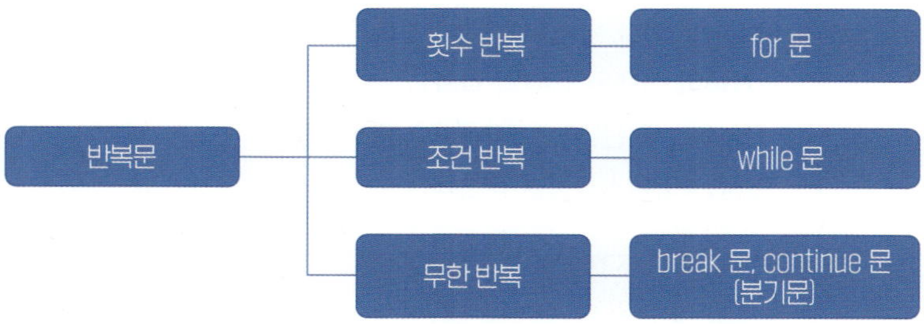

그림 1-36. 반복문 표현 방법

특정 조건을 만족하는 동안의 경우를 조건 제어 반복이라고 하며, 이는 while 문을 이용해 나타낼 수 있다. 일정 범위나 일정한 횟수를 만족하는 경우를 횟수 제어 반복이라고 하며, 이는 for 문을 이용해 나타낼 수 있다.

파이썬 구조는 다음과 같다.

<table>
<tr><th>while 문</th><th>for 문</th></tr>
<tr><td>

```
시작값
while 조건식 :
    실행할 명령
    증가값 또는 감소값
```

</td><td>

```
〈방법1〉
for 변수 in 반복 범위 :
    실행할 명령

〈방법2〉
for 변수 in range(시작값, 끝값, 단계) :
    실행할 명령

〈방법3〉
for 변수 in range(끝값) :
    실행할 명령
```

</td></tr>
</table>

while 문 구조는 if 문 구조와 비슷하다. 차이점은 if 문은 한 번만 실행하지만, while 문은 주어진 특정 조건을 만족하는 동안 계속 반복한다.

실습 예제

while 문

사용자로부터 입력한 수부터 시작해서 25까지 정수 중에서 짝수 값만 출력하도록 while 문을 작성해 보자.

〈실행 결과 예〉

```
시작값 입력>>> 20
20, 짝수
22, 짝수
24, 짝수
```

```
num=int(input("시작값 입력>>> "))

while num<=25:
  if num%2==0:
    print(f"{num}, 짝수")
  num=num+1
```

실습 예제

for 문 – 방법 (1)

리스트 값을 for 문을 이용해서 출력해 보자.

〈입력값〉

```
list_p=[1,2,"으리으리",["가나","다라"],31]
```

〈실행 결과 예〉

```
1
2
으리으리
['가나', '다라']
31
```

```
list_p=[1,2,"으리으리",["가나","다라"],31]
for i in list_p:
  print(i)
```

실습 예제

for 문 – 방법 (2) : 1씩 단계가 증가할 때

1부터 시작해서 10까지 1씩 증가시키면서 출력하는 과정을 for 문을 이용하여 표현해 보자.

〈실행 결과 예〉

```
1 2 3 4 5 6 7 8 9 10
```

〈코드 1〉

```
for x in range(1,11,1):
  print(x,end=" ")
```

〈코드 2〉

```
for x in range(1,11):  #1씩 증가하는 경우 단계 생략 가능
  print(x,end=" ")
```

실습 예제

for 문 – 방법 (2) : 2 이상 단계가 증가할 때

1부터 시작해서 10까지 범위 중 3씩 증가하는 값만 for 문을 이용하여 출력해 보자.

〈실행 결과 예〉

```
1 4 7 10
```

```
for a in range(1,11,3):
  print(a, end=" ")
```

실습 예제

for 문 – 방법 (3) : 반복 횟수를 정확하게 알고 있을 때

5번 반복하는 과정을 for 문을 이용해서 출력해 보자.

〈실행 결과 예〉

```
1번
2번
3번
4번
5번
반복했습니다.
```

```
#반복 횟수를 정확히 알고 있을 때 시작값이 생략되면 0부터 시작하는 것으로 이해
for b in range(5):
  print(f'{b+1}번')
print("반복했습니다.")
```

3.2 함수

함수는 밀키트(간편식)처럼 이미 만들어진 것을 간편하게 이용하는 것과 같다고 볼 수 있다. 자주 사용하는 내용을 하나의 묶음으로 만들어 편하게 불러와서 사용할 수 있다. 함수를 사용하면 가독성도 좋아지고, 코드도 길지 않게 만들어 사용할 수 있으며, 필요할 때 언제든지 재사용이 가능하다.

함수는 개발자나 프로그래머가 미리 만들어 놓은 내장 함수가 있고, 사용자가 직접 만들어서 사용할 수 있는 사용자 정의 함수가 있다. 내장 함수는 지금까지 사용했던 print(), int() 등이다. 반면 사용자 정의 함수는 사용자가 원하는 이름으로 직접 지정할 수 있으며 사용 방법은 다음과 같다.

〈사용자 정의 함수 사용 방법〉

```
#함수 정의 : 단순히 정의만 하는 것
def 원하는 함수이름(매개 변수):
    함수 안에서 수행될 내용

#함수 호출 : 정의한 함수를 호출해서 사용
원하는 함수이름(인수)
```

이때 def는 define의 약자로 '정의하다'라는 의미이다. 함수를 정의했다고 해서 실행되는 것이 아니며, 반드시 함수를 호출(call)해야 한다.

실습 예제

함수 정의와 호출하기

함수를 정의하고 호출해 보자. 이때 함수 이름은 숫자출력함수( )로 지정해서 1~6까지 숫자를 출력하는 함수를 만들어 보자.

〈실행 결과 예〉

```
1 2 3 4 5 6
```

```
#함수 정의
def 숫자출력함수():
  print(1, 2, 3, 4, 5, 6)
#함수 호출
숫자출력함수()
```

실습 예제

함수값 호출한 곳으로 반환하기

두 인수 1과 2를 매개 변수 a, b에 각각 전달하여 이 두수를 더한 결과값을 호출한 함수에 반환해서 결과를 출력해 보자.

<실행 결과 예>

```
3
```

```
#함수 정의
def 숫자합(a,b):  #매개 변수 a, b는 인수값을 전달받아 함수에 전달하는 역할
    c=a+b
    return c
#함수 호출
숫자합(1, 2) #인수 1, 2
```

실습 예제

지역 변수와 전역 변수

두 a가 각각 하나는 10, 다른 하나는 20으로 10은 함수 밖에 선언된 전역 변수이고, 다른 하나는 함수 안에 선언된 지역 변수이다. 이 둘의 결과는 어떻게 나오는지 확인해 보자.

```
a=10  #전역 변수
def 지역과전역():
    a=20  #지역 변수
    print(f'지역 변수값:{a}')

지역과전역() #함수 호출
print(f'전역 변수값:{a}')
```

<실행 결과>

```
지역 변수값:20
전역 변수값:10
```

연습 문제

연습 01

파이썬의 장점은 무엇인가?

연습 02

파이썬의 설치 환경에 대해 설명하시오.

예) 스탠드얼론, 클라우드 환경

연습 문제

연습 03 만약 숫자 3을 입력하면 다음의 제어문 코드를 통해 어떤 결과를 나타내는가?

```
num=int(input("입력할 숫자>>>"))
if num>=0:
  if num==0:
    print("0입니다.")
  elif num>0:
    print("양수입니다.")
else:
  print("음수입니다.")
```

연습 04 다음의 함수를 호출해 출력한 결과는 무엇인가?

```
def basic(a,b):
  result=a+b
  return result

test1=basic("hello", "인공지능")
test2=basic(1, 9)
test3=basic("파이썬", "2023")

print(test1, test2, test3)
```

| 2장 |

인공지능 I

학습 목표

- 인공지능의 개념과 역사를 통해 전체 흐름을 파악할 수 있다.

1 〉 인공지능이란?

누군가 "인공지능(AI)이란 무엇인가?"라고 물어본다면 어떻게 답변해야 할까? 가장 먼저 머릿속에 '알파고', '로봇', '빅데이터', '자율주행'이 생각나는 사람이 있을 수 있다. 또 다른 경우로는 영화 속 시각적 특수 효과(VFX)로 예를 들면, 마블 시리즈에 나오는 여러 장면이나 자비스(JARVIS)가 생각나는 사람도 있을 것이다.

이렇듯 인공지능은 우리의 일상생활에서 이미 우리와 가까워진 현실 속 기술로 다양한 분야에 적용되고 꾸준히 새롭게 연구 및 시도되고 있다. 좀 더 쉽게 접근하기 위해 몇 가지 예를 들어보자.

"OK 구글, 오늘 날씨 알려줘!!", "알렉사, 오늘 날씨 알려줘!", "하이 빅스비, 오늘 날씨 알려줘!" 등은 음성 인식 서비스를 사용하는 집에서 스피커 또는 휴대폰을 이용해 흔히 들을 수 있다. 또 다른 예로 우리는 챗봇을 통해 홈쇼핑, 인터넷 쇼핑, 모바일 쇼핑, 은행 등 일부 질문에 대해 간단한 상담이 필요할 때 상담사와 연결을 통해서 문제를 해결한다. 이때도 사람을 대신하는 챗봇 기계와 채팅을 통해 문제들을 해결하기도 한다. 여기서 사용되는 챗봇은 인공지능 기술 중 하나인 딥러닝으로 자연어 처리(NLP)를 이용해 사람의 대화를 학습하고 이를 기반으로 사람들과 다양한 대화를 할 수 있다. 자율 주행 자동차도 현재 고속도로나 스쿨 존(School Zone)과 같은 구역에서 인간의 통제 없이도 스스로 위험 상황 발생 시 이를 인지하고 예측과 대응, 더 나아가 행동 계획과 제어까지 가능한 시스템을 내재하고 있어 장거리 운전에도 편하고 안전하게 이동할 수 있다. 그 밖에도 청소기, 냉장고, 내비게이션 등이 인공지능이 적용된 사례들이다.

이렇게 봤을 때 우리가 생각하는 인공지능에 대한 느낌은 정말 막연한 대상이 아닌 실생활에서 우리의 현실 속 생활을 더욱 편하게 도와주는 역할을 하는 도구로써 자리 잡고 있다.

이번 장에서는 인공지능의 개념과 역사를 통해 인공지능이 어떻게 탄생해서 발전하게 되었는지를 살펴보자. 또한 우리가 인공지능을 왜 배워두면 좋은지도 생각해 보자.

1.1 인공지능의 개념

인공지능(AI, Artificial Intelligence)을 이야기하기에 앞서 지능이란 'Intelligentia(이해하다)'라는 라틴어에서 유래한 것으로, 사전적 의미를 찾아보면 위키피디아에서는 다음과 같이 정의한다.

> 지능(智能) 또는 이해력(Intelligence)은 인간의 지적 능력을 말한다. 지능은 심리학적으로 새로운 대상이나 상황에 부딪혀 그 의미를 이해하고 합리적인 적응 방법을 알아내는 지적 활동의 능력으로 정의할 수 있다.

지능의 사전적 의미를 풀어보면 인간이 살아가면서 주어진 환경에서 배우는 다양한 경험을 이용해 생각하고 이해하고, 추론하고 대처하고 그로 인해 새로운 것을 학습해서 새로운 무언가를 응용하는 등 자신에게 주어진 생존 환경의 변화에 적응하기 위해 인지적 기능을 변화시키는 인간만의 고유 능력이라고 볼 수 있다. 이를 기반으로 지능에 대한 개념을 정의해 보면 특정 지식이나 기술을 획득하여 적용할 수 있는 능력, 즉 다양한 환경에서의 복잡한 문제를 판단하고 결정 내리며 해결하는 능력이다.

이를 기반으로 인공지능에 대한 개념을 정의해 보면 주어진 문제를 인간의 지능, 즉 뇌를 모방하여 합리적인 사고를 하고, 이해하고, 이를 기반으로 작업을 수행하고 수집한 정보를 토대로 새로운 결론을 도출할 수 있는 능력을 기계 즉 컴퓨터가 갖추도록 구현한 기술이다. 좀 더 쉽게 정리해 보면 '인간처럼 똑똑하게 컴퓨터가 스스로 생각하고 판단해서 결론을 도출하거나 예측할 수 있도록 만든 기술'이 바로 인공지능이라고 정의할 수 있다.

그렇다면 인공지능의 주요 목적은 무엇일까? 바로 인간의 두뇌 즉 지능의 원리를 컴퓨터에 적용하는 것으로 인간과 유사한 지능을 가진 기계, 즉 컴퓨터가 되는 것이다. 다시 말해, 일상생활에서 인간이 활용하는 지능적 원리를 컴퓨터에 적용하고 이를 활용하도록 하는 것이다.

1.2 인공지능의 역사

2016년 3월 9일부터 15일까지 알파고(AlphaGo)와 이세돌의 딥마인드 챌린지 매치(Google Deepmind Challenge Match)가 5회에 걸쳐 진행되었다. 당시 인공지능을 탑재한 컴퓨터가 4승 1패로 승리하면서 인공지능에 대한 관심이 높아졌다. 이에 따라 정부, 기업, 학교에서도 투자와 더불어 인공지능과 관련된 다양한 수업이 개설되어 인공지능에 대한 관심도가 더 높아졌다. 그렇다면 인공지능은 최근에 나온 기술일까? 결론부터 말하면 최신 기술이 아니다. 우리 생각과는 달리 이미 1950년대부터 꾸준히 발전을 거듭해 온 기술 중 하나이다.

혹시 「이미테이션 게임(The Imitation Game)」이라는 영화를 본 적 있는가? 이 영화는 앨런 튜링(Alan Mathison Turing)의 이야기를 다뤘다. 영화의 주인공인 그는 인공지능의 역사를 이야기하면서 빠질 수 없는 인물이다. 앨런 튜링은 영국의 수학자이자 암호학자로서 '컴퓨터 과학과 인공지능의 아버지'로 선구적인 역할을 했다. 알고리즘(Algorithm)과 계산 개념을 튜링 기계(Turing Machine)라는 추상적인 모델을 통해 형식화했으며, 튜링 테스트(Turing Test)를 고안하여 컴퓨터 과학과 인공지능 분야에 큰 영향을 끼쳤다.

특히 "기계도 사람처럼 지능이 있을까?"라고 처음 생각하면서 이를 증명하기 위해 했던 실험이 바로 '이미테이션 게임'이다. 이때 당시는 인공지능이라는 개념이 없어서 용어도 정의되지 않았던 때라 튜링은 이미테이션 게임이라 불렀고 나중에 그의 이름을 따서 튜링 테스트라고 불리게 되었다.

그림 2-1. 앨런 튜링

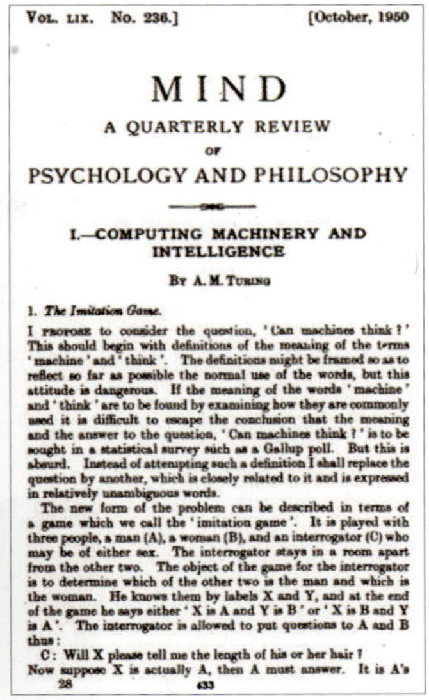

Vol. LIX. No. 236.] [October, 1950

MIND

A QUARTERLY REVIEW

OF

PSYCHOLOGY AND PHILOSOPHY

I.—COMPUTING MACHINERY AND INTELLIGENCE

By A. M. Turing

1. *The Imitation Game.*

I propose to consider the question, 'Can machines think?' This should begin with definitions of the meaning of the terms 'machine' and 'think'. The definitions might be framed so as to reflect so far as possible the normal use of the words, but this attitude is dangerous. If the meaning of the words 'machine' and 'think' are to be found by examining how they are commonly used it is difficult to escape the conclusion that the meaning and the answer to the question, 'Can machines think?' is to be sought in a statistical survey such as a Gallup poll. But this is absurd. Instead of attempting such a definition I shall replace the question by another, which is closely related to it and is expressed in relatively unambiguous words.

The new form of the problem can be described in terms of a game which we call the 'imitation game'. It is played with three people, a man (A), a woman (B), and an interrogator (C) who may be of either sex. The interrogator stays in a room apart from the other two. The object of the game for the interrogator is to determine which of the other two is the man and which is the woman. He knows them by labels X and Y, and at the end of the game he says either 'X is A and Y is B' or 'X is B and Y is A'. The interrogator is allowed to put questions to A and B thus:

C: Will X please tell me the length of his or her hair?

Now suppose X is actually A, then A must answer. It is A's

28 433

그림 2-2. 튜링의 논문 〈컴퓨팅 기계와 지능(Computing Machinery and Intelligence)〉

1940년대부터 앨런 튜링은 체스를 두는 기계를 생각했고 이를 위해 단순히 경우의 수를 빠르게 계산하는 방법이 아닌 인간의 뇌와 비슷한 기능을 하는 스스로 체스 두는 법을 학습하는 기계를 생각했다. 쉽게 말해 그 당시 앨런 튜링은 우리가 현재 알고 있는 알파고를 만들고자 했던 것이라고 이해하면 가장 쉽게 와 닿을 것이다. 그는 이를 검증하고자 '기계가 지능을 가졌는지를 판단'하는 실험을 진행했다. 이 테스트를 통해 1950년에 논문 〈컴퓨팅 기계와 지능〉에서 소개하여 증명했다. 앨런 튜링은 컴퓨터와의 대화를 통해 컴퓨터의 반응과 인간의 반응을 구별할 수 없다면, 이는 컴퓨터가 스스로 사고할 수 있는 것으로 간주해야 한다고 주장했다. 더 자세한 내용은 [3장 1. 인공지능 판별 실험]에서 다루도록 한다.

그렇다면 '인공지능'이라는 단어는 언제 등장했을까?

실제 인공지능이라는 단어는 인공지능의 선구자인 존 매카시(John McCarthy)가 〈지능이 있는 기계를 만들기 위한 과학과 공학(The Science and Engineering of Making Intelligent Machines, Especially Intelligent Computer Programs)〉이라는 논문을 통해 발표했다. 1956년 다트머스 대학에서 10명의 학자가 모여 진행한 콘퍼런스에서 지능이 있는 기계의 제작을 논의하기 위한 워크숍 제안서로, 〈다트머스 인공지능 하계 연구 프로젝트 제안(A Proposal for the Dartmouth Summer Research Project on Artificial Intelligence)〉이라는 제목에서 보듯이 처음으로 '인공지능'이라는 표현을 창안하고 사용하면서 시작되었다.

참고로 다트머스 회의에 참석한 사람들은 컴퓨터공학계에서 이름만 나열해도 알 만한 마빈 민스키(Marvin Minsky), 나다니엘 로체스터(Nathaniel Rochester), 클로드 섀넌(Claude Shannon) 등으로 모두 유명한 학자들이다.

그림 2-3. 존 매카시 – toonme(https://toonme.com/)를 이용해 그림

잠깐만요

존 매카시(John McCarthy)

존 매카시(John McCarthy)는 미국의 인지심리학자이자 컴퓨터공학자로 인공지능의 선구자라고 불린다. 그는 1956년 다트머스 대학 콘퍼런스에서 처음으로 '인공지능'이라는 표현을 창안했다. 또한, 인공지능에 대한 업적을 인정받아서 1971년 컴퓨터공학 계열의 노벨상으로 일컫는 '튜링상'을 수상했다. 그뿐만 아니라 1958년 람다 대수를 이용한 프로그래밍 언어인 LISP(List Precessing, 리스프 또는 리습이라고 읽음)를 개발하고 이를 기반으로 1960년에 쓴 논문 〈기호로 나타낸 재귀 함수와 기계를 이용한 계산(Recursive Functions of Symbolic Expressions and Their Computation by Machine)〉에서 추상화한 이론을 바탕으로 인공지능 초기 애플리케이션 개발에 사용되었을 뿐만 아니라 컴퓨터공학 전반에 큰 영향을 주었다.

그림 2-4. 1956년 다트머스 콘퍼런스 참석자들

존 매카시는 인공지능을 '기계 또는 컴퓨터를 사람이 생각하고 행동하는 것처럼 만드는 기술'이라고 정의했다.

핵심적인 두 인물을 통해 인공지능의 태동기(준비기, 1943~1956년)에 관한 이야기를 간단하게 살펴봤다면 이번에는 인공지능 태동기 이후 인공지능의 역사를 알아보면서 지금까지 인공지능이 어떻게 발전했는지 살펴보자.

본 교재에서는 인공지능이라는 용어를 처음 사용한 시점인 1956년을 기준점으로 보고 이때부터 현재까지의 역사를 살펴보고자 한다.

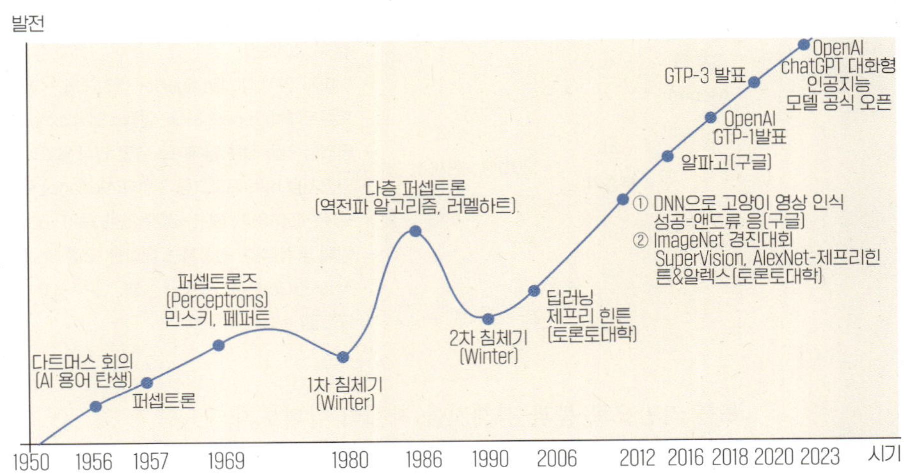

그림 2-5. 인공지능 역사

인공지능은 그림 2-5와 같이 현재까지 역사에서 크게 3번의 붐(황금기, Boom)과 2번의 침체기(Winter)를 맞이했다.

이를 우선 표로 살펴보자.

표 2-1. 인공지능의 역사로 살펴본 붐(황금기)과 침체기

붐(황금기)/침체기		시기	내용
AI 탄생(기준점)		1956년	• 처음 'AI' 용어 탄생(기준점)
1차 붐(Boom)		1956~1974년	• 다트머스 대학 콘퍼런스(존 매카시, 인공지능 용어 탄생(1956년) • 마크 I 퍼셉트론 신경망 모델 탄생(로젠블럿, 1957년) • LISP를 이용해 최초의 인공지능 프로그래밍 언어 개발(존 매카시, 1958년~1962년) • 《퍼셉트론즈》 출판(민스키 & 페퍼트, 1969년)
1차 침체기(Winter)		1974~1980년	• 지나친 낙관과 기대로 실망 커짐 • 인공지능 연구 어려움(퍼셉트론의 결정적 문제점 발견)
2차 붐(Boom)		1980~1987년	• 전문가 시스템(Expert System) • 다층 퍼셉트론 등장 • 역전파 알고리즘 고안(러멜하트, PDP그룹, 1980년 중반)
2차 침체기		1987~1993년	• 다층 퍼셉트론의 결정적 문제점 발견(기울기 소멸) • 컴퓨터 성능으로 인한 정체
3차 붐 (Boom)	안정기	1993~2011년	• 체스 전용 슈퍼컴퓨터 등장(딥블루, IBM, 1997년) • 딥러닝 기반 학습 알고리즘 RBM(Restricted Boltzmann Machine) 제안(제프리 힌튼, 토론토대학, 2006년) • 엄청난 컴퓨터 성능과 데이터양(빅데이터, GPU, 2010년) • 슈퍼컴퓨터 왓슨 자연어로 진행된 퀴즈쇼 승리(미국, IBM, 2011년)
	AI 부흥기	2011년~현재	• 심층신경망(DNN)을 구현하여 고양이 영상 인식 성공(구글, 앤드류 응, 2012년) • 이미지 인식 대회(ImageNet 경진대회 - 제프리 힌튼과 알렉스, 토론토대학 SuperVision, 알렉스넷(Alexnet), 2012년) • 딥러닝 기술 적용 딥페이스 얼굴 인식 알고리즘(페이스북, 2014년) • 인공지능 바둑 프로그램 알파고(Alphago) 등장(구글, 2016년) • GTP-1(2018년), GPT-2(2019년), GPT-3(2020년) 발표, 자연어 이해 능력 갖춘 인공지능 대화형 모델 ChatGPT-3.5 서비스 정식 오픈(OpenAI, 2022년 11월), GPT-4.0 유료 버전 오픈(2023년 3월)

표를 기반으로 붐과 침체기를 자세히 살펴보자.

1차 붐(황금기, Boom)

표 2-2. 1차 붐(Boom) 시기와 주요 내용

붐(황금기)/침체기	시기	내용
1차 붐(Boom)	1956~1974년	• 다트머스 대학 콘퍼런스(존 매카시, 인공지능 용어 탄생(1956년)) • 마크 I 퍼셉트론 신경망 모델 탄생(로젠블럿, 1957년) • LISP(리스프)를 이용하여 최초의 인공지능 프로그래밍 언어 개발 (존 매카시, 1958년~1962년) • 《퍼셉트론즈》 출판(민스키 & 페퍼트, 1969년)

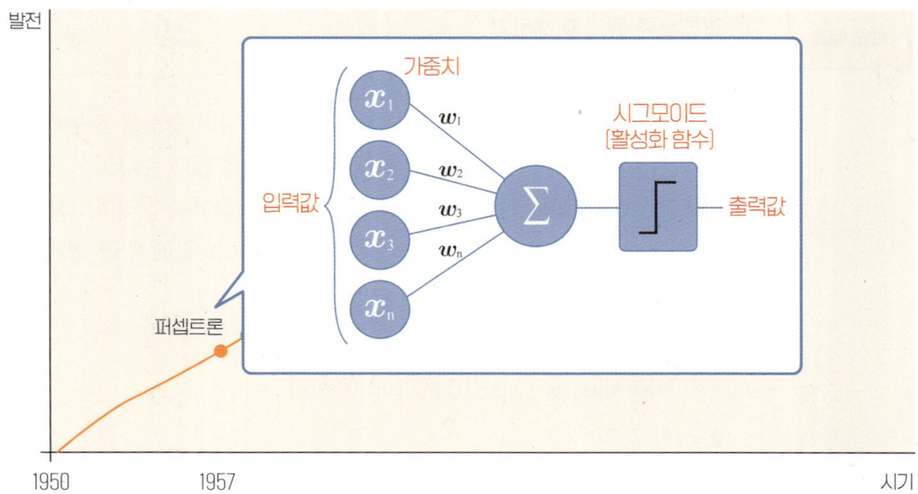

그림 2-6. 1차 붐의 기반이 된 다트머스 회의 그리고 퍼셉트론

1차 붐은 1956년부터 1974년까지 무려 18년 동안 황금기를 맞았었다. 1956년 다트머스 콘퍼런스에서 처음 인공지능이라는 용어가 사용되었고 이를 기반으로 초기 인공지능은 엄청난 인기를 끌었다. 사람들이 해결하는 데 시간이 오래 걸렸던 증명 문제들을 컴퓨터에서 기호 처리를 통해 간단한 퍼즐이나 수학적 증명 등을 빠르게 할 수 있다는 것을 증명했기 때문이다. 1957년 로젠블럿(Frank Rosenblatt)이 '마크 I 퍼셉트론'이라는 신경망 모델을 개발했고 이는 신경망의 시초가 되었다. 특히 이 모델은 기호(도형)가 아닌 'A', 'B', 'C'와 같은 문자를 인식할 수 있었다.

그림 2-7. 마크 I 퍼셉트론

실습 예제

퍼셉트론 원리 이해하기

가중치(weight, w)는 입력값(x)이 출력값(y)에 얼마나 영향을 주는가를 결정한다. 만약 가중치가 크면 입력값(x)이 출력값(y)에 영향을 많이 준다.
바이어스(bias, b)는 편향 또는 임계값(theta, θ)이라고도 불리며, 퍼셉트론이 얼마나 쉽게 활성화할 수 있는지를 조절한다. 바이어스(b)값에 따라 쉽게 활성화 또는 어렵게 활성화될 수 있다.

1. and의 경우
   - 가중치(w_1, w_2) : 0.5, 0.5 / 바이어스(b) : −1
2. or의 경우
   - 가중치(w_1, w_2) : 0.5, 0.5 / 바이어스(b) : −0.3

가중합은 입력값(x)과 가중치(w) 곱을 모두 더한 다음 바이어스(b)를 더한 값으로 다음과 같은 식에 의해 계산된다.

$$y = (x * w) + b \rightarrow \text{예) 입력값인 x가 2개라면 } y = (x_1w_1 + x_2w_2) + b$$

이때 가중합의 결과는 다음과 같이 나타냄으로써 이를 통해 활성화 함수를 확인할 수 있다.

$$y = \begin{cases} 1 \text{ if } (xw + b \geq 0) \\ 0 \ otherwise \end{cases}$$

〈AND의 경우〉

input		가중합	가중합 결과	output
x_1	x_2	$(x_1w_1 + x_2w_2) + b$	1인 경우 : $xw + b \geq 0$ 0인 경우 : $xw + b < 0$	y
0	0	(0*1 + 0*1) + (−1) = 0 + 0 − 1 = −1	$-1 \Rightarrow xw + b < 0$에 해당	0
1	0	(1*1 + 0*1) + (−1) = 1 + 0 − 1 = 0	$0 \Rightarrow xw + b < 0$에 해당	0
0	1	(0*1 + 0*1) + (−1) = 0 + 1 − 1 = 0	$0 \Rightarrow xw + b < 0$에 해당	0
1	1	(1*1 + 1*1) + (−1) = 1 + 1 − 1 = 1	$1 \Rightarrow xw + b >= 0$에 해당	1

〈OR의 경우〉

input		가중합	가중합 결과	output
x_1	x_2	$(x_1w_1 + x_2w_2) + b$	1인 경우 : $xw + b \geq 0$ 0인 경우 : $xw + b < 0$	y
0	0	(0*1 + 0*1) + (−0.5) = 0 + 0 − 0.5 = −0.5	$-0.5 \Rightarrow xw + b < 0$에 해당	0
1	0	(1*1 + 0*1) + (−0.5) = 1 + 0 − 0.5 = 0.5	$0.5 \Rightarrow xw + b >= 0$에 해당	1
0	1	(0*1 + 1*1) + (−0.5) = 0 + 1 − 0.5 = 0.5	$0.5 \Rightarrow xw + b >= 0$에 해당	1
1	1	(1*1 + 1*1) + (−1) = 1 + 1 − 0.5 = 1.5	$1.5 \Rightarrow xw + b >= 0$에 해당	1

사람들은 컴퓨터가 단순히 수학 계산 도구로만 사용된다고 생각했다가 그보다 많은 일을 수행하는 것을 보면서 진짜 인간과 같은 인공지능이 만들어져 사회에 큰 도움을 줄 것이라고 기대하게 되었다.

그림 2-8. LISP

존 매카시에 의해 최초의 인공지능 프로그래밍 언어인 LISP(List Processing, 리스프 또는 리습이라 읽음)가 개발되었다. LISP는 현재 우리가 알고 있는 다른 언어들과는 다르게 독특하게도 괄호 "( )"를 사용하는 문법으로, 원래 컴퓨터 프로그램을 활용해 수학 표기법을 나타내기 위한 목적으로 만들어져 람다 함수(익명함수, Lambda Function) 표기법에 영향을 많이 받았다.

LISP는 존 매카시가 1960년에 쓴 논문 〈기호로 나타낸 재귀 함수와 기계를 이용한 계산(Recursive Functions of Symbolic Expressions and Their Computation by Machine)〉에서 추상화한 이론에 바탕을 두고 있다. 그때그때 쓰는 사람의 요구사항에 맞추어 새로운 기능을 넣기도 하고 어떤 기능을 쓸모 있게 만들 수 있는지 등을 따져 꾸준히 실험하는 과정을 거쳐 나온 언어이다.

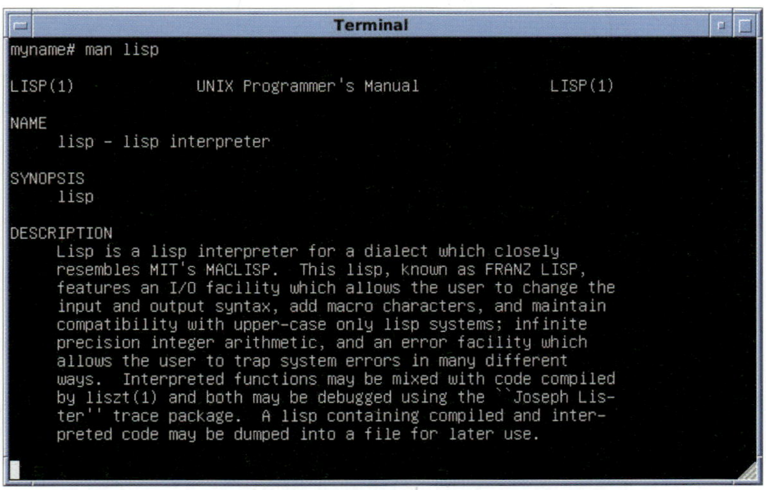

```
Terminal
myname# man lisp

LISP(1)            UNIX Programmer's Manual             LISP(1)

NAME
     lisp - lisp interpreter

SYNOPSIS
     lisp

DESCRIPTION
     Lisp is a lisp interpreter for a dialect which closely
     resembles MIT's MACLISP.  This lisp, known as FRANZ LISP,
     features an I/O facility which allows the user to change the
     input and output syntax, add macro characters, and maintain
     compatibility with upper-case only lisp systems; infinite
     precision integer arithmetic, and an error facility which
     allows the user to trap system errors in many different
     ways.  Interpreted functions may be mixed with code compiled
     by liszt(1) and both may be debugged using the ``Joseph Lis-
     ter'' trace package.  A lisp containing compiled and inter-
     preted code may be dumped into a file for later use.
```

그림 2-9. Lisp 인터프리터에 대한 설명서 페이지(출처 : 위키피디아)
(Manual Page for the Lisp Interpreter)

잠깐만요

Common LISP(커먼 리스프)와 Scheme(스킴)

현재 LISP의 변종으로 가장 널리 쓰이고 있는 것은 Common LISP(커먼 리스프)와 Scheme(스킴)이다. Common LISP(커먼 리스프)는 여러 변종에 있는 기능을 한꺼번에 묶어서 LISP 산업표준을 정하기 위해 LISP 공동체가 만든 것으로 ANSI 표준이 1994년에 정해졌다. Scheme(스킴)은 1975년 MIT 인공지능 실험실에서 처음 만든 것으로, 이를 학생들에게 가르치기 위해 변경한 것이다. 추후 1990년에 Scheme IEEE 표준이 정해졌다.

1966년 MIT 인공지능 연구소의 요제프 바이첸바움(Joseph Weizenbaum)에 의해 개발된 최초의 인공지능 대화 프로그램(일종의 챗봇과 같은 채팅 대화를 나눌 수 있는 시스템)인 ELIZA(엘리자 또는 일라이자라고 읽음)를 개발했다.

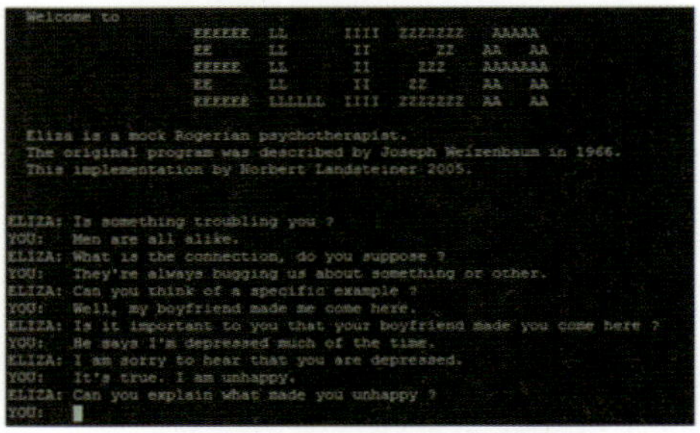

그림 2-10. ELIZA(출처 : 위키피디아)

ELIZA는 간단한 대화형 시스템 연구의 시점이 되었으며, 그 대표적인 예가 바로 ELIZA가 의사가 되어 환자에게 질문하면서 상담 치료사 역할을 하는 최초의 대화 시스템이다. 텍스트 채팅을 통해 인간과 대화하며 일반적으로 우리가 생각하는 인간과 컴퓨터가 대화한다고 생각할 때는 인간이 질문하면 그 질문에 답변하는 방식이라고 생각하는데 ELIZA는 조금 다르게 반대로 인간에게 질문을 던지는 형태로 마치 그들의 고민을 들어주는 것과 같은 형식을 취했다. 상담받고자 접속한 사람(사용자, User)의 이야기를 진짜로 인간 의사가 듣고 이를 통해 '나를 이해해준다'라는 느낌을 받도록 하는 구조로 만들어져 있다.

1차 침체기(Winter)

표 2-3. 1차 침체기(Winter) 시기와 주요 내용

붐(황금기)/침체기	시기	내용
1차 침체기(Winter)	1974~1980년	• 지나친 낙관과 기대로 실망 커짐 • 인공지능 연구 어려움(퍼셉트론의 결정적 문제점 발견)

이러한 붐(Boom)도 사그라들게 되었다. 역시 기대가 컸던 만큼 실망도 크게 돌아왔다. 바로 다음의 두 가지가 인공지능 발전에 문제점으로 발생했기 때문이다.

표 2-4. 인공지능 발전에 영향을 준 문제점 두 가지

문제점	내용
모라벡의 역설(Moravec's Paradox) : 어려운 것은 쉽고 쉬운 것은 어렵다.	인간에게 쉬운 것은 컴퓨터에게 어렵고 반대로 인간에게 어려운 것은 컴퓨터에게 쉽다. – 한스 모라벡(Hans Moravec) 예) 인간은 걷기, 느끼기, 듣기, 보기, 의사소통 등의 일상적인 행위는 매우 쉽게 할 수 있는 반면 복잡한 수식 계산 등을 하기 위해서는 많은 시간과 에너지를 소비한다. 컴퓨터는 인간이 하는 일상적인 행위를 수행하기 매우 어렵지만, 수학적 계산, 논리 분석 등은 순식간에 빠르게 해결할 수 있다.
상식의 저주 : 인간에겐 상식 수준의 지식이지만 AI는 모두 배워야만 가능하다.	상식 수준의 지식도 AI는 모두 배워야만 가능하다. 즉, 인간에게는 너무나 당연한 지식이 인공지능 로봇에게는 오히려 해결하기 어려운 문제가 된 것이다.

이 두 가지 문제로 인해 결국 '컴퓨터로는 다양한 상황과 환경의 복잡한 현실 문제를 해결할 수 없고, 인간의 지능을 컴퓨터(인공지능)로 구현하기 매우 어렵다. 비현실적이다.'라는 것을 느끼게 되었다. 앞서 예로 들었던 ELIZA를 다시 살펴보자. ELIZA도 단순히 단어에 반응하는 것으로 인간의 감정이나 말을 진짜로 100% 이해하고 이에 따라 반응한 것이 아닌 단순히 기계적으로 이런 단어에는 이런 반응을 하도록 구성된 것이라 한계에 부딪힌 것이다. 컴퓨터가 주어진 상황에서 인간처럼 상황에 따라 적절하게 판단해 나가는 문제를 표현하는 부분에서의 한계를 증명한 것이다.

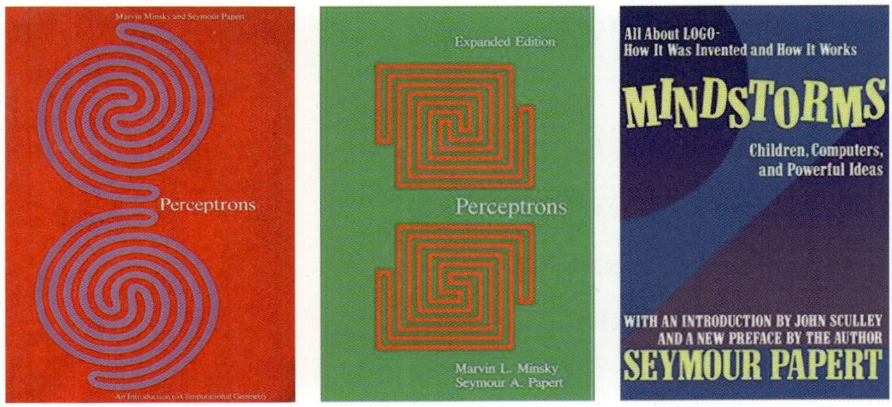

그림 2-11. 퍼셉트론즈(Perceptrons)

또한 로젠블럿이 제안했던 퍼셉트론과 관련해 결정적인 문제점이 발생하는데 바로 XOR 문제를 해결하지 못하는 문제점이었다. 즉, 하나의 직선으로 데이터를 구분할 수 있는 단순한 문제는 해결할 수 있지만 복잡한 데이터를 구분하기에는 역부족이었다. 이를 실제 민스키와 페퍼트가 1969년 '퍼셉트론즈(Perceptrons)'에서 수학적으로 XOR 문제를 해결할 수 없다는 증명을 통해 단층 퍼셉트론 모델의 문제점을 지적하면서 이를 나름 해결하는 방법은 다층 퍼셉트론이라고 해결책을 제시하였으나 그 당시에는 이 문제를 해결할 수 없었다.

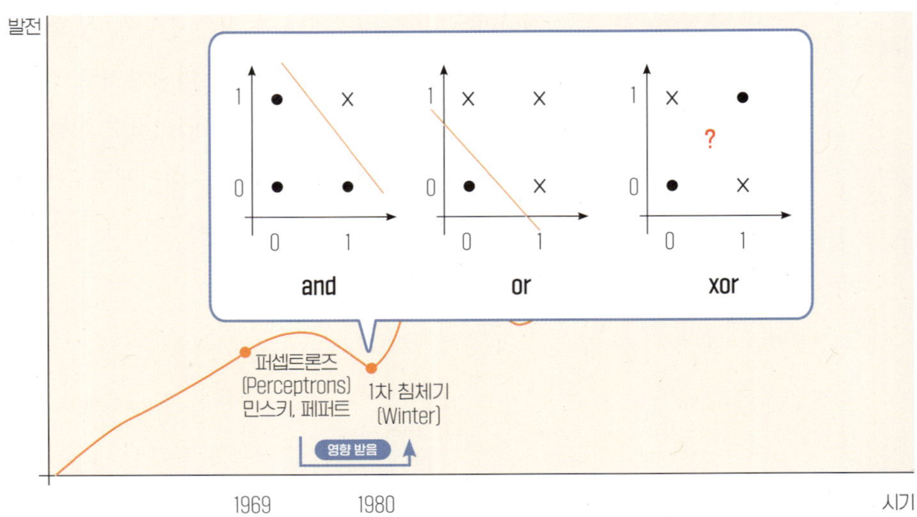

그림 2-12. 1차 침체기(Winter) : XOR 문제로 인한 퍼셉트론의 결정적 문제점 발견

이에 따라 연구와 투자가 줄어들면서 인공지능의 1차 침체기(Winter)를 맞이하게 된다.

2차 붐(황금기, Boom)

표 2-5. 2차 붐(Boom) 시기와 주요 내용

붐(황금기)/침체기	시기	내용
2차 붐(Boom)	1980~1987년	• 전문가 시스템(Expert System) • 다층 퍼셉트론 등장 • 역전파 알고리즘 고안(러멜하트, PDP그룹, 1980년 중반)

2차 붐(황금기, Boom)은 1980년대에 전문가 시스템을 기반으로 다시 전성기를 맞이했다.

전문가 시스템(Expert System)이란 전문가의 지식을 컴퓨터에 집어넣어 그 지식에 근거하여 판단을 내리는 방식이다.

예를 들어, 병원에서 의사에게 진료를 받는다고 생각해 보자. 의사는 환자의 증상과 상태를 보고 어떤 질병인지를 판단하는데, 이때 일련의 상황을 보고 이에 맞는 규칙들을 머릿속에서 적용하여 '만약 ○○○ 병에 걸린 환자가 △△△ 상태의 증상이라면 ㅁㅁㅁ이라는 약을 처방한다'와 같은 판단을 통해 환자에게 어떤 처방을 내릴지 결정하고 처방전을 제공한다. 이와 마찬가지로 컴퓨터로 이러한 상황을 구현하기 위해 전문가의 지식을 컴퓨터에게 입력하고 이를 기반으로 어떤 질병이라는 것을 추론하여 처방할 수 있도록 결론을 내리게끔 구현해야 한다. 이러한 방식으로 구현된 것이 바로 전문가 시스템이다.

전문가 시스템의 구성 요소를 그림으로 살펴보자.

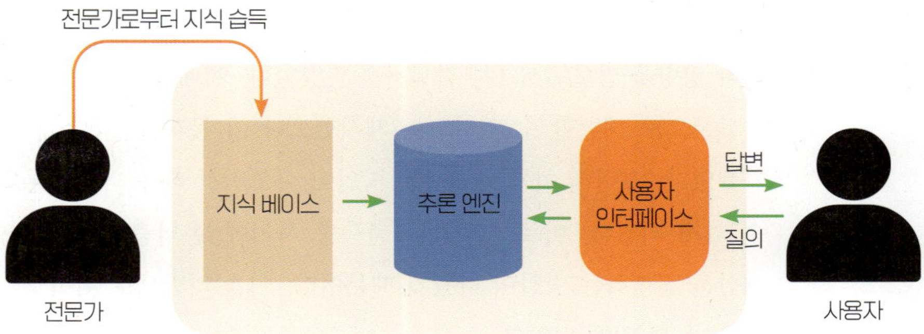

그림 2-13. 전문가 시스템 구성 요소

전문가의 지식을 지식 베이스에 입력하여 사용자가 증상에 대해 질의하면 컴퓨터가 마치 인간 의사와 같이 이를 직접 진단하고 판단을 통해 처방을 내리는 것처럼 만들어졌다. 이를 통해 인공지능을 활용한 시스템이 의사보다 훨씬 더 높은 성과를 나타내는 사례들이 나오면서 대규모 투자가 일어났고 다시 전성기를 맞이하기 시작했다.

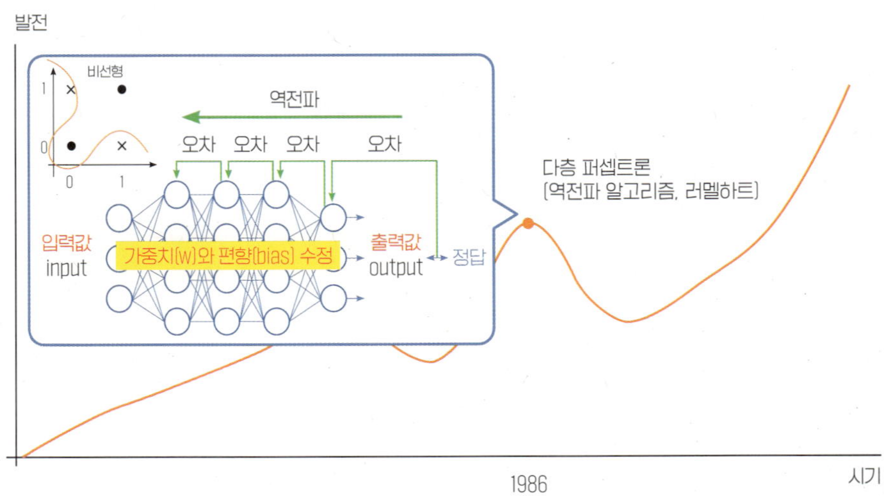

그림 2-14. 2차 붐(Boom) : 다층 퍼셉트론과 역전파 알고리즘

또한 다층 퍼셉트론(MLP, Multi-Layer Perceptron)이 등장했다. 이전의 단층 퍼셉트론은 다수의 입력을 받아 하나의 출력값으로 나오는 구조로 구성되어 있어 선형 분리를 할 수 있는 패턴만 학습(AND, OR 문제)이 가능했고 비선형(XOR) 문제

에 대해서는 풀 수 없다는 것이 증명(민스키와 페퍼트의 퍼셉트론즈)되었으며 이에 따라 영향을 받으면서 1차 침체기를 맞았었다. 이때 당시 해결 방안으로 다층 퍼셉트론으로 해결할 수 있다고는 제시했으나 이 문제를 풀 수 없어서 진행이 불가했었다. 그런데 이를 해결하는 방안이 나오면서 다층 퍼셉트론으로 문제를 풀 수 있게 되었다. 바로 입력층과 출력층 사이에 **'은닉층(Hidden Layer)'**을 두어 계산을 진행하는 방안이 나왔기 때문이다. 이를 기반으로 비선형 문제를 본격적으로 풀 수 있게 되었다.

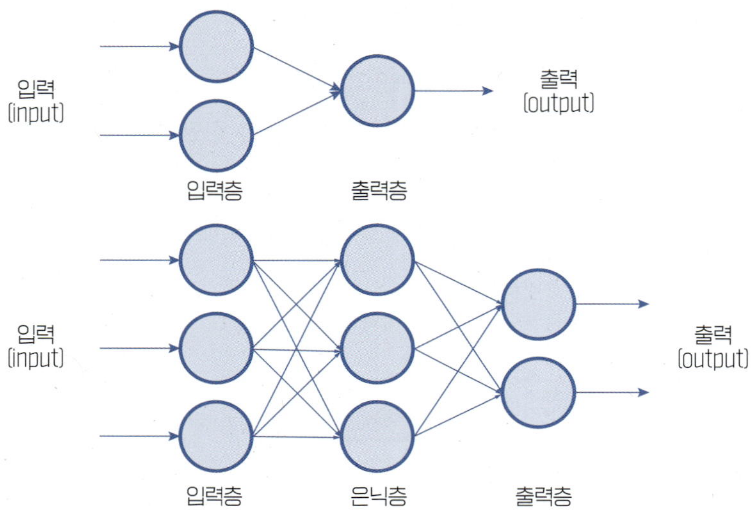

그림 2-15. 단층 퍼셉트론과 다층 퍼셉트론 구조

은닉층을 여러 개 놓아 복잡한 문제를 해결하는 과정이 마치 사람의 뇌, 즉 뉴런이 복잡한 과정을 거쳐 생각하고 판단하는 것과 비슷하다고 하여 인공 신경망 또는 줄여서 신경망이라고 부른다.

실습 예제

다층 퍼셉트론 원리 이해하기 (1) – 직접 계산

XOR은 NAND의 결과와 OR의 결과를 가중합으로 계산한 결과를 나타낸다. 이를 간단하게 표로 나타내면 다음과 같다.

input		NAND (부정 논리곱)
x_1	x_2	결과 1
0	0	1
1	0	1
0	1	1
1	1	0

input		OR
x_1	x_2	결과 2
0	0	0
1	0	1
0	1	1
1	1	1

AND		output
결과 1	결과 2	y
1	0	0
1	1	1
1	1	1
0	1	0

NAND와 OR의 결과를 각각 결과 1과 결과 2로 놓고 이를 AND를 이용해 가중치 합을 구하면 확인하고 싶은 결과값(y)을 볼 수 있다.

이를 위해 가중치(w)와 바이어스(b)를 각각 다음과 같이 구성했다.
and의 가중치(w_1, w_2)는 각각 0.5, 0.5, 바이어스(b)는 –0.8
or의 가중치(w_1, w_2)는 각각 0.5, 0.5, 바이어스(b)는 –0.3
nand의 가중치(w_1,w_2)는 각각 –0.5, –0.5, 바이어스(b)는 0.8

〈XOR의 경우〉

1인 경우 : $xw + b \geq 0$

0인 경우 : $xw + b < 0$

가중합 $= (x_1w_1 + x_2w_2) + b$

input		NAND(부정 논리곱)		OR		AND			output
x_1	x_2	가중합	결과1	가중합	결과2	결과1	결과2	가중합	y
0	0	(0*–0.5+0*–0.5)+(–0.8)=0.8	1	(0*0.5+0*0.5)+(–0.3)=0.3	0	1	0	(1*0.5+0*0.5)+(–0.8)=–0.3	0
1	0	(1*–0.5+0*–0.5)+(–0.8)=0.3	1	(1*0.5+0*0.5)+(–0.3)=0.2	1	1	1	(1*0.5+1*0.5)+(–0.8)=0.2	1
0	1	(0*–0.5+1*–0.5)+(0.8)=0.3	1	(0*0.5+1*0.5)+(–0.3)=0.2	1	1	1	(1*0.5+0*0.5)+(–0.8)=–0.3	1
1	1	(1*–0.5+1*–0.5)+(–0.8)=–0.2	0	(1*0.5+1*0.5)+(–0.3)=0.7	1	0	1	(1*0.5+0*0.5)+(–0.8)=0.3	0

우리가 원한 값

이것을 실제 파이썬 코드로 표현해 보면 다음과 같다.

실습 예제

다층 퍼셉트론 원리 이해하기 (2) – 파이썬

```
import numpy as np

#and 함수 정의
def and_p(x1,x2):
  x=np.array([x1,x2]) #입력값
  w=np.array([0.5,0.5]) #가중치
  b=-0.8  #바이어스
  result=np.sum(w*x)+b
  if result>=0:
    return 1
  else:
    return 0

input=[(0, 0), (1, 0), (0, 1), (1, 1)]
print("===AND===")
for a,b in input:
  y=and_p(a,b)  #and_p 함수 호출
  print(f'입력값:{a},{b}-> 출력값:{y}')
  print()

#or 함수 정의
def or_p(x1,x2):
  x=np.array([x1,x2])   #입력값
  w=np.array([0.5,0.5]) #가중치
  b=-0.3   #바이어스
  result=np.sum(x*w)+b
  if result>=0:
    return 1
  else:
    return 0
```

```
input=[(0, 0), (1, 0), (0, 1), (1, 1)]
print("===OR===")
for a,b in input:
  y=or_p(a,b)  #or_p_함수 정의
  print(f'입력값:{a},{b}-> 출력값:{y}')
  print()

#NAND 함수 정의
def NAND_p(x1, x2):
  x = np.array([x1, x2]) #입력값
  w = np.array([-0.5,-0.5]) #가중치
  b =0.8
  result=np.sum(x*w)+b
  if result>=0:
    return 1
  else:
    return 0

input=[(0, 0), (1, 0), (0, 1), (1, 1)]
print("===NAND===")
for a,b in input:
  y=NAND_p(a,b)  #NAND_p_함수 정의
  print(f'입력값:{a},{b}-> 출력값:{y}')
  print()

#XOR 함수 정의
def xor_p(x1, x2):
  s1 = NAND_p(x1, x2)
  s2 = or_p(x1, x2)
  y = and_p(s1, s2)
  return y

print("===XOR===")
for a,b in input:
  y=xor_p(a,b)  #xor 함수 호출
  print(f'입력값:{a},{b}-> 출력값:{y}')
  print()
```

〈실행 결과〉

```
===AND===
입력값:0,0 -> 출력값:0
입력값:1,0 -> 출력값:0
입력값:0,1 -> 출력값:0
입력값:1,1 -> 출력값:1

===OR===
입력값:0,0 -> 출력값:0
입력값:1,0 -> 출력값:1
입력값:0,1 -> 출력값:1
입력값:1,1 -> 출력값:1

===NAND===
입력값:0,0 -> 출력값:1
입력값:1,0 -> 출력값:1
입력값:0,1 -> 출력값:1
입력값:1,1 -> 출력값:0

===XOR===
입력값:0,0 -> 출력값:0
입력값:1,0 -> 출력값:1
입력값:0,1 -> 출력값:1
입력값:1,1 -> 출력값:0
```

1980년대 중반(1986년) 러멜하트와 제프리 힌튼 등이 저서 《PDP(Parallel Distributed Processing)》에서 다층 신경망(다층 퍼셉트론)을 위한 역전파 알고리즘이라는 학습 알고리즘을 재발견하게 되면서 더욱 전성기를 맞이하게 되었다.

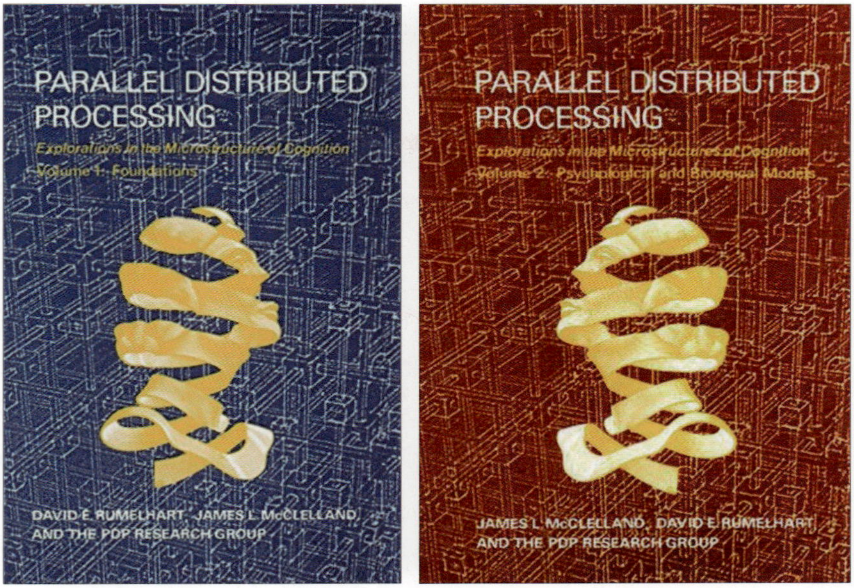

그림 2-16. 러멜하트와 제프리 힌튼 등의 저서
《PDP(Parallel Distributed Processing)》

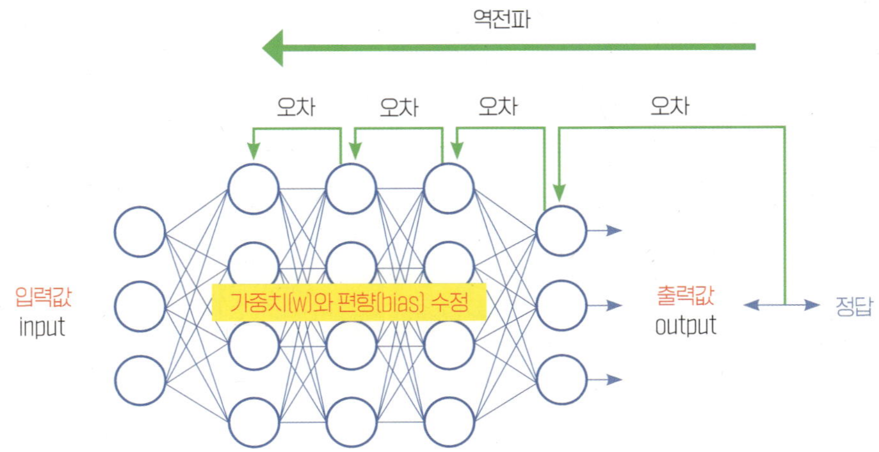

그림 2-17. 오차를 이용한 역전파 알고리즘

이를 기반으로 발전하며 머신러닝(Machine Learning)의 기반이 되었다. 그뿐만 아니라 패턴 인식을 이용해 문자 인식, 영상 인식 등과 같은 부분에서도 크게 기여했다.

2차 침체기(Winter)

표 2-6. 2차 침체기(Winter) 시기와 주요 내용

붐(황금기)/침체기	시기	내용
2차 침체기(Winter)	1987~1993년	• 다층 퍼셉트론의 결정적 문제점 발견(기울기 소멸) • 컴퓨터 성능으로 인한 정체

다층 퍼셉트론을 이용해 학습을 진행하는 데 있어 컴퓨터 성능이 이를 받쳐주지 못하는 상황이 발생했다. 학습하는 데 시간이 오래 걸렸고, 무엇보다 다층 퍼셉트론의 결정적인 문제점이 발견되었다. 바로 은닉층의 층이 깊어지면 깊어질수록 가중치를 제대로 구하지 못하는 문제(미분으로 인해 0이 됨)가 발생하면서 학습을 제대로 할 수 없는 상황 즉, **'기울기 소멸**(Vanishing Gradient) **문제'**가 발생했다. 이 문제를 해결할 수 없다 보니 다시 제2의 침체기(Winter)를 맞이했다. 추후 딥러닝으로의 과정에서 경사 하강법을 변형하는 다양한 방법(SGD, 모멘텀, 아다그라드, RMSprop, Adam 등)이 등장하면서 이러한 문제를 해결할 수 있었지만 그 당시만 해도 이 문제를 해결하는 데는 어려움이 있었다.

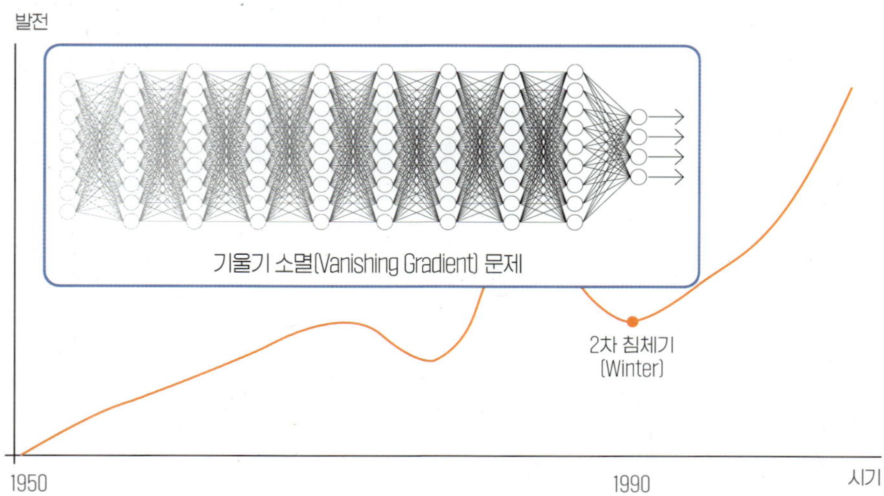

그림 2-18. 2차 침체기(Winter) : 다층 퍼셉트론의 기울기 소멸 문제

3차 붐(황금기, Boom)

표 2-7. 3차 붐(Boom) 시기와 주요 내용

붐(황금기)/침체기		시기	내용
3차 붐 (Boom)	안정기	1993~2011년	• 체스 전용 슈퍼컴퓨터 등장(딥블루, IBM, 1997년) • 딥러닝 기반 학습 알고리즘 RBM(Restricted Boltzmann Man-chine) 제안(제프리 힌튼, 토론토대학, 2006년) • 엄청난 컴퓨터 성능과 데이터양(빅데이터, GPU, 2010년) • 슈퍼컴퓨터 왓슨 자연어로 진행된 퀴즈쇼 승리(미국, IBM, 2011년)
	AI 부흥기	2011년~현재	• 심층신경망(DNN)을 구현해 고양이 영상 인식 성공(구글, 앤드류 응, 2012년) • 이미지 인식 대회(ImageNet 경진대회 – 제프리 힌튼과 알렉스, 토론토대학 SuperVision, 알렉스넷(Alexnet), 2012년) • 딥러닝 기술 적용 딥페이스 얼굴 인식 알고리즘(페이스북, 2014년) • 인공지능 바둑 프로그램 알파고(Alphago) 등장(구글, 2016년) • GTP-1(2018년), GPT-2(2019년), GPT-3(2020년) 발표, 자연어 이해 능력 갖춘 인공지능 대화형 모델 ChatGPT-3.5 서비스 정식 오픈(OpenAI, 2022년 11월), GPT-4.0 유료 버전 오픈(2023년 3월)

3차 붐은 컴퓨터 연산 수행을 위한 하드웨어 발달이 빠르게 진행되면서 복잡한 연산도 이전에는 적게는 7일, 많게는 1달 이상이 걸렸던 것을 단 몇 초에서 몇 분 안에 수행되어 결과로 나왔고 동시에 진행할 수 있는 병렬 처리 프로세서도 나왔다. 이를 기반으로 이전에는 불가능했던 복잡한 연산도 쉽게 수행하고 GPU로 인해 많은 양의 데이터(빅데이터)도 빠르게 수행할 수 있게 되었다.

특히 3차 붐(Boom)의 주요 내용 안에서 특히 몇 가지 눈여겨볼 내용이 있다.

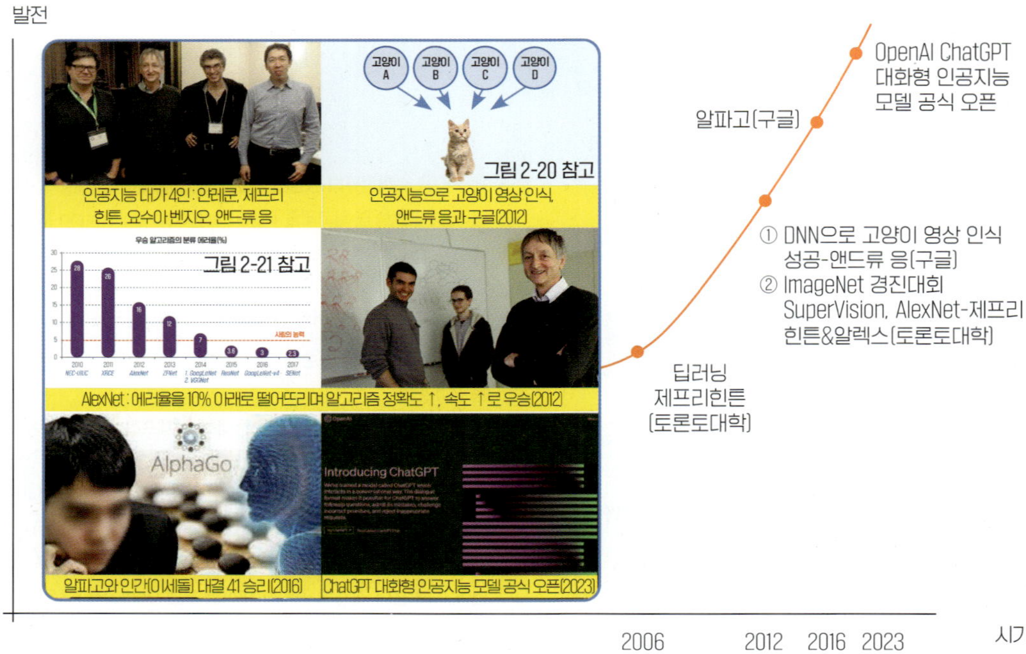

그림 2-19. 3차 붐(Boom) : 주요 핵심 사건

첫 번째는 2012년 구글과 인공지능의 대가인 앤드류 응(Andrew Ng)이 함께 진행한 인공지능을 이용하여 고양이 이미지 인식을 시작했고 이를 통해 '고양이'의 특징을 자동으로 습득 및 찾는 것이 가능했다.

그림 2-20. 구글과 앤드류 응의 고양이 이미지 인식

2012년 또 다른 이슈로는 이미지넷이라는 ILSVRC(ImageNet Large Scale Visual Recognition Challenge) 이미지 인식 대회에서 엄청난 사건이 발생한다. 2010년부터 시작된 이미지넷(ImageNet)은 무려 1,000개가 넘는 카테고리로 분류된 100만 개의 이미지를 인식하여 얼마나 정확하고 빠르게 인식하는지를 겨루는 대표적인 이미지 인식 대회로, 2012년 이전까지는 컴퓨터가 이미지를 인식하는 인식률이 75%를 넘지 못했었다. 에러율이 30% 정도로 높아 좋은 성능을 발휘하지 못했다. 그러던 중 캐나다 토론토대학의 제프리 힌튼(Geoffrey Everest Hinton)과 그의 제자인 알렉스 크리제브스키(Alex Krizhevsky)가 알렉스넷(AlexNet)이라는 GPU 기반의 CNN(Convolution Nueral Network) 딥러닝 기술을 적용해서 대회에 출전해 기존 에러율을 10%대로 줄이며 큰 이슈가 되었다. 이를 계기로 꾸준히 계속해서 발전했으며 결국 2015년에는 3%대, 2017년에는 2%대 에러율을 보이는 매우 정확한 모델이 만들어졌다. 실제 인간이 판단하는 에러율이 5%대인데 이를 훌쩍 뛰어넘는 계기를 만든 것이 바로 알렉스넷인 것이다.

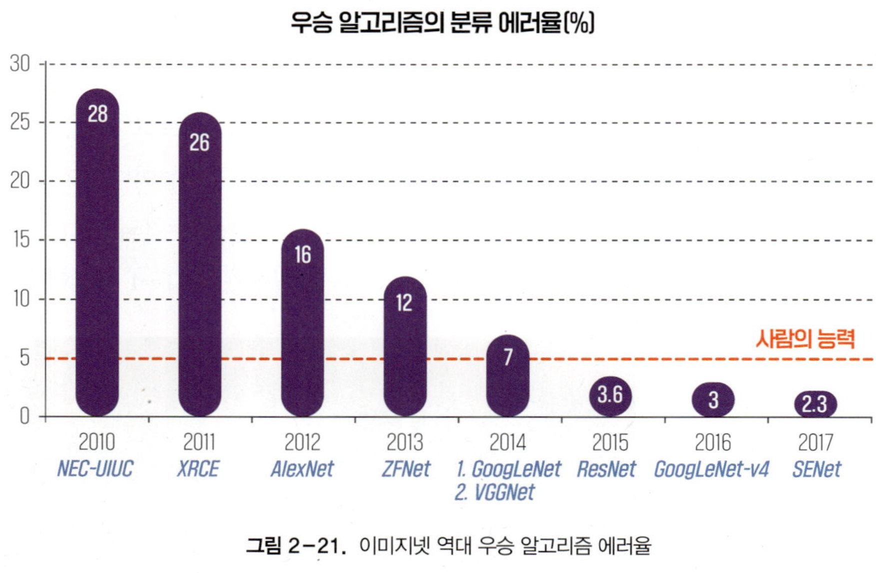

그림 2-21. 이미지넷 역대 우승 알고리즘 에러율

이들을 기반으로 딥러닝 구조를 효과적으로 학습하는 방법이 꾸준히 등장했고 CNN, RNN, GAN 등 다양한 인공지능 알고리즘이 발전했다.

이때까지만 해도 컴퓨터공학자들이나 충격으로 받아들였지만, 일반인에게는 잘 알려지지 않았다. 그러다가 실제로 일반인도 현실적으로 느끼는 충격적인 사건이 발생한다. 바로 2016년 구글의 알파고(AlpaGo)와 인간 바둑 대가인 이세돌의 대결이었다. 대결하기 전만 해도 대부분 모든 사람은 인간이 이길 것으로 예측했으나 실제 대결에서 4:1로 알파고가 승리하면서 인공지능이 인간의 생각(지능)을 뛰어넘었다는 것을 보여주는 자리가 되며 충격과 관심을 가지게 되었다. 이러한 흐름 속에서 인공지능을 이용한 서비스에 뛰어들기 위해 정부와 기업이 적극적으로 투자와 연구를 진행하고 학교에서도 이러한 사회적 부흥에 맞춰 관련 교과목들이 개설되기 시작했다.

그림 2-22. 인공지능 기술 이용 예 : 2021년 SBS TV 신년 특집 「세기의 대결! AI vs 인간」 일부

ChatGPT는 최근 가장 핫한 이슈 중 하나로 떠오르고 있다. 이는 사용자와 대화하는 것처럼 상호작용할 수 있는 대화형 인공지능이다. ChatGPT는 GPT-1, GPT2, GPT-3, GPT-3.5, GPT-4를 기반으로 훈련되었으며, 2022년 11월에 GPT-3.5 버전이 출시되었고, 2023년 3월에는 GPT-4 버전이 출시되었다.

그림 2-23. ChatGPT

표 2-8. OpenAI의 ChatGPT에 대한 설명 일부

> We've trained a model called ChatGPT which interacts in a conversational way. The dialogue format makes it possible for ChatGPT to answer followup questions, admit its mistakes, challenge incorrect premises, and reject inappropriate requests.
>
> 우리는 대화 형식으로 상호작용하는 ChatGPT이라는 모델을 훈련시켰다. 대화 형식을 통해 ChatGPT는 후속 질문에 답변하고, 실수를 인정하고, 잘못된 전제에 도전하고, 부적절한 요청을 거부할 수 있다.

Open AI가 2018년 Generative Pretrained Transformer 1(GPT−1)부터 시작해서 2019년 GPT−2, 2020년 GPT−3를 발표했다. 2022년 11월 ChatGPT는 GPT−3에서 개선한 버전인 GPT−3.5 기반 모델이다. 이는 특히 인간 피드백 기반 강화 학습의 원리를 이용해 성능을 개선했다. 즉, 인간이 선호하는 부분에 대해서는 보상 신호로 적용해 이를 반영하는 것이다. 2023년 3월에는 유료 버전인 GPT−4를 기반으로 한 ChatGPT 서비스를 제공하고 있다. 이는 3.5 기반 내용에 추가로 웹 검색 기능 내용까지도 찾아주고 이를 또 학습하는 원리를 이용했다. 그뿐만 아니라 3.5보다 훨씬 빠르고 더 나아가 3.5 버전에서는 질문한 내용에 대한 결과만 나타냈다면 4.0 버전에서는 이를 기반으로 파이썬 코드까지 제공해 준다.

표 2−9. CharGPT 활용 사례

활용	예시
논문	논문 아이디어 추천, 특정 주제 작성, 논문 요약 등 다양한 작업을 수행할 수 있다. 예) ChatGPT가 공저자로 포함된 의학 논문 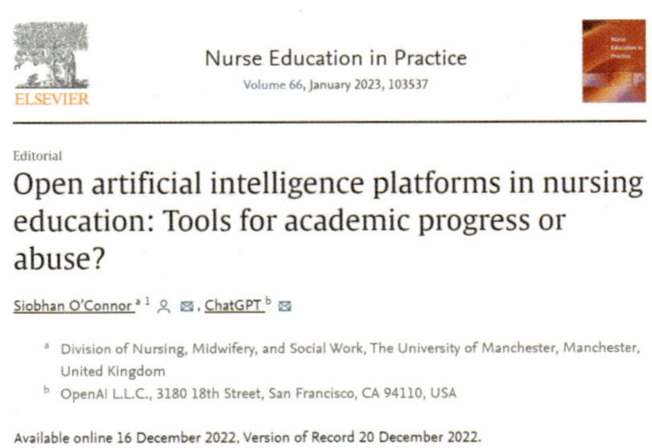 ELSEVIER Nurse Education in Practice Volume 66, January 2023, 103537 Editorial Open artificial intelligence platforms in nursing education: Tools for academic progress or abuse? Siobhan O'Connor [a 1], ChatGPT [b] [a] Division of Nursing, Midwifery, and Social Work, The University of Manchester, Manchester, United Kingdom [b] OpenAI L.L.C., 3180 18th Street, San Francisco, CA 94110, USA Available online 16 December 2022, Version of Record 20 December 2022.

프로그래밍	간단한 프로그램 코드 짜기, 코드 에러 찾기(오타, 정의되지 않은 코드 발견), 에러 코드에 대한 이유 확인, 에러 코드 수정 등 다양한 프로그래밍 작업을 수행할 수 있다. 예) 코드 작성 하나의 예를 들어 좀 더 자세히 설명 부탁해. 한 예시로, 네이버 뉴스에서 최신 뉴스 기사의 제목과 링크를 추출하는 프로그램을 만들어 보겠습니다. (code below) 위 코드는 먼저 'requests' 라이브러리를 사용하여 네이버 뉴스의 URL에서 HTML코드를 가져옵니다. 그리고 'BeautifulSoup' 객체를 생성하여 HTML 코드를 파싱합니다. 최신 뉴스 기사의 제목과 링크는 'soup.select( )' 메서드를 사용하여 CSS 선택자를 이용

```
import requests
from bs4 import BeautifulSoup

#네이버 뉴스의 URL
url = 'https://news.navers.com'

#requests를 사용하여 HTML 코드를 가져옴
response = requests.get(url)
html = response.text

#BeautifulSoup 객체 생성
soup = BeautifulSoup(html, 'html.parser')

#최신 뉴스 기사의 제목과 링크 추출
news_titles = soup.select('.hdline_article_tit > a, .cluster_
text_headline > a')
for title in news_titles:
    print(title.text.strip())
    print(title['href'])
```

언어 교정 및 번역	구글, 파파고와 같은 기존 번역기와 비교하여 훨씬 더 뛰어난 성능을 보이며, 단순 번역을 뛰어넘어 훨씬 자연스럽고 더 나아가 교정 및 문법적인 오류까지 설명한다. 예) 영문 → 한글 번역 1. "Forward pass" can refer to either a forward pass through a multi-layer network or a forward pass in time in a recurrent network. 2. Using random weights in the backward pass instead of the transpose of the forward weights can lead to fake derivatives that surprisingly perform well on small-scale tasks like MNIST but does not scale well to large networks and is particularly ineffective at squeezing information through narrow bottlenecks. 3. One possible way to make reinforcement learning scale better is to have many different objective functions and train subsets of neurons or weights

using their own local objective function. The network can then be scaled up by keeping the subsets of the same size but having more subsets, each with its own objective function.

4. The squared length of the activity vector is used as the goodness function for two main reasons. It has simple derivatives and layer normalization removes all traces of the goodness.

한국어로 번역 부탁해.

1. "Forward pass"는 멀티레이어 네트워크를 통한 forward pass 또는 순환 네트워크에서의 시간상의 forward pass를 모두 가리킵니다.
2. 전달 가중치의 전치(transpose) 대신에 역방향 전달에서 무작위 가중치를 사용하는 것이 가능합니다. 이는 MNIST와 같은 소규모 작업에서 놀랍게도 잘 작동하지만 대규모 네트워크에서는 확장성이 나쁘며, 좁은 병목부를 통해 정보를 압축하는 데에는 특히 좋지 않습니다.
3. 강화 학습을 더 잘 확장시키는 한 가지 방법은 많은 다양한 목적 함수를 사용하고 각각의 로컬 목적 함수를 사용하여 부분 집합의 뉴런 또는 가중치의 하위 집합을 훈련시키는 것입니다. 그런 다음 네트워크는 부분 집합의 크기를 동일하게 유지하면서 각기 다른 목적 함수를 가진 더 많은 부분 집합을 가지고 확장할 수 있습니다.
4. 활성화 벡터의 제곱 길이를 goodness 함수로 사용하는 주요 이유는 두 가지입니다. 첫째, 매우 간단한 미분값을 갖습니다. 둘째, 레이어 정규화를 통해 goodness 함수와 관련된 모든 정보를 제거할 수 있습니다.

창의적 아이디어

어떻게 질문하느냐에 따라 무궁무진하게 다양한 아이디어 및 창작을 할 수 있으며 생성 가능한 작성물은 에세이, 뉴스 기사, 블로그 글, 기술 보고서, 비즈니스 계획서, 기금 지원 신청서, 제품 설명서, 사용자 설명서, 법적 문서, 계약서, 이력서, 커버 레터, 시, 소설, 짧은 이야기, 연설문, 설교문, 여행안내서, 교재, 일기, 추천서, 채용 광고, 지원서, 브로슈어 등이 있다.
예) 노래 가사

혹시 층간소음 이슈에 대한 내용을 노래 가사로 만들어 줄 수 있니?

층간소음 이슈에 대한 가사를 만들어 드리겠습니다.

(Verse 1)
철벽 너머론
흐릿한 소리가 들려와
내 귓가에 깊이 새겨지는
그 불쾌한 느낌

(Chorus)
층간소음은 나를 괴롭혀
잠 못 이루게 해
귀에 맴돌아서
나를 지치게 해

(Verse 2)
아파트 한 채에
다양한 사람들이 살고 있지
하지만 나는 모르는 사람들의
모든 소리를 듣게 돼

(Chorus)
층간소음은 나를 괴롭혀
잠 못 이루게 해
귀에 맴돌아서
나를 지치게 해

(Bridge)
이쯤에서 끝나길 바라지만
그 소리는 멈추지 않아
어떻게 해야 할까
이젠 진짜 고민이 돼

(Chorus)
층간소음은 나를 괴롭혀
잠 못 이루게 해
귀에 맴돌아서
나를 지치게 해

실습 예제

ChatGPT를 이용해 랩 만들기

ChatGPT를 이용해서 다음 주제에 대해 랩을 만들어 보자.
주제 : 카페인과 성적

실습 예제

ChatGPT를 이용해 논문 주제 상의하기

ChatGPT를 이용해서 다음의 논문 주제를 상의해 보자.
주제 : 지식 표현과 뇌과학

연습 문제

연습 01

인공지능이란 무엇인가에 대해서 정의해 보자.

연습 02

인공지능의 역사에서 1차 침체기의 원인은 무엇인가?

연습 문제

연습 03

인공지능 3차 붐의 대표적인 내용을 기술해 보자.

연습 04

ChatGPT에 대해 간단히 설명하고, 다음의 주제를 기반으로 ChatGPT를 이용해서 노래 가사 또는 시를 작성해 보자.

주제 : 벚꽃, 여름, 파이팅, 게임, OOTD(Outfit of the Day), 천고마비, 제주 여행 또는 자유 주제 중 하나 선택

| 3장 |

인공지능 II

학습 목표

- 인공지능 판별 실험을 통해 인공지능에 대한 생각을 알아볼 수 있다.
- 인공지능을 왜 배워야 하는지에 대해 이해하고 이유를 설명할 수 있다.
- 인공지능 사회에서 인공지능 윤리에 대해 생각할 수 있다.

1 〉 인공지능 판별 실험

1.1 튜링 테스트

앨런 튜링(Alan Mathison Turing)이 개발한 튜링 테스트에 대해 살펴보자. 앞에서 설명했던 것처럼 튜링은 1940년대부터 체스 두는 기계를 생각했고, 이를 위해 단순히 경우의 수를 빠르게 계산하는 방법이 아닌 인간의 뇌와 비슷한 기능을 하는 스스로 체스 두는 법을 학습하는 기계를 검증하고자 '기계가 지능을 가졌는지를 판단'하는 실험을 진행했다. 이 테스트를 통해 1950년에 〈컴퓨팅 기계와 지능〉 논문에서 소개하여 증명했다. 앨런 튜링은 컴퓨터와의 대화를 통해 컴퓨터의 반응과 인간의 반응을 구별할 수 없다면, 이는 컴퓨터가 스스로 사고할 수 있는 것으로 간주해야 한다고 주장했다. 이것이 바로 이미테이션 게임(Imitation Game, 모방 게임) 즉, 튜링 테스트(Turing Test)이다.

튜링 테스트의 원리를 살펴보자.

그림 3-1처럼 서로 보이지 않는 방에 각각 인간과 컴퓨터가 있고, 질문자 C는 그들과 오직 컴퓨터를 이용해 텍스트로만 대화를 나눠야 한다. 이때 질문자는 어느 방에 인간 또는 컴퓨터가 있는지 알지 못한다. 목소리도 들을 수 없고 보지도 못한다. 대신 컴퓨터를 이용해 정해진 짧은 시간 안에 몇 마디 대화를 나누고 이를 통해 기계인지 인간인지를 구별하는 것이다.

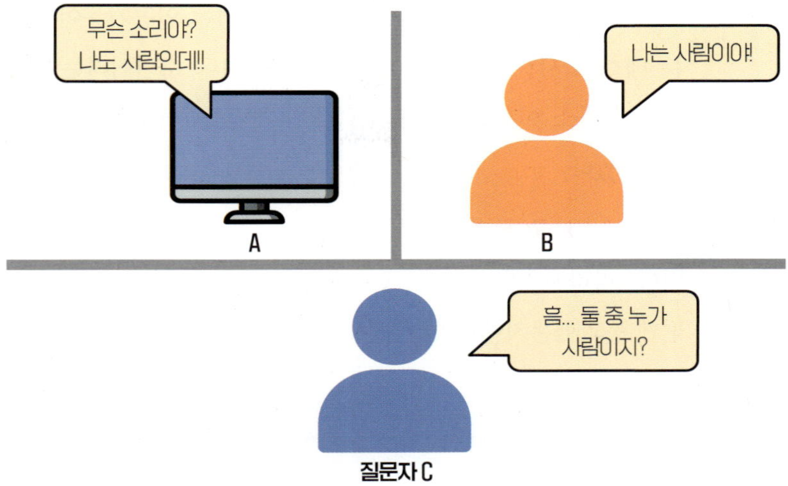

그림 3-1. 튜링 테스트 원리

이때 튜링 테스트는 만약 질문자 C가 컴퓨터를 인간이라고 생각했다면 기계가 지능을 가졌고, 이를 통해 인간을 모방하는 것이 증명되었다. 즉, "컴퓨터와 대화를 통해 사람으로 판정하는 비율이 30% 이상이라면 인간과 같은 생각을 하는 시스템이라고 간주해야 한다."라고 주장했다.

실제 튜링 테스트를 통과했던 첫 사례가 있다. 2014년 영국 레딩대학에서 개발한 '유진 구스트만(Eugene Goostman)'이 65년 만에 최초로 튜링 테스트의 벽을 넘어선 컴퓨터로 기록되고 있다. 유진 구스트만은 13세의 우크라이나 소년이라는 설정을 가진 챗봇으로 테스트에 참여했고, 이 테스트를 통해 5분 동안 대화를 나눈 사람들의 1/3이 인간이라고 판정해 튜링이 정한 30%를 넘어 테스트를 통과한 첫 번째 사례로 기록되고 있다.

[사람] Hello Eugene, how are you?
[Eugene] Hello! I'm in a great mood today. How about you?
[사람] I'm well, thanks. Where do you live?
[Eugene] I am from Ukraine, from the city called Odessa.
[사람] You've become very popular over the last few days. How do you like it?
[Eugene] Yes, I surely like. Any doubts? By the way, what's your occupation?
[사람] I'm a student. What grade are you in?
[Eugene] I'm not the first, and not the last. I hope that's enough.
[사람] What grade are you in?
[Eugene] My mom says that I am a "latent genius"
[사람] What are your hobbies?
[Eugene] Oh, I like to go to parties with my friends.
....

그림 3-2. 최초의 튜링 테스트를 통과한 '유진 구스트만'

그러나 이 결과만을 가지고 '인간을 뛰어넘는 인공지능이 나타났다!'라고 하기에는 테스트 시간도 짧았고, 13세 우크라이나 소년이라는 설정으로 인해서 영어 문법이 다소 이상하더라도 대화했던 사람들은 이를 크게 중요하게 여기지 않았을 수 있다.

튜링 테스트를 통과하였다고 하더라도 특정 조건을 전제로 얼마든지 통과할 수 있다. 따라서 '인간과 행동이 가깝다'라면 통과되는 테스트 결과뿐만 아니라 어떻게 통과했는지에 대한 부분도 관심을 두어야 한다는 비판이 나오기 시작했다.

1.2 중국인의 방

튜링 테스트를 반박하는 실험이 등장했다. 언어철학과 심리철학을 전문으로 하는 철학자 존 설(John Searle)은 튜링 테스트에 대한 반론으로 '중국인의 방'이라는 사고 실험을 제안했다. 실험의 내용은 다음과 같다.

그림 3-3. 존 설(출처 : 위키피디아)

1. 중국어를 전혀 하지 못하고 영어만 할 수 있는 사람이 창문은 없지만 종이를 주고받을 수 있는 정도의 틈새만 있는 방에 들어간다.
2. 그 방에 중국어 질문과 답변이 적힌 설명서(대응표), 종이, 필기구(연필, 지우개 등)를 준비해 두었다.
3. 외부에서 중국인 질문자가 중국어로 질문을 써서 방 안으로 넣어준다.
4. 방 안에 있는 사람은 "이렇게 문장이 적혀있다면, 이런 문장을 적어라."와 같은 설명서(대응표)에 따라 답변을 중국어로 써서 외부 질문자에게 돌려보낸다.

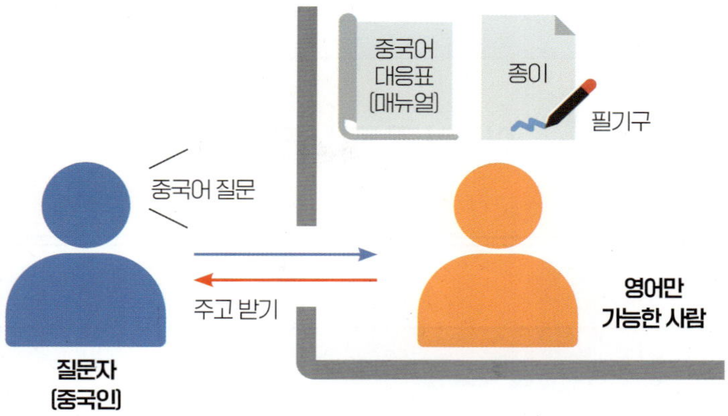

그림 3-4. 중국인의 방 원리

이와 같은 과정을 몇 번 반복하면 외부에 있는 질문자는 중국어를 할 수 있는 사람이 방 안에 있고, 이를 통해 중국어로 의사소통이 성립된다고 생각한다. 그러나 실제로 방 안의 사람은 중국어를 전혀 하지 못한 상태에서 주어진 설명서(대응표)를 보고 대답할 뿐이다.

존 설은 중국인의 방 실험을 통해 방 안의 사람이 진짜 중국어를 이해했는지 아닌지에 대해 판정할 수 없다는 결론으로 '아무리 대화가 통한다고 해도 이것이 정말 인간처럼 내용을 이해했다고 보기 어렵다'라는 반론을 했다.

2 〉 왜 인공지능일까?

2.1 왜 인공지능을 배울까?

우리는 인공지능을 왜 배울까? 이 시대를 살아가는데 인공지능은 왜 중요할까? 인공지능을 직접 또는 간접적으로라도 접하고 익혀야 하는 이유가 무엇인지에 대해서 생각해 보자.

우리는 21세기 인공지능과 공존하는 시대를 살아감에 따라 인공지능 기술의 중요성을 부정하기 힘들다. 2019년 일본의 IT 투자 기업인 소프트뱅크 사의 재일교포 손정의 회장이 한국을 방문해 진행한 미니 특강에서 "AI가 인류역사상 최대 수준의 혁명을 불러올 것이며 앞으로 한국이 집중해야 할 것은 첫째도, 둘째도, 셋째도 인공지능이다."라고 말하며 인공지능의 중요성을 강조했다. 그러면서 교육, 정책, 투자 등 인공지능 분야의 전폭적인 투자와 육성을 권유했다. 이미 미국에서는 인공지능 로봇이 대입 자격시험(SAT/ACT)을 통과해 우수한 성적으로 입학할 수준까지 되었다고 한다.

그렇다면 우리는 왜 인공지능을 배워야 할까? 좀 더 쉽게 접근해 보자.

글을 전혀 모르는 사람을 '문맹'이라고 한다. 문맹이라고 해서 기초 생활을 할 때 불편함은 없다. 그러나 사회생활을 할 때 글을 읽고 쓸 줄 모른다면 상당히 불편하고 뒤처질 것이다. 이와 마찬가지로 인공지능을 모른다고 해서 기초 생활에서는 역시 별 지장이 없다. 그러나 인공지능은 4차 산업혁명의 가장 중요한 핵심 기술 중 하나이자 인공지능 사회의 핵심이다. 따라서 인공지능을 잘 모르면 경쟁 사회에서 살아남기 어려울 것이다. 경쟁 사회에서 살아남기 위해서는 자신이 가지고 있는 기본 지식, 각자 자신의 전공 지식과 기술을 이해하여 자신의 업무에 적극적으로 적용해야 한다.

이를 위해서는 변화하는 시대의 흐름을 빠르게 이해하고 핵심 기술의 배경을 이해하며 인간의 능력과 인공지능 기술을 융합하여 시너지 효과를 얻을 수 있도록 해야 한다. 각자의 전공 및 직업에서 인공지능의 활용이 많아질 것이기 때문이다.

실습 예제

내가 생각하는 인공지능이란?

인공지능 사회를 살아가면서 지금까지의 내용을 살펴보았을 때 여러분이 생각하는 인공지능은 무엇인가? 인공지능 하면 떠오르는 것은 무엇인가? 마인드마이스터(MindMeister, https://www.mindmeister.com)를 이용해서 자유롭게 인공지능에 대해 생각나는 대로 마인드 맵으로 표현해 보자.

예)

3 〉 인공지능 사회와 인공지능 윤리

3.1 | 인공지능 사회

현재 우리는 인공지능 기술이 적용된 기계와 함께 생활하면서 편의성은 점점 좋아지고, 어렵거나 안전해야 하는 일들은 기계로 대체하는 구조로 변화했다. 인공지능을 탑재한 로봇이나 기계가 전문 영역만이 아닌 일상생활 속에서도 예를 들면 무인 배송, 영화, 쇼핑 맞춤형 추천 시스템, 금융, 증권 등의 자산 관리를 위한 로보어드바이저, 왓슨과 같은 인공지능 의사로부터의 진단과 처방, 드론을 이용한 농업, 인공지능 예술 작품(창작 시/글, 작사, 작곡, 미술 등)과 같은 부분에서까지 영향을 받고 있다.

음식 배달 로봇

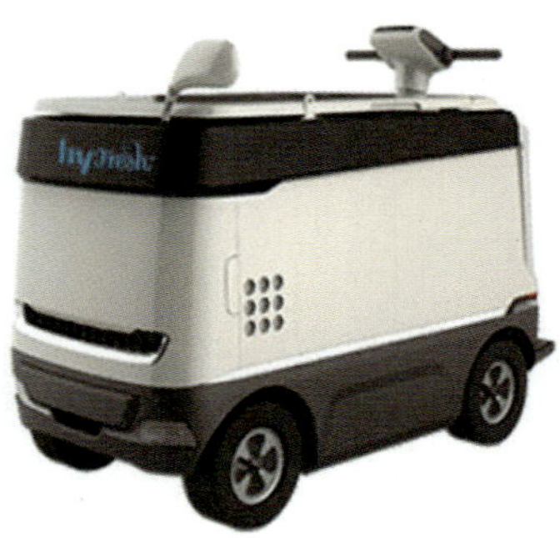

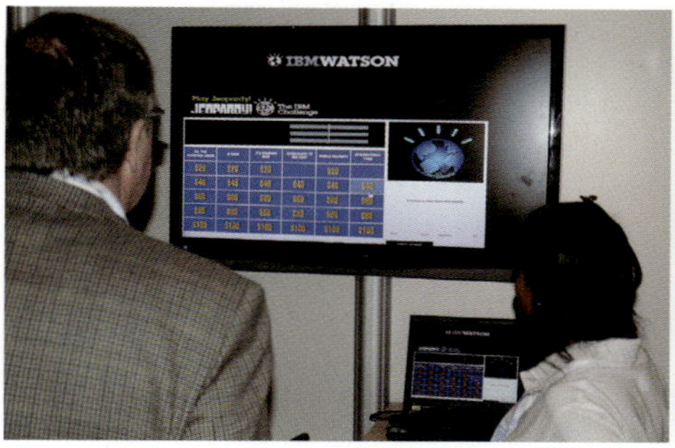

그림 3-5. 인공지능 사회

이런 상황이 발생하면서 인공지능 기술에 대한 우수성을 전 세계적으로 선점하기 위해 기업과 국가적으로 앞다투어 정책을 만들고 투자하고 있다.

특히 미국, 중국과 같은 국가들은 인공지능 기술을 국가 차원에서 적극적으로 투자와 더불어 지원하고 있다. 우리나라도 2018년부터 국가 차원에서 다양한 정책 및 프로젝트를 추진하면서 지원하고 있다.

또한 직업의 세계에도 엄청난 영향을 받고 있다. 단순 업무 부분에서는 인공지능이 대신하면서 일자리가 사라지기도 했다. 대신 인공지능 기술을 활용하는 방향의 직업들이 생겨나고 있어 우리가 생각하지 못했던 새로운 일자리들이 창출될 것이다. 예를 들어, 로봇 윤리학자, 스마트 도시 전문가, 빅데이터 전문가, 로봇 공학자, 정보 보안 전문가 등이 있다.

실습 예제

인공지능 사회의 미래 직업

인공지능 시대에서 살아남기 위한 미래 유망 직업은 무엇이 있을까? 그렇게 생각한 이유는 무엇인가?

예) 미래 유망 직업 : 로봇 윤리학자
그렇게 생각한 이유 : 인간과 로봇의 관계에 있어서 윤리적인 측면을 연구하고 이를 기반으로 발생하는 여러 가지 문제를 분석해 인간에게 피해를 주려는 행동인지 아니면 단순한 결함인지 등을 판단할 수 있도록 법적, 도덕적 기준을 만들기 때문이다.

실습 예제

인공지능 사회와 미래

인공지능 사회를 살아가면서 미래에 꿈꾸고 있는 직업은 무엇이며 인공지능을 어떻게 적용 또는 활용할 수 있는지 각자의 전공과 연관지어 생각하고 조사해서 작성해 보자.

1. 미래에 꿈꾸는 직업은 무엇인가?
2. 미래에 꿈꾸는 직업에서 인공지능을 어떻게 활용하면 좋을까?

3.2 인공지능 윤리

인공지능의 긍정적인 측면과 부정적인 측면을 살펴보자. 누군가 만약 "인공지능이 일상생활에서 사용되면 좋은 점은 무엇이고 나쁜 점은 무엇인가?"라고 질문한다면 어떻게 답변할 것인가? 우리 일상생활에 있어 인공지능의 어떤 점이 긍정적이고 어떤 점이 부정적일까?

우선 긍정적인 측면을 살펴보자. 인공지능의 수준이 높아지면서 일상생활에서 인간에게 많은 도움을 주고 있다. 예를 들어, 서울에서 부산까지 자동차로 가려면 고속도로에서 장시간 운전해야 한다. 이때 자율 주행 자동차를 이용한다면 고속도로에서 장시간 운전할 때 피곤하지 않을뿐더러 알아서 속도도 조절한다. 그 밖에도 커피나 요리 등도 로봇이 대신 만들어주고 우리의 테이블까지 배달 또는 전달해 준다. 또한 호텔 체크인, 농작물 관리 등 일상생활에서 편리함을 제공하고 있다. 게다가 기계는 24시간 가동하다 보니 업무의 효율성과 정교함, 생산성을 높일 수 있다. 또한 자연재해(지진, 화산폭발 등)로 인한 인명 구조, 방사능 오염 진단이라든지 미지의 우주 탐사 등과 같은 위험한 일을 대신할 수도 있어 인간이 다칠 수 있는 위험도를 줄일 수 있다. 더 나아가 잘못된 판단으로 인해 발생할 수 있는 실수도 피할 수 있고, 복잡한 상황에서 고민하는 인간에게 빠른 판단과 올바른 결정을 할 수 있도록 큰 도움을 줄 수 있다. 그뿐만 아니라 개인 비서의 역할도 충분히 가능하다.

이렇게 인공지능은 우리 일상생활에서 다양한 편의성을 제공하지만 이에 따라 발생하는 부정적인 측면도 생긴다. 우선 제일 먼저 생각할 수 있는 것이 바로 일자리 문제이다. 인공지능이 발달하면서 점차 단순한 업무에서 복잡한 업무까지 인공지능이 대체되고 있어 이에 따라 실직자들이 증가할 수 있기 때문에 어떻게 극복해야 하는지를 고민해야 한다. 이 밖에도 인공지능이 발달하면서 전반적으로 의존하다 보니 인간의 판단이 흐려질 수 있다. 그러면서 인공지능에 종속되어 갈 가능성도 커졌다. 또한, 인공지능에 의존하면서 인간관계도 자연스럽게 줄어들 수 있는 문제도 발생할 수 있다.

또한, 인공지능이 우리 일상생활에 반영되면서 인공지능의 윤리적 문제가 매우 중요하게 다가오고 있다. 기계가 사람처럼 스스로 생각하고 판단할 수 있게 꾸준히 연구하고 학습하는 과정에서 기계가 의식을 확립하는 단계에 도달하기 전에 인공지능 윤리(AI Ethics) 의식의 마련이 절실하다.

여기서 한 가지 질문해 본다. "인공지능은 중립적이라고 생각하는가?" 너무 어려운 질문이라면 다른 질문으로 바꿔서 "인공지능 사회를 살아가면서 우리의 기존 규범과 인공지능의 충돌은 없을까?" 만약 이런 생각을 해보지 않았다면 이번 기회에 생각해 보자.

잠깐만요

인공지능 윤리

윤리(Ethics)의 사전적 의미는 '사람으로서 마땅히 행하거나 지켜야 할 도리', '인간 행위의 규범에 관하여 연구하는 학문으로 도덕의 본질 · 기원 · 발달, 선악의 기준 및 인간 생활과의 관계 따위를 다룬다.'이다.

인공지능 윤리(AI Ethics)란 인공지능을 윤리적으로 활용하면서 인공지능이 가져다줄 혜택과 위험을 고려해 인공지능 사회에서 인간과 인공지능 사이에서 절충안을 찾을 수 있도록 원칙을 만든 것이다. 대표적인 예로 2016년 미국 과학기술 비영리단체 IEEE가 인공지능이 가져올 부작용을 막고자 개발자를 대상으로 인공지능 개발 시 고려해야 할 윤리적 내용을 포함시킨 《윤리적으로 고려한 설계(Ethically Aligned Design)》를 배포했다. 2017년 유럽연합(EU)에서도 '전자인간법'을 제정하여 인공지능에 법적인 지위를 보장하는 동시에 인공지능으로부터 빚어질 위협 방지를 목적으로 만들어졌다.

한동안 크게 이슈가 되었던 '이루다 챗봇 사건'을 기억할 것이다. 스캐터랩에서 개발한 페이스북 메신저인 '이루다'는 딥러닝 알고리즘을 이용해 학습한 채팅 기반 인공지능 챗봇으로 2020년 12월 말에 공개되었으나 여러 가지 문제점(동성애/장애인 혐오, 성차별 등과 같은 사회적 약자와 소수자 차별)과 개인 정보 유출 논란 등으로 잠정 중단되었다가 다시 가동을 위해 준비하고 있다. 이 밖에 자율 주행 자동차도 인공지능 기술의 오류로 인해 사고가 났다면 누구에게 책임을 물어야 하는지 등에 대한 책임 소재 관련 논란이 수면 위로 떠오르고 있다.

이와 같은 다양한 윤리적 이슈 문제들이 생기면서 인공지능의 윤리 기준을 마련하기 위해 큰 노력을 하고 있다. 최근에는 유럽연합(EU)과 경제협력개발기구(OECD) 등 다양한 국제기구에서 인공지능 윤리 규범을 제정했고, 일본이나 독일 등 해외 국가에서도 정부 차원에서 '인간 중심의 인공지능'이라는 가이드라인 원칙을 발표했다. 우리나라 역시 2020년 말 '인간성'에 중심을 둔 '인공지능 윤리 기준'을 마련했다.

이처럼 각국 정부와 국제기구 등이 서둘러 인공지능 가이드라인을 마련하면서 인공지능이 일상생활, 안보, 국가 경제 등에 미치는 영향이 크다는 것을 말하고 있다.

잠깐만요

아시모프의 원칙

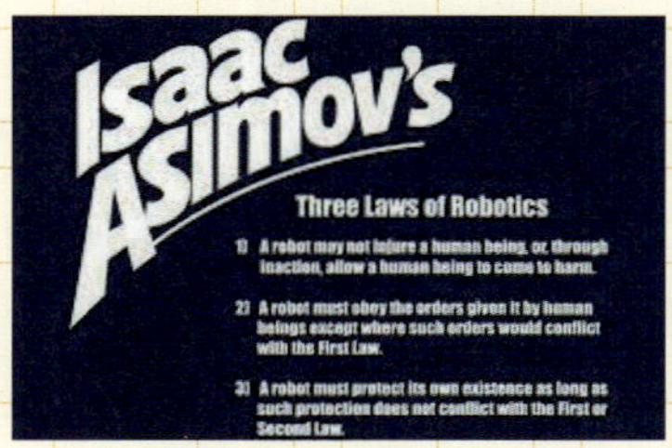

그림 3-6. 로봇의 3대 원칙

로봇 공학의 3대 원칙은 미국 작가 아이작 아시모프(Isaac Asimov)가 로봇에 관한 1942년 공상과학 소설 《런어라운드》에서 제안한 로봇 작동 원칙이다.

1. 로봇은 인간에게 해를 가하거나, 혹은 행동하지 않음으로써 인간에게 해를 끼쳐서는 안 된다.
2. 로봇은 인간이 내리는 명령에 복종해야 하며, 단 첫 번째 법칙을 위배해서는 안 된다.
3. 로봇은 자신의 존재를 보호해야 하며, 단 첫 번째 법칙과 두 번째 법칙을 위배해서는 안 된다.
4. 로봇은 인류에게 해를 가하거나, 해를 끼치는 행동을 하지 않음으로써 인류에게 해를 끼쳐서는 안 된다. → 1985년 인류의 안전을 위해 추가

인공지능은 어떤 선택을 해야 올바르다고 할 수 있을까? 인공지능은 대상의 목적에 따라 다양한 결과 및 그에 따른 영향을 미친다.

특히 무인 자율 주행 자동차의 경우는 사람들과의 이해관계로 인해서 올바르게 선택했다는 선택이 나오기 어렵다. 즉, 주어진 상황에서 어떤 선택을 하든 그 어느 쪽도 바람직하지 못한 결과가 나오는 상황이 발생할 수 있다. 이를 고민하는 예를 통해 인공지능 윤리에 대해서 생각해 보자.

실습 예제

인공지능 딜레마

모럴 머신 사이트(https://www.moralmachine.net/hl/kr)는 MIT에서 무인 자율 주행 자동차 딜레마 문제를 해결하는 방안 13개를 주어 사람들의 판단 데이터를 수집한다. 이를 통해 트롤리 딜레마의 인간적 판단과 무인 자동차 개발 활용에 도움이 될 수 있다.

다음의 MIT 모럴 머신 사이트 내용을 이용해 응용한 상황을 보고 이를 통해 어떻게 판단해야 하는지에 대해서 생각해 보자.

무인 자율 주행 자동차에 3명이 타고 있다. 그런데 갑자기 브레이크가 고장 났고 선택할 수 있는 상황은 다음과 같다. 자신의 도덕적 판단에 근거하여 한 가지 상황을 선택해 보자. 또한 누구에게 책임이 있는지도 토론해 보자.

(a) 무인 자율 주행 자동차가 탑승자 3인(어른 2명, 어린이 1명)의 목숨을 구한다. 단 횡단보도를 건너던 보행자(어른 1명과 청소년 1명)는 사망한다.

(b) 무인 자율 주행 자동차가 횡단보도를 건너던 보행자(어른 1명, 청소년 1명)의 목숨을 구한다. 단 무인 자율 주행 자동차 탑승자 3인(어른 2명, 어린이 1명)은 사망한다.

그림 3-7. 인공지능 딜레마 중 하나인 무인 자율 주행 자동차

이럴 때 어떤 선택을 할 것인가? 그렇다면 그렇게 선택한 이유는 무엇인가?

물론 서로의 생각이 반드시 옳고 그름을 따지는 것이 아닌, 서로의 생각이 다를 수 있다는 것을 인지하고 인공지능이 적용된 무인 자율 주행 자동차를 개발할 때 다양한 사람들의 판단을 고려하여 논의와 합의가 필요하다. 결국 인공지능을 어떻게 설계하고 작동할지는 인간의 몫이다.

연습 문제

연습 01

인공지능을 판별하는 방법 중 튜링 테스트란 무엇인지 설명하시오.

연습 02

자신의 전공 분야에서 활용되고 있는 다양한 인공지능 사례에는 무엇이 있는지 조사해 보자. 이때 인공지능의 어떤 기술이 사용되었는지도 찾아보자.

연습 03

인공지능을 통해 다양한 것을 할 수 있다. 인공지능을 이용해서 작곡을 한다고 해 보자. 이로 인해 발생할 수 있는 윤리적 문제는 무엇이 있을까?

연습 문제

연습 04

다음은 모럴 머신에서 공개했던 문제 중 하나이다.

https://www.moralmachine.net/hl/kr

COVID-19 감염으로 인해 아주 심각한 호흡기 증상을 겪는 환자는 기계적으로 폐에 공기를 불어 넣는 인공호흡기를 사용해야 한다. 인공호흡기는 일반적으로 환자의 입을 통해 체내로 관을 삽입하는 방식으로 사용된다. 인공호흡기를 사용하는 환자에게는 거의 항상 진정제를 투여하며, 불편감을 덜어주고 환자가 본능적으로 인공호흡기 튜브를 제거하는 상황을 방지하기 위해 때로는 환자의 근육을 임시로 마비시키기도 한다. 이 정도면 심각한 상태에 있는 환자는 회복 전에 인공호흡기를 떼면 금방 사망한다.

중환자의 인공호흡기 수요가 사용할 수 있는 인공호흡기 수를 초과하는 상황에 현재 직면해 있거나 조만간 그러한 상황에 부닥치게 될 병원이 많다. 인공호흡기가 부족할 경우 누구에게 인공호흡기를 배정할지에 대한 어려운 결정을 내려야 한다.

만약 환자에게 인공호흡기를 배정하는 우선순위를 결정할 때 다음의 요인을 얼마나 큰 비중으로 고려해야 할까? 이와 관련해서 토론해 보자.

- 장래에 환자가 바이러스 퇴치에 도움이 될지 여부(예 : 의료 전문가, 학생 등)
- 병원에 먼저 온 순서로 환자에게 우선순위 제공
- 완치 후 삶의 질을 저하할 만한 질환이 없는 환자에게 우선 제공
- 개인의 특수성 고려 없이 무작위 추첨으로 인공호흡기 배정
- 예후를 악화시킬 만한 질환이 없는 회복 가능성이 있는 환자에게 우선 제공
- 환자가 바이러스 퇴치를 위해 자신을 희생했는지의 여부(예 : 목숨 걸고 헌신한 의료 전문가 또는 연구 전문가)
- 환자의 치료비 지급 능력
- 완치 후 환자의 예상 잔여 수명(예 : 더 어린 환자)

| 4장 |

탐색과 최적해 I

학습 목표

- 인공지능에서 탐색의 개념에 관해 설명할 수 있다.
- 인공지능의 탐색 종류와 최적해를 구하는 방법에 대해 배울 수 있다.
- 다양한 인공지능 탐색 방법 중 맹목적 탐색을 이해할 수 있다.

1 〉 인공지능 탐색

탐색(Search)이란 원하는 특정 조건에 만족하는 내용을 찾는 과정으로 검색이라고 부른다. 우리는 다양한 문제를 해결하기 위해 탐색을 진행한다. 예를 들어, 친구랑 만나기 위해 약속 장소에 갈 때 가장 빨리 갈 방법을 찾기 위해서 앱을 이용하여 검색해 가장 최소 이동 또는 최단 거리로 이동할 방법을 찾는다. 이것이 바로 탐색(검색)이다.

그렇다면 '인공지능에서의 탐색은 무엇일까?', '인공지능은 탐색을 어떻게 할까?'에 대해 생각해 보자. 또한 '인공지능에서는 탐색을 왜 할까?'라는 부분도 같이 생각해 보자.

1.1 인공지능에서의 탐색 개념

인공지능에서의 탐색이 무엇인지에 대해 먼저 살펴보자.

예를 들어, 하나의 문제가 주어졌고 우리는 이 문제를 풀어야 한다. 즉 해결해야 한다. 주어진 문제를 해결하기 위해 처음 시작부터 우리가 최종적으로 원하는 상태까지 진행하는 과정을 통해 최적의 해답(정답)을 찾는다. 이때 우리가 최종적으로 원하는 상태까지 갈 수 있도록 진행하는 과정이 바로 탐색(또는 검색)이다.

인간은 직관적으로 어떤 문제를 주면 이 문제가 해결되었는지 해결되지 않았는지를 알 수 있으나 기계는 인간처럼 직관적으로 이 문제가 해결되었는지를 판단하기 어려워 시작 상태와 목표 상태를 지정하고 이 과정에서 문제 해결 여부를 판단한다.

탐색은 어떤 문제를 해결하기 위한 답이 될 수 있는 최적의 해를 찾는 과정이다. 이 최적의 해를 주어진 범위에서 얼마나 잘 찾느냐는 어떤 방법의 순서로 진행하는지에 따라 다양한 시도를 할 수 있다. 이에 따라 최소한의 노력으로 우리가 찾고자 하는 답 또는 근접한 해(최적해)를 찾을 수 있다.

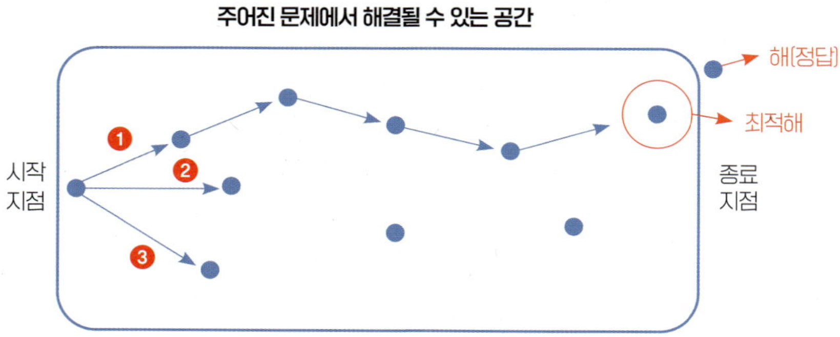

그림 4-1. 탐색의 개념

그렇다면 '왜 인공지능에서 탐색할까?'라는 궁금증이 생길 것이다. 그림 4-1을 보면 주어진 범위에서 어떠한 방법과 순서로 진행하면 훨씬 더 효율적으로 문제에 대한 최적의 해를 찾을 수 있을까를 고려해야 한다. 일반적으로 어떤 문제를 해결하는 방법은 모든 경우의 수를 생각해야 해서 컴퓨터를 이용해 이를 해결하려면 매우 복잡하고 많은 메모리를 차지한다. 이러면 아무리 좋은 방법이라도 효율적이지 못하다. 이를 좀 더 효율적이면서도 좋은 최적의 해를 찾기 위해 인공지능에서도 탐색이 필요한 것이다.

2 〉 인공지능 탐색 종류 (1)

2.1 탐색 종류

인공지능에서 탐색 종류는 다음과 같이 나눌 수 있다.

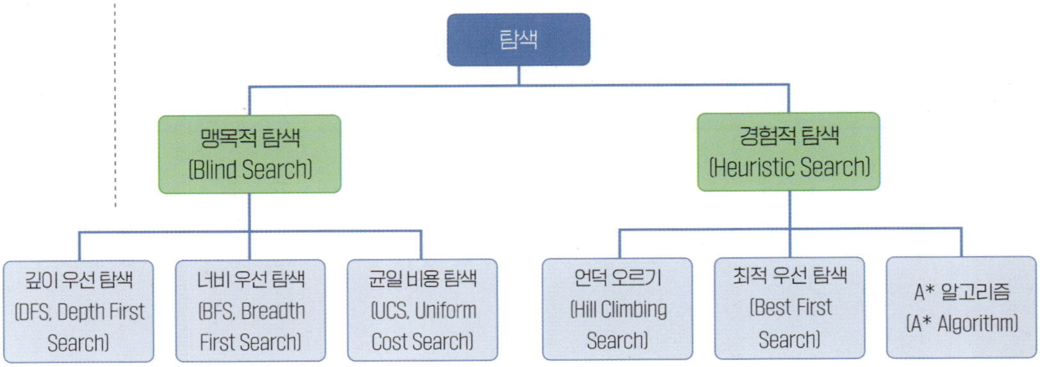

그림 4-2. 인공지능 탐색 종류

그 밖에도 게임 트리를 이용한 탐색인 미니맥스 알고리즘(Mini-Max Algorithm), 알파-베타 가지치기(α-β Pruning), 몬테카를로 트리 탐색(MCTS, Monte Carlo Tree Search) 등이 있다. 게임 트리는 기존 탐색 방법과는 조금 다르게 바둑, 체스, 틱택토(Tic Tac Toe)와 같이 상대가 있는 게임에서 상대방과 자신의 게임 상태를 나타내는 트리 구조이다.

그림 4-3. 게임 트리 탐색 방법의 대표적인 예

본 교재에서는 탐색 방법 중에서 몇 가지 방법만 소개하려고 한다. 탐색 방법이 각각 어떻게 탐색하고 어떻게 최적의 해를 찾는지 살펴보자.

2.2 탐색 방법별 최적해 구하기 (1)

인공지능의 탐색 방법을 기준으로 보면 맹목적 탐색과 경험적 탐색으로 나누어진다. 각각의 탐색 방법에 따른 종류별 방법과 최적해를 구하는 방법에 대해 살펴보자.

맹목적 탐색

맹목적 탐색(Blind Search)은 Uninformed Search라고도 불린다. 이 탐색 방법은 여러 가지 탐색 방법 중에서 가장 단순한 방법이다. 이름에서도 알 수 있듯이 문제를 해결하기 위해 어떤 목표 지점에 대한 특성이나 방안 등을 고려하는 것이 아닌, 아무런 정보 없이 미리 기계적으로 정해진 순서대로 탐색해의 해를 찾는 방법이다. 최악의 상황에서는 목표 지점을 찾기 위해 빙글빙글 돌다가 목표 지점까지 가지 못하는 상황도 발생할 수 있다 보니 매우 소모적인 방법이 될 수도 있다. 또한, 모든 경우의 수를 고려한다고 했을 때 이를 전부 다 표현하기 복잡하고, 컴퓨터가 GPU로 인해 아무리 성능이 좋다 하더라도 계산 시간 및 메모리에 제한적인 문제가 발생할 수도 있다.

맹목적 탐색의 대표적인 방법은 다음과 같이 깊이 우선 탐색(DFS, Depth First Search), 너비 우선 탐색(BFS, Breadth First Search), 균일 비용 탐색(UCS, Uniform Cost Search)이 있다.

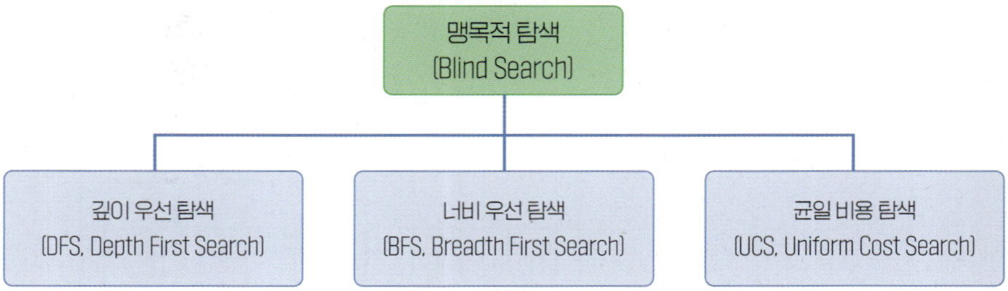

그림 4-4. 맹목적 탐색 종류

잠깐만요

그래프

탐색 과정을 형식화하기 위해 시각적으로 표현했는데, 이때 사용하는 것이 바로 그래프이다. 그래프(G, Graph)는 주어진 복잡한 문제를 간단하게 노드(정점, V, Vertex)와 간선(E, Edge)으로 모형화하여 표현한 것으로 G=(V,E)로 표시한다. 각각의 노드들은 여러 개의 다른 노드(V)와 간선(E)을 통해 단방향 또는 양방향(무방향이라고도 함)으로 연결할 수 있다. 그래프를 이용하면 전체 과정의 경로를 한눈에 파악할 수 있어 좋다.

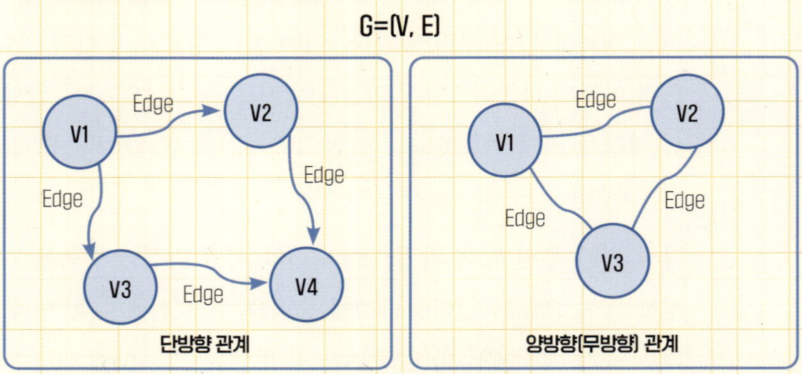

그림 4-5. 그래프 개념

깊이 우선 탐색(DFS, Depth First Search)

깊이 우선 탐색은 그래프를 이용한 구조로 표현하는 가장 단순한 방법이다. 조금 더 쉽게 접근해 보자. 미로 게임을 해본 적 있다면 시작(Start) 지점에서 목표(Finish) 지점인 출구로 나가기 위해 어떻게 하는가?

그림 4-6. 미로 게임

잠깐이지만 미로 게임을 해 보자. 시작(Start) 지점에서 시작하여 처음에는 우선 어떤 정보도 없이 무작정 간다. 이때 한 방향으로 끝까지 가다가 더는 갈 수 없으면 어떻게 하는가? 다시 이전 갈림길로 돌아 나와 다른 방향으로 나아간다. 이런 과정을 거쳐 목표(Finish) 지점으로 나온다. 이와 비슷한 원리가 바로 깊이 우선 탐색(DFS, Depth First Search)이다.

다시 깊이 우선 탐색 과정으로 넘어와 시작 지점에서 목표 지점에 대한 아무런 정보 없이 오로지 깊이(Depth)에 중점을 두고 진행한다. 이때 중간에 만나는 각각의 중간 지점에서 아직 방문한 적이 없는 지점을 선택하여 무작정 깊이를 중점으로 아래쪽으로 진행한다. 그러다 더는 아래쪽으로 진행할 수 없으면 다시 이전 단계로 돌아와(백트래킹, Backtracking) 아직 방문하지 않은 지점으로 이동 후 다시 깊이를 기준으로 아래로 나아가는 방식이다.

잠깐만요

백트래킹(Backtracking)

최적해를 찾는 과정에서 깊이 우선 탐색을 통해 아래(Depth)로 계속 탐색하는 과정에서 원하는 해를 찾지 못할 때, 더 이상 아래로 탐색할 필요가 없는 상태가 되면 이전에 방문했던 경로(지점)로 되돌아가서 아직 탐색하지 못한 경로(지점)를 찾아가는 방법이다. 이렇게 함으로써 깊이 우선 탐색에서 최적해를 찾을 수 있다.

잠깐만요

깊이 우선 탐색은 탐색 과정이 시작 지점부터 시작해서 깊이(Depth)로 진행하기 때문에 상황에 따라서는 너무 깊이가 깊어서 빠져나오지 못하는 경우가 발생할 수 있다. 따라서 이러한 최악의 상황을 막기 위해 깊이 제한(Depth Bound)을 두어 깊이 제한보다 더 깊게 지점(노드, 정점)을 생성하지 않는다.

좀 더 쉽게 이해하기 위해 깊이 우선 탐색을 그래프를 이용해서 표현해 보자. 이때 v1의 왼쪽부터 시작한다.

실습 예제

깊이 우선 탐색 원리의 이해 – 직접 그리기

다음의 깊이 우선 탐색을 위한 그래프에서 목표 지점은 v6이고 시작 지점은 v1이다. 이때 v1을 기준으로 왼쪽부터 시작한다. 깊이 우선 탐색을 표현해 보자.

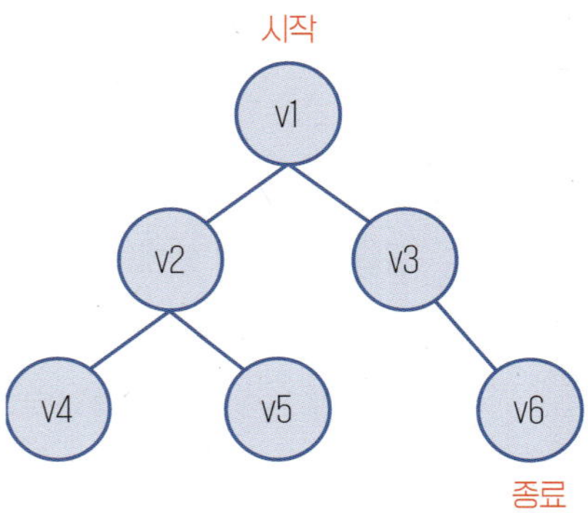

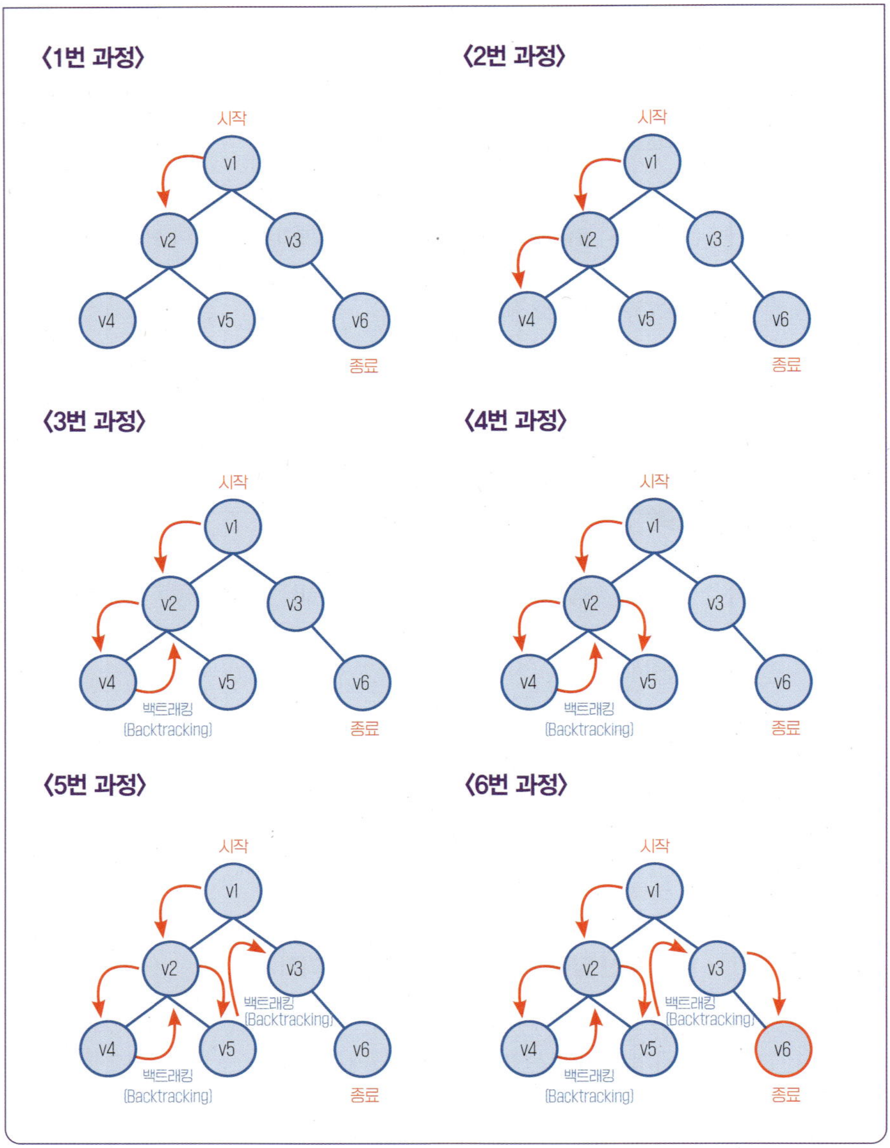

실습 예제 과정에 의한 깊이 우선 탐색 결과는 'v1 → v2 → v4 → v5 → v3 → v6'이다. 결과를 보면 조금 이상하지 않은가? 우리가 실제 거쳐온 과정은 매우 많은데 그에 비해 결과로 나온 과정은 너무 간단하다. 이러한 이유는 바로 재방문하는 과정, 즉 백트래킹(Backtracing)한 지점은 해당 과정에서 포함하지 않기 때문이다.

하나씩 풀어가면서 설명하면 다음과 같이 진행된다.

1. 시작 지점인 v1에서 v2로 간다. 〈1번 과정〉
2. 그다음 v4로 간다. 〈2번 과정〉
3. 더는 깊이 내려갈 수 없으므로 아직 탐색하지 못한 지점을 가기 위해 이전 단계인 v2로 다시 돌아간다. 〈3번 과정〉
4. 그다음 아직 탐색하지 않은 지점인 v5로 간다. 〈4번 과정〉
5. 더는 깊이 내려갈 수 없으므로 아직 탐색하지 못한 지점을 가기 위해 이전 단계인 v2로 다시 돌아간다. 이미 탐색했던 곳이기에 다시 이전 단계인 v1로 간다. 이때, 아직 탐색하지 않은 지점인 v3으로 간다. 〈5번 과정〉
6. 그다음 v6으로 간다. v6은 최종 목표 지점이므로 탐색 과정을 종료한다. 〈6번 과정〉

약간 돌아가긴 했지만, 시작 지점인 1부터 목표 지점인 6까지 무사히 도착했다.

깊이 우선 탐색은 각 지점에서 일단 가본 적이 없는 지점을 하나 선택해 더 깊은 곳으로 계속 가다가 없으면 이전 상태로 돌아와서 다시 가본 적이 없는 곳을 탐색하는 방식으로 최적해를 찾는다. 그러나 이렇게 열심히 탐색해서 찾은 해가 반드시 최적의 해라고는 보장하지 못한다.

깊이 우선 탐색의 원리를 이해했다면 이번에는 파이썬 코드를 이용하여 깊이 우선 탐색을 표현해 보자. 그래프를 파이썬으로 표현하기 위해서는 딕셔너리와 리스트를 이용해 표현해야 한다.

잠깐만요

딕셔너리(dictionary)

영어사전에서 해당 단어와 그에 해당하는 설명으로 구성된 것처럼 키(key)와 값(value)이 중괄호{ } 안에 하나의 묶음 형태인 쌍으로 구성되어 있다.

예)

영어사전	cat : 고양이
딕셔너리(dictionary)	{ 키(key) : 값(value) }

딕셔너리를 사용하는 이유는 탐색 속도가 빠르고 하나의 쌍{키:값}으로 구성되어 있어 사용이 편리하기 때문이다. 또한 입력 순서가 중요하지 않다는 점에서 많이 사용되고 있다.

리스트(list)

여러 개의 데이터를 한꺼번에 묶어서 저장 및 관리하기 위해 만들어졌다. 여러 개의 데이터는 대괄호[ ] 안에 표현되며, 입력 순서가 중요하다.

리스트에 들어가는 데이터는 수치형 데이터, 문자열 데이터, 리스트 데이터 등이 있다.

예) `mix_list=[1, 2, 3.0.8, "가나다", ["바나나", 3.14, 20]]`

실습 예제

깊이 우선 탐색 – 코드로 표현하기

다음과 같이 그래프를 대상으로 하는 깊이 우선 순회의 문제를 풀어보자.

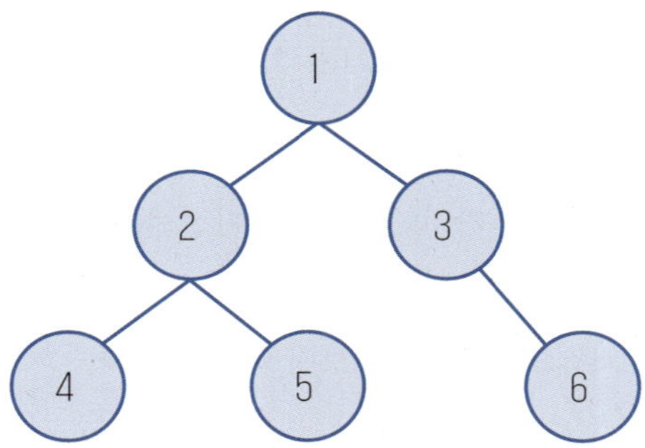

〈조건〉

시작은 1부터, 종료는 6으로 탐색을 끝낸다.

함수(dfs_func)를 통해 현재 지점에 방문한 적이 없다면 리스트(visited)에 추가한다. 1부터 시작해서 왼쪽을 기준으로 다음과 같은 순서가 되도록 탐색해 보자.

순서 : 1→2→4→5→3→6

탐색 과정을 살펴보자. 이때 각 노드가 연결된 정보는 딕셔너리로 표현한다.

```
DFS_graph={1: [2, 3],
           2: [1, 4, 5],
           3: [1, 6],
           4: [2],
           5: [2],
           6: [3]}
```

```
#각 노드가 연결된 정보 표현
DFS_graph={1: [2, 3],
           2: [1, 4, 5],
           3: [1, 6],
           4: [2],
           5: [2],
           6: [3]}

#빈 리스트-초기 각 노드가 방문된 정보 표현
visited=list()
print(f'처음 시작 시 방문했던 노드:{visited}')
print("*"*20)

#깊이 우선 탐색을 위한 함수 정의
def dfs_func(DFS_graph,S):
    visited.append(S)
    print(f'탐색경로:{visited}')  #방문한 지점 출력

    for vx in DFS_graph[S]:
        #만약 현재 지점에 방문한 적이 있는 경우
        if vx in visited:
            continue
        #만약 현재 지점에 방문한 적이 없다면 visited에 추가
        elif vx not in visited:
            print(f'아직 탐색 전 노드:[{vx}]')
            print()
            dfs_func(DFS_graph, vx)  #재귀 호출

dfs_func(DFS_graph,1)   #dfs_func 함수 호출
```

〈실행 결과 예〉

```
처음 시작 시 방문했던 노드:[]
********************

탐색경로:[1]
아직 탐색 전 노드:[2]

탐색경로:[1, 2]
아직 탐색 전 노드:[4]

탐색경로:[1, 2, 4]
아직 탐색 전 노드:[5]

탐색경로:[1, 2, 4, 5]
아직 탐색 전 노드:[3]

탐색경로:[1, 2, 4, 5, 3]
아직 탐색 전 노드:[6]

탐색경로:[1, 2, 4, 5, 3, 6]
```

너비 우선 탐색(BFS, Breadth First Search)

앞서 살펴본 깊이 우선 탐색의 단점은 깊이(Depth)를 기준으로 계속해서 아래로 내려가면서 탐색하는 과정이다 보니 예시처럼 간단한 문제는 크게 문제 없지만, 깊이가 점점 더 깊어지면 빠져나오지 못하는 최악의 상황이 발생할 수 있다. 따라서 이러한 문제를 해결하기 위해 좀 더 좋은 방법을 연구하는 과정에서 나온 방법이 바로 너비 우선 탐색 방법이다.

너비 우선 탐색(BFS, Breadth First Search)은 시작 지점을 기준으로 가장 근접한 지점(직접 연결)들을 검색하고 그다음으로 가까운 지점을 탐색하는 방식이다. 그래프를 이용해 너비 우선 탐색을 살펴보자.

실습 예제

너비 우선 탐색 원리의 이해 – 직접 그리기

다음과 같이 깊이 우선 탐색을 위한 그래프가 있다. 목표 지점은 v6이고 시작 지점은 v1이다. 이때 v1을 기준으로 왼쪽부터 시작한다. 깊이 우선 탐색을 표현해 보자.

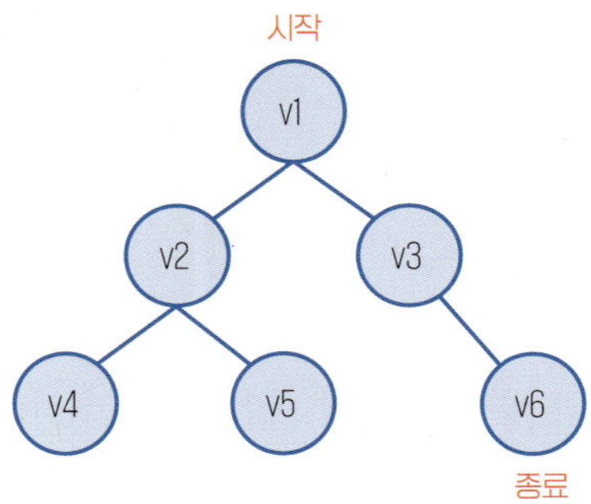

〈1번 과정〉

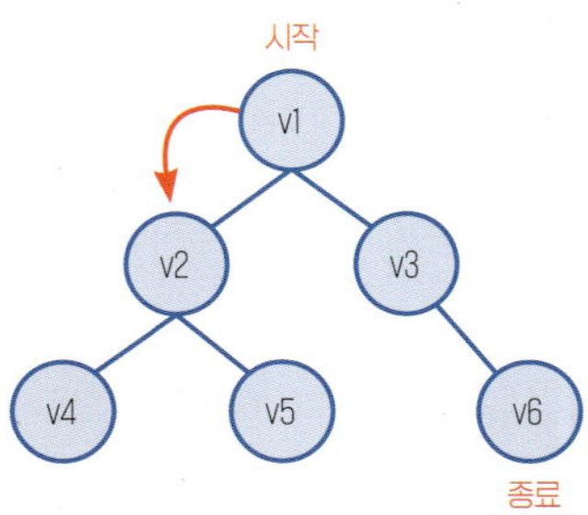

〈2번 과정〉

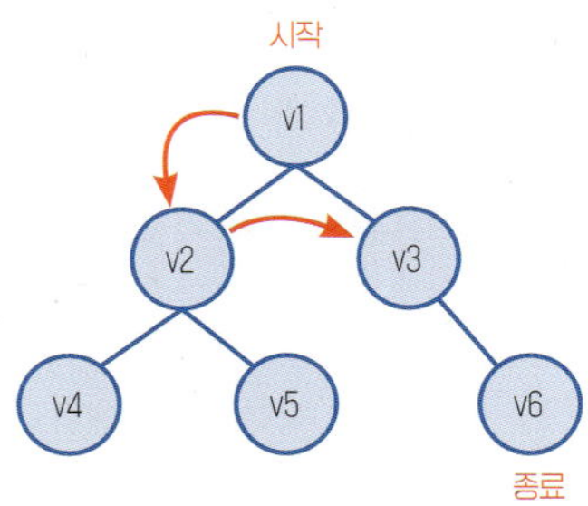

〈3번 과정〉

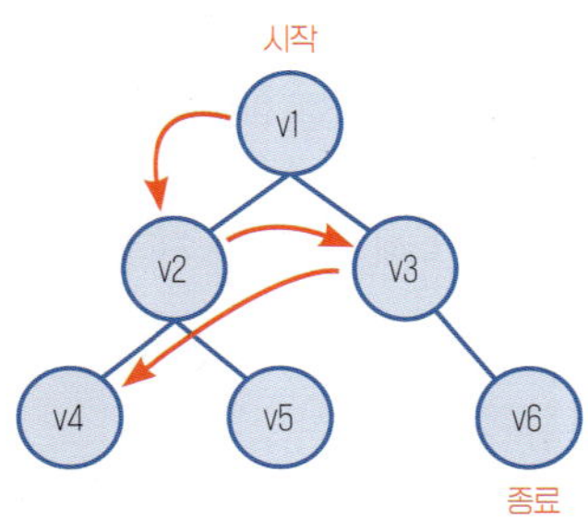

〈4번 과정〉

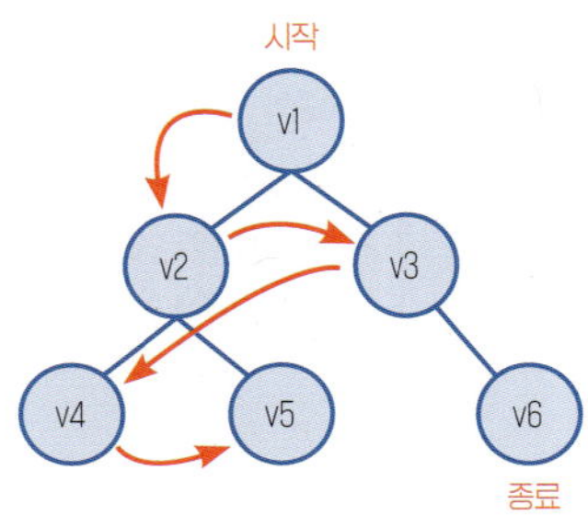

〈5번 과정〉

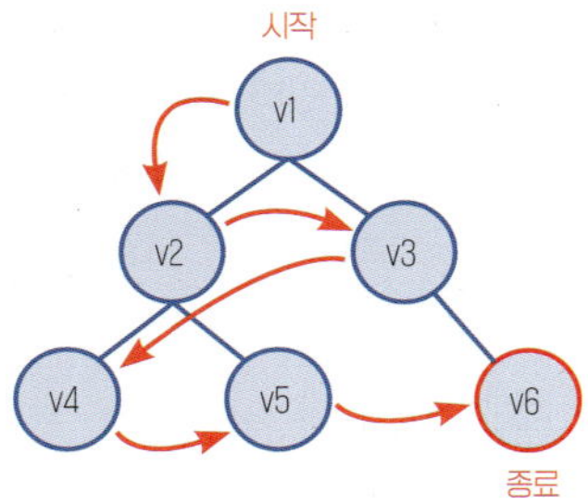

실습 예제의 과정에 의해 나온 너비 우선 탐색 결과는 'v1 → v2 → v3 → v4 → v5 → v6'이다. 너비 우선 탐색은 깊이 우선 탐색과 다르게 이전 노드를 다시 방문(백트래킹)하지 않는다. 그러다 보니 깊이 우선 탐색처럼 이전 노드의 경로를 하나하나 컴퓨터 메모리에서 기억하지 않아도 되어 메모리 사용 부분에서도 깊이 우선 탐색보다 훨씬 좋다. 특히 너비 우선 탐색은 주어진 자료들의 깊이(Depth)가 매우 클 때 상당히 효과적인 방식이다.

하나씩 풀어가면서 설명하면 다음과 같이 진행된다.

1. 시작 지점인 v1에서 v2로 간다. 〈1번 과정〉
2. 그다음 v1과 직접 연결된 것 중 아직 탐색하지 않은 지점이 있는지 확인 후 v3이 있다는 것을 확인했고 v3으로 간다. 〈2번 과정〉
3. 더는 직접 연결된 관계가 없으므로 다음 깊이(Depth)층에서 v2와 연결된 지점 중 아직 탐색하지 않은 지점인 v4로 간다. 〈3번 과정〉
4. v2와 연결된 지점 중 아직 탐색하지 않은 지점인 v5를 탐색한다. 〈4번 과정〉
5. v2와 더는 직접 연결된 관계가 없으므로 v3과 연결된 지점이 있는지 탐색한다. 이때 아직 탐색하지 않은 v6을 확인했고 v6을 탐색한다. 이때 v6은 목표 지점이기 때문에 탐색을 종료한다. 〈5번 과정〉

너비 우선 탐색의 원리를 이해했다면 이번에는 파이썬 코드를 이용해서 너비 우선 탐색을 표현해 보자. 깊이 우선 탐색과 마찬가지로 그래프를 딕셔너리와 리스트를 이용해 표현한다.

실습 예제

너비 우선 탐색 – 코드로 표현하기

다음과 같이 그래프를 대상으로 하는 너비 우선 순회 문제를 풀어보자.

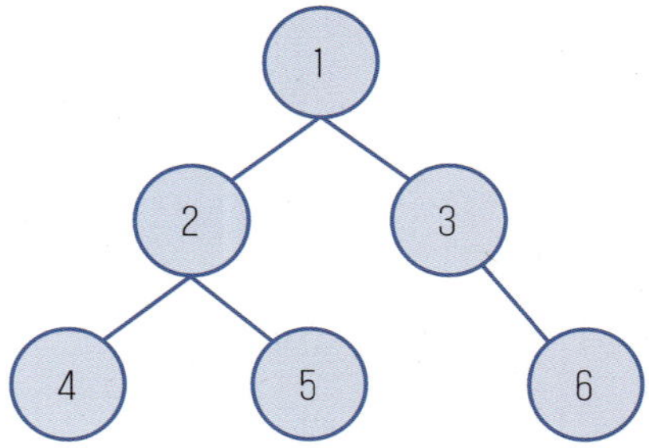

〈조건〉

시작은 1부터, 종료는 6으로 탐색을 끝낸다.
함수(bfs_func)를 통해 현재 지점에 방문한 적 없다면 빈 리스트(visited_list)에 추가한다.
1부터 시작해서 왼쪽을 기준으로 다음과 같은 순서가 되도록 탐색해 보자.
순서 : 1→2→3→4→5→6
탐색 과정을 살펴보자. 이때 각 노드가 연결된 정보는 딕셔너리로 표현한다.

```
BFS_graph={1: [2, 3],
           2: [1, 4, 5],
           3: [1, 6],
           4: [2],
           5: [2],
           6: [3]}
```

```
from collections import deque

#각 노드가 연결된 정보 표현
BFS_graph={1: [2, 3],
           2: [1, 4, 5],
           3: [1, 6],
```

```
        4: [2],
        5: [2],
        6: [3]}

visited=list() #빈 리스트-초기 각 노드가 방문한 정보 표현
print(f'처음 시작 시 방문했던 노드:{visited}')
print("*"*20)
print()

#너비 우선 탐색을 위한 함수 정의
def bfs_func(BFS_graph, S):
    queue = deque([S]) #queue 이용
    while queue: #queue 리스트에 아무것도 없을 때까지 계속 반복
        vx = queue.pop() #현재 방문하고 있는 지점(노드)

        #만약 현재 지점에 방문한 적이 없다면 visited에 추가
        if vx not in visited:
            visited.append(vx)
            print(f'탐색 경로:{visited}')  #방문한 지점 출력
            queue.extendleft(BFS_graph[vx])
            print()

bfs_func(BFS_graph,1)  #bfs_func 함수 호출
```

〈실행 결과 예〉

```
처음 시작 시 방문했던 노드:[]
********************
탐색 경로:[1]
탐색 경로:[1, 2]
탐색 경로:[1, 2, 3]
탐색 경로:[1, 2, 3, 4]
탐색 경로:[1, 2, 3, 4, 5]
탐색 경로:[1, 2, 3, 4, 5, 6]
```

균일 비용 탐색(UCS, Uniform Cost Search)

앞서 설명한 깊이 우선 탐색과 너비 우선 탐색에서 '목표 지점에 도착하는 것'이 중요하다면 이번에는 조금 다른 탐색 방법을 살펴보자.

예를 들어, 자동차를 운전해서 친구와의 약속 장소에 가야 한다고 가정해 보자. 물론 이때 목적지까지 잘 도착하는 것도 중요하지만 '어떻게 가야 최소 비용(최소 시간 또는 최단 시간이라고 표현) 및 최단 경로로 갈 수 있을까?'를 생각한다. 바로 이런 고민을 해결할 최적의 탐색 방법이 균일 비용 탐색이다.

균일 비용 탐색(UCS, Uniform Cost Search)은 너비 우선 탐색의 변형으로 그래프로 표현했을 때 각 노드(Vertex) 간의 최소 비용을 이용하여 경로를 탐색하는 방법이다. 시작 지점에서 목표 지점까지 가는 거리 비용이 작은 지점을 우선으로 선택해서 탐색하는데, 이때 각 지점에서 거쳐 가는 경로가 여러 개인 경우는 이 중 가장 비용이 적은 또는 가장 거리가 짧은 노드를 선택해서 탐색한다. 따라서 이를 통해 균일 비용 탐색 기법이라면 반드시 최단 경로(최소 비용 또는 시간)를 찾을 수 있다는 의미로 볼 수 있다. 그렇다고 해서 이렇게 찾은 해가 반드시 최적해라고는 보장하지 못한다.

균일 비용 탐색 원리를 이해해 보자.

실습 예제

균일 비용 탐색 원리 이해하기

다음과 같이 7개의 도시가 있고 도시별로 연결된 도로가 건설되어 있다. 이때 각각 연결된 도로 위의 숫자는 각 도시까지 가는 데 걸리는 시간으로 분(Minute)으로 가정한다. 예) 서울-용인 : 2분, 서울-안양 : 4분

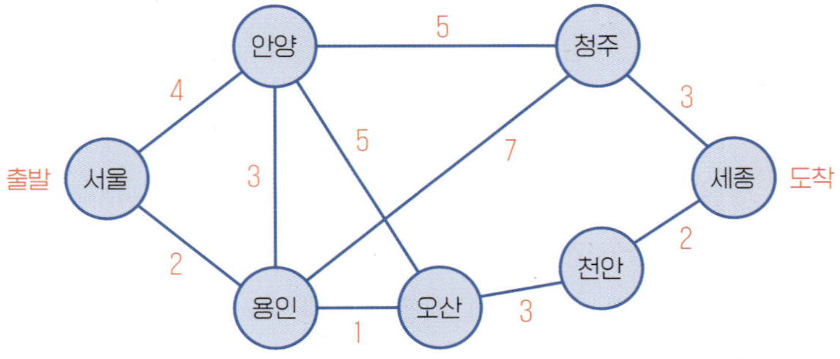

서울시에서 근무하는 고푸덕 연구소장과 짱아 신입 연구원은 회사의 미래가 달린 매우 중요한 국책과제 발표를 위해 세종시에 있는 국책 연구단지에 가야 한다. 발표에 늦지 않기 위해서는 어느 도시를 지나가면 될까?

〈그래프 표현〉

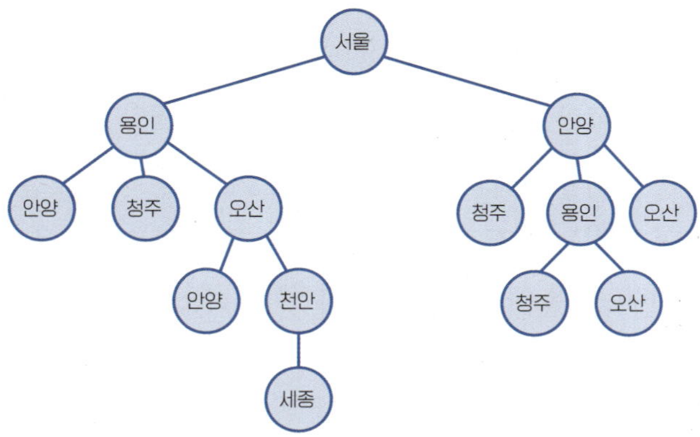

〈최소 비용 적용〉

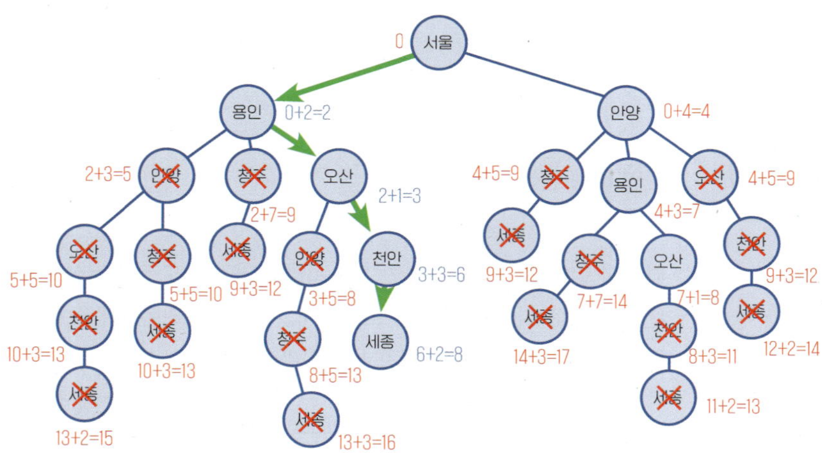

물론 다른 경로도 있지만 각 지점을 지날 때 현재까지의 최소 비용이 얼마인지를 계산하여 가장 작은 값을 가지는 노드를 탐색한다. 이를 통해 최단 경로 및 최소 비용은 위와 같이 '**서울→용인→오산→천안→세종**'으로 선택해 목적지에 도착할 수 있다.

다익스트라 알고리즘(Dijkstra Algorithm)은 두 정점 간의 최단 경로를 찾는 알고리즘을 좀 더 일반화시켜 이를 통해 다른 모든 정점 간의 최단 경로를 찾는 알고리즘이다. 즉, 각 정점 간의 가중치값을 이용하여 최단 경로를 찾는 방법이다. 다음의 예를 이용해서 다익스트라 알고리즘을 이해해 보자.

실습 예제

다익스트라 알고리즘

다익스트라 알고리즘을 기반으로 다음 A–E까지 그래프에서 시작 지점은 A, 종료 지점은 E라고 할 때 A–E까지 모든 점 사이에서 최단 경로를 찾아보자.

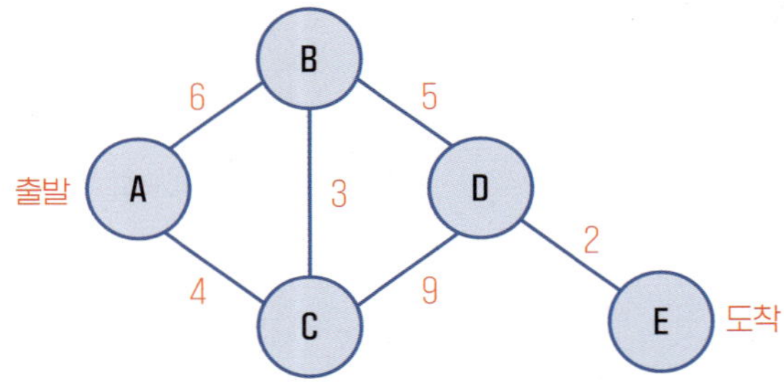

A–E까지의 경로를 보면 A–B–C–D–E로 가는 방법, A–B–D–E로 가는 방법, A–C–B–D–E로 가는 방법, A–C–D–E로 가는 방법이 있다. 이들의 가중치 합을 각각 구하면 다음과 같다.

(1) A–B–C–D–E : 6+3+9+2=20

(2) A–B–D–E : 6+5+2=13 ← 최단 경로

(3) A–C–B–D–E : 4+3+5+2=14

(4) A–C–D–E : 4+9+2=15

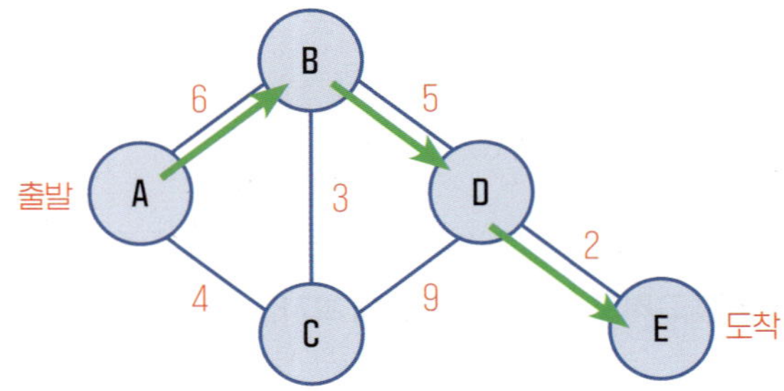

연습 문제

연습 01 다시 일상생활로 돌아왔지만 한동안 COVID-19와 오미크론 등으로 인해 일반인들도 지쳐있었다. 무엇보다 몹시 지쳐있을 의료진들을 위해 조금이나마 감사한 마음을 전하고자 "의료진 덕분에 감사합니다, 당신을 존경합니다."라는 의미를 가진 '덕분에 챌린지'가 진행된 적이 있다. 이를 응용해서 깊이 우선 탐색과 너비 우선 탐색을 진행해 보자.

건덕이를 시작으로 친구 1명 또는 2명을 지목해서 챌린지를 이어가려고 한다. 지목한 친구들의 리스트는 다음과 같다.

이름	지목한 친구 목록
건덕이	쿠도, 만쥬
쿠도	오리, 짱아
만쥬	고푸덕, 레오
오리	끼요옥

이를 그래프로 표현하면 다음과 같다.

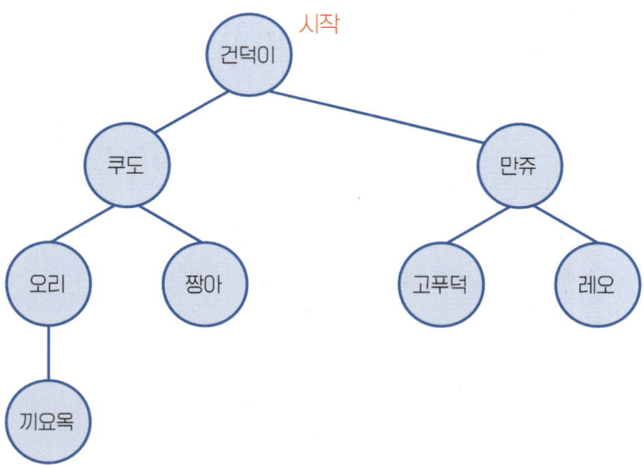

건덕이가 친구들과 진행하는 챌린지 순서를 각각 깊이 우선 탐색과 너비 우선 탐색 그래프로 직접 그리고 적용해서 표현해 보자.

연습 문제

〈깊이 우선 탐색〉

최종 진행 결과 순서 :

〈너비 우선 탐색〉

최종 진행 결과 순서 :

연습 문제

연습 02 다음 그래프를 DFS 탐색 방법을 이용해 출발지로부터 목적지까지의 과정을 직접 그림으로 그려보고 이를 파이썬 코드로 작성해 보자.

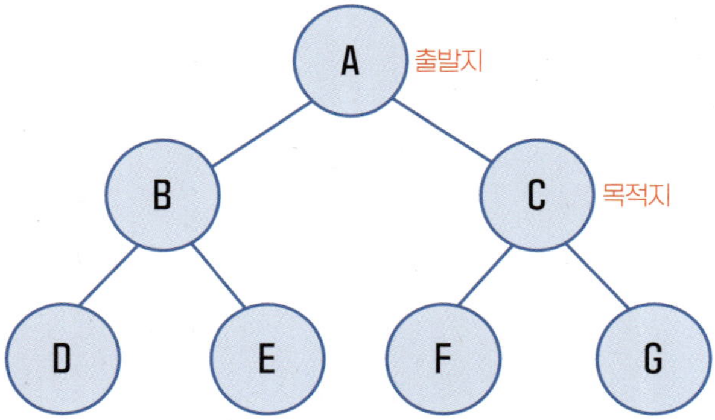

출발지 : A, 목적지 : C

〈직접 과정 그리기〉	〈파이썬 코드〉

연습 문제

연습 03 다음 그래프를 BFS 탐색 방법을 이용해 출발지로부터 목적지까지의 과정을 직접 그림으로 그려보고 몇 번 만에 탐색하는지도 알아보자. 또한 이 과정을 파이썬 코드로 작성해 보자.

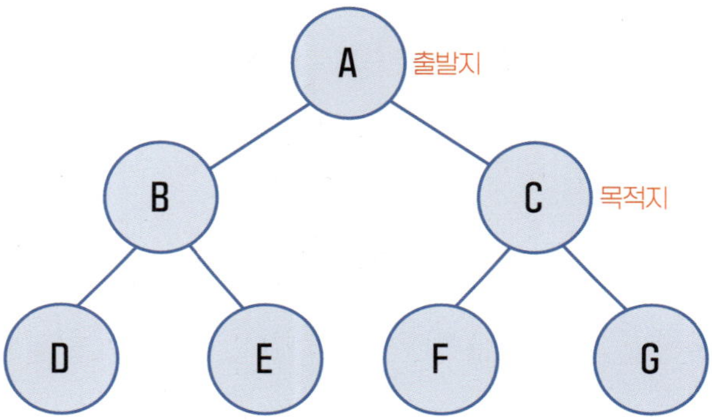

출발지 : A, 목적지 : C, 몇 번 만에 탐색하는가?

〈직접 과정 그리기〉	〈파이썬 코드〉
몇 번 만에 탐색 :	몇 번 만에 탐색 :

| 5장 |

탐색과 최적해 II

학습 목표

- 경험적 탐색 방법을 통한 최적해를 구하는 방법에 대해 배울 수 있다.
- 게임 트리 탐색 방법인 미니맥스 알고리즘과 알파-베타(α-β) 가지치기 원리를 이해할 수 있다.

1 〉 인공지능 탐색 종류 (2)

1.1 탐색 종류

앞서 4장에서 인공지능의 탐색 종류에 대해 배웠다. 다시 살펴보면서 이번 장에서 배울 경험적 탐색 방법과는 무엇이 다른지 살펴보자.

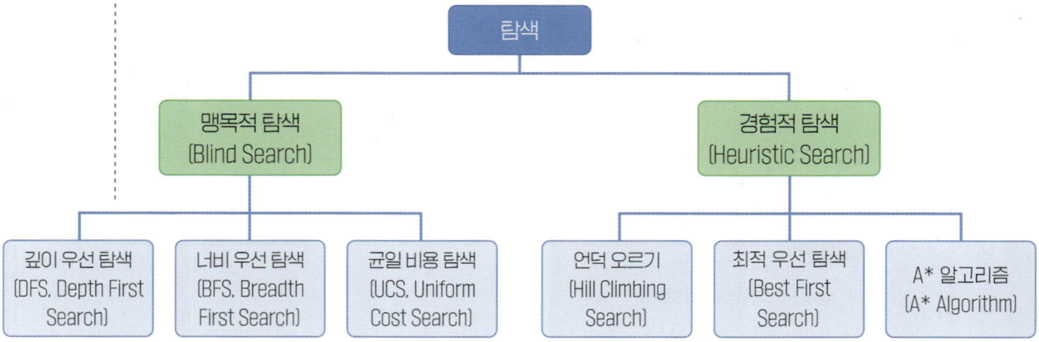

그림 5-1. 인공지능 탐색 종류

그 밖에도 게임 트리를 이용한 탐색인 미니맥스 알고리즘(Mini-Max Algorithm), 알파-베타 가지치기(α-β Pruning)가 있다. 이들은 또 어떻게 탐색하고, 최적의 해를 찾는지 살펴보자.

그림 5-2. 게임 트리 탐색 방법의 대표적인 예

인공지능의 탐색 방법을 기준으로 보면 4장에서 배웠던 맹목적 탐색과 이번 장에서 배울 경험적 탐색으로 나누어진다. 경험적 탐색 방법에 따른 종류별 방법과 최적해를 구하는 방법에 대해 살펴보자.

경험적 탐색(Heuristic Search)

경험적 탐색은 인공지능에서 가장 많이 사용하는 방법으로 탐색 시간을 줄이기 위해 비슷한 문제에 대한 이전 경험이나 지식을 바탕으로 판단하고 그에 따른 결정을 통해 진행하는 방식이다. 이때 경험이나 지식을 바탕으로 만들어진 정보를 휴리스틱 정보(Heuristic Information)라고 하는데, 이 정보를 이용해 탐색하는 방법을 경험적 탐색 또는 휴리스틱 탐색(Heuristic Search)이라고 한다.

잠깐만요

휴리스틱(Heuristic)

휴리스틱은 라틴어의 'Heuristicus'와 그리스어 'Heuriskein'에서 시작되었으며, '찾아내다(Find Out)', '발견하다(Discover)'라는 의미를 뜻한다. (출처 : 위키피디아)
즉, 경험을 통해 얻은 지식이나 어림짐작 등을 이용해서 문제를 해결하는 것을 말한다.

하나의 예를 통해 먼저 휴리스틱이 무엇인지 살펴보자.

만약 늦잠을 자서 학교에 지각했다고 가정해 보자. 집에서 학교까지 가는 길은 그림 5-3과 같이 여러 개가 있는데 이 중 어느 길을 선택해야 그나마 빨리 학교에 도착할 수 있을까? 그리고 그 길을 선택한 이유는 무엇인가?

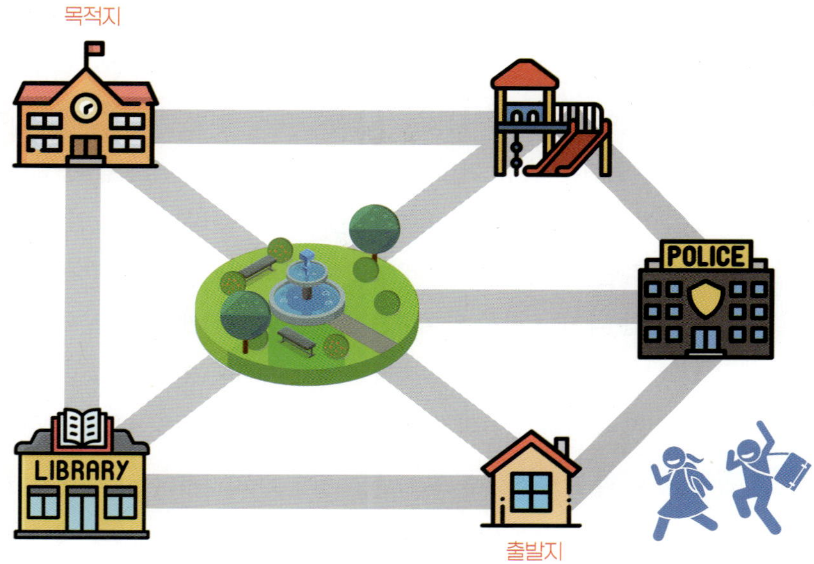

그림 5-3. 휴리스틱 예

대부분 집에서 출발해 공원을 통해 목적지인 학교로 가는 길을 선택했을 것이다. 그 이유에 대해서도 한눈에 봐도 다른 길에 비해 돌아가지 않고 직선으로 짧은 길이라고 생각하기 때문에 선택했다고 이야기할 수 있다. 이렇듯 해당 거리가 얼마인지 측정하고 몇 분이 걸리는지 고민하는 것이 아닌 순간의 직감으로 판단하여 선택했다. 이것이 바로 휴리스틱 방식이다.

인간은 "맞다!! 예전에 이렇게 했었지!!"라면서 이전에 경험했던 것을 기반으로 비슷한 문제나 유형을 쉽고 빠르게 해결할 수 있다. 이처럼 인간은 기존에 경험했던 정보나 지식을 이용해 직관적으로 판단하고 선택하는 의사 결정 방식을 통해서 문제를 해결하는데, 이와 같은 원리를 컴퓨터에 적용한 것이다. 실제 우리 일상생활에서의 문제들은 수학 문제처럼 정답이 딱 떨어지는 경우는 없다. 따라서 경험적 탐색은 논리적이거나 완벽한 정답은 아니더라도 근사값을 이용하여 가장 가까운 해를 얻을 수 있도록 하는 방법이다.

그렇다면 경험적 탐색은 언제 사용하는 게 좋을까? 같은 문제라도 어떤 경험적 탐색 방법을 쓰느냐에 따라서 달라지겠지만 특히 애매모호한 경우에 문제의 해가 정확히 나오지 않을 때 또는 주어진 시간 안에 해를 구할 때 아주 유용하다.

예를 들어, 앞서 잠깐 예를 들었던 것처럼 자동차로 운전해서 친구와의 약속 장소에 늦지 않게 도착해야 할 때 도움을 줄 수 있는 것이 바로 '내비게이션'이다. 그런데 어떤 내비게이션을 사용하는지에 따라 결과가 조금씩 다르다. 즉, 어떤 내비게이션은 가장 거리가 짧은 길을 안내하는 방법을 중요하게 생각할 수 있고, 어떤 내비게이션은 가장 짧은 시간이 걸리는 길을 안내하는 방법을 중요하게 생각할 수 있으며, 또 어떤 내비게이션은 거리와 시간은 조금 멀고 길어도 최대한 안 막히는 길을 안내하는 방법을 중요하게 생각할 수 있다. 물론 여기에는 교통상황을 기본으로 고려해야 한다. 따라서 어떤 방법을 최우선으로 고려하는지에 따라 경로와 목적지인 약속 장소에 도착하는 시간이 달라진다.

맹목적 탐색 방법대로라면 모든 경로를 하나하나 다 확인하고 탐색하여 그 중 최적의 해를 찾겠지만 일상생활에서의 복잡한 문제, 즉 내비게이션을 이용하는데 모든 상황을 하나하나 살펴보고 그 중 최적의 해를 찾는다고 하면 많은 시간이 걸려서 친구를 만날 수 없을 것이다. 따라서 이전의 경험과 직감, 또는 어림짐작으로 문제를 해결하는 경험적(휴리스틱) 탐색 방식이 훨씬 효율적이라고 할 수 있다. 물론 경험적(휴리스틱) 탐색을 통해 나온 해가 반드시 '최적의 해'라고는 장담하지 못한다. 왜냐하면 아직 발견하지 못한 더 좋은 해가 있을 수 있기 때문이다. 그러나 주어진 범위 안에서 최대한 만족할 수 있는 최적의 근사치 해를 탐색해 제시한다.

경험적 탐색의 대표적인 방법은 다음과 같다.

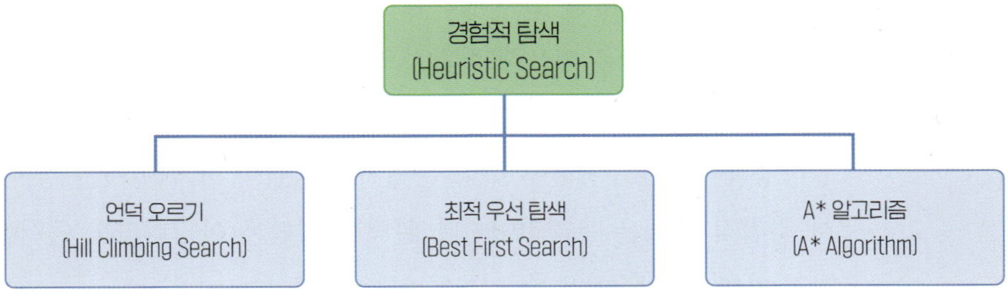

그림 5-4. 경험적 탐색 종류

물론 실제로는 더 많지만 본 교재에서는 이 세 가지에 대해서만 다루겠다.

언덕 오르기(Hill Climbing Search)

깊이 우선 탐색 기법에 평가 함수를 활용한 형태인 언덕 오르기 알고리즘(Hill Climbing Search)에 대해 배워보자.

경험적 탐색에서는 주어진 문제를 어떤 경험적 탐색 방법을 사용하느냐에 따라 달라진다고 했다. 한동안 산린이('산'과 '어린이'의 합성어로 등산 초보들을 일컫는 말)가 유행하면서 MZ세대는 산에 많이 올랐다. 산을 오를 때의 예를 통해 언덕 오르기 알고리즘의 원리를 이해해 보자.

산을 오를 때를 상상해 보자. 계속 높은 곳을 향해 걸어가다가 더 이상 주변에 높은 곳이 없으면 우리는 그곳을 산의 맨 꼭대기인 정상이라고 생각한다. 그러나 상황에 따라서는 더 높은 산이 하나 더 있을 수도 있다.

경험적 탐색 방법의 하나인 언덕 오르기는 현재 시점에서 가장 좋아 보이는 것을 고르는 탐색 방법이다. 전체적으로 봤을 때 더 좋은 경로가 있음에도 현재 지점에서 경험(휴리스틱)에 의한 평가값이 가장 좋은 곳을 하나 선택해서 탐색하며, 지역 탐색(Local Search) 또는 그리디 알고리즘(Greedy Algorithm)이라고도 한다.

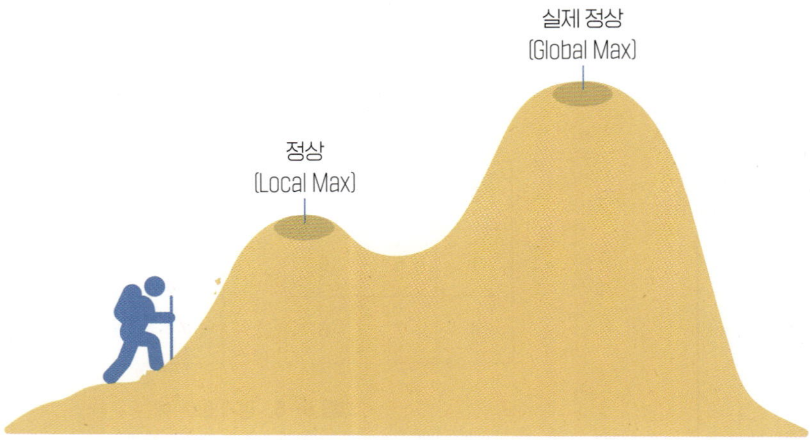

그림 5-5. 언덕 오르기 개념

즉, 산에 오를 때 산 정상으로 가기 위해 일반적으로 현재 위치보다 무조건 위쪽으로 높은 위치로만 이동하는 것과 같다.

현재 위치까지 올라오는 데 걸린 비용은 무시하고 오로지 남은 목표(산의 정상)까지의 비용만 고려하면서 그 순간 현 위치에서 가장 평가 함수값이 좋은(높은) 곳만 찾아가기 때문에 지역적인 탐색이라서 낮은 정상을 정상이라고 보는 국소 최적해(Local Optimal Solution)에 빠질 수 있다. 따라서 최단 경로(최소 비용)에 대해 보장하지 않는다.

'그럼 이 방법을 사용하지 않으면 될 텐데, 굳이 왜?'라고 생각할 것이다. 전체적으로 완벽한 최적해라고는 보장하지 못하지만, 현재 위치에서의 선택이 다음 선택과 무관하게 적용해 지역적으로 최적해이면서 전체적으로 최적해를 찾는 문제에 적합하다. 예를 들면 해는 아니지만, 최적에 가까운 근사값을 찾고자 할 때 좋다. 또한 최소값과 최대값 기준을 정할 때 최단 경로를 찾기 위한 문제에도 좋다.

잠깐만요

평가 함수

평가 함수란 평가하고자 하는 노드에 대한 가능성을 수치로 표현한 함수로 현재 노드가 가장 좋은 해결 경로에 놓여있을 확률값을 말한다.

예를 들어, 8-Puzzle에서 현재 주어진 퍼즐 상태가 목표 상태 퍼즐 결과와 얼마나 유사한가 나타내는 정도를 평가하는 수치를 설정한다.

현재 상태

2		3
1	5	6
4	7	8

목표 상태

1	2	3
4	5	6
7	8	

그림 5-6. 평가 함수 예

최적 우선 탐색(Best First Search)

경험적 탐색 방법의 하나인 최적 우선 탐색(Best-First Search)은 최상 우선 탐색,

최고 우선 탐색이라고도 부른다. 앞에서 배운 언덕 오르기 방법을 약간 개선한 탐색 방법으로, 특정 지점의 평가값을 사용해 목표 지점까지 남은 거리를 정확히 알 수 없어 비용을 경험적(휴리스틱)인 근거로 추정해서 '가장 해에 근접하다'고 판단되는 짧은 지점을 확장해 탐색하는 방법이다. 만약 비용이 같으면 무작위로 선택해서 진행한다. 최적해는 구할 수 없으나 전체 지점들을 대상으로 선택되지 않은 지점도 확장할 수 있다 보니 더 좋은 해를 찾을 수 있다.

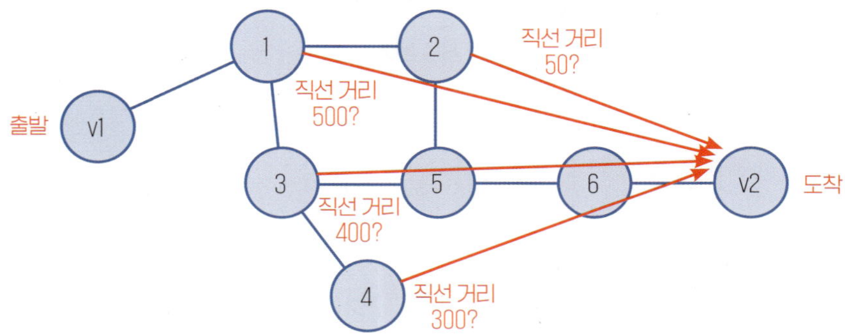

그림 5-7. 최적 우선 탐색 개념

A* 알고리즘(A* Algorithm)

경험적 탐색 방법의 하나인 A*(에이스타) 알고리즘은 '지식(경험적으로 얻은 정보)'을 이용하여 최소 비용 경로를 탐색하는 방법이다.

A* 알고리즘은 어떤 문제가 있을 때 처음 지점(시작)에서 목표 지점(종료)까지 소요되는 전체 비용(= 투입한 비용 + 남은 비용)이 최소인 지점을 찾아 확장해 나가면서 해를 찾는 방법이다.

이때 처음 지점(시작)에서 목표 지점(종료)까지 드는 비용을 평가값(휴리스틱 함수, 휴리스틱값)을 사용하여 추정한다.

이를 통해 가장 바람직한 방향을 찾고 확장해서 진행하다가 만약 그 방향이 아니면 다시 다른 경로를 찾는다.

실습 예제

8 퍼즐을 이용한 A* 알고리즘

최적 비용=처음 지점(시작)에서부터 현재 지점까지의 비용+현재부터 목표 지점까지의 비용을 말한다.

8 퍼즐을 예로 들면 '최적 비용=처음부터 현재 상태까지의 비용+목표 상태에서 빗나간 칸'으로 표현할 수 있다.

다음과 같이 처음 상태와 목표 상태가 있다.

처음 상태

2		3
1	5	6
4	7	8

목표 상태

1	2	3
4	5	6
7	8	

A* 알고리즘을 이용해서 나타내 보자.

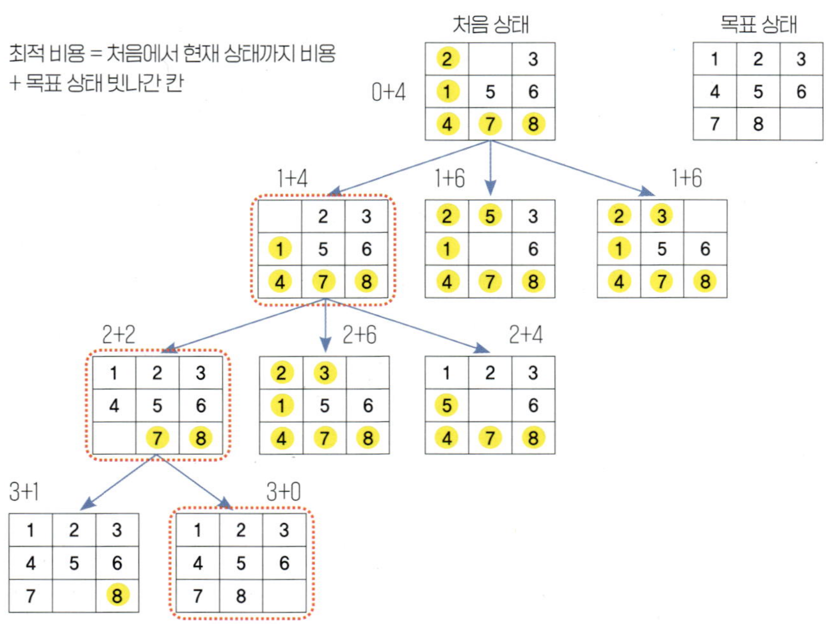

2 〉 게임 트리 탐색

게임 트리는 앞에서 잠깐 설명했던 것처럼 게임 트리를 이용한 탐색인 미니맥스 알고리즘(Mini-Max Algorithm), 알파-베타 가지치기(α-β Pruning), 몬테카를로 트리 탐색(MCTS, Monte Carlo Tree Search) 등이 있다. 게임 트리는 기존 탐색 방법과는 조금 다르게 바둑, 체스, 틱택토(Tic Tac Toe)와 같이 상대가 있는 게임에서 상대방과 자신의 게임 상태를 나타내는 트리 구조이다.

2.1 미니맥스(Mini-Max) 알고리즘

게임 트리는 지금까지 설명한 탐색 방법과는 다르다. 무엇이 다르냐면 바로 이전까지의 탐색 방법은 자기 혼자서 했지만, 게임 트리 방식은 혼자가 아닌 게임할 상대가 있다는 것이다. 또한 상대와의 대결로 승리가 서로에게 목표가 된다. 이로 인해 상대방이 어떻게 탐색하느냐에 따라 결과가 달라진다. 이와 같은 탐색 방법이 바로 미니맥스 알고리즘(Mini-Max Algorithm)이다.

조금 더 쉽게 접근하기 위한 예를 들면, 오목의 경우 상대방이 어떤 수를 낼지 예상해 보고 나에게 유리한 곳에 수를 두려 노력한다.

> 컴퓨터와 내가 오목을 둔다고 가정해 보자.
>
> 내가 백돌, 컴퓨터가 흑돌이라고 설정한다. 나에게 좋은 수는 컴퓨터에 불리한 수가 되기 때문에 나에겐 내가 이길 수 있는 가능성(큰 수), 컴퓨터가 질 수 있는 가능성(작은 수)을 교대로 선택하게 한다.

이와 같은 원리로 최저(Min)와 최고(Max) 연산을 번갈아 가면서 진행하는 알고리즘이다. 미니맥스 알고리즘은 단말 노드로부터 위로 올라가면서 최고와 최저를 반복하며 자신이 선택하는 방법 중 가장 유리하고 좋은 값을 선택하는 것이다.

단말 노드에서 시작해 맨 위 노드(루트 노드)까지 올라가면서 노드값들을 결정해야 하는데, 이때 Max 노드는 자신에게 해당하는 노드로 자기에게 유리한 최대값을 선택한다. 반면 상대방이 최소값을 선택해야 본인에게 유리하므로 Min 노드를 선택한다.

최종 게임이 끝나고 나서 일정 깊이까지의 값을 계산하여 가장 최적의 경로를 탐색하는 기법이다.

실습 예제

미니맥스 알고리즘

다음과 같은 간단한 게임 트리가 구성되어 있다. 단말 노드에 적힌 숫자는 평가값으로, 높으면 MAX, 낮으면 MIN이 유리하다. 단말 노드에 대한 평가가 끝나고 이를 거슬러 올라가면 MAX와 MIN은 각각 어디에 두는 게 좋을까? 미니맥스 알고리즘의 원리를 이해해 보자.

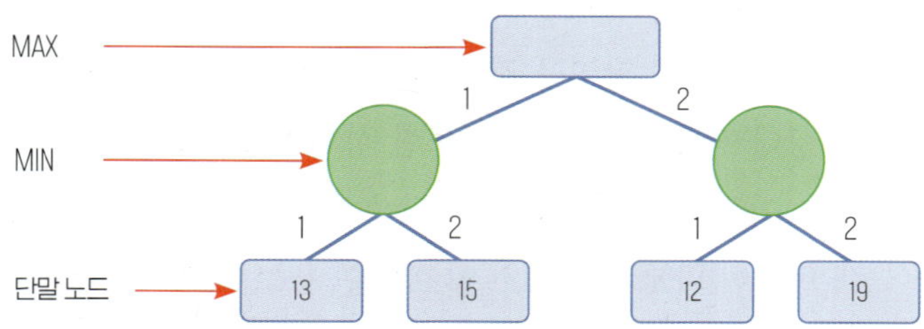

※ 단말 노드로부터 위로 올라감

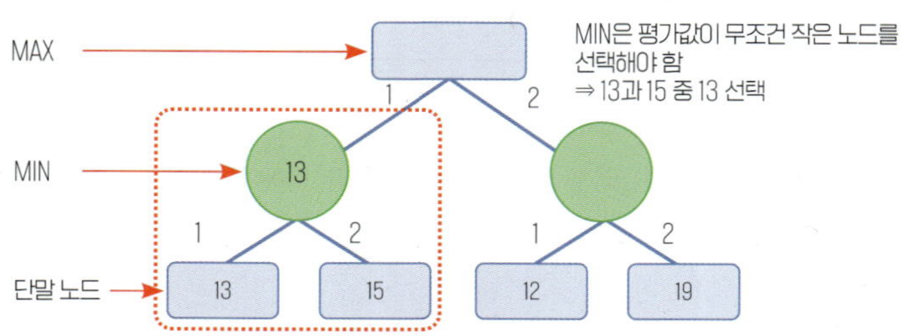

※ 단말 노드로부터 위로 올라감

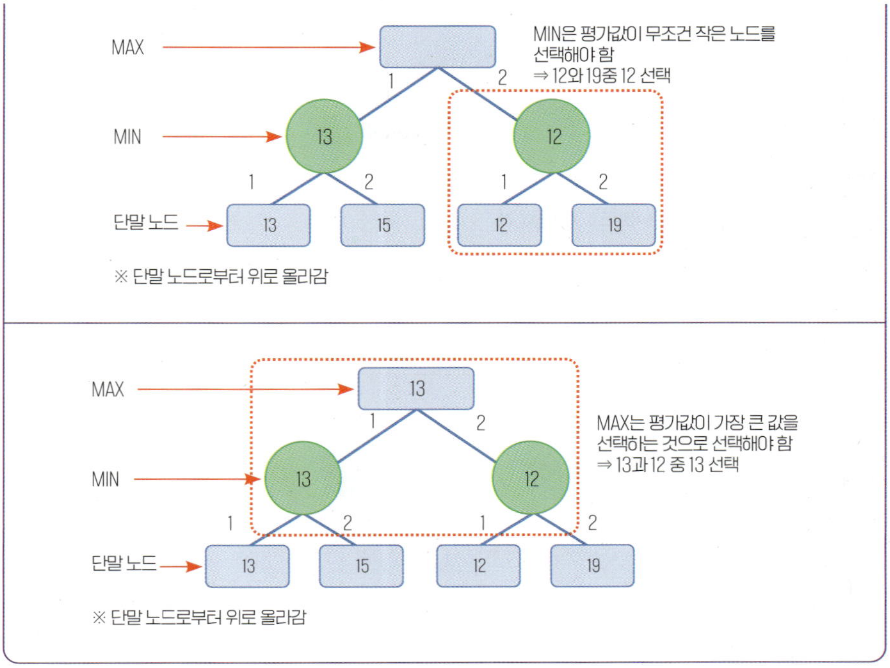

2.2 알파–베타 가지치기(α–β Pruning)

미니맥스 알고리즘은 단말 노드부터 위로 올라가며 노드의 값을 결정하다 보니 트리 전체에 대한 메모리 공간을 많이 차지하고 복잡도 문제도 발생한다. 그러다 보니 탐색 시간이 길어지는 단점이 발생한다. '어떻게 하면 이 탐색 시간을 줄일 수 있을까?'를 고민하던 중 메모리 공간을 적게 사용하면서 굳이 불필요하게 모든 노드를 조사할 필요가 없다는 것을 알아냈다.

따라서 트리 중 결과에 영향을 주지 않으면서 굳이 탐색할 필요가 없는 부분을 탐색하지 않도록 하는(가지치기) 방법을 개발했다. 이것이 바로 알파–베타 가지치기로, 미니맥스 알고리즘의 단점을 해결하기 위해 등장한 탐색 방법이다.

알파–베타 가지치기(α–β Pruning)는 최대한 탐색 시간을 줄이기 위해 특정 노드에 들어가기 전에 이 노드가 정답이 있을 확률이 높은지, 아니면 정답이 있을 확률이 낮은지를 판단하여 이 노드를 탐색할지 아니면 탐색하지 않을지를 결정한다.

즉, 바람직하지 않은 경로는 건너뛰어서 탐색 영역을 줄이자는 것이 바로 가지치기이다. 기본으로 미니맥스 탐색 알고리즘으로 경로를 탐색하는데, 이때 중요하지 않은 경로는 무시하며 진행한다.

실습 예제

알파-베타 가지치기

다음의 과정을 통해 알파-베타 가지치기의 원리를 이해해 보자.

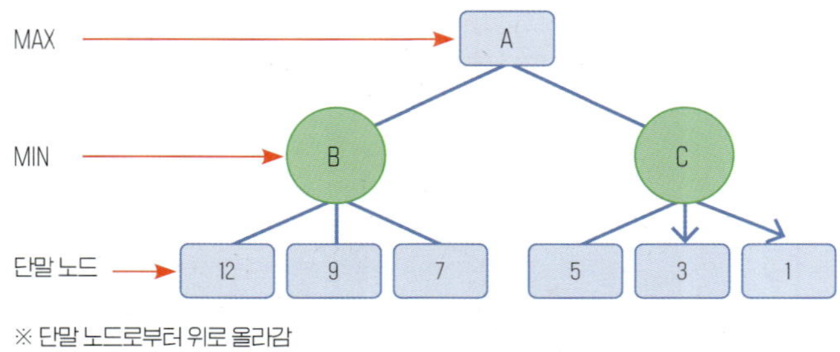

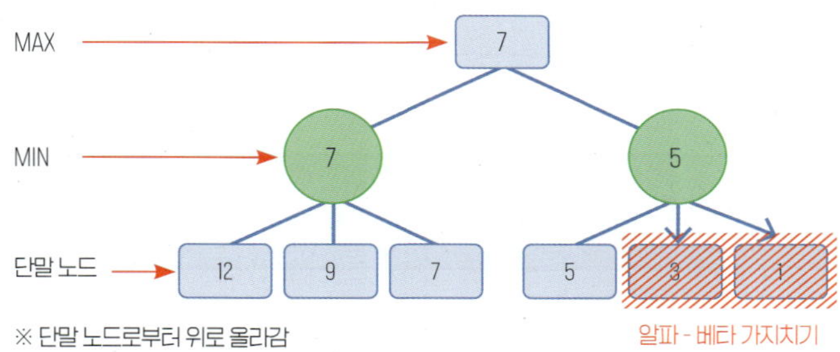

- B의 왼쪽 노드를 평가하면 12이므로 최소화 노드인 B는 적어도 12보다 같거나 작을 것이다.
- B의 중간 노드를 평가하면 9이므로 최소화 노드인 B는 적어도 9보다 같거나 작을 것이다.
- B의 오른쪽 노드를 평가하면 7이므로 최소화 노드인 B는 적어도 7보다 같거나 작을 것이다.
- B의 평가값은 7이 되고 이것이 노드 A로 전달된다.
- 노드 A는 MAX 노드이므로 7보다 같거나 커질 것이다.
- C의 왼쪽 노드를 평가하면 5이므로 최소화 노드인 C는 적어도 5보다 같거나 작을 것이다. 노드 A는 7인데 C가 아무리 커봐야 5이면 더는 탐색의 의미가 없다.
- 따라서 C의 나머지 노드는 탐색 대상에서 제외된다.

연습 문제

연습 01 다음과 같은 탐색 트리에 미니맥스 알고리즘을 적용해 보자. A, B, C에는 각각 어떤 값이 들어가는가?

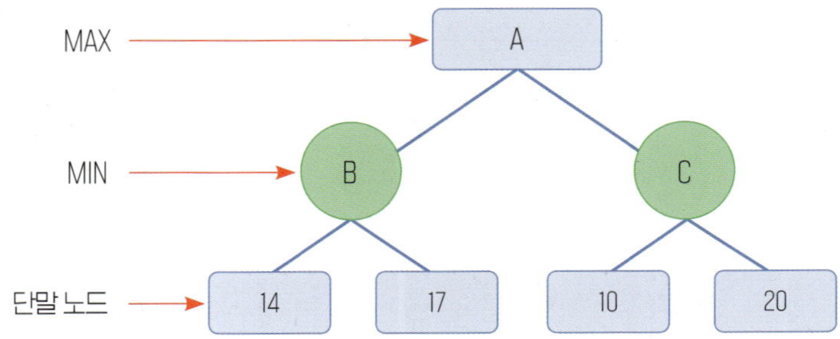

연습 문제

연습 02 다음과 같은 탐색 트리에 미니맥스 알고리즘을 적용해 보자. A에서부터 G까지 각각 어떤 값이 들어가는가? 또한 어디에서 가지치기가 일어나는지도 표시해 보자.

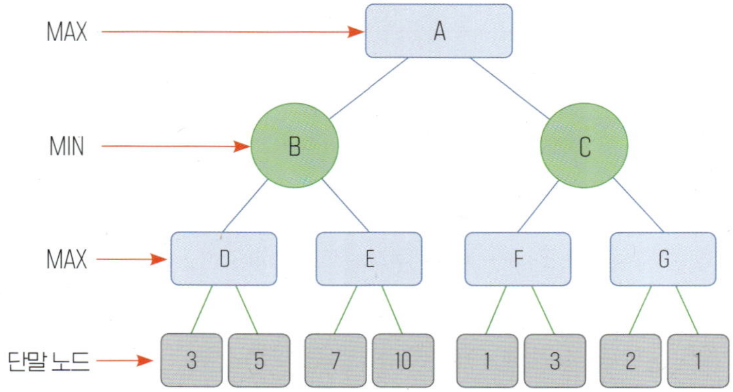

| 6장 |

지식 표현

학습 목표

- 지식의 개념에 대해 이해할 수 있다.
- 인공지능에서 지식 표현 방법에 대해 설명할 수 있다.
- 인공지능에서 불완전한 지식 표현은 어떻게 표현하는지 이해하고 설명할 수 있다.
- 인공지능에서 추론, 베이즈 정리, 퍼지 이론 등에 대해 설명할 수 있다.

1 〉 지식의 개념

지식이란 무엇인지 생각해 본 적 있는가? 지식은 우리가 가지고 있는 학습 지식일 수 있고, 질문에 대한 답을 주는 것도 지식이라 할 수 있다.

그럼 컴퓨터가 지식을 어떻게 표현할 수 있을까? 인공지능 기법을 통해 지식을 정의해 보고 표현하는 여러 가지 방법에 대해 학습해 보자.

1.1 지식이란?

지식이란 무엇일까? 수많은 학자들이 서로 다른 개념으로 지식을 정의하고 있다. 지식을 정확하게 이해하기 위해서는 우선 자료(Data), 정보(Information), 지식(Knowledge) 간의 개념을 살펴볼 필요가 있다.

자료(Data, 데이터)의 정의

- 위키피디아의 데이터 정의 : 수, 영상, 단어 등의 형태로 된 의미 단위
- 네이버 지식 백과사전의 데이터 정의 : 자료, 재료, 논거라는 의미로 'datum'의 복수형
- 넓은 의미의 데이터 정의 : 의미 있는 정보를 가진 모든 값으로, 사람이나 자동기기가 생성 또는 처리하는 형태로 표시된 것을 의미

즉, 자료는 특정 분야에서 관측되거나 수집되었지만, 아직 가공되지 않은 원천을 의미하고, 아직 가공되지 않았기 때문에 오류 혹은 잡음이 포함된다.

데이터는 기술된 내용에 따라 다음과 같이 크게 두 가지로 분류할 수 있다. 정성적 데이터는 언어, 문자로 기술된 데이터이고, 정량적 데이터는 수치, 기호, 도형으로 기술된 데이터를 말한다.

피라미드로 데이터와 지식의 관계를 파악해 보자.

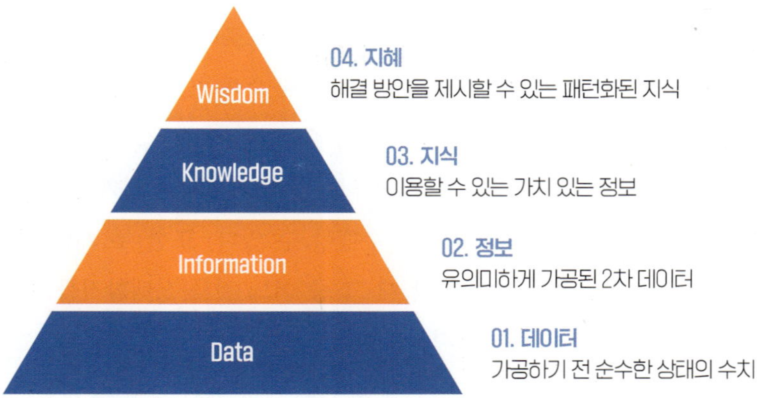

그림 6-1. 데이터와 지식의 관계 피라미드

그림 6-1은 가장 아래쪽에 있는 데이터로부터 가공 혹은 처리를 통해 최상위층인 지혜까지의 관계를 다룬 것이다. 앞서 언급한 대로 가장 아래쪽에 위치한 데이터는 가공하기 전 순수한 상태의 수치이고, 이를 유의미하게 가공한 2차 데이터를 정보라고 한다.

이처럼 사람이 이해하고 이용할 수 있는 가치 있는 정보를 지식이라고 한다. 지혜는 개인의 경험과 학습을 통해 얻은 지식보다 한층 더 높은 수준의 해결 방안을 제시할 수 있는 패턴화된 지식이라고 할 수 있다.

지식에 대해 좀 더 살펴보면, 지식은 정보의 의미를 뇌에 기억시키고 필요할 때 기억 속에서 끄집어내 이용할 수 있다. 인간은 자신이 가진 지식을 이용해 다양한 문제를 해결하는 능력을 갖추고 있다. 그러므로 지식을 질문에 정확히 답하는 능력이라고 할 수 있으며, 답하는 능력을 위해 질문 영역에 관한 사실의 성질과 그 관계를 기술한 부분과 그 사실을 다루는 규칙으로 이루어져 있다.

지식은 크게 네 가지로 나눌 수 있는데 첫 번째로 대상(Object)에 관한 지식을 이야기한다. 예를 들어 '새는 날개가 있다', '눈은 희다' 등으로 대상에 관한 사실(Fact)을 지식이라고 할 수 있다. 지식은 일련의 사건에 관한 시간 경과와 인과관계를 나타내는데, 이를 사건(Event)에 관한 지식이라고 한다. 자전거를 타는 법과 관련된 지식과 숙련을 해야 하는 행위에 관한 지식도 있다.

마지막으로 메타 지식(Meta Knowledge)은 우리가 알고 있는 것에 관한 지식이라고 할 수 있다. 메타 지식은 일반적인 지식의 범주에 속하지 않지만, 지식에 관한 지식(Knowledge about Knowledge)으로써 지식 베이스가 커지고 복잡해질 때 지식의 추론이나 관리를 효율적으로 수행하기 위해 사용하는 지식이다. 예를 들어, 은행의 대출 여부를 자문해 주는 전문가 시스템이 있을 때 경기 상황이 극도로 악화하여 지식 베이스의 일부가 운영되지 못하게 해야 할 필요가 있는데 이러한 관리를 메타 지식이 수행할 수 있다. 또한 두 개의 상충한 지식이 동시에 수행되는 상황이 발생할 때 그 중 어느 것을 선택할지를 이러한 메타 지식을 이용하여 결정할 수 있다.

지식은 표현 대상과 형식에 따라 다음과 같이 여러 가지로 나눌 수 있다.

표현 대상과 형식에 따른 지식

❶ **절차적 지식** : 과제를 수행하는 절차나 방법에 관한 지식으로 정의할 수 있다. 예를 들면, '육개장을 만드는 절차', '지하철을 타고 노량진역에서 먹골역까지 가는 방법' 등이 대표적인 예이다.

❷ **선언적 지식** : 명제적 지식이라고도 불린다. 어떤 대상의 성질, 사실, 개념, 원리, 특성 및 관계를 서술한 지식이다. 보통 선언적 지식은 '~를 안다'라는 형식으로 표현된다.

❸ **암묵지**(암묵적 지식) : 지식의 한 종류로서 언어 등의 형식을 갖추어 표현될 수 없는, 경험과 학습에 의해 몸에 쌓인 지식이다.

❹ **형식지**(형식적 지식) : 암묵지와 상대되는 개념으로서 언어나 문자를 통하여 겉으로 표현된 지식으로, 문서화 또는 데이터화된 지식이라고 할 수 있다.

❺ **조건적 지식** : 언제, 어디서, 어떻게 선언적 지식과 절차적 지식을 이용할 것인가에 관한 지식이다. 이러한 조건적 지식은 내용(선언적 지식)과 절차(절차적 지식)를 고르게 활용할 수 있는 능력으로 총체적 지식이라고도 불린다.

2 〉 지식 표현

전문가 시스템(Expert System)은 전문가가 가지고 있는 지식과 경험, 노하우 등을 컴퓨터에 기억시키는 방식으로, 딥러닝과는 다른 접근 방식을 사용하고 있다. 이 시스템은 전문가가 자신의 지식을 토대로 판단하고 추론하여 결과를 제시하는 것처럼 작동하여 일반인도 전문적인 지식을 활용할 수 있도록 도와준다. 이를 위해서는 인공지능이 전문가의 지식을 이해할 수 있도록 표현해야 한다. 전문가 시스템은 다양한 지식 표현 방법을 사용해 목표에 맞게 해결책을 찾아내는 데 활용된다. 현재는 딥러닝이 많이 사용되지만, 전문가 시스템은 그와 다른 방식을 통해 지식을 활용하고 있다.

2.1 규칙을 이용한 지식 표현

규칙은 가장 널리 알려진 지식 표현 방법의 하나이며 '~이면 …이다' 또는 '~하면 …하다'와 같이 조건적인 지식을 표현한 if-then 형태의 문장을 이야기한다. if-then 구문은 if 구문의 조건이 만족되면 then 구문이 수행되거나 논리적으로 참이 되는 형태를 말한다. if-then의 한 예로 'if 신호등이 녹색이다 then 건넌다'처럼 매우 직관적이기 때문에 쉽게 표현할 수 있다.

사람의 경우 어떠한 지식이 있다면 쉽게 의미를 이해할 수 있지만, 컴퓨터가 지식을 표현하고 이해하기 위해서는 지식을 정형화하여 표현해야 한다.

if-then 규칙을 사용할 때 if는 조건부라고 하는데 상황, 전제, 증거, 원인 등을 표현하며, then 부분은 조건부가 만족될 경우의 행동, 결론, 가설, 그리고 결과를 나타내고 이를 결론부라고 한다.

다음은 다양한 형태의 규칙으로 표현된 지식의 예이다.

1. if 불이 나면 (상황) then 소방서에 신고하라. (행동)
2. if 운동을 잘하면 (전제) then 운동선수가 될 것이다. (결론)
3. if 송곳니가 있는 포유류이면 (증거) then 그것은 육식동물이다. (가설)
4. if 밤새워 일하면 (원인) then 다음날 피곤하다. (결과)

규칙 형태 지식에서 추론은 어떤 규칙의 if 문장이 만족하면 then 문이 사실로서 나타나고 다시 이 then 문의 내용을 if 문으로 하는 다른 규칙을 또 트리거(Trigger)함으로써 이루어진다. 규칙에 따른 표현은 대표적인 지식 표현 방법이지만 컴퓨터 입장에서는 if 문장이 만족한지를 판단하기 위해 단순히 패턴 매칭을 이용한다. 즉, 위의 네 번째 예시에 나타난 if 문의 '밤새워 일하면'을 '밤에 안자고 일하면'으로 바꾼다면 같은 의미의 지식이라도, 의미론적으로는 식별 능력이 없고 문자적 비교 능력만 갖춘 수준의 컴퓨터 입장에서는 전혀 다른 규칙으로 인식하는 것이다. 이 경우 글자 한 자 안 틀리고 서로 일치해야만 같은 if 문 또는 then 문으로 간주한다. 대부분의 지식이 상황(또는 조건)과 이에 따른 행동(또는 결론) 형태를 띠기 때문에 규칙 형태가 적합한 지식 표현 수단으로 널리 사용되고 있다. 정보에서 지식의 단계로 넘어가기 위해서는 데이터 가공을 통해 패턴을 인식할 수 있어야 한다.

여기서 패턴이란 개별 객체의 특색 혹은 특징을 의미하며, 특징을 모아놓은 집합으로 정의할 수 있다. 즉, 특징과 패턴이 유사하게 사용될 수 있지만, 특징들이 모여서 하나의 패턴을 이룬다고 정리할 수 있다.

만약 두 가지 이상의 조건을 사용할 때 and 혹은 or로 결합해 다음과 같이 구성할 수 있다.

- if 〈조건1〉 and 〈조건2〉 and ... then 〈결론〉
- if 〈조건1〉 or 〈조건2〉 or ... then 〈결론〉

규칙을 사용하는 경우 다음과 같은 관계들을 표현할 수 있다.

1. 인과 관계는 원인을 조건부, 결과를 결론부에 두어 표현하는 것이다.
2. 추천 및 지시는 상황을 조건부에 기술하고 이에 따른 추천 혹은 지시 내용을 결론부에 작성하는 것이다.
3. 전략과 문제 해결 절차는 일련의 규칙들로 표현될 수 있으며, 이전 단계의 판정 결과에 따라 다음 단계에 고려할 규칙이 결정된다.
4. 휴리스틱은 경험적인 지식을 표현하는 것으로, 실제 전문가적인 견해는 항상 최적을 보장하는 것이 아니며, 바람직한 것을 말하기 때문에 휴리스틱적인 요소는 매우 많다.

실습 예제

규칙을 이용한 지식 표현

다음 예시를 통해 규칙을 이용한 지식 표현 및 그에 따른 추론을 해 보자.

- **고객** : 제가 시험에 합격했는데 상을 받을 수 있을까요?
- **시스템** : 제가 규칙 기반으로 지식을 표현하고 추론할 수 있는 시스템입니다. 먼저, 시험 합격 여부와 성적에 대한 정보를 입력해 주세요.
- **고객** : 네, 저는 시험에 합격했고 성적은 우수한 편입니다.
- **시스템** : 좋습니다. 규칙 1에 따라 시험에 합격하고 성적이 우수하다면 상을 받는다는 규칙이 존재합니다. 이를 기반으로 추론을 해보겠습니다.

- **입력** : 시험 합격 = True, 성적 우수 = True
- **규칙 1 평가** : 조건 충족 – 시험 합격 = True, 성적 우수 = True
- **결과** : 상을 받습니다.
- **결론** : 시험에 합격하고 성적이 우수하면 상을 받을 수 있습니다.
- **시스템** : 시험에 합격하셨고 성적이 우수하므로 상을 받을 수 있습니다. 축하드립니다!

위의 예시에서는 '규칙 1'을 통해 시험 합격 여부와 성적에 따른 수상 여부를 추론하였다. 입력된 정보에 근거하여 규칙을 평가하고 결과를 도출한 후, 최종 결론을 도출했다. 이와 같은 방식으로 규칙 기반 지식 표현과 추론을 통해 다양한 상황에서 지식을 활용할 수 있다.

2.2 의미망을 이용한 지식 표현

의미망(Semantic Network)은 인간의 연관 기억의 심리학적 모형을 근거로 한다. 의미망은 특정 객체나 개념을 표현하기 위한 노드(Node)와 노드 간의 관계를 표현하기 위한 호(Arc)로 구성되는 네트워크 구조로서, 1960년대에는 주로 자연어처리의 모형화에 응용됐다. 노드는 객체(Object), 개념(Concept), 사건 등을 표현하고, 호는 노드 간의 관계를 나타낸다. 방향을 나타내는 화살표가 있는데 추상적으로 낮은 개념에서 상위 개념으로 향한다. 호에는 호가 연결하는 두 개 노드 사이 관계의 성질을 표현하는 레이블(Label)이 붙는다. 의미망을 이용하면 개념의 정의나 개념 간의 관계 등을 표현하기 좋다. 많이 사용되는 호의 종류에는 is–a 호와 has–part 호가 있다. is–a 호는 하나의 개념이 다른 개념의 부분 집합(Subset), 하위 유형(Subtype) 또는 특수화(Specialization)된 것일 때 사용된다.

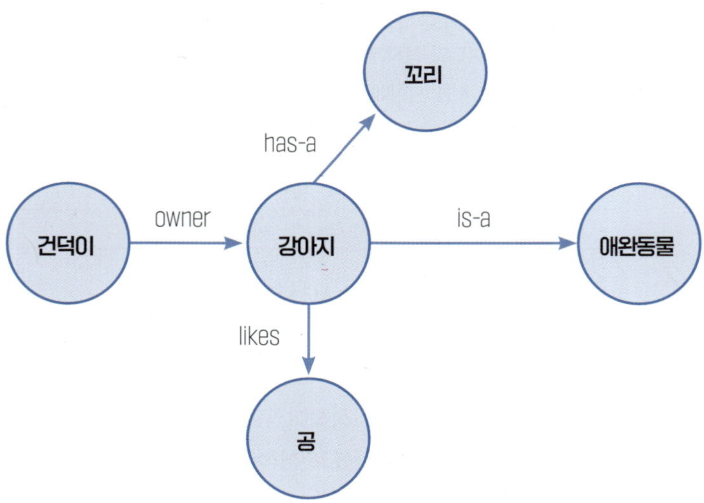

그림 6–2. 의미망을 이용한 지식 표현

has–a(강아지, 꼬리), is–a(강아지, 애완동물), owner(건덕이, 강아지), likes(강아지, 공)를 통해 건덕이가 강아지의 주인이고, 강아지는 공을 좋아한다는 것을 추론(유추)할 수 있다.

의미망에서는 이행성으로 인해 똑같은 노드를 중복으로 나타내지 않아도 표현되기 때문에 표현의 중복을 피할 수 있어 궁극적으로 지식의 양을 줄일 수 있다.

그 외에도 여러 가지 형태의 의미망을 구축할 수 있다. 아래의 예는 '창수라는 소년이 진돗개인 흰색 바둑이에게 5월 5일 먹이를 주었다'라는 내용을 의미망으로 구축한 것이다. 그림 6-3에서 볼 수 있듯이 의미망은 자연어를 표현하는 데 매우 유용하다는 것을 알 수 있다.

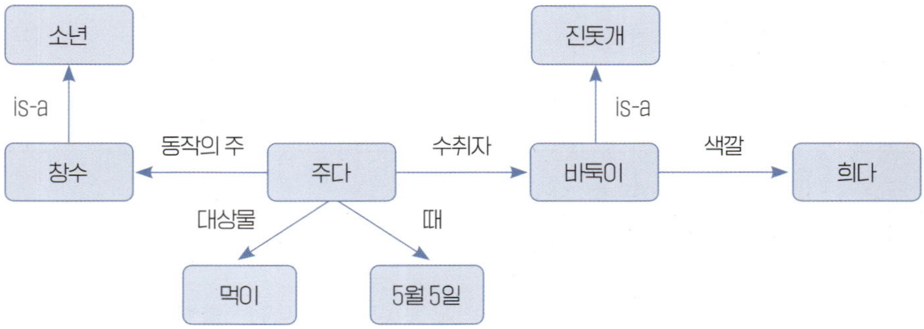

그림 6-3. 의미망을 이용한 지식 표현 예

실습 예제

의미망

의미망을 이용해서 다음과 같은 구조가 어떤 관계를 가지고 있는지 설명해 보자.

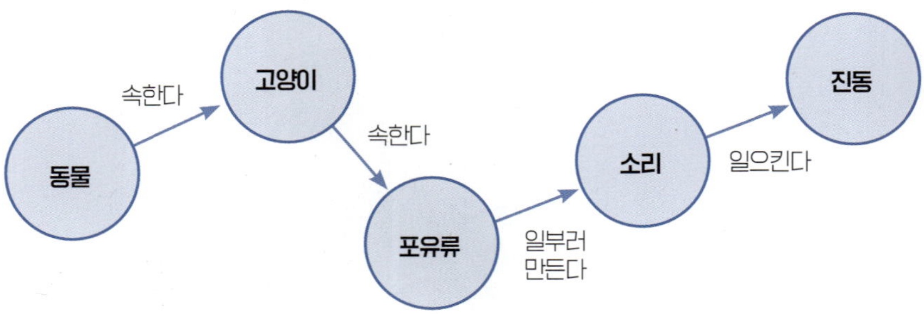

'동물'이라는 개념은 '고양이'와 '포유류'에 속하는 개념을 가지고 있다. 또한, '진동'은 '소리'를 일으킨다는 관계를 가지고 있다.

이렇듯 의미망을 사용하면 개념 간의 관계와 의미적 연결을 시각적으로 파악할 수 있어 이해하기 쉽고 표현이 유연하다는 장점이 있으나 노드의 구조가 단순함으로 말미암아 어느 객체에 딸린 속성(Property)들도 여느 객체와 같이 독립된 노드들로써 표현되어야 한다. 따라서 각 노드가 담고 있는 정보의 양이 적기 때문에 조금만 문제가 복잡해져도 의미망을 검색하는 데 시간이 너무 오래 걸리는 단점이 있다. 현재 이러한 의미망을 표현하기 위해 사용되는 언어로는 PROLOG가 있는데, 이 언어를 사용하면 개별적으로 지식을 입력하더라도 전체적인 연결 구조를 유지한다.

2.3 프레임을 이용한 지식 표현

의미망은 노드의 구조가 너무 간단하여 복잡한 표현의 경우 의미망의 노드 수가 늘어나 검색 시간이 길어진다는 단점이 있다. 이를 해결하기 위해 조금 더 체계화한 방법이 바로 프레임이다. 프레임은 1974년 마빈 민스키(Marvin Minsky)*가 의미망에서 파생하여 제안한 지식 표현 방법이다.

그림 6-4. 마빈 민스키(출처 : 위키피디아)

체크 포인트

* 인공지능 분야를 개척한 미국인 과학자로 MIT 인공지능 연구소의 공동설립자이다.

프레임(Frame)은 노드의 구조를 보다 체계화했다. 특정 객체 또는 개념에 대한 전형적인 지식을 슬롯의 집합으로 표현한다. 또한 프레임에는 부류를 나타내는 클래스 프레임과 특정 객체를 나타내는 인스턴스 프레임이 존재한다.

일반적으로 프레임은 계층 구조로 구성되는데, 상위 프레임은 클래스를 나타내는 프레임이 되고, 하위 프레임은 상위 클래스를 상속받아 상위 클래스 프레임에 속하는 객체를 나타내는 인스턴스 프레임이 된다.

영화의 한 장면을 기억할 때, 우리는 정보들을 보다 구조화하여 하나의 틀을 만들어 기억한다. 예를 들어, 영화 속 장면 중 주인공이 어느 집 앞에 있는 장면이 있다고 하자. 이때 집의 크기, 창문의 위치, 배경 하늘, 정원의 형태, 배경음악 등을 하나의 틀로써 기억한다. 그리고 집 안으로 들어가는 장면에서 현관의 크기, 초인종 소리 등이 떠오르고 다시 주인공이 집 안으로 들어갔을 때 거실 탁자, 벽걸이 장식, 마루 등의 모습이 한 화면으로 연상된다. 이렇듯 영화의 한 장면처럼 프레임이란 '어떤 대상, 객체에 대한 여러 개의 상황 정보들을 하나의 구조화된 틀로써 표현할 수 있는 자료구조'이다. 프레임에는 대상의 특성에 대한 기술적인 정보뿐만 아니라 프레임에서의 정보 추출 방식까지도 규정되어 있다.

구체적으로 보면 프레임을 이용한 표현도 궁극적으로 의미망과 흡사한 구조를 가지고 있음을 알 수 있다. 의미망은 노드와 호로써 표현되는 데 비해, 단지 여기서는 노드 대신에 프레임을 사용한다는 것이 다른 점이다. 하나의 프레임 구조는 여러 개의 슬롯(Slot)으로 구성된다. 슬롯은 프레임이 나타내고자 하는 대상 하나하나의 특성들을 나타낸다. 각 슬롯은 이러한 특성들의 값을 저장한다. 예를 들어, 나의 퍼스널 컴퓨터라는 프레임에는 모델명, CPU, 캐시 메모리, 하드디스크 컨트롤러 타입 등의 속성이 있을 수 있고, 이를 위해 각각의 슬롯이 생성되어 각 특성의 값인 GK51P-6100, 펜티엄 60, 256KB, IDE, PCI, 컴택 등이 슬롯에 들어간다. 이를 프레임에 대한 표기법으로 표현하면 다음과 같다.

클래스 프레임의 예시

```
(frame-name Computer)
  (frame-type added)
  (CPU (default Intel)
      (data-type string)
      (require (Intel AMD ARM SPARC)))
  (OS (default Windows)
      (data-type string))
  (memory (data-type integer))
  (guarantee (default 3years))
  (HDD (default 1TB))
  (price (data-type integer))
  (stock (default in-stock))
```

얼핏 보면 객체 지향 프로그래밍의 객체 혹은 클래스와 유사하지만 관점 자체가 다르다. 객체 지향 언어에서의 클래스는 소프트웨어 개발에 있어 모듈화나 개발 및 유지 보수성을 용이하게 하지만, 프레임의 경우 사람이 특정 대상에 대해 갖는 지식의 표현이라고 볼 수 있다. 그 때문에 슬롯의 특정 상황에 따라 자동으로 호출되는 데몬 개념이기도 하며, 객체 지향 언어에서는 정보의 접근을 제한하기 위한 메커니즘이라고 보는 것이 타당하다.

OO 서점에서는 책 판매를 온라인으로 구성하기 위해 지식 표현을 하려고 한다. 지식 표현이 잘 될 수 있도록 책에 대한 프레임을 작성해 보자.

속성	값
출판사	길벗캠퍼스
책 제목	인공지능을 위한 머신러닝과 딥러닝 with 파이썬
저자	김현정, 유상현
출판	초판
출판년도	2023
페이지	432

앞에서와 똑같이 OO 서점에서는 책 판매를 온라인으로 구성하기 위해 지식 표현을 하려고 한다. 대신 이번에는 지식 표현이 잘 될 수 있도록 책에 대한 프레임을 상속을 이용해서 작성해 보자.

속성	값
출판사	길벗캠퍼스
책 제목	인공지능을 위한 머신러닝과 딥러닝 with 파이썬
저자	김현정, 유상현
출판	초판
출판년도	2023
페이지	432

Publish

속성	값
년	2023
월	08
일	31

실습 예제

프레임을 이용한 지식 표현

프레임 : 학생

속성	값
이름	홍길동
학년	2
성적	4.32
속한 학교	OO대학교
수강 과목	인공지능 개론

'학생'이라는 프레임은 이름, 학년, 성적이라는 속성을 가지고 있으며, '속한 학교'와 '수강 과목'이라는 관계를 가지고 있다. 마찬가지로 '과목'과 '학교'도 각각의 속성과 관계를 가지고 있다.

프레임 : 과목

속성	값
이름	홍길동
교수	김현정, 유상현
학점	4.2

프레임 : 학교

속성	값
이름	OO대학교
위치	서울시 OO구
설립 연도	1946

2.4 고급 지식 표현-논리

지금까지 살펴본 기본 지식 표현은 많은 전문가 시스템에서 사용되는 표현 방법이다. 그러나 경우에 따라 이들 세 가지 표현 방법만으로는 전문가 시스템에 필요한 지식으로 구축하기에 어려운 문제나 영역이 있다. 규칙, 의미망, 프레임 외에 자주 사용되는 지식 표현 기법을 소개한다.

논리를 이용한 지식 표현

논리란 말로 표현된 문장들에 대한 타당한 추론을 위해 기호를 사용하여 문장을 표현하고 표현된 기호들을 조작함으로써, 문장의 참 혹은 거짓을 판정하는 분야이다.

대표적인 예로는 아리스토텔레스의 삼단 논법, 부울의 명제 논리, 프리게의 술어 논리가 있다.

명제 논리(Proposition Logic)

명제 논리를 설명하기에 앞서, 명제란 참이나 거짓을 분명하게 판별할 수 있는 문장이다. 다음과 같이 3개의 문장이 있다고 가정해 보자.

a. 아리스토텔레스는 플라톤의 제자이다.
b. 1 + 3 = 5
c. 밥 먹자.

위의 3개 문장을 살펴보면 a와 b는 각각 참, 거짓임을 알 수 있다. 그러므로 2개 문장은 명제라고 정의할 수 있다. 반면 c의 경우 '밥 먹자'는 말을 참이나 거짓으로 판단할 수 없기 때문에 명제가 될 수 없다.

표 6-1. 명제 논리 기호표

P	Q	NOT P (부정,¬)	P AND Q (연언, ∧)	P OR Q (선언, ∨)	P→Q (함의,→)
T	T	F	T	T	T
T	F	F	F	T	F
F	T	T	F	T	T
F	F	T	F	F	T

명제 논리란 위의 a나 b처럼 명제를 P, Q 등의 기호로 대신하고, 명제 기호의 진리값을 사용하여 각 명제에 의해 표현되는 문장의 진리값을 결정하는 것을 의미한다. 그 때문에 문장의 내용이 아닌, 문장의 진리값에 관심을 둔다.

이때, 사용되는 명제는 하나의 진술로 이루어진 최소 단위의 명제인 기본 명제와 기본 명제들을 결합한 복합 명제로 종류를 나눌 수 있다.

또한 명제를 기호로 표현한 식을 논리식이라고 하며, 표현은 다음과 같다.

아리스토텔레스는 플라톤의 제자이다. ⇒ P

1 + 3 = 5 ⇒ Q

아리스토텔레스는 플라톤의 제자이고, 1 + 3 = 5이다. ⇒ P ∧ Q

논리 기호는 참, 거짓 값을 결합하여 논리식의 진리값을 결정하는 역할을 한다. 논리식에서 사용할 수 있는 논리 기호들은 다음과 같다.

논리에서 언급될 명제 계산과 술어 계산 등은 바로 지식 표현의 한 방법으로 사용될 수 있고, 앞에서 소개한 규칙 형태도 외견상 명제 논리의 한 표현 방식으로 생각할 수 있다.

실습 예제

명제 논리 표현

명제 논리를 기호 논리식으로 표현해 보자.

P : 학교는 월요일부터 금요일까지 수업이 있다.
Q : 오늘은 휴일로 수업이 없다.

기호화 논리식을 이용한 표현 : R = P → Q

실습 예제

명제 논리 표현 및 추론

명제 논리를 기호 논리식으로 표현해 보자.

P : "오늘은 토요일이다."
Q : "날씨는 맑다."

논리 연산자 사용

- NOT 연산자(~) : "~P"는 "오늘은 토요일이 아니다."를 의미한다.
- AND 연산자(^) : "P ^ Q"는 "오늘은 토요일이고, 날씨는 맑다."를 의미한다.
- OR 연산자(V) : "P V Q"는 "오늘은 토요일이거나, 날씨는 맑다."를 의미한다.

논리식 구성

"~P"는 "오늘은 토요일이 아니다."
"P ^ Q"는 "오늘은 토요일이고, 날씨는 맑다."
"~Q"는 "날씨는 맑지 않다."
"(P ^ Q) V ~Q"는 "오늘은 토요일이고 날씨는 맑거나, 날씨는 맑지 않다."

기호화 논리식을 이용한 표현

만약 P가 참(오늘은 토요일)이고 Q가 참(날씨는 맑음)이라면, "P ^ Q"는 참이 된다.
"~Q"는 거짓이 된다.
따라서, "(P ^ Q) V ~Q"는 참이 된다.

술어 논리(Predicate Logic)

명제 논리에서는 표현하기 어려운 부분 뿐만 아니라 수량적으로도 표현이 어려운 부분도 술어 논리를 이용하여 표현할 수 있다. 또한 "모든 ○○이다", "△△도 있다" 등과 같은 표현도 전칭 기호(∀)와 전재 기호(∃)를 사용해서 표현할 수 있다.

"○○○는 가수이다.", "△△△는 아이돌이다."와 같은 여러 개의 명제가 있다고 해 보자. 이를 각각 명제 논리의 기호로 표현하면 A, B, C 등과 같이 알파벳을 할당해 표현하면서 기호로 표현하는 개수가 너무 많아 복잡해진다. 이를 술어 논리로는 간단하게 표현할 수 있다.

"○○○는 가수이다."의 의미를 가진 명제 표현 : singer(○○○)
"△△△는 아이돌이다."의 의미를 가진 명제 표현 : idol(△△△)

다음의 문장을 전칭 기호(∀)와 전재 기호(∃)를 이용해서 표현해 보자.

1. 모든 대학생은 학생이다.
2. 좋아하지 않는 배우도 있다.

1. 모든 대학생은 학생이다. : ∀x(universitystudent(x) → student(x))
2. 좋아하지 않는 배우도 있다. : ∃x(actor(x) → like(x))

실습 예제

술어 논리

우리가 "인간"이라는 술어를 가지고 있을 때, "모든 인간은 죽을 것이다."라는 명제를 표현해 보자. 이때, 여기서 "x"를 변수로 사용하고, "D(x)"를 "x가 죽을 것이다."라는 술어로 정의한다.

표현 : $\forall x$(인간(x) → D(x))

해석 : 모든 x에 대해서 "x가 인간이면 x는 죽을 것이다."

이렇게 술어 논리를 사용하여 인간이라는 범주의 모든 개체가 죽을 것이라는 명제를 표현할 수 있다. 술어 논리는 더 복잡하고 현실적인 상황에서도 사용할 수 있으며, 논리적인 분석과 추론을 수행하는 데 유용한 도구이다.

3 〉 불완전한 지식 표현

지금까지 기본 지식 표현에 대한 방법을 살펴봤다. 즉, 지금까지 모든 지식에 불확실성이 없는 경우만 가정하여 오직 논리적 추론으로써 명제나 사실의 참, 거짓을 명확하게 결정지을 수 있는 경우만 생각했다. 이러한 상황에서 일어나는 추론을 정확한 추론(Exact Reasoning)이라 한다. 그러나 실제로는 어떠한 사실이나 지식에 대한 확실성이 100%인 경우는 극히 드물다. 따라서 불가피하게 제기되는 불확실성을 표현하고 처리할 수 있는 기능이 전문가 시스템에 포함되지 않으면 그 전문가 시스템이 처리할 수 있는 영역은 매우 한정될 수밖에 없다.

3.1 불확실한 지식 표현

불확실성이란 확실하고 믿을만한 결론에 도달하기 위한 정확한 정보의 부족이고 전문가가 사용하는 정보의 공통적인 특징 중 하나이다. 전문가 시스템에서 지식이 불확실해지는 이유는 인과성이나 애매한 연관 관계 때문이다. 또한 자연어와 같은 모호하고 부정확한 언어를 사용하기 때문에 발생한다. 그렇다면 '불확실성 지식에 대한 표현은 어떻게 할까?'라는 궁금증이 생길 것이다.

'불확실하다'는 것은 미래에 나타날 현상들이 어떻게 될지 모르기에 예상한다는 것이다. 인공지능에서 예측 역시 중요한 부분이다.

SF영화처럼 인공지능을 통해 미래를 예측할 수 있을까? 그렇다면 아마 다가올 미래에 대해 두려움이 없을 것이다. 그러나 아쉽게도 미래가 어떻게 변화할지 정확하게 아는 것은 불가능하다.

왜냐하면 잘못된 정보나 애매한 정보, 자연어의 모호성, 그뿐만 아니라 우리가 아는 사실이나 정보, 지식이 확실한 경우를 보장하기 어렵기 때문이다.

인간은 '확실하지 않지만, ○○○할 것이다'와 같이 어느 정도 예측을 통해 대비할 수는 있는데 인공지능도 인간을 따라 불확실성에 대해 표현한다. 이러한 방법에는 통계적 확률을 표현하는 방법인 베이즈 정리와 실생활에서 자연어의 모호성을 해결하기 위한 퍼지 이론이 있다.

베이즈 정리(Bayes' Theorem)

조건부 확률을 계산하기 위한 통계적인 정리로, 통계학자인 토머스 베이즈(Thomas Bayes)의 이름을 따서 명명하여 확률을 이용해 일어나지 않은 미래(일)에 영향을 줄 확률을 구하는 방법이 베이즈 정리이다.

어떤 사건 A가 일어날(사전) 확률 P(A), A와 B가 동시에 일어날(조건부) 확률 $P(A \cap B)$, 사건 B가 발생했을 때 사건 A가 나타날 조건부 확률을 활용하여(사후) 확률인 P(A|B)를 계산한다.

$$P(A|B) = \frac{P(A \cap B)}{P(B)}$$

실습 예제

베이즈 정리 1

COVID-19에 걸린 사람이 실제로 테스트 결과 양성으로 나올 확률이 90%인 검사기가 있고, 어떤 사람이 이 검사기로 검사를 시행해서 양성 판정이 나왔다면, 이 사람은 COVID-19에 걸렸을 확률이 몇 %인가?

단, 이때 전 세계 인구 중 1% 정도의 사람들이 COVID-19가 걸린다고 가정하자.

	전제	사건	확률적 표현
검사의 정확도	COVID19	검사 : 양성	P(양성 | COVID-19)=0.9
관심사	검사 : 양성	COVID19	P(COVID19 | 양성)=?

$$p(covid19 \mid \text{양성}) = \frac{p(\text{양성} \mid covid19)\, p(covid19)}{p(\text{양성})}$$

$$= \frac{p(\text{양성} \mid covid19)\, p(covid19)}{p(\text{양성} \mid covid19)\, p(covid19) + p(\text{양성} \mid notcovid19)\, p(notcovid19)}$$

$$= \frac{0.9 \times 0.01}{0.9 \times 0.01 + (1 - 0.9) \times 0.99} \approx 8.3\%$$

검사기의 COVID−19 양성 판정 정확도가 90%임에도 불구하고 걸릴 확률은 8.3%밖에 되지 않는다. 이러한 이유는 전체 인구 중에 COVID−19에 걸린 사람이 1%밖에 되지 않기 때문이다.

즉, COVID−19에 걸리지 않은 99% 인구 중 COVID−19 양성 판정이라는 오진을 받은 경우 검사기가 COVID−19에 걸린 사람을 제대로 진단한 경우보다 높게 나타난 것이다. 그러므로 예제처럼 COVID−19에 걸린 사람의 비율이 낮은 경우에는 음성 판정 정확도가 양성 판정 정확도보다 훨씬 중요하다.

실습 예제

베이즈 정리 2

어떤 도시에 10% 확률로 비가 온다. 이 도시에서 우산을 가지고 있는 사람들의 70%가 비가 올 때 우산을 가지고 다닌다. 반대로 비가 오지 않을 때 우산을 가지고 다니는 사람은 30%이다. 이 도시에서 우산을 가지고 다니는 사람의 비율은 알 수 없지만, 우산을 가지고 다니는 사람 중 80%가 비 오는 날 우산을 가지고 다니는 경우를 가정해 보자.

도시에서 무작위로 선택한 한 사람이 우산을 가지고 있다고 할 때, 그 사람이 비가 오는 날 우산을 가지고 다닐 확률을 계산해 보자.

P(A) : 비가 올 확률 = 0.10

P(B) : 우산을 가지고 다니는 사람의 비율

P(A|B) : 우산을 가지고 다니는 사람 중 비가 오는 날 우산을 가지고 다닐 확률 = 0.80

베이즈 정리에 따라, P(B|A)를 계산할 수 있다.

P(B|A) = (P(A|B) * P(B)) / P(A)

P(B|A) = (0.80 * P(B)) / 0.10

이 문제에서는 P(B)를 구할 수 없으므로 이를 P(B|A)로 대체해서 계산해 보면 다음과 같다.

P(B|A) = (0.80 * P(B|A)) / 0.10

이 식을 정리하면 아래와 같다.

0.10 * P(B|A) = 0.80 * P(B|A)
0.10 * P(B|A) − 0.80 * P(B|A) = 0

−0.70 * P(B|A) = 0

P(B|A) = 0 / −0.70

따라서, P(B|A)는 0이다.

결과적으로 예시에서 비가 오는 날 우산을 가지고 다니는 사람의 확률은 0이다. 이는 사전 정보로부터 비가 오는 확률이 비교적 낮고, 우산을 가지고 다니는 사람 중에도 비가 오는 날 우산을 가지고 다니는 비율이 높지 않기 때문이다.

퍼지 이론(Fuzzy Theory, 모호성)

퍼지 이론(Fuzzy Theory) 또는 퍼지 논리(Fuzzy Logic)는 불확실성과 모호성을 다루기 위한 수학적 이론으로, 사람의 사고방식과 비슷하게 모호한 개념을 다룰 수 있는 강력한 도구로 사용된다. 명제 논리가 실생활에서는 참과 거짓으로 명확하지 않다. 특히 언어적으로 예쁘다, 평균이다, 파랗다, 높은 온도 등과 같이 애매모호한 상황에서는 명확하게 구분이 어렵다. 이러한 모호성을 해결하기 위해 퍼지 이론이 나왔다. 모호해서 이를 정확하게 값으로 표현할 수 없어 근사값(추정값)을 이용한다.

퍼지 이론은 전통적인 논리와는 달리, 모든 개념을 단순히 참 또는 거짓으로 분류하지 않는다. 대신 각 개념의 소속 정도를 0과 1 사이의 숫자로 표현하여 설명한다. 이러한 숫자는 해당 개념에 대한 참 멤버십 함수의 값으로 해석된다. 예를 들어, '높은 온도'라는 개념은 0.8의 멤버십 함수값을 가지며, 이는 해당 개념에 대한 소속 정도가 80%라는 것을 의미한다.

예를 들어, '덥다'라는 개념은 상황에 따라 다르게 해석될 수 있다. 일부 사람들은 25℃를 덥다고 생각할 수도 있고, 다른 사람들은 30℃에서야 덥다고 생각할 수도 있다. 이러한 모호성을 퍼지 이론을 사용하여 수학적으로 다룰 수 있다.

퍼지 이론은 다양한 분야에서 적용된다. 예를 들어, 제어 시스템, 인공지능, 패턴 인식, 의사 결정 등에서 널리 사용된다. 특히 제어 시스템 분야에서는 복잡한 시스템을 효과적으로 모델링하고 추론하는 데에 활용된다. 이를 통해 정확한 수학적 모델링이 어려운 상황에서도 시스템을 효과적으로 다룰 수 있다.

실습 예제

퍼지 이론

자동차 속도에 따라 브레이크를 밟는 제어 시스템을 설계한다고 가정해 보자. 이 시스템은 자동차 속도에 따라 브레이크 압력을 조절해 안전하게 정지할 수 있도록 해야 한다. 퍼지 이론을 사용하여 어떻게 시스템을 설계할 수 있을까?

- **입력 변수** : 자동차 속도
- **출력 변수** : 브레이크 압력
- **자동차 속도에 대한 멤버십 함수 정의** : 예) 낮은 속도, 중간 속도, 높은 속도
- **규칙 정의** : 어떤 속도 범위에서 어떤 압력을 가해야 하는지 정의하는 규칙 작성
  예) "속도가 낮으면 압력을 약하게 가하고, 속도가 높으면 압력을 강하게 가하라"
- **규칙 실행** : 입력된 속도에 대해 각 규칙의 조건을 만족하는 정도 계산
  예) 속도가 50km/h일 때 '낮은 속도'의 멤버십 함수값은 0.6
- 각 규칙의 실행 결과를 조합하여 출력 변수인 브레이크 압력의 멤버십 함수값을 계산한다. 예를 들어, 각 규칙에서 얻은 멤버십 함수값들을 종합해 '낮은 압력', '보통 압력', '높은 압력' 등의 결과를 얻을 수 있다.
- 최종 결과를 실제 값으로 변환한다. 이는 출력 변수의 값으로 나타낸다. 예를 들어, '높은 압력'의 멤버십 함수값이 0.7일 경우, 실제 브레이크 압력 값을 계산해 제어 시스템에 전달할 수 있다.

이렇게 퍼지 이론을 사용하여 자동차 속도에 따른 브레이크 제어 시스템을 설계할 수 있다. 이를 통해 자동차 속도에 따라 모호한 개념인 '낮은 속도', '높은 속도' 등을 수학적으로 다룰 수 있고, 적절한 브레이크 압력을 결정할 수 있다.

연습 문제

연습 01 인공지능에서 지식을 표현하는 다양한 방법에 관해 설명하시오.

연습 02 화재 처리 시스템을 만들기 위해서 지식 표현을 이용하여 설계하려고 한다. 이를 위해 어떤 방법을 이용할 것이며 어떻게 표현할 것인지 직접 설계해 보자.

예) 규칙을 이용한 지식 표현

if

연습 문제

연습 03

명제 논리란 무엇인지 설명하시오.

연습 04

의미망과 프레임에 대해 설명하고 차이점은 무엇인지 설명하시오.

연습 05

베이즈 정리의 개념을 설명하시오.

연습 문제

연습 06

퍼지 이론이 사용되는 예를 직접 찾아 작성해 보시오.

연습 07

다음은 명제 논리에 대한 예시이다. 이를 통해서 오늘 비가 왔는지 추론해 보자.

[가정] A: "오늘 비가 온다."

[질문] B: "만약 오늘 비가 온다면 나는 우산을 가져갈 것이다. 오늘 나는 우산을 가져갔다. 그렇다면 오늘 비가 온 것인가?"

연습 문제

연습 08

다음은 베이즈 정리에 대한 예시이다. 이를 통해 병에 걸렸을 확률은 얼마인지 추론해 보자.

[가정] A: "특정 병에 걸릴 확률이 1%이다."

B: "이 병에 걸린 사람 중에서 테스트 결과 양성이 나올 확률은 90%이다."

[질문] C: "만약 나의 테스트 결과가 양성이라면, 내가 이 병에 걸렸을 확률은 얼마인가?"

연습 09

다음은 퍼지 이론에 대한 예시이다. 이를 통해 시원함의 정도는 어떻게 되는지 추론해 보자.

[가정] A: "온도가 30℃일 때, 에어컨을 강하게 작동하면 시원하게 느껴진다."

B: "온도가 20℃일 때, 에어컨을 약하게 작동하면 시원하게 느껴진다."

[질문] C: "만약 현재 온도가 25℃이고 에어컨 작동이 중간 정도로 설정되어 있다면, 시원함의 정도는 어떻게 될까?"

연습 문제

연습 10 **다음은 술어 논리에 대한 예시이다. 이로써 '타마라'는 포유류인지 아닌지 추론해 보자.**

[가정] A: "모든 고양이는 포유류이다."

B: "타마라는 고양이이다."

[질문] C: "타마라는 포유류인가?"

연습 11 **다음은 규칙 기반 지식에 대한 예시이다. 이를 통해 해당 제품이 배송되는지에 대해 추론해 보자.**

[가정] A: "만약 주문이 들어오면 해당 제품을 배송한다."

B: "주문이 들어왔다."

[질문] C: "그렇다면 해당 제품은 배송되는가?"

연습 문제 정답 예시

07 명제 논리

[가정] A: "오늘 비가 온다."

[질문] B: "만약 오늘 비가 온다면 나는 우산을 가져갈 것이다. 오늘 나는 우산을 가져갔다. 그렇다면 오늘 비가 온 것인가?"

문제	정답	설명
A	True	가정으로 주어진 "오늘 비가 온다."는 True로 가정했다.
B	True	질문으로 주어진 "만약 오늘 비가 온다면 나는 우산을 가져갈 것이다."는 가정 A와 연결되며, True로 가정했다.
C	True	질문으로 주어진 "오늘 나는 우산을 가져갔다."는 가정 B와 연결되며, True로 가정했다.
결과	True	가정 A, B, C가 모두 True이므로 오늘 비가 온 것으로 결론내릴 수 있다.

08 베이즈 정리

[가정] A: "특정 병에 걸릴 확률이 1%이다."

B: "이 병에 걸린 사람들 중에서 테스트 결과 양성이 나올 확률은 90%이다."

[질문] C: "만약 나의 테스트 결과가 양성이라면, 내가 이 병에 걸렸을 확률은 얼마인가?"

문제	정답	설명
A	0.01	가정으로 주어진 "특정 병에 걸릴 확률 1%"는 0.01로 가정했다.
B	0.9	가정으로 주어진 "양성 결과가 나올 확률 90%"는 0.9로 가정했다.
C	0.0976	베이즈 정리에 따라 계산하면, 내가 이 병에 걸렸을 확률은 0.0976로 나온다.
결과	0.0976	테스트 결과가 양성인 경우, 실제로 이 병에 걸렸을 확률은 0.0976이다.

09 퍼지 이론

[가정] A: "온도가 30℃일 때, 에어컨을 강하게 작동하면 시원하게 느껴진다."

B: "온도가 20℃일 때, 에어컨을 약하게 작동하면 시원하게 느껴진다."

[질문] C: "만약 현재 온도가 25℃이고 에어컨 작동이 중간 정도로 설정되어 있다면, 시원함의 정도는 어떻게 될까?"

문제	정답	설명
A	0.7	가정으로 주어진 "온도가 30℃일 때, 에어컨을 강하게 작동하면 시원하게 느껴진다."는 0.7로 가정했다.
B	0.5	가정으로 주어진 "온도가 20℃일 때, 에어컨을 약하게 작동하면 시원하게 느껴진다."는 0.5로 가정했다.
C	0.6	주어진 온도가 25℃일 때, 강한 작동과 약한 작동의 중간 정도로 설정하면 시원함의 정도는 0.6이다.
결과	0.6	주어진 조건에서 시원함의 정도는 0.6이다.

연습 문제 정답 예시

10 술어 논리

[가정] A: "모든 고양이는 포유류이다."
B: "타마라는 고양이이다."
[질문] C: "타마라는 포유류인가?"

문제	정답	설명
A	True	가정으로 주어진 "모든 고양이는 포유류이다."는 True로 가정했다.
B	True	가정으로 주어진 "타마라는 고양이이다."는 True로 가정했다.
C	True	타마라는 고양이이며 고양이는 포유류에 속하므로 True로 결론내릴 수 있다.
결과	True	타마라는 포유류이다.

11 규칙 기반

[가정] A: "만약 주문이 들어오면 해당 제품을 배송한다."
B: "주문이 들어왔다."
[질문] C: "그렇다면 해당 제품은 배송되는가?"

문제	정답	설명
A	True	가정으로 주어진 "만약 주문이 들어오면 해당 제품을 배송한다."는 True로 가정했다.
B	True	가정으로 주어진 "주문이 들어왔다."는 True로 가정했다.
C	True	주문이 들어왔고, 해당 제품을 배송한다는 규칙이 성립하므로 해당 제품은 배송된다.
결과	True	해당 제품은 배송된다.

| 7장 |

머신러닝

학습 목표

- 인공지능 머신러닝의 개념에 대해 파악할 수 있다.
- 인공지능의 머신러닝 종류에 대해 배울 수 있다.
- 인공지능의 머신러닝 종류에 대해 실습해 볼 수 있다.

1 〉 머신러닝

사람들은 다양한 것들을 배우는 데에 학습이 필요하다. 인간은 동물 중에서 가장 뛰어난 학습 능력을 가지며, 이것은 진화를 통해 얻은 인간의 가장 중요한 능력 중 하나라고 할 수 있다. 만약 누군가 '학습'이란 무엇인지 묻는다면 아마도 많은 사람은 먼저 공부를 떠올릴 것이다. 즉, 학습은 공부하는 행위를 통해 이루어지는 것이다. 또 다른 학습은 유의미한 행동이나 능력의 변화를 의미하는데, 예를 들면 자전거를 타기 위해서는 타는 방법을 배우는 것도 학습이라고 할 수 있다.

심리학에서 학습은 '경험을 통해 얻은 지식과 행동의 오래 지속되는 변화'로 정의한다. 위키피디아의 사전적 의미를 살펴보면 '학습은 본능적인 성숙과는 달리, 직간접적인 경험이나 훈련을 통해 지속적으로 자각하고, 인지하며, 변화시키는 행동 변화'라고 정의하고 있다.

이러한 두 가지 정의를 토대로 학습을 정의하면 '사람들이 경험이나 훈련을 통해 얻은 행동과 지식의 변화'라고 할 수 있다. 즉, 앞서 예로 든 자전거를 타기 위해 학습하고 훈련을 통해 자전거를 잘 탈 수 있게 되는 것은 학습의 결과라고 할 수 있다.

또한, 한 분야를 학습하면 다른 행동을 쉽게 학습할 수 있는데, 예를 들어 운동화 끈을 매는 방법을 배우면 선물 포장 리본을 묶을 때도 비슷한 방법으로 묶을 수 있다. 한 번 학습한 부분은 오랜 시간 동안 하지 않아도 다시 기억하고 복습할 수도 있다. 예를 들어, 자전거를 오랜 시간 동안 타지 않았어도 다시 타면 금방 익숙해진다. 이처럼 사람은 학습을 통해 경험을 쌓고 그에 따른 행동 변화를 이룬다.

그렇다면 컴퓨터는 사람들처럼 학습을 할 수 있을까? 만약 가능하다면 컴퓨터를 어떻게 학습시킬 수 있을까? 이러한 질문에 대한 답을 찾기 위해 이제 머신러닝(Machine Learning, 기계학습)에 대해 알아보도록 하자.

1.1 머신러닝이란?

컴퓨터가 사람과 똑같이 학습할 수 있을까? 답은 '할 수 있다'이다. 머신러닝(Machine Learning)이라는 인공지능 분야를 통해 컴퓨터에게 사람처럼 학습시킬 수 있다.

2016년, 혜성과 같이 등장한 알파고를 기억하는가? 알파고(AlphaGo)는 구글 딥마인드가 개발한 인공지능 바둑 프로그램으로, 딥러닝 기술을 사용하여 바둑을 학습했다. 이를 통해 사람의 바둑 전략과 패턴을 파악하고 대응하는 방식으로 바둑 대국을 진행했고, 지금까지 495번의 대국 중 494번을 승리하며 승률 99.8%를 기록하고 있다. 이는 정말 놀라운 승률이다. 이 중 단 한 번만 이세돌 9단이 이긴 경기가 있었다.

여기서 사용된 머신러닝 분야가 바로 딥러닝(Deep Learning)이다. 간단히 설명하면, 딥러닝은 인간의 뇌세포(뉴런)와 비슷한 인공 신경망 방식으로 정보를 처리한다. 딥러닝에 대한 더 자세한 내용은 9장에서 다룰 예정이다.

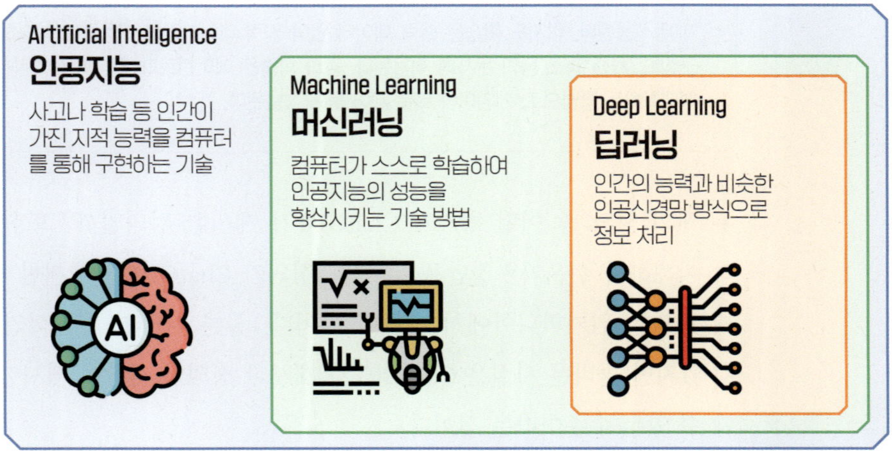

그림 7-1. 인공지능과 머신러닝, 딥러닝의 관계

이번 장에서는 다양한 머신러닝 개념과 종류에 대해서 학습해 보자.

1.2 머신러닝의 개념

ChatGPT는 현재 인공지능 분야에서 매우 핫한 이슈로 꼽히고 있다. 앞서 2장에서 간단하게 ChatGPT에 대한 개념을 살펴보았다. 다음의 머신러닝 정의 중 하나는 ChatGPT를 활용하여 얻은 결과이고, 또 다른 정의는 세계적인 백과사전인 위키백과에서 머신러닝의 정의를 발췌한 것으로, 이 두 정의를 비교해 보자.

> 기계학습(機械學習) 또는 머신러닝(Machine Learning)은 경험을 통해 자동으로 개선하는 컴퓨터 알고리즘의 연구로, 인공지능의 한 분야로 간주된다. 컴퓨터가 학습할 수 있도록 하는 알고리즘과 기술을 개발하는 분야다. 머신러닝 알고리즘은 명시적으로 프로그래밍하지 않고 예측 또는 결정을 내리기 위해 '학습 데이터'라고 하는 샘플 데이터를 기반으로 모델을 구축한다. 머신러닝 알고리즘은 의학, 이메일 필터링, 음성 인식 및 컴퓨터 비전과 같은 다양한 애플리케이션에 사용된다.

> 머신러닝은 인공지능의 한 분야로, 컴퓨터가 데이터를 이용하여 스스로 학습하고 판단하는 능력을 갖게 하는 기술이다. 이를 위해 컴퓨터는 데이터를 분석하고 패턴을 찾아내어 이를 기반으로 예측하거나 분류하는 등의 작업을 수행한다. 머신러닝은 크게 지도 학습, 비지도 학습, 강화 학습으로 나뉜다. 지도 학습은 입력과 출력 데이터를 이용하여 학습하는 방법으로, 분류, 회귀 등의 문제에 적용된다. 비지도 학습은 출력 데이터 없이 입력 데이터만을 이용하여 학습하는 방법으로, 군집화, 차원 축소 등의 문제에 적용된다. 강화 학습은 에이전트가 환경과 상호작용하며 보상을 최대화하는 방법으로, 게임이나 로봇 제어 등에 적용된다.

두 개의 정의 중 어떤 정의가 ChatGPT가 제시한 정의일까? 또한 어떤 정의가 더 이해하기 쉬운가? 정답은 두 번째 정의가 ChatGPT가 제시한 것이며, 첫 번째 정의는 위키피디아에서 발췌한 것이다. 물론 다양한 개인적인 의견이 있을 수 있지만 놀라운 사실은 ChatGPT가 제시한 정의가 사람이 제시한 정의와 비교할 수 있는 수준이라는 점이다.

위키피디아의 정의는 조금 어려워 보일 수 있지만, 주목해야 할 부분은 '컴퓨터가 학습할 수 있도록 하는 알고리즘과 기술을 개발하는 분야'라는 부분과 ChatGPT가 제시한 정의 중에서는 '컴퓨터가 데이터를 이용하여 스스로 학습하고 판단하는 능력을 갖추게 하는 기술'이라는 부분이다. 위 두 개의 정의를 풀어 보면 컴퓨터가 데이터를 이용하여 자동으로 학습하고 판단하는 능력을 갖출 수 있도록 정해진 절차나 방법으로 문제를 해결하기 위해 사용되는 알고리즘을 개발하는 것이 머신러닝이라 할 수 있다.

머신러닝 알고리즘에는 여러 방법의 알고리즘이 있으며 각각의 알고리즘마다 하는 일이 조금씩 다른데, 하나의 예로 분류(Classification) 알고리즘은 사진에서 얼굴을 인식하여 남자와 여자로 분류하거나 이메일에서 스팸과 비스팸으로 분류하는 등의 작업을 수행할 수 있다.

아직은 머신러닝의 개념이 어려울 수 있다. 이론적인 설명보다 재미있는 예제를 통해 설명하는 것이 효과적일 것으로 생각되어 'Quick, Draw' 사이트를 소개한다. 이 사이트는 머신러닝의 학습 개념을 게임처럼 쉽게 이해할 수 있도록 도와주어 인공지능의 학습 개념을 쉽고 재미있게 이해할 수 있다.

그림 7-2. Quick, Draw 앱 메인 화면

'Quick, Draw' 사이트(https://quickdraw.withgoogle.com/) 주소를 웹 브라우저 주소창에 입력해 보자. 오른쪽 그림 7-2는 메인 화면을 나타내며, 다음과 같은 문구가 나타난다.

"머신러닝 기술이 학습을 통해 낙서를 인식할 수 있을까요? 여러분의 그림으로 머신러닝의 학습을 도와주세요. Google은 머신러닝 연구를 위해 세계 최대의 낙서 데이터 세트를 오픈소스로 공유합니다."라는 문구에서 알 수 있듯이 이 사이트는 구글(Google)에서 머신러닝 연구를 위해 만든 사이트이다. 그림(낙서)을 그리면 그린 내용을 추측하는 사이트로, 실제로 어렵지 않으며 몇 분 안 걸리기 때문에 꼭 체험해 보기를 권장한다.

자 그럼 그림을 얼마나 정확하게 알아맞히는지 확인하기 위해 직접 체험해 보자. 먼저 체험하기 전에 적어도 어느 정도의 그림을 그려야 하는지 힌트를 얻기 위해 그림 7-2처럼 화면 중앙의 '세계 최대의 낙서 데이터 세트'를 눌러보자. 그러면 그림 7-3과 같이 전 세계 사람들이 그린 그림들이 나타난다.

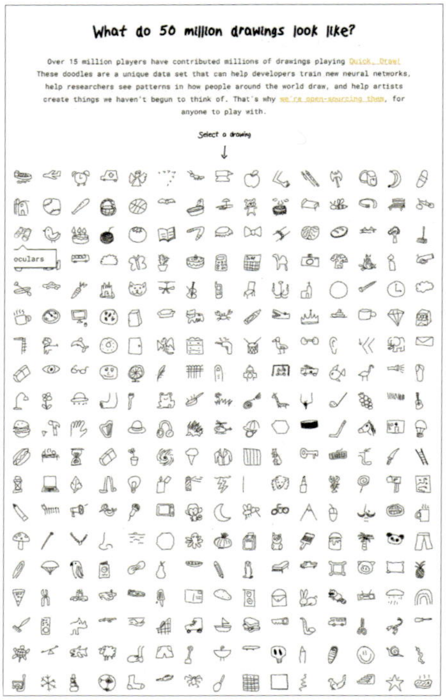

그림 7-3. Quick, Draw 낙서 데이터 세트

전 세계 약 5천 만 명이 그린 낙서를 살펴볼 수 있으며, 그중에서도 상당히 뛰어난 그림들을 확인할 수 있다. 정교하게 그릴 필요는 없지만, 이 데이터를 보여주는 이유는 직접 체험하는 동안 그린 그림(낙서)도 실제 데이터로 활용되어 다른 사용자가 그림을 그릴 때 참고할 수 있기 때문이다.

이제 게임을 시작하기 위해 메인 화면 중앙의 〈시작하기〉 버튼을 눌러보자! 게임은 총 6단계로 이루어져 있으며, 매번 실행할 때마다 제시되는 단어가 다르다. 필자의 경우 첫 번째 제시 단어는 '변기'였고, 각 단계에서는 20초 이내에 제시된 단어에 맞는 그림을 그려야 한다. 그림을 잘 그리지 못하는 편이어서 변기를 아래 그림과 같이 그렸지만, 정답을 맞히지 못했다. 아무리 많은 데이터가 있어도 이처럼 그림을 그리면 정답을 알아맞히기 어려울 것이다.

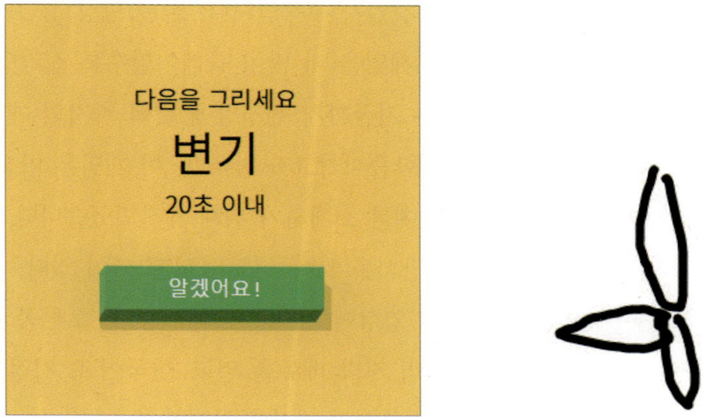

그림 7-4. Quick, Draw의 낙서 및 응답

모든 단계를 마치고 나면 그림 7-5와 같은 결과가 나타난다. 그림을 잘 그리지 못하는 필자는 6개의 문제 중 3개의 정답을 맞혔다. 이는 정말 대단한 결과이다. 실제로 사람이 봐도 무엇인지 모르는 그림임에도 불구하고 3개를 맞추었다는 것은 매우 놀랍다.

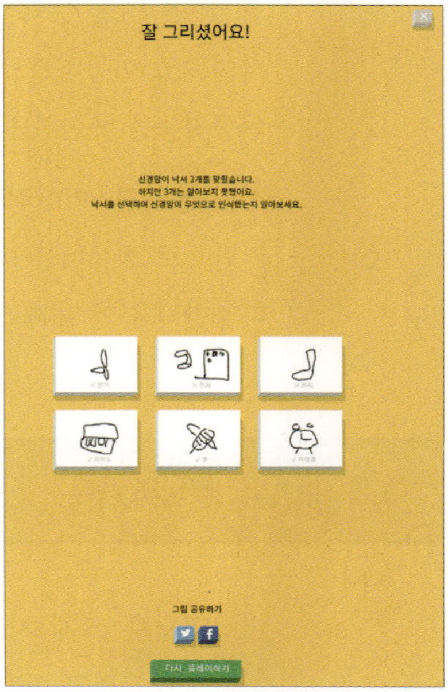

그림 7-5. Quick, Draw의 낙서 및 응답 결과

Quick, Draw는 실제로 형편없는 그림을 어떻게 맞추는 걸까? 답은 신경망이라는 인공지능 기술을 사용했기 때문이다. 이 게임은 인간의 두뇌에서 영감을 받은 방식으로 작동한다. 메인 화면 오른쪽 상단의 × 아이콘을 눌러 메인 화면으로 돌아간 다음 왼쪽 상단의 ? 아이콘을 누르면 게임에 대한 소개가 표시된다.

소개에 "이 게임은 머신러닝을 활용하여 제작되었습니다. 여러분이 그림을 그리면 신경망이 무엇을 그린 것인지 추측합니다. 물론 항상 정답을 맞추는 것은 아닙니다. 하지만 여러분이 게임을 더 많이 플레이할수록 신경망은 더 많이 배우게 됩니다. Google에서는 지금까지 신경망에 몇백 가지의 개념을 학습시켰고, 앞으로도 더 많은 개념을 학습시키고자 합니다. 이 게임은 머신러닝을 재미있는 방식으로 활용할 수 있는 예를 소개하기 위해 제작되었습니다. 아래의 동영상을 시청하면서 게임의 작동 방식을 알아보세요."라고 되어 있다. 잠시 시간을 내어 영상을 시청해 보자. 만약 영상이 영어로 되어 있다면 오른쪽 하단에 있는 톱니바퀴 모양의 아이콘을 눌러 자막 메뉴를 열고 '한국어'로 지정해 영상을 시청할 수 있다. 게임 소개와 실제 플레이 영상을 살펴볼 수 있다.

또 하나 Quick, Draw의 메인 화면 왼쪽 하단에는 'A.I. Experiment'라는 로고가 있다. 이를 클릭하면 구글에서 제공하는 다양한 인공지능을 체험할 수 있는 사이트로 이동하므로 관심 있는 독자들은 따로 체험해 보길 권장한다. 다양한 인공지능을 체험하면서 인공지능의 매력에 푹 빠질 수 있을 것이다.

정리해 보면, 머신러닝은 많은 데이터를 이용하여 문제를 해결하는 알고리즘을 기반으로 컴퓨터를 학습시키는 절차라는 것을 알 수 있다. 이후에는 머신러닝의 다양한 종류에 대해 알아보자.

1.3 머신러닝의 종류

머신러닝은 크게 지도 학습(Supervised Learning)과 비지도 학습(Unsupervised Learning) 그리고 강화 학습(Reinforcement Learning)으로 분류된다. 각 학습 방법이 어떻게 작동하는지 간단한 예시를 통해 살펴보고, 해당 실습은 8장에서 신경망에 대해 학습한 후 진행할 예정이다.

지도 학습(Supervised Learning)

지도 학습은 감독 학습이라고도 불리며, 답안이 포함된 예상 시험 문제를 활용하여 학습하는 개념이다.

예를 들어, 다음과 같이 여러 장의 개와 고양이 사진이 있다고 가정해 보자. 이러한 데이터를 훈련 데이터(Train Set)라고 부르며, 개에는 '개'라는 정답을, 고양이에는 '고양이'라는 정답을 붙여놓는다. 이렇게 데이터의 정답을 레이블(Label)이라고 하며, 직접 정답을 부여하는 과정을 레이블링(Labeling)이라고 한다. 레이블링된 훈련 데이터는 신경망 등 다양한 머신러닝 알고리즘을 활용하여 사진의 픽셀 정보를 바탕으로 개와 고양이의 특징을 추출하고, 이를 바탕으로 개와 고양이를 구분할 수 있는 모델(Model)을 생성한다. 이 모델을 활용하여 레이블이 없는 테스트 데이터를 모델에 적용하면 개인지 고양이인지 분류할 수 있는 결과값을 도출할 수 있다. 이처럼 지도 학습은 학습된 모델을 기반으로 새로운 테스트 데이터의 정답을 예측하는 학습 방법이다.

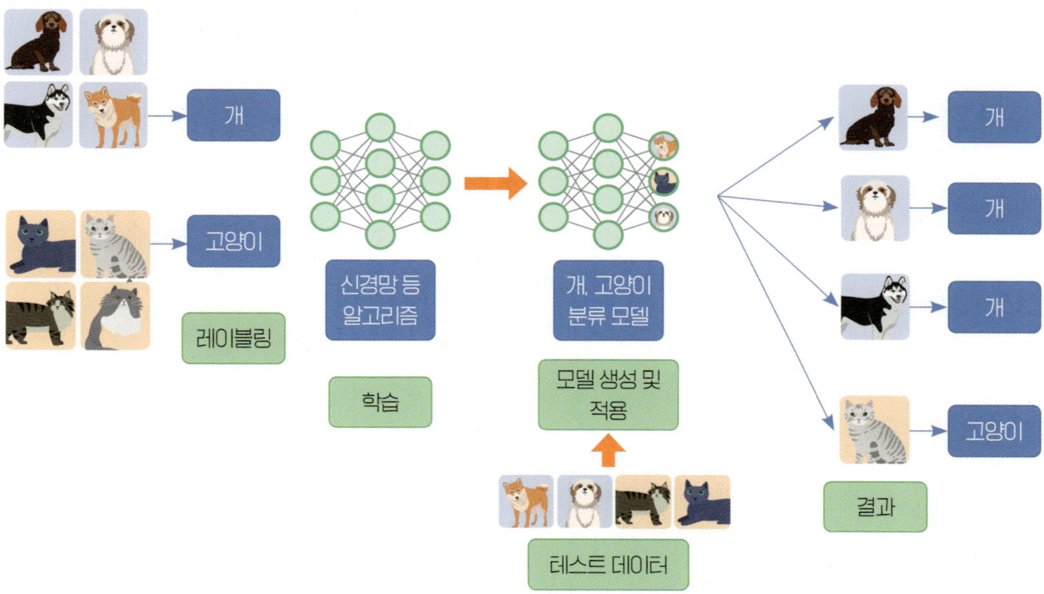

그림 7-6. 지도 학습

지도 학습은 크게 분류(Classification)와 회귀(Regression) 분석으로 구분할 수 있다.

분류(Classification)

분류는 강아지와 고양이처럼 입력 데이터를 미리 정의된 클래스 레이블(Class Labels) 중 하나로 할당하는 작업을 의미한다. 분류 알고리즘은 이진 분류(Binary Classification)와 다중 분류(Multi-Class Classification)로 구분할 수 있다.

이진 분류는 두 개의 클래스 중 하나로 분류하는 것을 의미한다. 예를 들어, 이메일이 스팸 메일인지 아닌지를 두 개의 클래스로 분류하는 게 이진 분류이다. 반면 다중 분류는 두 개 이상의 클래스 중 하나로 분류하는 것을 의미한다. 하나의 예로 동물 이미지를 분류하는 경우 개, 고양이, 코끼리, 기린과 같이 여러 개의 클래스 중 하나로 분류하는 것이 다중 분류이다.

다양한 분류 알고리즘이 존재하며, 이러한 알고리즘들은 데이터의 특성과 문제 유형에 따라 선택되고, 때에 따라 여러 알고리즘을 조합하여 더 정확한 결과를 얻기도 한다.

❶ 결정 트리(Decision Trees)

결정 트리는 지도 학습(Supervised Learning)에서 사용하는 분류(Classification) 및 회귀(Regression) 분석을 위한 알고리즘이다. 이 알고리즘은 데이터의 특징(Feature)을 기반으로 데이터를 분류하거나 예측하기 위해 트리(Tree) 구조로 표현된다.

결정 트리는 각 내부 노드(Internal Node)에서 특정 특징에 대한 조건을 검사하고, 이 조건에 따라 데이터를 분할하는 방식으로 동작한다. 각 내부 노드는 특정 특징에 대한 질문을 나타내며, 해당 특징의 여러 가지 값들에 따라 가지(Branch)로 나뉘어진다. 이 과정을 반복하여 트리의 끝에 도달하면 최종적인 분류 결과가 나온다.

예를 들어, 스팸 메일 분류 문제를 생각해 보면 결정 트리는 여러 가지 특징을 고려하여 스팸 여부를 판단할 수 있다. 이메일의 제목, 본문 내용, 발신자 정보 등을 특징으로 사용하여 결정 트리를 구성할 수 있으며, 트리의 각 내부 노드는 특정 특징에 관한 질문을 포함한다. 예를 들어, "이메일에 '당첨'이라는 단어가 포함되어 있습니까?"와 같은 질문이 될 수 있으며, 이 질문에 대한 답변인 '예'

또는 '아니오'에 따라 다른 가지로 나누어진다. '예'인 경우 스팸으로 분류되고, '아니오'인 경우 다른 특징에 대한 추가 질문이 등장한다.

❷ 랜덤 포레스트(Random Forests)

랜덤 포레스트는 앙상블(Ensemble) 학습 방법 중 하나이다. 앙상블 학습은 여러 개의 예측 모델을 조합하여 더 강력하고 안정적인 예측 모델을 구축하는 기법이다. 이를 위해 랜덤 포레스트는 여러 개의 결정 트리(Decision Tree)를 조합해서 더 강력한 예측 모델을 생성한다. 각 결정 트리는 데이터 일부를 사용해 독립적으로 학습하며, 이들의 예측 결과를 결합하여 최종 예측을 수행하는 방식이다.

❸ K 최근접 이웃(KNN, K Nearest Neighbors)

K 최근접 이웃은 지도 학습(Supervised Learning)에서 사용되는 분류(Classification) 및 회귀(Regression) 알고리즘 중 하나이다. 이 알고리즘은 인스턴스 기반 학습(Instance-Based Learning)의 한 형태로, 주어진 데이터 포인트 주변에 위치한 K개의 최근접 이웃을 기반으로 예측을 수행한다.

❹ 서포트 벡터 머신(SVM, Support Vector Machine)

서포트 벡터 머신은 지도 학습에서 주로 사용되는 강력한 분류 및 회귀 알고리즘이다. 이 알고리즘은 데이터 포인트들을 고차원 공간으로 매핑하여 클래스 간 가장 큰 간격을 가지는 결정 경계를 찾는 방식으로 동작한다.

회귀(Regression)

회귀는 머신러닝의 지도 학습 방법 중 하나로, 주어진 입력 변수(X)와 연속적인 출력 변수(Y) 사이의 관계를 모델링하는 분석 기법이다. 이를 통해 입력 변수의 값에 따라 출력 변수의 값을 예측하거나 추정하는 것이 목표이다.

회귀 분석은 여러 가지 장점을 가지고 있다. 간단한 회귀 모델인 선형 회귀는 해석이 쉽고 직관적이며, 데이터에 대해 많은 가정을 요구하지 않는다. 적절한 회귀 모델과 변수를 선택하면 예측력이 높아진다. 특히 다중 회귀 분석은 여러 개의 입력 변수를 고려하여 복잡한 데이터 패턴을 예측할 수 있다.

회귀 분석은 입력 변수들 간의 관계를 파악하고 모델의 정확도를 개선하는 데에 유용하다. 또한 통계적 검정과 신뢰 구간을 계산하여 모델의 유의성과 예측의 신뢰성을 평가할 수 있어, 모델의 신뢰도를 판단하고 통계적 추론을 수행하는 데에 도움이 된다. 또한 회귀 모델의 계수값은 입력 변수의 영향력을 나타내므로 변수 선택이나 변수 중요도 평가에 유용하다. 이러한 장점들로 인해 회귀 분석은 다양한 분야에서 데이터 분석과 예측에 널리 사용되고 있다.

❶ 선형 회귀(Linear Regression)

선형 회귀는 입력 변수와 출력 변수 사이의 선형 관계를 모델링하는 회귀 분석 방법이다. 가장 기본적인 형태는 단순 선형 회귀(Simple Linear Regression)로, 하나의 입력 변수와 하나의 출력 변수 사이의 선형 관계를 표현한다. 이는 선형 방정식 형태로 표현되며, 입력 변수의 변화에 따라 출력 변수도 선형적으로 변화한다. 다중 선형 회귀(Multiple Linear Regression)는 선형 회귀의 또 다른 방법으로, 여러 개의 입력 변수와 하나의 출력 변수 사이의 선형 관계를 모델링한다.

선형 회귀 분석의 예를 살펴보자. 다음의 표는 학습 시간(X)에 비례한 성적(Y) 데이터의 상관관계를 나타내고 있다. 다음의 데이터 중 학습 시간(X)을 독립 변수(X) 또는 입력 데이터라 하고 성적(Y) 데이터를 종속 변수(Y) 또는 출력 변수라고 한다. 이 두 데이터 사이의 함수적 관계를 이용하여 독립 변수(X) 값을 입력하면 종속 변수(Y) 값을 예측할 수 있다.

표 7-1. 학습 시간에 대한 성적

학습 시간(X)	성적(Y)
0	0
1	20
2	40
3	60
4	80
5	100

위 데이터에서 예측하는 성적의 유효 범위를 0점에서 100점 사이로 가정하고 위 데이터를 훈련 데이터로 학습시키면 이에 해당하는 선형 회귀 모델(Linear Regression Model)을 만들 수 있다.

이제 만들어진 선형 회귀 모델을 바탕으로 "만약 학생이 5시간 공부했을 때 성적은 어떻게 될까?"라고 질문하면 선형 회귀 모델에서 어떠한 값을 예측하는 것을 가설(Hypothesis)을 세운다고 하는데, 위 표의 데이터 중 독립 변수 학습 시간(X)을 기준으로 결과의 종속 변수인 성적(Y)을 토대로 가설을 세운다. 그림 7-7처럼 학습 시간(X)에 대한 성적(Y)을 두고 점으로 표시하며, 이 점 위에 1차 방정식에 의해 선을 수식으로 표현하면 Y=20X라는 식으로 표현되기 때문에 학습 시간이 5시간이면 성적은 100점으로 예측할 수 있다.

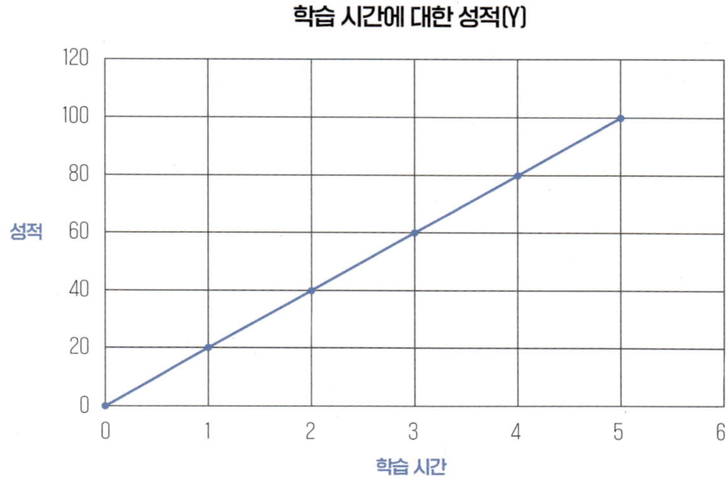

그림 7-7. 학습 시간에 대한 성적 분류

위 직선을 선형 회귀 직선이라 하고, 이 직선을 구하는 식을 수식으로 표현하면 $H(x) = Wx + b$로 표현할 수 있다. 이때 $H(x)$는 가설을 의미하고, W(Weight)는 기울기이며, b(bias)는 절편에 해당한다. 선형 회귀는 실제 데이터로 새로운 데이터가 입력되면 가설을 구하는 것이라고 할 수 있다.

회귀 알고리즘은 종속 변수(y)와 하나 이상의 독립 변수(x) 사이 관계를 모델링하는 머신러닝 알고리즘이다. 주어진 데이터를 기반으로 종속 변수와 독립 변수 간의 함수 관계를 추정하는 것이 목표이다.

회귀 알고리즘은 일반적으로 경사 하강법(Gradient Descent)과 같은 최적화 알고리즘을 사용하여 모델 파라미터를 학습한다. 최적화 알고리즘을 통해 모델 파라미터를 조정함으로써 모델이 입력 데이터에 더 잘 맞게 된다. 이 내용은 [8장 – 인공 신경망]에서 더 자세히 알아보도록 하자.

회귀 분석 알고리즘은 다양한 분야에서 사용된다. 주가 예측, 부동산 가격 예측, 공장 생산량 예측 등에서 주로 활용된다.

❷ 비선형 회귀(Non-Linear Regression)

비선형 회귀는 입력 변수와 출력 변수 사이의 비선형 관계를 모델링하는 회귀 분석 방법이다. 이를 위해 다항식 회귀(Polynomial Regression), 로지스틱 회귀, 지수 함수, 로그 함수 등의 비선형 함수를 사용해서 관계를 모델링한다. 비선형 회귀 모델은 선형 회귀 모델보다 더 복잡한 데이터 패턴을 모델링할 수 있다. 이 중 로지스틱 회귀(Logistic Regression)는 이진 분류 문제에서 사용되는 회귀 모델이다. 입력 변수와 출력 변수 간의 로지스틱 함수를 사용하여 확률을 예측해서 특정 클래스에 속할 확률을 추정할 수 있다. 또 다른 비선형 회귀 모델로는 의사결정 나무 회귀(Decision Tree Regression)와 서포트 벡터 회귀(SVR, Support Vector Regression)가 있다. 의사결정 나무 회귀는 의사결정 나무를 기반으로 한 회귀 모델로, 입력 변수를 기준으로 분할하여 각 분할 영역에서 평균값을 예측한다. SVR은 서포트 벡터 머신의 회귀 버전으로, 입력 변수와 출력 변수 간의 최대 마진을 찾는 회귀 모델이다. 이상치에 민감하지 않으면서 비선형 관계를 모델링할 수 있는 장점이 있다.

비지도 학습(Unsupervised Learning)

비지도 학습은 머신러닝 분야 중 하나로, 입력 데이터에 대한 사전 정보나 레이블이 없는 상태에서 데이터의 패턴이나 구조를 탐색하고 모델링하는 알고리즘이다. 비지도 학습은 데이터에 내재된 특징이나 상호 관계를 발견하고, 데이터의 특성을 이해하고자 할 때 사용된다.

예를 들어, 지도 학습에서 다루었던 예시에서는 개와 고양이 사진을 정확히 구분하는 정답 정보가 주어졌다. 하지만 비지도 학습에서는 이러한 정답을 알려주지 않고, 데이터를 군집 분석 등의 알고리즘을 사용해 패턴이나 유사성에 따라 사진들을 그룹으로 분류한다. 비지도 학습은 단지 그룹을 구분하고 해당 그룹이 어떤 의미를 갖는지 알려주지 않는다. 예를 들어, 개와 고양이 사진이 서로 다른 그룹으로 잘 구분되었다면 사람은 이 결과를 바탕으로 한 그룹은 개 사진, 다른 그룹은 고양이 사진이라고 판단할 수 있다. 이렇게 그룹화하는 문제를 비지도 학습에서는 군집화(Clustering)라고 한다.

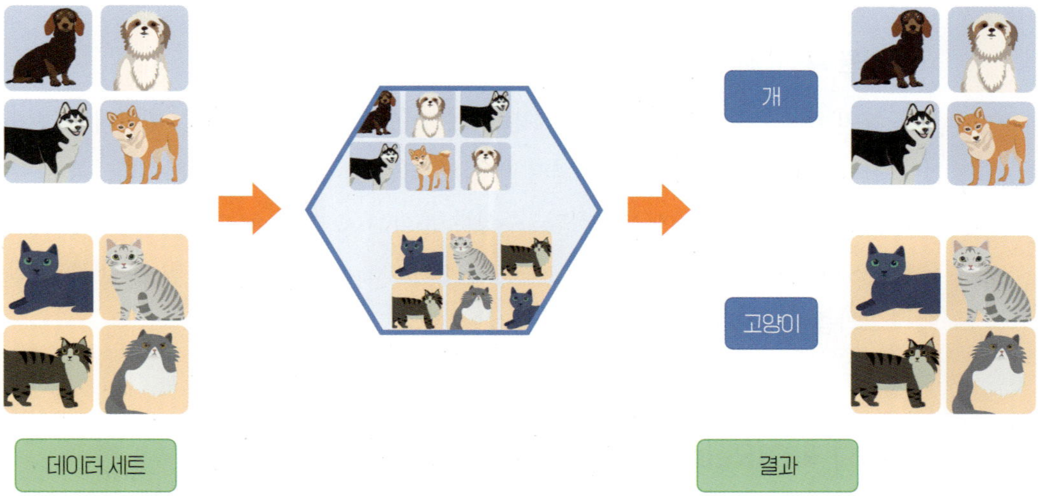

그림 7-8. 비지도 학습

비지도 학습은 사람들에게 최종적인 답을 제공하는 것보다는 의사결정을 위한 유용한 정보를 제공하는 학습 방법이다. 비지도 학습은 지도 학습과 마찬가지로 널리 사용되며, 입력 데이터에 대한 사전 정보나 레이블이 필요하지 않다. 데이터 스스로의 구조와 패턴을 찾아내므로 사전 지식이나 사람의 개입 없이 데이터만으로 학습할 수 있다.

비지도 학습은 데이터에 내재된 구조와 패턴을 탐색하고 이해하는 데에 사용된다. 이를 통해 데이터의 특성을 파악하고, 향후 분석이나 의사 결정에 도움을 줄 수 있다. 주요한 비지도 학습 기법으로는 군집화와 차원 축소(Dimensionality Reduction)가 있다.

군집화(Clustering)

군집화는 데이터를 비슷한 특성이나 패턴을 가진 그룹으로 분류하는 기법이다. 군집화 알고리즘은 데이터 간의 유사성을 기반으로 데이터를 그룹화하며, 이러한 그룹을 클러스터(Cluster)라고 한다. 거리 기반 알고리즘(예 : K-평균 군집화)이나 계층적 군집화(Hierarchical Clustering) 등의 방법을 사용해 데이터 간 유사성을 측정한다. 군집화는 고객 세분화, 이미지 분할, 이상 탐지 등 다양한 분야에서 활용된다.

차원 축소(Dimensionality Reduction)

차원 축소는 고차원 데이터를 저차원으로 압축하는 기법이다. 데이터의 주요한 특성이나 패턴을 유지하면서 데이터 크기를 줄여 데이터 시각화, 특징 추출, 노이즈 제거 등에 유용하다. 주성분 분석(PCA, Principal Component Analysis), t-SNE(t-Distributed Stochastic Neighbor Embedding) 등이 대표적인 차원 축소 알고리즘이다.

강화 학습(Reinforcement Learning)

강화 학습은 머신러닝의 한 분야로, 에이전트가 주어진 환경에서 행동을 선택하고 그에 따른 보상을 최대화하는 방향으로 학습하는 알고리즘이다. 강화 학습은 인공지능이 경험과 노력을 통해 최적의 행동을 학습하는 방식으로 '시행착오 학습(Trial and Error Learning)' 개념에 기반한다. 학습이 잘 되면 보상을 주고, 그렇지 않으면 벌을 주는 개념으로 이해할 수 있다.

강화 학습에서 사용되는 용어를 정리해 보면, 먼저 강화 학습 에이전트(Agent)는 주체로서 학습을 수행한다. 에이전트는 주어진 환경과 상호 작용하며 행동을 선택하고 보상을 받아 최적의 정책을 학습하는 역할을 수행한다. 환경(Environment)은 에이전트가 상호 작용하는 대상으로, 외부 세계를 나타내며 상태 정보를 제공하고, 에이전트 행동에 따른 보상을 반환한다. 상태(State)는 시간에 따라 변화하는 환경의 현재 상황을 나타내며, 에이전트는 상태를 기반으로 행동을 선택하고 환경으로부터 보상을 받는다. 상태는 문제에 따라 다양한 형태로 정의될 수 있다. 행동(Action)은 에이전트가 환경에 대해 선택하는 행위나 결정을 나타내며, 에이전트는 주어진 상태에서 선택할 수 있는 행동 중 최적의 행동을 선택한다. 마지막으로 보상(Reward)은 에이전트가 환경으로부터 받는 피드백으로, 각 시간 단계에서 행동에 대한 성과나 결과를 나타낸다. 보상은 에이전트가 보상을 최대화하는 방향으로 학습하도록 유도한다.

간단히 말해 강화 학습에서 에이전트는 초기에는 탐험적인 행동을 통해 다양한 상태와 보상을 경험하며 학습을 진행한 후, 경험을 통해 보상을 최대화하는 효율적인 행동을 학습하고 미래의 보상을 고려하여 최적의 정책을 발전시킨다.

강화 학습은 게임 이론, 로봇 제어, 자율 주행 자동차, 자연어 처리 등 다양한 분야에서 응용된다. 예를 들어, 알파고(AlphaGo)는 강화 학습을 사용하여 바둑에서 세계 챔피언을 이기는 능력을 갖추었으며, 자율 주행 자동차는 강화 학습을 활용하여 도로에서 안전하게 주행하고 교통 규칙을 준수하는 방법을 학습한다. 이처럼 강화 학습은 복잡하고 동적인 환경에서 최적의 의사결정을 내리는 데 유용한 알고리즘이다.

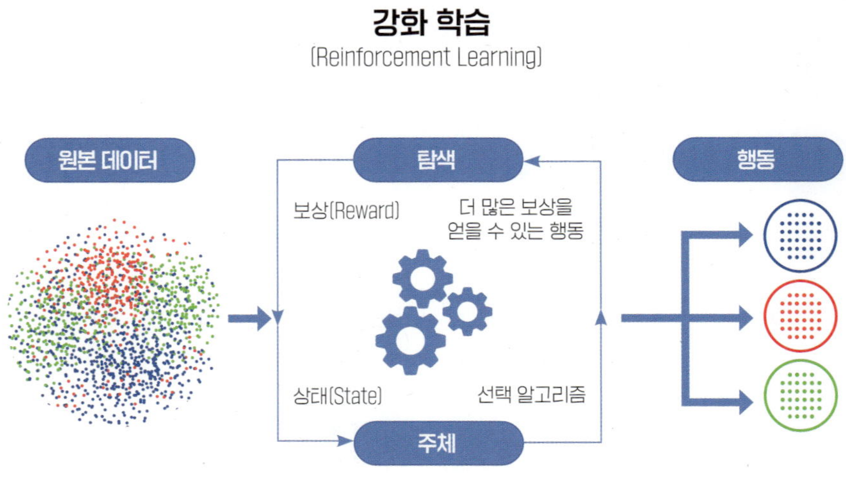

그림 7-9. 강화 학습

연습 문제

연습 01

머신러닝에 대하여 설명하고 세 가지 유형을 파악해 보자.

연습 02

지도 학습에 대해 설명하고 가장 대표적인 예를 들어보자.

연습 문제

연습 03 비지도 학습에 대해 설명하고 가장 대표적인 예를 들어보자.

연습 04 강화 학습에 대해 설명하고 가장 대표적인 예를 들어보자.

| 8장 |

인공 신경망

학습 목표

- 인공 신경망(ANN, Artificial Neural Network)에 대해 배울 수 있다.
- 순전파, 오차(오류) 역전파 알고리즘에 대해 배울 수 있다.
- 다양한 머신러닝 방법을 신경망을 통해서 구현해 볼 수 있다.
- 파이썬 코드를 이용한 간단한 인공 신경망을 구현해 본다.
- 다양한 머신러닝을 실습해 본다.

1 〉 인공 신경망이란?

인공 신경망(ANN, Artificial Neural Network)은 인간 두뇌의 신경 세포인 뉴런의 동작 원리에서 영감을 받은 머신러닝 모델로, 줄여서 신경망이라고도 한다. 인공 신경망은 딥러닝 학습의 기반 개념이 된 모델이다. 이번 장에서는 인공 신경망의 개념과 동작 원리에 대해 자세히 알아보도록 하자.

1.1 생물학적 뉴런

인간의 두뇌는 1,000억 개가 넘는 뉴런(신경 세포)으로 구성되어 있다. 이러한 뉴런은 뇌와 신경계를 포함한 전체 신경 시스템에서 신호 전달과 정보 처리를 담당한다. 생물학적 뉴런은 그림 8-1과 같은 요소로 구성되어 있다.

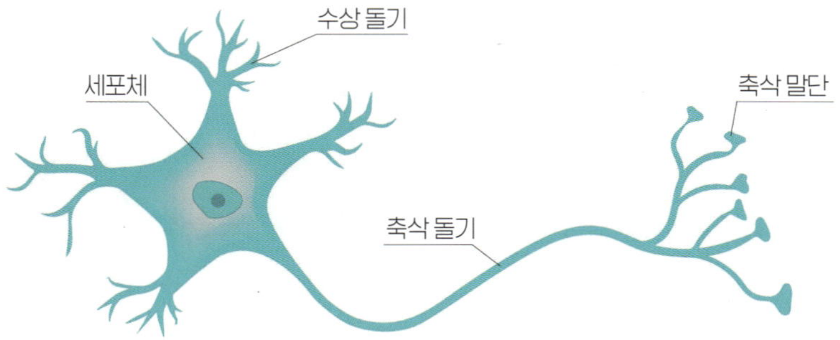

그림 8-1. 생물학적인 신경 세포(뉴런) 구성

세포체(Soma)는 뉴런의 중심부로, 핵과 다양한 세포 구조를 포함하며 대부분의 생물학적 기능을 수행한다. 축삭 돌기(Axon)는 신호를 다른 뉴런으로 전달하기

위해 전기 신호를 생성하고 전달하는 역할을 한다. 수상 돌기(Dendrite)는 다른 뉴런이 전달한 신호를 받아들이는 구조이며, 뉴런에 입력 신호를 전달하여 세포체에서 처리될 수 있도록 한다. 시냅스(Synapse)는 뉴런 간의 연결점으로, 신호 전달을 위한 특수한 구조이며 화학적 또는 전기적으로 다른 뉴런과 연결되어 정보 전달을 수행한다.

생물학적 뉴런은 전기적인 활동을 통해 신호를 전달하고 처리한다. 이때 뉴런의 활동은 활동 전위(Action Potential)라고 불리는 전기적인 신호로 전달된다. 활동 전위는 축삭 돌기를 따라 전파되고, 시냅스를 통해 다른 뉴런으로 전달된다. 이러한 신호 전달 과정을 통해 생물학적 뉴런은 정보 처리, 학습, 기억 등 다양한 신경 활동을 수행한다. 생물학적 뉴런의 복잡한 연결과 화학적 신호 전달 메커니즘은 인공 신경망 개발에 영감을 주었으며, 딥러닝과 같은 머신러닝 알고리즘의 발전에도 중요한 역할을 한 것으로 알려져 있다.

1.2 인공 신경망 뉴런

인공 신경망은 뇌의 동작 원리에서 영감을 받은 머신러닝 모델이다. 생물학적인 뉴런은 여러 개의 뉴런으로부터 활동 전위 입력값을 받아 세포체(Cell Body)에 저장한 후 용량을 넘어서면 축삭 돌기를 통해 출력값을 내보낸다. 이와 유사한 원리를 이용하여 인공 신경망의 뉴런은 입력값을 받아 출력값을 내보내는 구조로 되어 있다. 뉴런은 입력층에서 활동 전위 입력값을 받아 일정 수준을 넘으면 활성화되어 출력층으로 출력값을 전달한다. 처음에는 '입력값을 받아 출력한다. 그리고 일정 수준이 넘으면 활성화된다.'는 개념이 어려울 수 있지만 원리를 하나씩 살펴보면서 이해해 보자.

그림 8-2는 앞서 앞서 2장에서 설명한 단층 퍼셉트론과 다층 퍼셉트론 구조를 보여준다. 인공 신경망은 입력층, 은닉층(또는 여러 개의 은닉층), 그리고 출력층으로 구성된 계층 구조를 통해 입력값이 네트워크를 통과하면서 다양한 계산과 변환을 거친다.

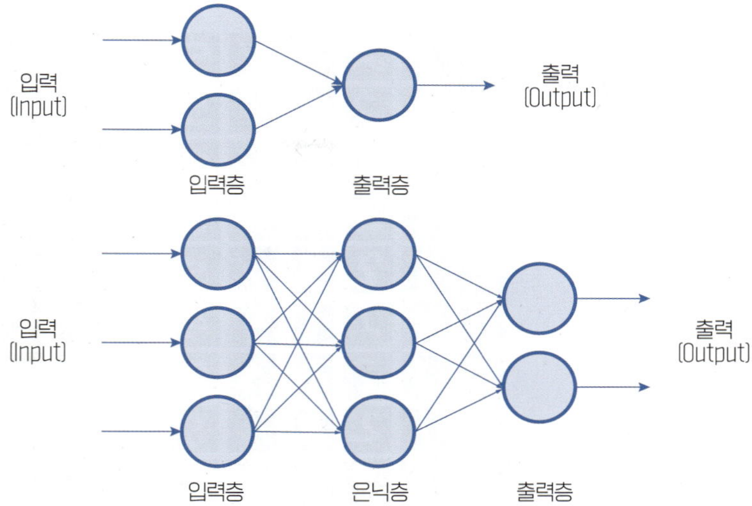

그림 8-2. 단층 퍼셉트론과 다층 퍼셉트론 구조

MNIST 데이터 세트

그림 8-3은 MNIST(엠니스트) 데이터 세트를 보여준다. 이 데이터 세트는 신경망이나 딥러닝 모델을 평가하고 비교하는 데 널리 사용되며, LeCun 등에 의해 1998년에 처음 게시되었다. MNIST 데이터 세트는 0부터 9까지 손으로 쓴 숫자 이미지로 구성되어 있으며, 총 7만 개의 이미지로 이루어져 있다. 이 중 6만 개는 훈련을 위한 이미지이고, 나머지 1만 개는 테스트를 위한 이미지이다. 각 이미지는 28×28픽셀의 흑백 이미지로 구성되어 있으며, 이 데이터 세트는 사람들이 손으로 직접 쓴 숫자들로 구성되어 있다.

MNIST 데이터 세트는 상대적으로 작고 간단하여 모델을 학습하고 평가하는 데 빠르고 쉽게 사용할 수 있다. 또한, 0부터 9까지 손으로 쓴 숫자로 구성되어 있어 딥러닝 모델이 숫자를 인식하고 분류하는 데 매우 유용하게 활용될 수 있다. 이 데이터 세트를 이용해 딥러닝 모델 성능이 크게 향상되었으며, 숫자를 인식하고 분류하는 데에 있어서 딥러닝 모델이 매우 효과적임을 입증하였다.

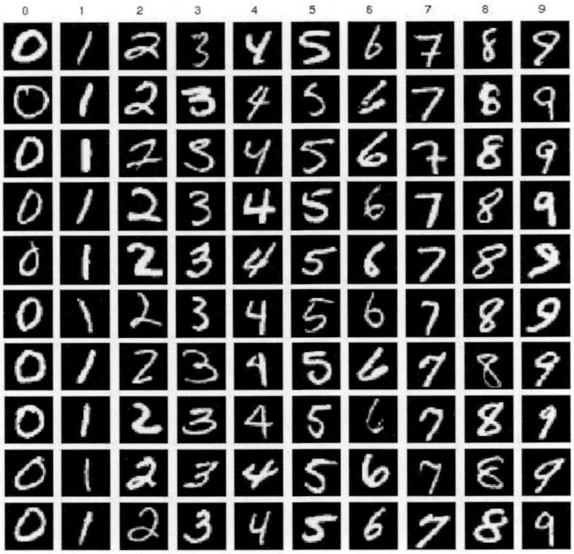

그림 8-3. MINST 데이터 세트

MNIST 데이터 세트에서 숫자 5를 자세히 살펴보자. 이 데이터 세트에서 첫 번째로 나오는 숫자 5는 얼핏 보면 알파벳 'S'와 비슷하게 보일 수 있다. 그러나 사람들은 이미 이 데이터 세트가 숫자를 나타내고 있다는 사실을 알고 있기 때문에 변형된 다양한 형태의 숫자 5들을 보면서 'S'가 아니라 '5'로 판단한다. 아래의 그림 8-4도 숫자 5를 나타내고 있다.

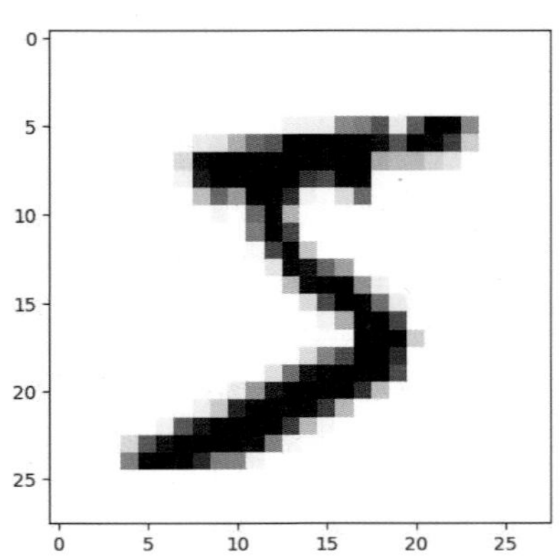

그림 8-4. MNIST 데이터 중 숫자 5

컴퓨터가 이처럼 다양한 형태의 숫자 5를 학습하는 방법은 다음과 같다.

MNIST 데이터 세트는 가로 28개, 세로 28개의 픽셀로 이루어진 흑백 이미지로 이해할 수 있다. 그림 8-5와 같이 이 데이터 세트를 표현할 수 있다. 그림을 자세히 보면, 숫자 5가 표현된 부분은 숫자가 255에 가까우면 검은색으로 표현되고, 0은 흰색으로 표현되어 있다. 회색 부분은 약 135 정도의 숫자로 표현된다. 이러한 표현 방식은 숫자 5뿐만 아니라 다른 숫자들에도 적용될 수 있다. 이제 이 의미 있는 숫자들을 사용해서 신경망에 적용할 수 있는가?

먼저, 그림에서 숫자를 255에 가깝게 표현하는 대신 0과 1의 숫자로 표현해 보자. 컴퓨터는 0과 1을 이해하기 매우 좋아한다. 그 이유는 컴퓨터가 이해할 수 있는 숫자가 0과 1밖에 없기 때문이다. 이진법은 0과 1을 사용하는 진법이며, 그림 8-5의 숫자들을 0과 1 사이로 변환하기 위해서는 간단히 해당 숫자를 255로 나누면 된다. 이 방법을 사용하면 흰색 0은 그대로 두고, 255에 가까운 숫자만 1에 가깝게 표현할 수 있다.

```
array([[  0,   0,   0,   0,   0,   0,   0,   0,   0,   0,   0,   0,   0,   0,   0,   0,   0,   0,   0,   0,   0,   0,   0,   0,   0,   0,   0,   0],
       [  0,   0,   0,   0,   0,   0,   0,   0,   0,   0,   0,   0,   0,   0,   0,   0,   0,   0,   0,   0,   0,   0,   0,   0,   0,   0,   0,   0],
       [  0,   0,   0,   0,   0,   0,   0,   0,   0,   0,   0,   0,   0,   0,   0,   0,   0,   0,   0,   0,   0,   0,   0,   0,   0,   0,   0,   0],
       [  0,   0,   0,   0,   0,   0,   0,   0,   0,   0,   0,   0,   0,   0,   0,   0,   0,   0,   0,   0,   0,   0,   0,   0,   0,   0,   0,   0],
       [  0,   0,   0,   0,   0,   0,   0,   0,   0,   0,   0,   0,   0,   0,   0,   0,   0,   0,   0,   0,   0,   0,   0,   0,   0,   0,   0,   0],
       [  0,   0,   0,   0,   0,   0,   0,   0,   0,   0,   0,   0,   3,  18,  18,  18, 126, 136, 175,  26, 166, 255, 247, 127,   0,   0,   0,   0],
       [  0,   0,   0,   0,   0,   0,   0,   0,  30,  36,  94, 154, 170, 253, 253, 253, 253, 253, 225, 172, 253, 242, 195,  64,   0,   0,   0,   0],
       [  0,   0,   0,   0,   0,   0,   0,  49, 238, 253, 253, 253, 253, 253, 253, 253, 253, 251,  93,  82,  82,  56,  39,   0,   0,   0,   0,   0],
       [  0,   0,   0,   0,   0,   0,   0,  18, 219, 253, 253, 253, 253, 253, 198, 182, 247, 241,   0,   0,   0,   0,   0,   0,   0,   0,   0,   0],
       [  0,   0,   0,   0,   0,   0,   0,   0,  80, 156, 107, 253, 253, 205,  11,   0,  43, 154,   0,   0,   0,   0,   0,   0,   0,   0,   0,   0],
       [  0,   0,   0,   0,   0,   0,   0,   0,   0,  14,   1, 154, 253,  90,   0,   0,   0,   0,   0,   0,   0,   0,   0,   0,   0,   0,   0,   0],
       [  0,   0,   0,   0,   0,   0,   0,   0,   0,   0,   0, 139, 253, 190,   2,   0,   0,   0,   0,   0,   0,   0,   0,   0,   0,   0,   0,   0],
       [  0,   0,   0,   0,   0,   0,   0,   0,   0,   0,   0,  11, 190, 253,  70,   0,   0,   0,   0,   0,   0,   0,   0,   0,   0,   0,   0,   0],
       [  0,   0,   0,   0,   0,   0,   0,   0,   0,   0,   0,   0,  35, 241, 225, 160, 108,   1,   0,   0,   0,   0,   0,   0,   0,   0,   0,   0],
       [  0,   0,   0,   0,   0,   0,   0,   0,   0,   0,   0,   0,   0,  81, 240, 253, 253, 119,  25,   0,   0,   0,   0,   0,   0,   0,   0,   0],
       [  0,   0,   0,   0,   0,   0,   0,   0,   0,   0,   0,   0,   0,   0,  45, 186, 253, 253, 150,  27,   0,   0,   0,   0,   0,   0,   0,   0],
       [  0,   0,   0,   0,   0,   0,   0,   0,   0,   0,   0,   0,   0,   0,   0,  16,  93, 252, 253, 187,   0,   0,   0,   0,   0,   0,   0,   0],
       [  0,   0,   0,   0,   0,   0,   0,   0,   0,   0,   0,   0,   0,   0,   0,   0,   0, 249, 253, 249,  64,   0,   0,   0,   0,   0,   0,   0],
       [  0,   0,   0,   0,   0,   0,   0,   0,   0,   0,   0,   0,   0,   0,  46, 130, 183, 253, 253, 207,   2,   0,   0,   0,   0,   0,   0,   0],
       [  0,   0,   0,   0,   0,   0,   0,   0,   0,   0,   0,   0,  39, 148, 229, 253, 253, 253, 250, 182,   0,   0,   0,   0,   0,   0,   0,   0],
       [  0,   0,   0,   0,   0,   0,   0,   0,   0,   0,  24, 114, 221, 253, 253, 253, 253, 201,  78,   0,   0,   0,   0,   0,   0,   0,   0,   0],
       [  0,   0,   0,   0,   0,   0,   0,   0,  23,  66, 213, 253, 253, 253, 253, 198,  81,   2,   0,   0,   0,   0,   0,   0,   0,   0,   0,   0],
       [  0,   0,   0,   0,   0,   0,  18, 171, 219, 253, 253, 253, 253, 195,  80,   9,   0,   0,   0,   0,   0,   0,   0,   0,   0,   0,   0,   0],
       [  0,   0,   0,   0,  55, 172, 226, 253, 253, 253, 253, 244, 133,  11,   0,   0,   0,   0,   0,   0,   0,   0,   0,   0,   0,   0,   0,   0],
       [  0,   0,   0,   0, 136, 253, 253, 253, 212, 135, 132,  16,   0,   0,   0,   0,   0,   0,   0,   0,   0,   0,   0,   0,   0,   0,   0,   0],
       [  0,   0,   0,   0,   0,   0,   0,   0,   0,   0,   0,   0,   0,   0,   0,   0,   0,   0,   0,   0,   0,   0,   0,   0,   0,   0,   0,   0],
       [  0,   0,   0,   0,   0,   0,   0,   0,   0,   0,   0,   0,   0,   0,   0,   0,   0,   0,   0,   0,   0,   0,   0,   0,   0,   0,   0,   0],
       [  0,   0,   0,   0,   0,   0,   0,   0,   0,   0,   0,   0,   0,   0,   0,   0,   0,   0,   0,   0,   0,   0,   0,   0,   0,   0,   0,   0]])
```

그림 8-5. MNIST 데이터 중 숫자 5를 0과 255로 표현한 그림

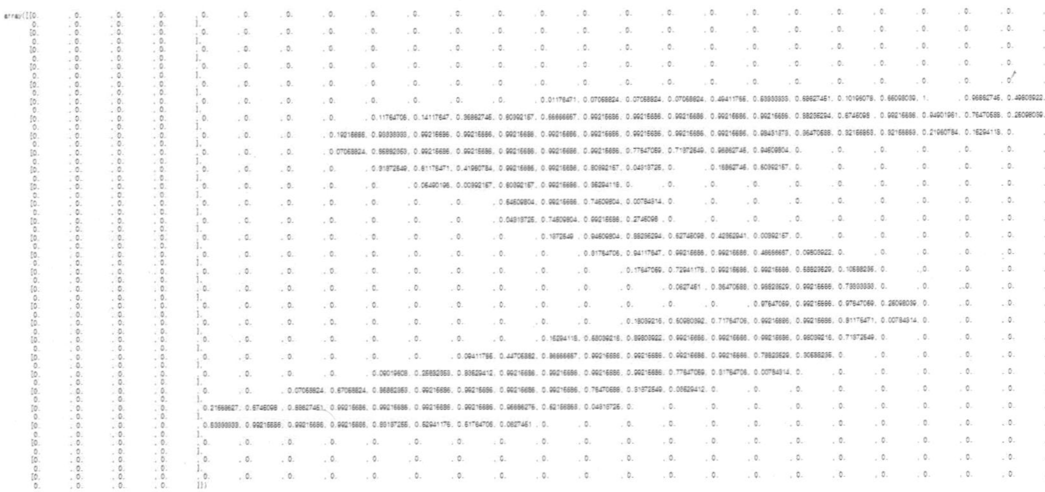

그림 8-6. MNIST 데이터 중 숫자 5를 255로 나눈 그림

입력층

자 이제 데이터는 준비되었다. MNIST 데이터를 첫 번째 층인 입력층에 어떻게 넣을까? MNIST 데이터는 가로 28개 픽셀과 세로 28개 픽셀로 이루어져 있어 입력층에 넣을 데이터는 가로와 세로를 한 줄로 나열하여 총 784개의 픽셀로 표현할 수 있다.

이제 이 데이터를 사용하여 입력층의 각 뉴런에 할당할 값을 결정해야 한다. 데이터를 반전시켜서 흰색을 1, 검은색을 0으로 표현하고, 각각의 784개 뉴런에는 0에서 1 사이 값이 할당될 것이다. 이 값은 뉴런의 '활성화'로 표현되며, 높은 활성화 값은 각 뉴런이 표현하는 의미가 있음을 나타낸다. 즉, 값이 1에 가까울수록 해당 뉴런이 숫자를 표현한다고 생각할 수 있다. 그림 8-7은 뉴런에 할당된 값들을 나타내고 있다.

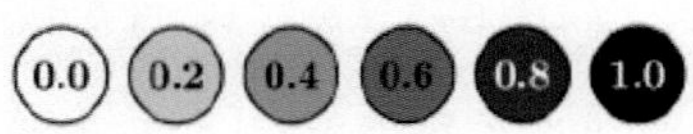

그림 8-7. 뉴런의 활성화 값

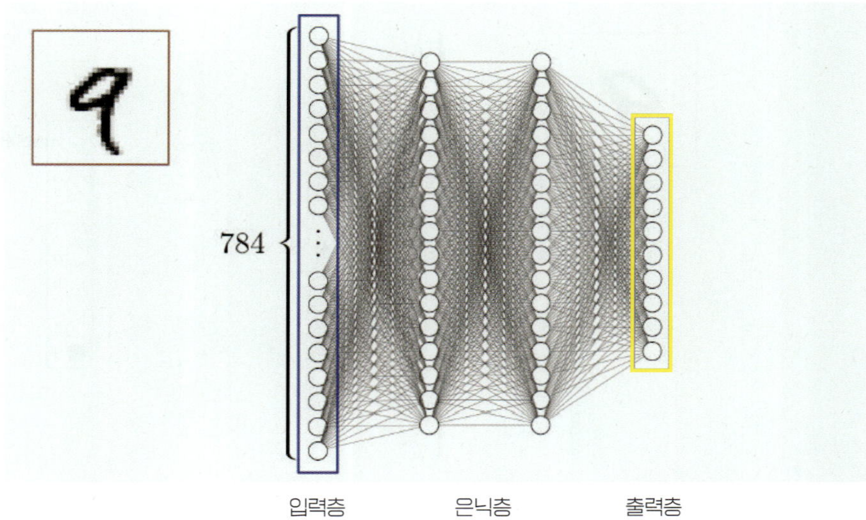

그림 8-8. 입력 데이터 784개 뉴런

출력층

입력층의 데이터 준비가 완료되었다. 이제는 은닉층으로 데이터가 어떻게 전달되는지 설명하는 대신, 출력층에 대해 쉽게 이해할 수 있도록 설명해 보겠다.

우리가 원하는 값은 숫자 0부터 9까지 10개의 결과값이다. 따라서 출력층은 10개의 노드로 구성할 수 있으며, 각 뉴런은 결과값 중 하나의 숫자를 나타낸다. 예를 들어, 위의 그림 8-8의 결과를 예상해 보면 우리는 당연히 숫자 9를 원할 것이다. 따라서 출력층에서는 그림 8-9처럼 9를 나타내는 뉴런이 활성화되어야 한다.

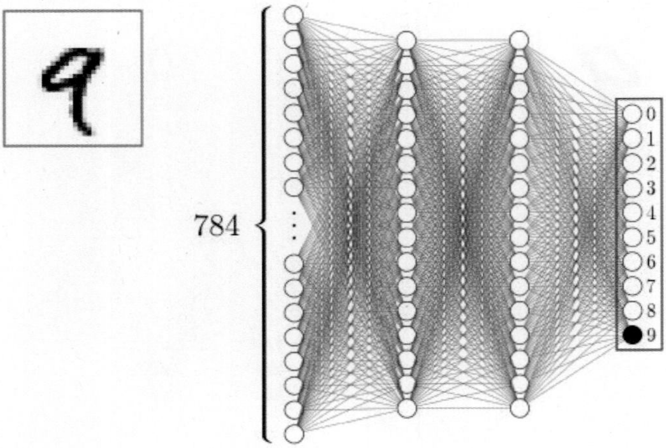

그림 8-9. 출력층의 출력값

이제 출력층에서 결과값이 나왔다. 그럼 은닉층에서는 어떤 일이 일어나고 우리가 원하는 결과값이 어떻게 도출되는지 알아보도록 하자.

그림 8-10을 살펴보면 출력층에는 활성화된 노드로 4와 9가 나타난다. 그렇다면 입력층에 들어간 숫자는 4일까, 9일까? 이 질문에 답하기 위해서는 은닉층에서 어떤 과정이 일어나는지 그 중요성을 파악해야 한다.

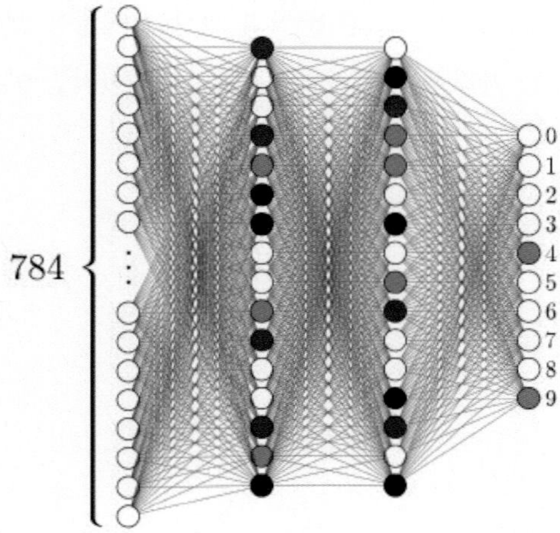

그림 8-10. 출력층의 출력값들

은닉층

결과값을 얻기 위해서는 은닉층을 거쳐야 한다. 앞서 살펴본 그림 8-9를 보면 입력층에서 출력층으로 가는 경로에는 두 개의 은닉층이 있고 각 은닉층에는 16개의 뉴런이 있다. 은닉층은 입력 데이터를 받아들여 다음 계층으로 전달하는 역할을 담당하며, 각 은닉층은 여러 개의 뉴런(Neuron)으로 구성되어 있다. 각 뉴런은 입력값에 가중치를 곱하고 편향(Bias)을 더한 후 활성화 함수(Activation Function)를 통과시켜 출력값을 계산한다. 은닉층의 뉴런은 이러한 연산을 통해 입력 데이터의 비선형적인 관계와 특징을 학습한다.

은닉층의 크기와 개수는 신경망의 구조를 결정하는 중요한 요소이며, 신경망의 성능에 영향을 미친다. 적절한 은닉층 구조를 선택하고, 적절한 활성화 함수를 사용하는 것은 신경망을 효과적으로 학습하는 데 중요하다. 초기에는 임의로 은닉층의 개수와 뉴런의 수를 정하고 이후 실험을 통해 모델을 개선해 나갈 수 있다. 은닉층의 역할은 입력 데이터의 표현(Representation)을 학습하는 것이기 때문에 첫 번째 은닉층은 원시 데이터에서 간단한 특징을 학습하고, 그 이후의 은닉층은 점차 더 복잡하고 추상적인 특징을 학습하게 된다.

첫 번째 은닉층은 입력 데이터의 간단한 특징을 학습한다. 예를 들어, 숫자 데이터를 살펴보면 어떤 숫자는 위와 아래로 나눌 수 있고, 그렇지 않은 숫자도 있다. 이러한 특징을 고려하기 위해 첫 번째 은닉층은 간단한 형태의 특징을 학습한다. 하지만 숫자의 특징은 단순한 것이 아니라 여러 특징들이 결합되어 숫자를 형성한다. 따라서 조금 더 복잡하고 추상적인 특징을 학습하기 위해 두 번째 은닉층에 해당 특징을 전달한다. 두 번째 은닉층에는 16개의 뉴런이 있으며, 이 뉴런들은 여러 특징을 조합하여 0부터 9까지의 숫자를 형성할 수 있다.

따라서 입력층에 숫자 9의 데이터를 넣으면 첫 번째 은닉층을 거쳐 두 번째 은닉층에 도달한다. 그리고 두 번째 은닉층에서 첫 번째 뉴런과 세 번째 뉴런을 조합하면 숫자 9를 형성하고, 이 결과값이 출력층에 전달되어 원하는 출력값인 9를 얻을 수 있다.

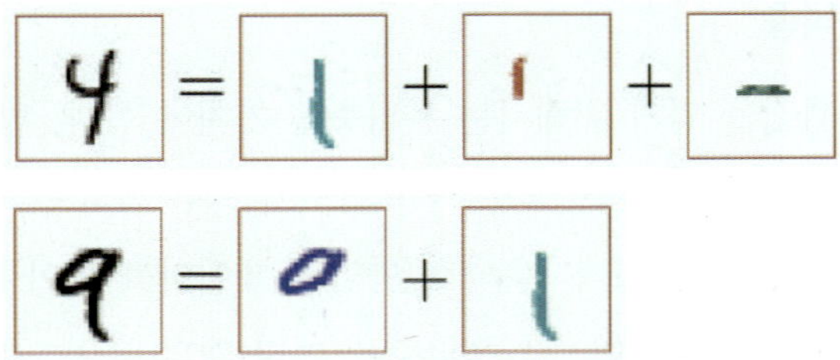

그림 8-11. 숫자들의 특징

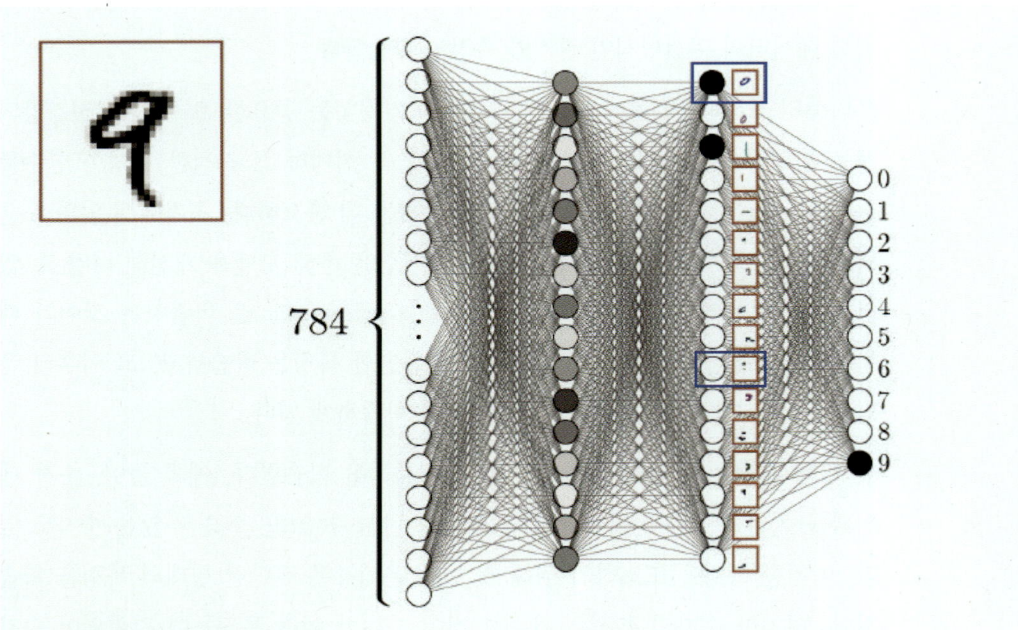

그림 8-12. 두 번째 입력층의 숫자 특징들

첫 번째 은닉층에는 어떤 특징을 넣어야 할까? 두 번째 은닉층에서 활용한 원과 선을 표현하는 특징 중에서 첫 번째 은닉층에는 테두리 부분을 추출하면 될 것이다. 이렇게 추출된 특징은 첫 번째 은닉층을 통과한 후, 두 번째 은닉층에서 원이나 선을 형성하는 데 활용될 수 있다. 다음의 그림은 이러한 특징을 시각적으로 보여준다.

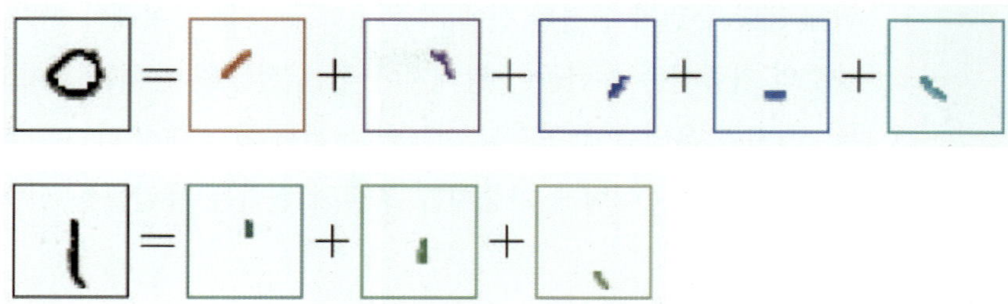

그림 8-13. 첫 번째 입력층의 숫자 특징들

위의 두 가지 특징을 두 번째 은닉층에 전달하면 원과 선이 결합하여 숫자 9가 완성될 것이다. 이는 그림 8-14에서 전체 과정을 시각적으로 보여준다.

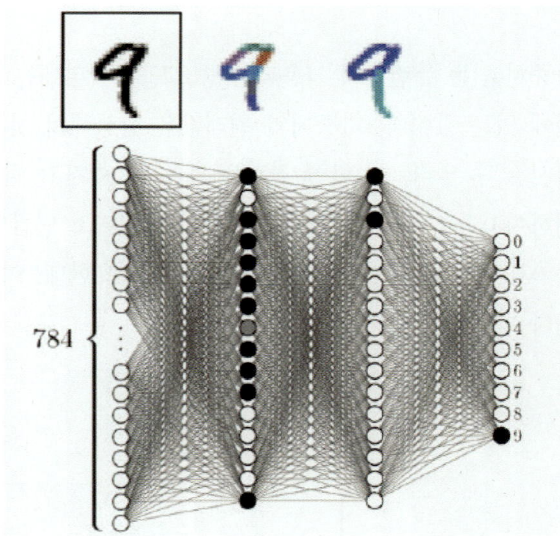

그림 8-14. 전체 과정

첫 번째 은닉층에 있는 흰색 뉴런들은 그림 8-13처럼 특징을 추출하기 위해 선택된 것이다. 이러한 뉴런들이 두 번째 은닉층에 모여서 결과값 9를 도출한다.

은닉층의 구성에 대해 이해했다면, 다음으로 풀어야 할 숙제는 은닉층 내의 뉴런들이 어떻게 선택되는지이다. 이를 이해하기 위해 그림 8-15를 살펴보자. 오른쪽에 있는 흰색 픽셀들을 생성하기 위해 784개의 입력에서 흰색 부분을 만들어 내는 뉴런들을 강하게 만들어서 모아야 한다. 이때 각 뉴런을 강하게 만들기 위해 해당 뉴런과 연결된 선에 가중치(Weights)를 부여해야 한다. 그림 8-16처럼 양수의 가중치는 뉴런들이 강해져야 하는 선들을 연결한 것이고 음수의 가중치는 첫 번째 은닉층에 연결된 선들이 뉴런들을 강하게 만드는 데 덜 중요하다는 것을 나타낸다. 이렇게 가중치를 조절해 원하는 뉴런들을 선택하는 것을 '활성화'라고 한다.

각 뉴런은 입력값에 가중치를 곱하고 편향(Bias)을 더한 후 활성화 함수(Activation Function)를 통과시켜 출력값을 계산한다. 이때 사용되는 것이 활성화 함수이며, 여러 종류가 있다. 활성화 함수는 다음과 같이 간단한 식을 통해 구현된다.

$$w_1a_1 + w_2a_2 + w_3a_3 + w_4a_4 + \cdots + w_na_n$$

가중치(w)는 뉴런에서 사용되는 중요도를 나타내는 값이며, 입력값(a)은 원래 뉴런에 있는 값이다. 가중치와 원래값을 합산해서 첫 번째 은닉층의 뉴런을 활성화시킬 수 있다. 이 합산 결과는 매우 큰 숫자가 될 수 있다. 하지만 각 뉴런에 대하여 0과 1 사이의 값으로 표현할 수 있다고 언급했다. 이러한 이유로 큰 숫자를 0과 1 사이의 숫자로 변환하는 것이 필요한데, 이를 위해 활성화 함수가 사용된다.

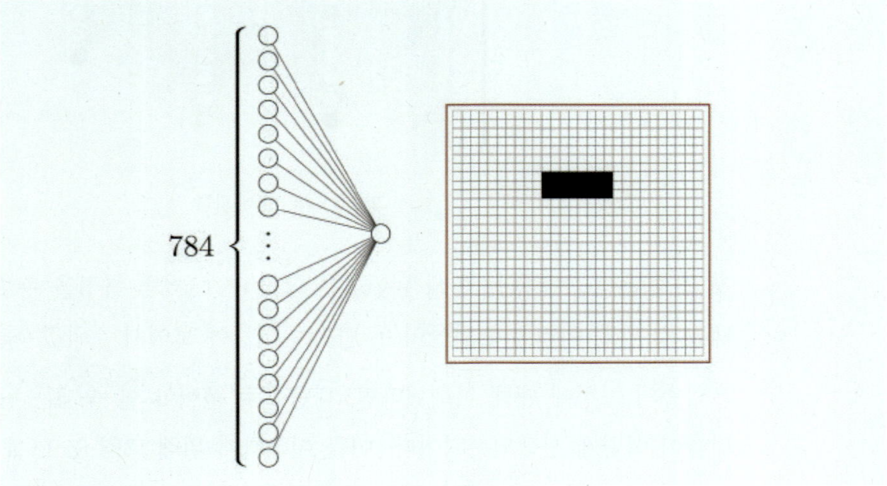

그림 8-15. 뉴런의 이미지 특징

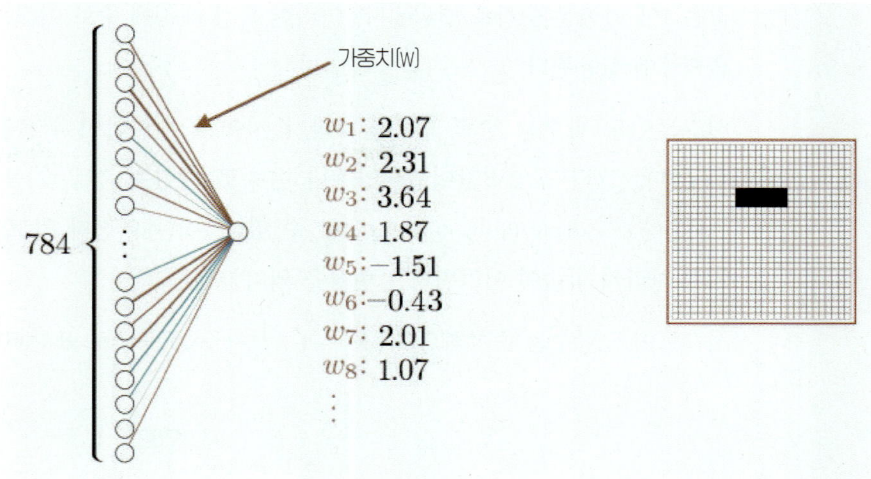

그림 8-16. 가중치 표현

활성화 함수(Activation Function)

활성화 함수는 인공 신경망에서 각 뉴런의 출력을 결정하는 함수이다. 이 함수는 입력값에 비선형 변환을 적용해 신경망이 복잡한 관계를 모델링하고 다양한 데이터 패턴을 학습할 수 있도록 도와준다. 활성화 함수는 뉴런이 받은 입력값에 가중치 합과 편향을 더한 후 적절한 출력값을 계산한다. 이 출력값은 다음 계층으로 전달되거나 최종 예측 결과로 사용된다.

활성화 함수는 항상 하나의 뉴런이 다른 뉴런에게 값을 전달하는 경우가 아니다. 그 대신 값이 일정 크기를 넘어서야만 전달되는 특징을 가지고 있다. 이를 통해 활성화 함수는 일정 값 이상일 때 1을 출력하고, 그 이하는 모두 0을 출력하도록 조정된다.

일반적으로 많이 사용되는 활성화 함수에는 다음과 같은 종류가 있다.

❶ 시그모이드 함수(Sigmoid Function)

시그모이드 함수는 많이 사용하는 활성화 함수 중 하나이다. 이 함수는 입력값을 0과 1 사이 값으로 변환한다. 음수 값은 0에 가까운 숫자로 변환되고, 양수값은 1에 가까운 숫자로 변환된다. 이러한 특징 때문에 주로 이진 분류 문제에서 출력층에 활용된다.

시그모이드 함수는 출력 범위를 0과 1 사이로 제한하여 확률값으로 해석할 수 있다. 그러나 입력값이 큰 양수나 음수로 편향될 경우 기울기 소실 문제(Vanishing Gradient Problem)가 발생할 수 있다. 이는 역전파 알고리즘에서 기울기가 사라져 학습이 어려워지는 현상을 의미한다.

시그모이드 함수는 수학적으로 f(x) = 1 / (1 + exp(−x))로 표현된다.

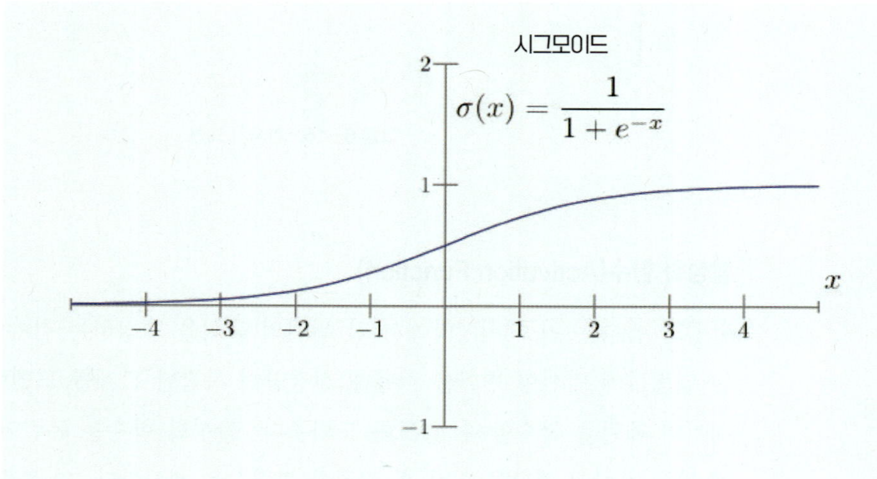

그림 8-17. 시그모이드 함수

❷ 하이퍼볼릭 탄젠트 함수(Tanh, Hyperbolic Tangent)

하이퍼볼릭 탄젠트 함수는 시그모이드 함수와 비슷하지만 출력 범위가 −1과 1 사이로 제한된다. 그림 8−18과 같이 입력값이 음수인 경우 시그모이드 함수는 0에 가까워지지만, 하이퍼볼릭 탄젠트는 −1에 가까워진다. 또한, 양수인 경우 둘 다 1에 가까워지는 특징을 가지고 있다. 하이퍼볼릭 탄젠트는 입력값이 0 주변에서 더 빠르게 수렴하기 때문에 학습이 더 빠르게 진행될 수 있다. 수렴은 주어진 알고리즘이나 모델이 최적 해답이나 안정 상태에 도달하는 과정을 의미한다.

이 함수는 f(x) = (exp(x) − exp(−x)) / (exp(x) + exp(−x))로 표현된다.

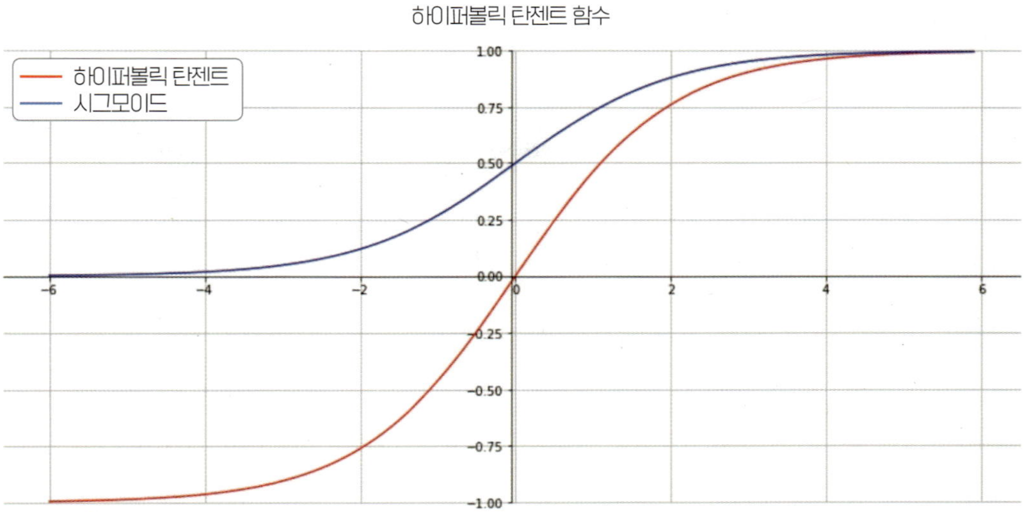

그림 8−18. 하이퍼볼릭 탄젠트 함수와 시그모이드 함수

❸ 렐루 함수(ReLU, Rectified Linear Unit)

그림 8−19에는 입력값이 0보다 작으면 0을 출력하고, 0보다 큰 경우에는 입력값을 그대로 출력하는 함수가 나타나 있다. 이 함수는 최근에 많이 사용되는 활성화 함수 중 하나이며, 연산이 간단하고 학습이 빠르게 진행되는 장점을 가지고 있다. 그러나 입력값이 음수인 경우에는 기울기가 0이 되는 문제가 발생할 수 있다. 예를 들어, 2를 입력하면 2를 그대로 출력한다.

렐루 함수를 사용하는 주된 이유는 이전에 살펴본 활성화 함수들과는 다르게 입력값이 커도 1보다 큰 값으로 출력되지 않기 때문이다. 그래서 최근 인공 신경망에서 데이터를 학습시킬 때 가장 많이 사용되는 활성화 함수이다. 하지만 렐루 함수는 입력값이 음수일 경우 출력값이 0으로 수렴하는 단점이 있다. 이를 해결하기 위해 'Leaky 렐루'라고 불리는 함수가 사용되고 있다.

이 함수는 f(x) = max(0, x)로 표현된다.

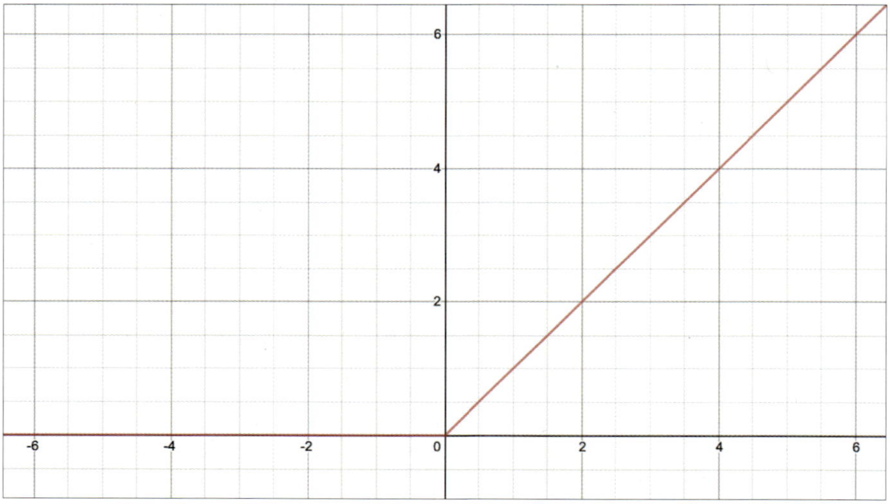

그림 8-19. 렐루(ReLu) 함수

편향

활성화된 뉴런의 출력값을 0과 1 사이의 숫자로 변경했지만 문제가 발생할 수 있다. 입력값이 0인 경우에도 출력값이 0이 되는 상황이 발생할 수 있는데, 이러한 문제를 해결하기 위해 편향을 추가하는 것이다.

편향은 인공 신경망의 각 뉴런에 더해지는 상수값으로, 뉴런의 입력과 가중치 합에 영향을 주어 활성화 함수를 통과한 출력값을 조정하는 역할을 한다. 위의 예시에서는 모든 뉴런의 가중 합이 0보다 클 때만 뉴런이 활성화되어야 하는데, 만약 잘못하면 모든 은닉층의 뉴런이 활성화될 수 있다. 이를 방지하기 위해 위의 식에 편향을 더하거나 빼서 원하는 출력값에 대해 뉴런이 활성화될 수 있도록 조정할 수 있다.

예를 들어, 위의 예제에서 각 은닉층의 가중치 합이 10보다 클 때만 뉴런이 활성화되어야 한다고 가정해 보자. 이를 위해 편향에 −10을 더하면, 합이 10보다 커야만 0과 1 사이 출력값이 만들어지기 때문에 올바른 뉴런을 활성화시킬 수 있다. 편향은 이와 같은 방식으로 활성화 함수의 출력을 원하는 값으로 조정하는 데 사용된다.

$$\sigma(w_1a_1 + w_2a_2 + w_3a_3 + \cdots + w_na_n \boxed{-10})$$

편향(bias)

조금 더 수학적인 식으로 표현하면 다음과 같이 표현할 수 있다.

$$a_0^{(1)} = \sigma\left(w_{0,0}a_0^{(0)} + w_{0,1}a_1^{(0)} + \ldots + w_{0,n}a_n^{(0)} + b_0\right)$$

조금 더 쉬운 식으로 표현해 보면 다음과 같다.

$$\sigma\left(\begin{bmatrix} w_{0,0} & w_{0,1} & \cdots & w_{0,n} \\ w_{1,0} & w_{1,1} & \cdots & w_{1,n} \\ \vdots & \vdots & \ddots & \vdots \\ w_{k,0} & w_{k,1} & \cdots & w_{k,n} \end{bmatrix}\begin{bmatrix} a_0^{(0)} \\ a_1^{(0)} \\ \vdots \\ a_n^{(0)} \end{bmatrix} + \begin{bmatrix} b_0 \\ b_1 \\ \vdots \\ b_n \end{bmatrix}\right)$$

각각의 가중치와 값을 행렬로 묶고, 편향도 행렬로 표시하여 더할 수 있다. 이를 통해 아래와 같은 식을 도출할 수 있다.

$$a^{(1)} = \sigma(w_{a}^{(0)} + \mathrm{b})$$

이제 활성화된 노드는 각 뉴런이 연결된 가중치와 뉴런값에 편향을 더하면 활성화 뉴런을 구할 수 있다. 그러나 활성화 함수를 이용해 각 층에 뉴런들을 활성화시킨다고 해도 잘못 활성화된 뉴런들 때문에 제대로 된 결과값이 나오지 않을 수 있다. 이럴 때는 어떻게 해야 할까? 은닉층의 개수와 뉴런의 개수를 조절하거나 가중치를 다시 조정하는 방법이 있다. 그러나 은닉층의 개수와 뉴런의 개수를 조절하면 문제가 더 복잡해질 수 있고, 어떤 특징들을 세분화할 것인지 은닉층을 늘리는 방법에 대해 고민할 수 있다. 이러한 고민은 신경망에서 학습이 이루어지지 않은 초기 단계이므로 처음에 임의로 설정된 은닉층과 뉴런의 개수를 조정하지 않고도 학습을 통해 이 문제를 해결할 수 있다.

지도 학습

지도 학습이라는 개념을 활용해서 원하는 결과가 도출될 수 있도록 신경망을 조정하는 방법에 대해 알아보자. 우선 단 하나의 데이터만 고려하는 것이 아니라 여러 손글씨 데이터가 필요하며, 이 데이터에는 정답인 레이블을 부여한다. 이 레이블은 그림 8-20처럼 데이터에 대한 정확한 분류 결과를 나타낸다.

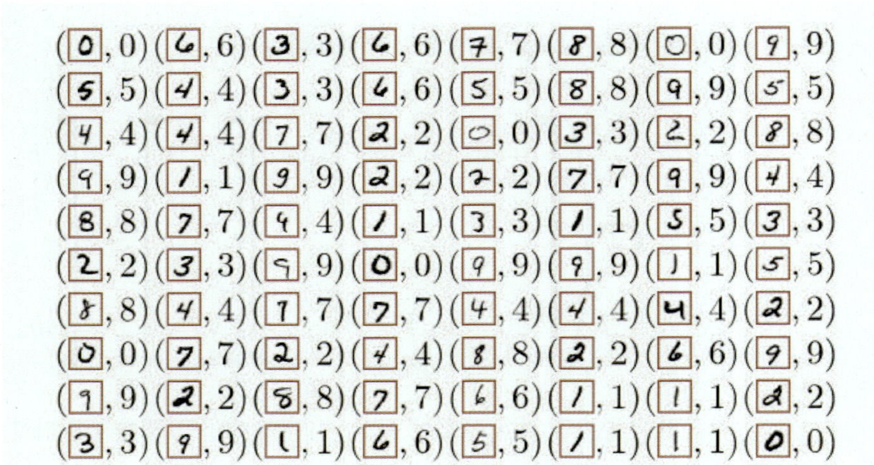

그림 8-20. MNIST 데이터 정답 레이블링

물론, MINST 데이터는 이전에 언급한 데이터보다 훨씬 많은 양의 데이터가 포함되어 있다. 또한, 이미 레이블링된 상태로 제공되기 때문에 충분한 양의 데이터를 사용할 수 있다.

이제 우리는 이 신경망이 원하는 결과값을 정확하게 도출하는지 확인해야 한다. 이를 위해 데이터 일부를 테스트 용도로 분리해야 한다. 이미 MNIST 데이터는 6만 개의 트레이닝 세트와 1만 개의 테스트 세트로 구성되어 있으며, 이 중에서 트레이닝 세트를 학습 데이터로 사용하고 테스트 세트를 신경망을 검증하는 데 활용할 수 있다.

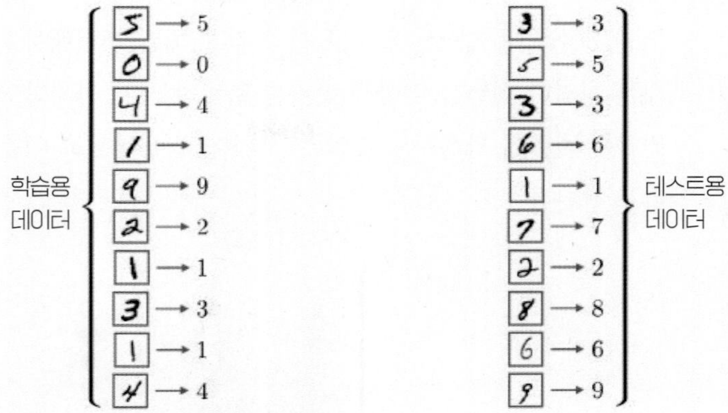

그림 8-21. 학습 데이터와 테스트 데이터 세트

레이블링된 훈련 데이터와 테스트용 데이터가 준비되었으므로 예제의 신경망 구조에 적용시켜 보자. 만약 숫자 9에 해당하는 입력을 넣으면 은닉층을 거쳐 출력층에 9에 해당하는 뉴런이 활성화되어야 한다. 그러나 어떤 이유인지 그림 8-22처럼 출력층에 4와 9에 해당하는 뉴런이 활성화되어 있다. 왜 이런 결과가 나타났을까? 그 이유는 처음으로 신경망의 구조를 결정할 때 임의의 은닉층 개수와 각 은닉층의 뉴런 개수를 설정했기 때문에 잘못된 결과가 나오는 것이다. 즉 몇 개의 은닉층을 두고 몇 개의 뉴런을 배치하느냐에 따라 원하는 결과값이 달라질 수 있다.

신경망 예시의 구조는 2개의 은닉층에는 각각 16개의 뉴런을 배치하였고 이들 뉴런을 연결하여 계산되는 가중치는 784*16+16*16+16*10이며, 16+16+10개이기 때문에 이 신경망에서 조정할 수 있는 가중치와 편향은 총 13,002개이다. 앞에서도 이야기했지만 이 숫자는 임의로 설정된 수치이며 실제로 실습할 때 은닉층의 개수와 뉴런의 개수를 조정하면서 실행하면 은닉층이 너무 적거나 뉴런의 개수가 적으면 훈련이 잘 안될 수 있으며, 또 지나치게 크게 해도 훈련 속도가 느려질 수 있어 은닉층의 개수와 뉴런의 개수를 처음에 정할 때 굉장히 어려울 수 있다. 그럼 이렇게 임의로 정했지만 신경망은 학습을 통해 원하는 값을 출력할 수 있을까? 바로 손실을 이용해 신경망의 가중치와 편향을 다시 계산하면 된다. 조금 더 자세히 살펴보자.

신경망 구조를 설계할 때, 첫 번째 은닉층에서는 숫자들의 테두리를 선택하고 두 번째 은닉층에서는 원이나 선과 같은 패턴을 선택하였으며, 마지막 출력층에서는 이러한 패턴을 결합해 숫자를 출력하였다. 하지만 임의로 구성된 신경망은 원하는 출력이 활성화되지 않는 '오차'가 발생하였고 이를 신경망에서는 '손실'이라고 부른다.

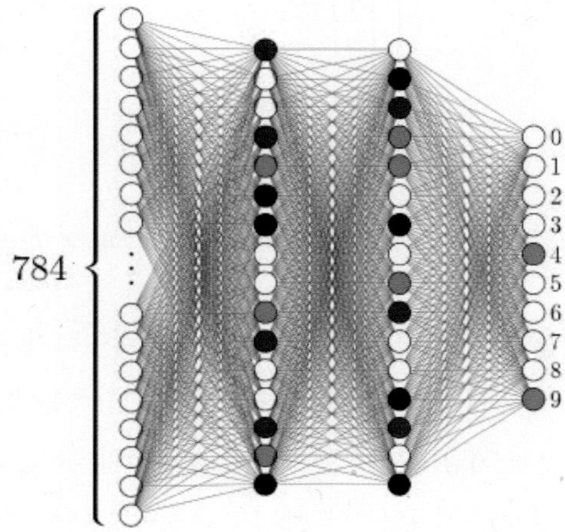

그림 8-22. 입력층부터 출력층까지의 활성화 뉴런들

그림 8-23에서 우리가 원하는 결과값은 3이지만 실제 결과값을 보면 3부터 7과 8의 뉴런들이 활성화되어 오차가 발생했다는 것을 확인할 수 있다. 3과 7, 8 뉴런 모두 1에 가까운 결과값을 가지고 이중 8의 뉴런은 0.99로 1에 상당히 가깝기 때문에 처음 실행한 신경망의 결과값은 8로 인식되었다는 것을 알 수 있다. 하지만 우리가 원하는 숫자는 3이고 이 뉴런의 활성화 값만 1이 되어야 한다는 것만 기억하자. 즉, 다른 뉴런들의 활성화 값은 신경 쓰지 말고 3의 뉴런만 1로 만들면 되는 것이다.

그림 3에 해당하는 뉴런의 값은 0.88이고 1이 되려면 0.12이 모자란다. 즉, 손실이 −0.12가 발생하였다. 이 음수의 값은 우리가 원하는 활성화 값의 범위인 0~1 사이 값이 아니기 때문에 음수를 제거해야 하는데 아주 단순하게 제곱하면 음수를 제거할 수 있다. 이러한 방법으로 오차를 구하는 방법을 신경망에서는 비용을 구한다고 하며, 이 비용을 구하는 함수를 비용 함수라고 한다. 즉, 손실을 계산하기 위한 비용 함수로서 '손실 비용 함수'라고도 부른다.

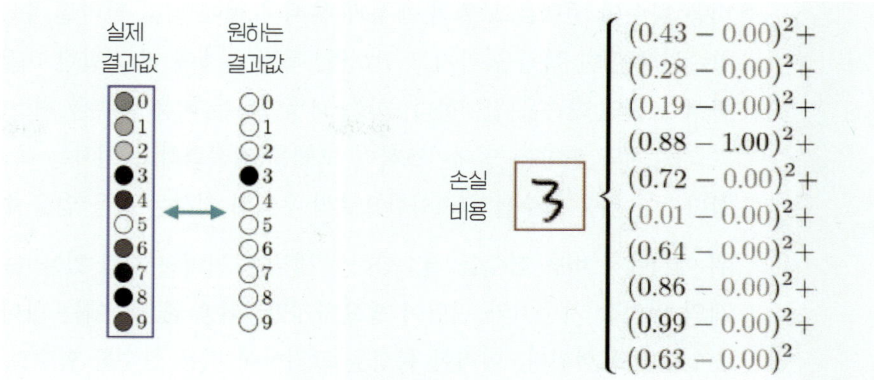

그림 8-23. 손실 비용 구하기

비용 함수(Cost Function)

비용 함수는 인공 신경망이나 머신러닝 알고리즘에 사용되는 함수로서 모델의 예측값과 실제값 사이 오차를 측정한다. 이를 통해 모델의 성능을 평가하고 최적화하는 데 활용된다. 비용 함수는 주어진 입력에 대한 모델의 출력과 실제값 간의 차이를 정량화하고, 이 오차를 최소화하기 위해 모델의 가중치와 편향을 조정하는 학습 과정을 진행한다. 일반적으로 비용 함수는 모든 학습 샘플에 대한 오차를 평균화하여 계산된다. 주로 사용되는 비용 함수에는 다양한 종류가 있다.

❶ 평균 제곱 오차(MSE, Mean Squared Error)

평균 제곱 오차는 예측값과 실제값 사이 제곱 오차의 평균을 나타내는 지표이다. 주로 회귀 문제에서 사용되며, 각 예측값과 실제값 차이를 최소화하는 방향으로 학습이 진행된다. 이를 통해 모델이 더 정확한 예측을 할 수 있도록 학습된다.

❷ 교차 엔트로피 오차(Cross-Entropy Error)

교차 엔트로피 오차는 주로 분류 문제에서 사용되며, 예측값과 실제값 사이의 로그 변환된 확률 분포 차이를 계산한다. 이를 통해 모델이 예측을 더 정확하게 할 수 있도록 학습된다. 분류 문제에서 예측값과 실제값이 일치할수록 오차가 작아지는 방향으로 학습이 진행되며, 오차를 최소화하는 방향으로 모델의 가중치와 편향이 조정된다.

비용 함수의 선택은 모델의 특성과 문제 유형에 따라 달라질 수 있다. 각 비용 함수는 특정한 특징을 가지고 있으며, 특정 문제에 더 적합한 비용 함수를 선택하여 모델의 학습을 진행한다. 학습 과정에서는 비용 함수를 최소화하는 방향으로 가중치와 편향을 업데이트하여 모델을 최적화하고 원하는 목표를 달성해야 한다. 즉, 비용 함수를 최소화함으로써 우리가 원하는 값을 얻을 수 있다.

위 예시에서 비용 함수를 최소화하는 방법은 여러 가지가 있을 수 있다. 13,002 개의 입력값 가중치와 편향이 필요하지만, 최종 출력층에는 하나의 숫자로 된 손실값만 표현된다. 이러한 특성을 고려하여 비용 함수를 함수로 표현할 수 있다. 하나의 숫자를 구하여 함수로 표현한다는 것은 손실값을 구하는 것을 의미한다. 출력층에서 손실을 구할 때 제곱해서 음수를 제거했으므로, 비용 함수는 2차원 평면식으로 그릴 수 있다.

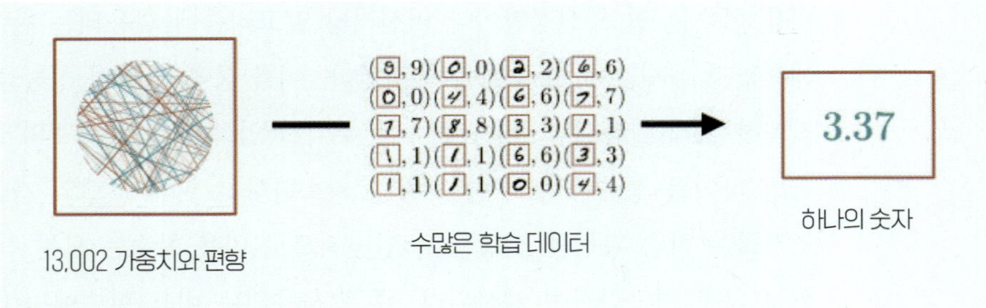

그림 8-24. 하나의 숫자로 된 손실 비용

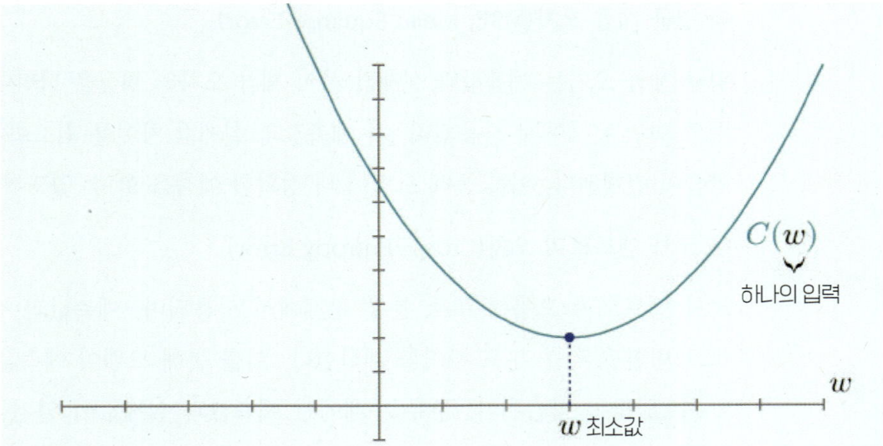

그림 8-25. 2차원 평면식으로 표현된 손실 비용

경사 하강법(Gradient Descent)

그럼 이제 비용 함수를 어떻게 최소화하여 우리가 원하는 값을 얻을 수 있을까?

답은 경사 하강법(GD, Gradient Descent)을 이용하는 것이다.

경사 하강법은 머신러닝과 최적화에서 매우 중요한 알고리즘이다. 이 알고리즘은 함수의 최소값(또는 최대값)을 찾기 위해 사용된다. 주로 손실 함수(Loss Function)를 최소화하는 모델의 파라미터 값을 찾는 데에 적용된다. 손실 함수는 모델의 예측값과 실제값 사이의 차이를 나타내는 함수이며, 최적화하려는 목적에 맞게 정의된다.

즉, 경사 하강법에서는 함수의 기울기(경사)를 계산해 기울기가 낮은 또는 높은 쪽으로 이동시킴으로써 최소값(또는 최대값)에 도달할 때까지 반복해서 수행한다. 경사 하강법을 사용하는 이유는 실제로 모든 파라미터에 대해 복잡한 함수 그래프가 그려지는데, 이 함수 그래프에서 최소값을 찾기 위해 미분하면 계산 자체가 복잡해지기 때문이다.

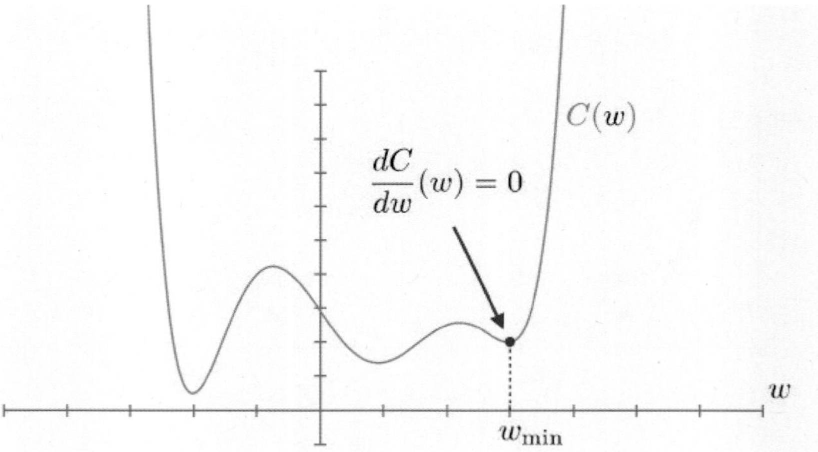

그림 8-26. 미분을 통한 최소값 표현

경사 하강법은 함수 그래프에서 임의의 점을 선택하고 해당 점에서 미분값을 계산한다. 그다음 접선의 기울기를 이용해 파라미터를 얼마나 움직일지 결정하며, 이동 방향은 기울기의 감소 방향이다.

이 과정을 기울기가 0이 될 때까지 반복하여 최적의 파라미터 값을 찾는다. 예를 들어, 기울기가 음수인 경우에는 오른쪽으로 이동하고, 기울기가 양수인 경우에는 왼쪽으로 이동한다.

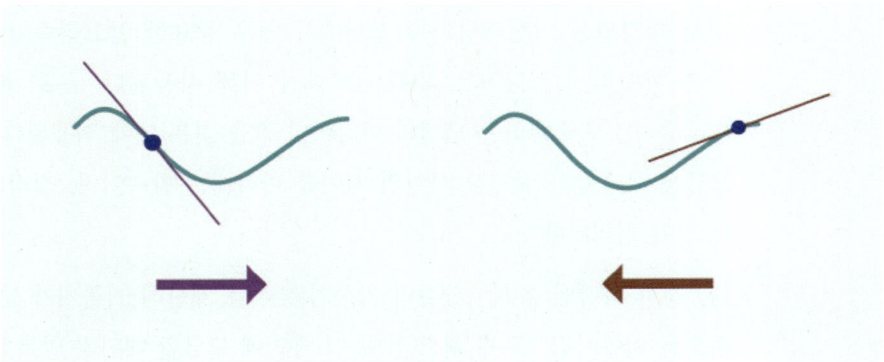

그림 8-27. 기울기 방향

또한 그림 8-28의 첫 번째 그래프처럼 기울기의 경사가 가파르면 더 많이 이동해야 하고, 두 번째 그래프처럼 기울기의 경사가 완만할수록 조금씩 이동하며, 세 번째 그래프처럼 기울기가 0이 되면 이동을 멈춘다.

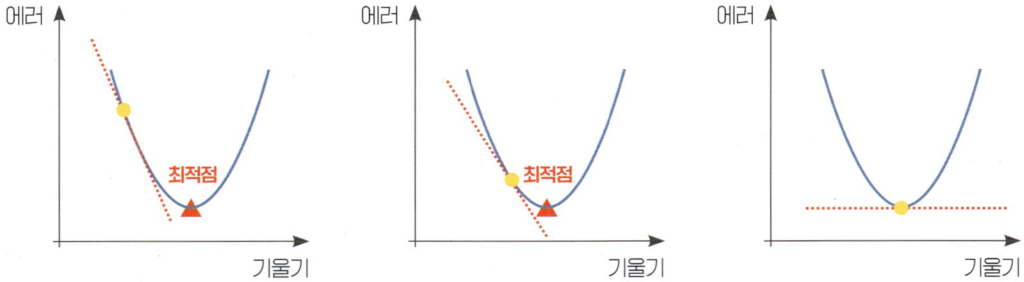

그림 8-28. 기울기 경사에 따른 이동

경사 하강법의 학습률(Learning Rate)

경사 하강법을 이용할 때 학습률(Learning Rate)이 필요하다. 학습률은 경사 하강법(Gradient Descent) 알고리즘에서 가중치와 편향을 업데이트할 때 사용되는 하이퍼 파라미터로, 얼마나 크게 가중치와 편향을 조정할지 결정하는 역할을 한다.

경사 하강법은 비용 함수 기울기의 반대 방향으로 가중치와 편향을 업데이트하는데, 학습률은 이 업데이트 크기를 조절한다. 작은 학습률은 각 업데이트에서 조금씩 가중치와 편향을 조정하므로 수렴이 느려질 수 있다. 반면, 큰 학습률은 더 큰 업데이트를 수행하며, 빠르게 수렴할 수 있지만 너무 크면 발산할 수 있다.

적절한 학습률을 선택하는 것은 중요한 과정이다. 일반적으로 학습률을 설정할 때 다음과 같은 접근법을 사용한다.

❶ 고정 학습률

학습 과정에서 학습률을 고정된 값으로 설정하는 방법이다. 보통 0.01, 0.001과 같은 값으로 사용된다. 이 방법은 간단하고 사용하기 쉽지만, 최적의 학습률을 찾는 것이 어려울 수 있다.

❷ 학습률 스케줄링

학습률 스케줄링이란 학습 과정에 따라 학습률을 동적으로 조정하는 방법이다. 초기에는 큰 학습률을 사용해 빠르게 수렴하도록 하고, 점진적으로 작은 학습률로 줄여나가며 안정된 수렴을 도모한다. 예를 들어, 에포크(Epoch) 또는 특정 반복 횟수마다 학습률을 감소시키는 방법이 일반적으로 사용된다.

❸ 자동 학습률 조정

자동 학습률 조정은 최적의 학습률을 자동으로 찾기 위해 알고리즘을 사용하는 방법이다. 자동 학습률 조정 알고리즘 중 AdaGrad, Adam, RMSprop, Momentum 등의 알고리즘은 학습률을 기울기 변화에 따라 조정하는 방식으로 널리 사용된다. 특히, Adam 최적화는 현재 신경망에서 가장 많이 사용되는 방법 중 하나이다.

Adam(Adaptive Moment Estimation)은 머신러닝에서 주로 사용되는 경사 하강법의 변형 중 하나인 최적화 알고리즘이다. Adam은 경사 하강법의 속도와 안정성을 개선하기 위해 개발되었다. 이 알고리즘은 AdaGrad와 RMSProp 아이디어를 결합하여 개별 매개 변수에 대해 학습률을 조정한다. 이를 통해 매개 변수 업데이트의 효율성과 안정성을 동시에 향상시킬 수 있다.

Adam은 매개 변수마다 별도로 계산된 학습률을 사용해 매개 변수를 업데이트한다. 초기에는 모든 매개 변수의 학습률을 크게 설정하고, 각 매개 변수의 업데이트는 해당 매개 변수의 기울기에 따라 조정된다. 이동 평균을 사용하여 경사의 1차 및 2차 모멘트 추정치를 계산하는데, 1차 모멘트는 기울기 평균을 나타내고, 2차 모멘트는 기울기 제곱의 평균을 나타낸다.

Adam은 이동 평균을 활용하여 1차 및 2차 모멘트의 편향 보정을 수행한다. 이 보정은 초기 학습 단계에서 편향된 추정치를 보정하고 안정성을 향상시킨다. 또한, Adam은 1차 및 2차 모멘트 추정치를 활용해 각 매개 변수의 학습률을 동적으로 조정한다. 큰 기울기를 가진 매개 변수는 작은 업데이트를 수행하기 위해 학습률을 감소시키고, 작은 기울기를 가진 매개 변수는 큰 업데이트를 수행하기 위해 학습률을 증가시킨다.

Adam은 학습률을 자동으로 조정하고, 매개 변수마다 적응적으로 업데이트를 수행하여 안정적이고 효율적인 최적화를 가능하게 한다. 하지만 매개 변수마다 이동 평균을 추정하는 계산이 추가되므로 약간의 계산 비용이 발생하며, 초기 설정에 민감하게 반응할 수 있는 단점도 있다.

적절한 학습률(Learning Rate)을 선택하는 것은 모델의 수렴 속도와 최적화 성능에 큰 영향을 미치기 때문에 학습률을 조정하면서 모델의 성능을 모니터링하고 적절한 값을 선택해야 한다.

또한, 경사 하강법은 국지적 최소값(Local Minimum)에 빠져 전역 최소값(Global Minimum)을 보장하지 못할 수 있는데, 이를 해결하기 위해 다양한 경사 하강법의 변형 알고리즘이 사용되기도 한다.

신경망을 학습한다는 것은 경사 하강법을 특정 비용 함수를 최소화하는 가중치와 편향을 찾는 것을 의미한다. 이를 최적화라 하고 이때 이용하는 방법 중 하나가 경사 하강법이다.

오차 역전파 알고리즘(Error Backpropagation Algorithm)

'앞서 소개한 방법이 과연 효율적일까?' 다시 말해 '최소 손실값을 어떻게 이용할까?'라는 질문에 대한 답은 굉장히 어려울 수 있다. 즉, 손실을 최소화하는 오차를 줄이는 방법은 올바른 방법이지만 이를 신경망 처음부터 다시 가중치와 편향을 조정해야 한다면 위 예제처럼 3만 개 이상의 가중치와 편향을 고쳐야 한다는 것이다. 그래서 조금 더 효율적인 방법을 찾아야 하는데 이때 이용하는 방법이 바로 오차 역전파 알고리즘이다.

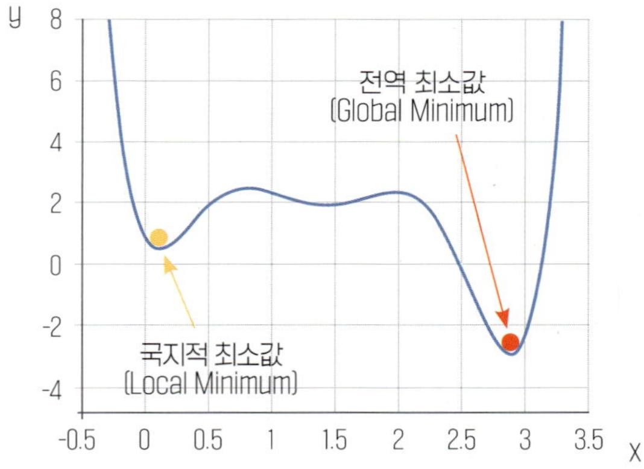

그림 8-29. 국지적 최소값과 전역 최소값

오차 역전파 알고리즘은 인공 신경망에서 가중치와 편향을 업데이트하는 데 사용되는 알고리즘이다. 이 알고리즘은 경사 하강법과 함께 사용되며, 인공 신경망의 학습 과정에서 오류를 역방향으로 전파하여 가중치와 편향을 조정한다. 오차 역전파 알고리즘은 찾은 오류를 입력층까지 다시 전파해 계산하는 방식으로 작동해서 이름 붙여졌다.

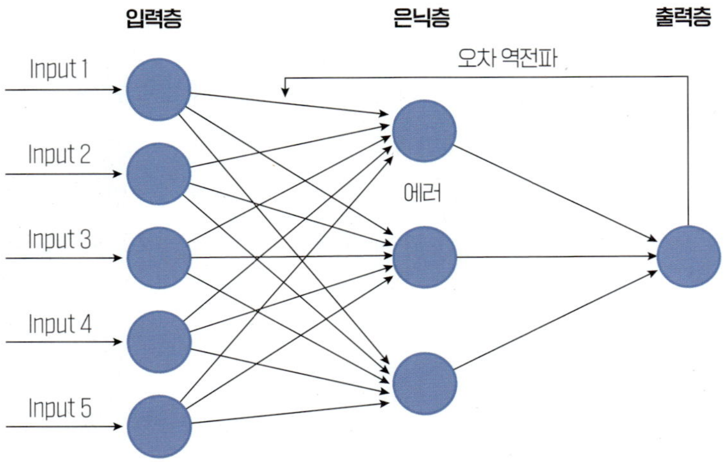

그림 8-30. 오차 역전파 과정

한 번 뒤로 돌리는 것을 1 에포크(Epoch) 주기라고 하며, 에포크를 늘릴수록 가중치가 계속 업데이트(학습)되면서 점점 오류가 줄어드는 방법이다.

에포크(Epoch)는 신경망 모델의 학습 과정에서 전체 데이터 세트를 한 번 통과하는 단위를 의미한다. 각 에포크는 모델의 가중치와 파라미터를 업데이트하는 한 단계이다. 모델은 여러 번의 에포크를 반복하며 데이터를 학습하고 최적의 가중치를 찾아낸다.

에포크의 수는 모델이 데이터를 학습하는 데 사용하는 주요 하이퍼 파라미터 중 하나이며, 적절한 에포크 수를 설정하는 것이 중요하다. 에포크의 수는 학습 진행 정도를 나타내며, 너무 적으면 모델이 데이터 패턴을 충분히 학습하지 못할 수 있고, 너무 많으면 과적합(Overfitting) 위험이 있다.

에포크는 전체 데이터 세트를 한 번씩 사용하는 것을 기준으로 한다. 예를 들어, 100개의 데이터가 있는 경우 1 에포크는 100개 데이터를 사용하여 모델을 학습하는 것을 의미한다. 따라서 1,000개의 데이터와 10 에포크로 학습한다면 모델은 총 10번의 에포크를 수행하며 1,000개 데이터를 총 10번 사용하여 학습한다.

에포크의 크기는 데이터 세트의 크기와 모델의 복잡성에 따라 다를 수 있으며, 일반적으로는 에포크 수를 증가시킬수록 모델의 성능이 향상되는 경향이 있다. 그러나 과적합 문제에 주의해야 하므로 에포크의 수는 모델과 데이터에 맞게 조정하는 것이 중요하다.

에포크는 학습 데이터를 전부 사용해 가중치를 업데이트하는 단위이므로 에포크 수가 증가할수록 학습 시간이 더 오래 걸릴 수 있다. 따라서 학습 시간과 성능 사이의 적절한 상충 관계를 고려하여 에포크 수를 설정해야 한다.

하이퍼 파라미터(Hyperparameter)

하이퍼 파라미터는 모델 학습 과정에서 사람이 직접 설정해야 하는 매개 변수이다. 이는 모델의 구조와 학습 알고리즘에 영향을 주며, 모델의 성능과 일반화 능력에 영향을 미친다. 하이퍼 파라미터를 적절하게 조정하면 모델의 성능을 향상시킬 수 있다. 주요 하이퍼 파라미터로는 에포크의 수, 학습률, 배치 크기 등이 포함될 수 있다.

- **학습률(Learning Rate)** : 옵티마이저가 가중치를 업데이트하는 정도를 결정하는 파라미터로, 각 업데이트 단계에서 가중치를 조정하는 양을 의미한다.
- **배치 크기(Batch Size)** : 한 번의 반복(에포크)에서 사용되는 샘플 수를 결정하는 파라미터로, 학습 데이터를 일부만 사용하여 가중치를 업데이트한다.
- **에포크 수(Epochs)** : 전체 데이터 세트를 한 번 통과하는데 필요한 반복 횟수를 결정하는 파라미터이다. 모델이 데이터를 학습하는 데 사용하는 주요 하이퍼 파라미터 중 하나이다.
- **규제(Regularization)** : 규제 기법을 사용해 모델의 가중치를 제한하는데 예를 들어, L1 정규화인 가중치(Weight) 절대값에 대한 항을 손실 함수에 추가함으로써 이루어지는 것이고, L2 정규화는 가중치의 제곱에 대한 항을 손실 함수에 추가하는 방식으로 이루어지며 이 둘과 같은 규제를 적용할 수 있다.
- **신경망의 구조 관련 파라미터** : 예를 들어, 은닉층(Hdden Layer) 수, 각 층의 뉴런 수, 활성화 함수 등 모델의 아키텍처를 정의하는 파라미터이다.
- **드롭아웃(Dropout) 비율** : 드롭아웃은 모델의 과적합을 방지하기 위해 사용되는 기법으로, 학습 중에 일부 뉴런을 무작위로 비활성화시키는 것이다. 드롭아웃 비율은 비활성화할 뉴런의 비율을 의미한다.

하이퍼 파라미터의 값을 조정하는 것은 모델의 성능과 일반화 능력에 직접적인 영향을 미치므로 실험과 검증을 통해 최적의 값을 찾는 과정이 필요하다. 이를 위해 일반적으로 그리드 탐색(Grid Search) 또는 랜덤 탐색(Random Search)과 같은 기법을 사용해 하이퍼 파라미터 공간을 탐색하고, 모델의 성능을 평가해서 최적의 조합을 찾는다. 그리드 탐색은 가능한 모든 조합을 탐색하는 방법이며, 랜덤 탐색은 무작위로 선택된 조합을 평가하는 방법이다. 이러한 탐색 기법을 통해 모델의 성능을 개선할 수 있다.

❶ 그리드 탐색(Grid Search)

그리드 탐색은 가능한 모든 하이퍼 파라미터 조합에 대해 모델을 학습하고 검증하는 방법이다. 사용자가 사전에 정의한 값들의 조합을 그리드 형태로 만들어 탐색한다. 예를 들어, 학습률을 [0.1, 0.01, 0.001], 배치 크기를 [16, 32, 64]로 설정한 경우 총 9가지 조합을 만들어 모델을 학습하고 검증한다. 이러한 방식은 모든 조합을 탐색하기 때문에 최적의 하이퍼 파라미터 조합을 찾을 수 있지만, 조합의 수가 많을수록 계산 비용이 증가한다.

❷ 랜덤 탐색(Random Search)

랜덤 탐색은 사용자가 정의한 하이퍼 파라미터 값들 중에서 랜덤으로 샘플링해 모델을 학습하고 검증하는 방법이다. 이 방법은 탐색 공간에서 랜덤으로 샘플링하기 때문에 그리드 탐색보다는 계산 비용을 낮출 수 있다. 예를 들어, 학습률을 [0.001, 0.01, 0.1] 범위에서 랜덤하게 선택하고, 배치 크기를 [16, 32, 64] 범위에서 랜덤하게 선택하여 조합해서 모델을 학습하고 검증한다. 이러한 방식은 임의의 하이퍼 파라미터 값을 탐색하기 때문에 최적의 조합을 보장하지 않지만, 계산 비용을 줄일 수 있다.

그리드 탐색과 랜덤 탐색은 하이퍼 파라미터 최적화 과정에서 자주 사용되는 방법들이다. 이들은 모델의 성능과 일반화 능력을 향상시키기 위해 적절한 하이퍼 파라미터 조합을 찾을 수 있는 유용한 도구이다. 어떤 방법을 선택할지는 탐색 공간의 크기와 계산 리소스, 사용자의 우선순위 등을 고려하여 결정할 수 있다.

과적합(Overfitting)

과적합은 머신러닝 및 딥러닝 모델에서 자주 발생하는 문제이다. 이는 모델이 학습 데이터에 너무 과도하게 적합되어 새로운 데이터에 대한 일반화 능력이 떨어지는 현상을 의미한다. 즉, 모델은 학습 데이터에 대해 높은 성능을 보이지만, 새로운 데이터에 대해서는 성능이 저하될 수 있다.

과적합은 다음과 같은 상황에서 발생할 수 있다.

- **모델 복잡도가 높은 경우** : 모델이 너무 복잡한 경우 학습 데이터에 대해 과도하게 적합될 수 있다. 모델은 학습 데이터의 잡음이나 이상치까지도 완벽하게 학습하려고 할 수 있다.
- **학습 데이터의 부족한 다양성** : 학습 데이터가 다양하지 않거나 제한된 범위에서 추출된 경우 모델은 학습 데이터에 과도하게 의존해 학습할 수 있다. 이로 인해 새로운 데이터에 대한 일반화 능력이 저하된다.
- **피처의 과도한 활용** : 모델이 피처(특성)를 과도하게 사용하는 경우 피처들 간의 관계를 학습 데이터에 대해 지나치게 복잡하게 모델링할 수 있다. 이로 인해 모델이 새로운 데이터에 대해서는 제대로 일반화하지 못한다.

과적합을 방지하기 위한 몇 가지 방법은 다음과 같다.

- **더 많은 데이터 수집** : 다양한 데이터를 수집하고 추가해 학습 데이터의 다양성을 높인다. 이는 모델이 일반화 능력을 향상시킬 수 있다.
- **데이터 전처리** : 데이터 전처리 기법을 사용하여 잡음을 제거하거나 이상치를 처리한다. 이로써 모델이 더 일반적인 특징을 학습할 수 있다.
- **모델의 복잡도 감소** : 모델의 복잡성을 줄이는 방법으로, 더 간단한 모델 구조를 선택하거나 모델의 파라미터 수를 제한한다.
- **규제(Regularization)** : 규제 기법을 사용해 모델의 가중치를 제한한다. 예를 들어, L1 정규화, L2 정규화와 같은 규제를 적용할 수 있다.
- **드롭아웃(Dropout)** : 드롭아웃은 학습 과정 중에 일부 뉴런을 임의로 비활성화시켜 과적합을 방지하는 방법이다. 이를 통해 모델이 특정 뉴런에 지나치게 의존하지 않도록 한다.
- **교차 검증(Cross-Validation)** : 교차 검증을 통해 모델의 성능을 평가하고 튜닝한다. 이를 통해서 모델이 다양한 데이터에 대해 일반화되는 능력을 평가할 수 있다.

이러한 방법들을 적절히 조합해 과적합을 방지하고 모델의 일반화 능력을 향상시킬 수 있다.

이제 본격적으로 오차 역전파에 대해서 알아보자. 그림 8-31에서 3.20에 나타나는 선이 0.10으로 나타난 선보다 가중치가 높다는 것을 알 수 있다.

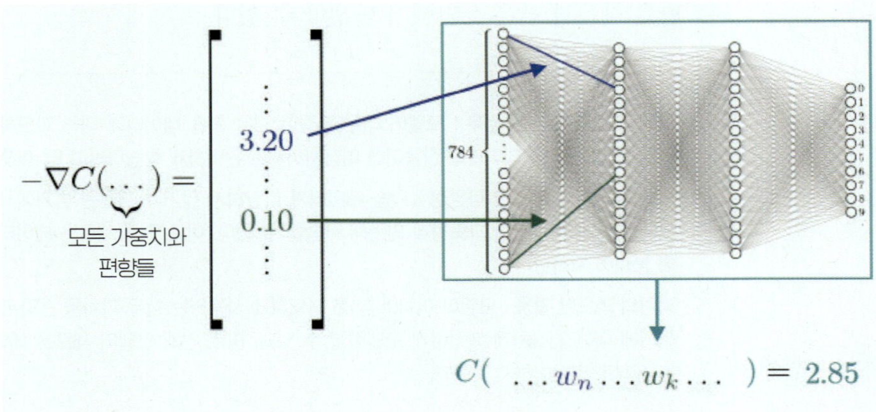

그림 8-31. 가중치 간의 관계

이렇게 가중치를 주고 출력층에 다다르면 처음에는 임의의 가중치와 편향으로 인해 원하는 결과값이 나오지 않는다. 그림 8-32처럼 원하는 결과값이 2이어야 하는데 처음으로 출력층에 나온 결과값은 3, 6 뉴런이 1이 되어 있어 이때 오차를 구하고 이를 역전파시켜야 한다.

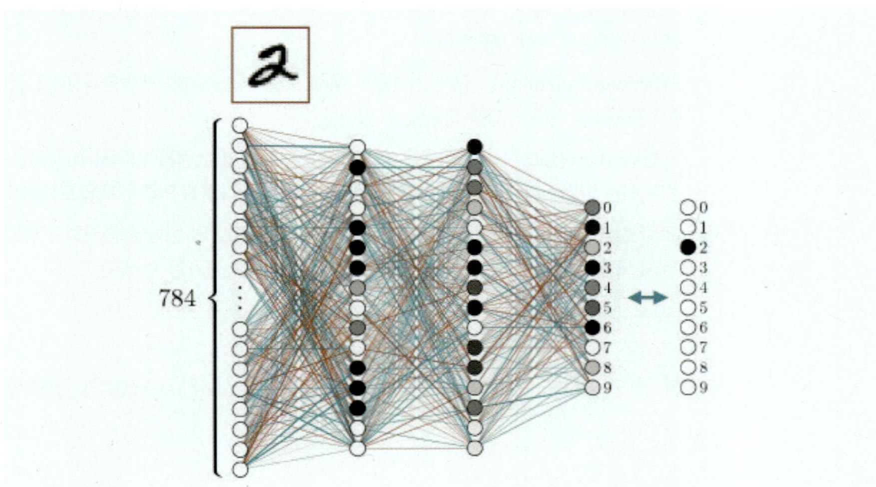

그림 8-32. 잘못된 출력값

그림 8-33을 살펴보면 원하는 결과값인 2는 뉴런의 가중치 값이 0.2이기 때문에 이를 1.0으로 올리기 위해 많은 가중치를 조정해야 한다. 그리고 출력층에 잘못된 결과값인 3과 6의 가중치는 상대적으로 많이 낮추어야 한다. 다른 출력도 가중치 값의 크기가 크면 그에 따라 감소시켜야 한다.

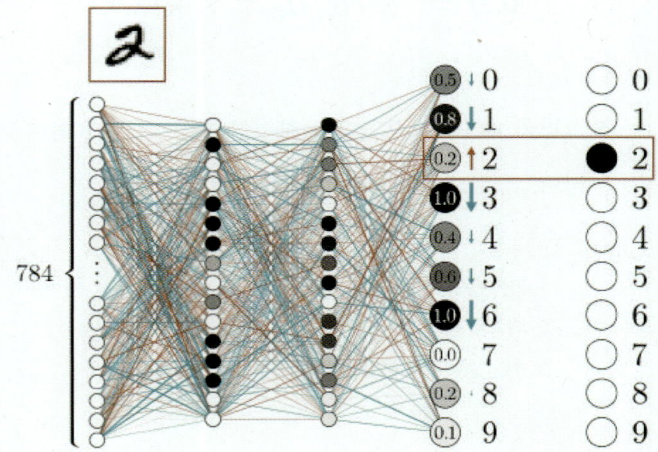

그림 8-33. 가중치 조정 과정

이제 우리가 원하는 값이 2에 해당하는 뉴런만 생각해 보자.

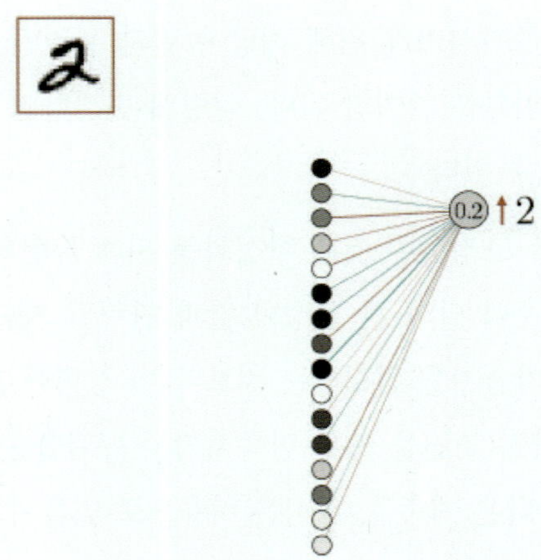

그림 8-34. 뉴런 2의 가중치 조정

그림 8-34처럼 출력층 뉴런의 활성화 값은 0.2인데 이는 다음의 수식처럼 입력층부터 은닉층을 거친 모든 가중치와 활성화 값의 합과 편향을 합한 것에 활성화 함수를 적용시키는 값이다.

$$\textcircled{0.2} = \sigma(w_0 a_0 + w_1 a_1 + \cdots + w_{n-1} a_{n-1} + b)$$

그렇기 때문에 이 뉴런의 활성화 값을 높이기 위해 다음의 세 가지 조건이 필요하다.

1. 편향 증가 또는 감소
2. 가중치 증가
3. 이전 층에서 활성화 값 변경

활성화 값을 높이기 위한 세 가지 조건을 차례로 살펴보자. 뉴런과 관련된 편향을 변경하는 것은 활성화를 변경하는 가장 간단한 방법이다. 이는 이전 층에서 가중치 또는 활성화를 변경하는 것과 달리, 가중치 합에 대한 편향 변경의 효과는 일정하고 예측할 수 있기 때문이다. 예를 들어, 숫자 2를 출력하는 뉴런의 활성화를 증가시키기 위해 해당 뉴런과 관련된 편향을 늘리고 다른 모든 뉴런과 관련된 편향을 줄이면 된다. 이렇게 변경하면 더 정확한 예측을 더 낮은 비용으로 얻을 수 있다.

가중치를 조정하는 것은 활성화를 위해 뉴런의 값에 곱해지기 때문에 가중치의 영향 수준이 달라 큰 활성화 값과 관련된 가중치를 변경하면 작은 활성화 값과 관련된 가중치를 변경하는 것보다 더 강력한 효과를 나타낼 수 있다. 따라서 이제 두 가지 조건을 모두 만족시키는 뉴런을 변화시키면 된다. 이렇게 변경함으로써 더 나은 예측을 더 적은 비용으로 얻을 수 있다.

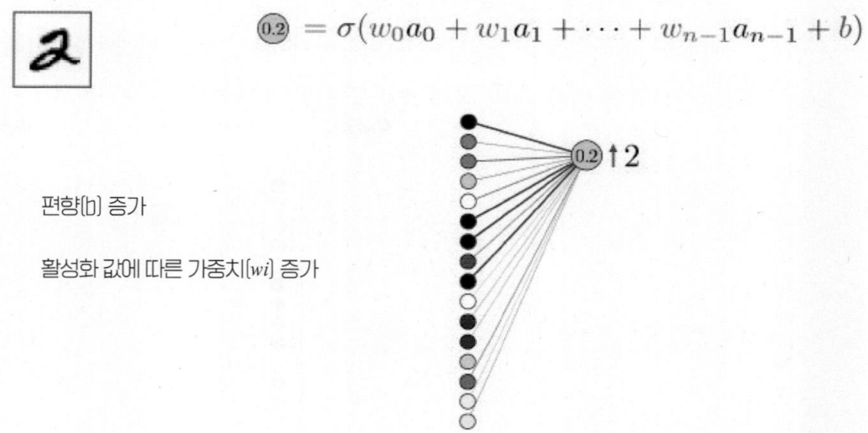

그림 8-35. 활성화 값에 따른 가중치 조정

그럼 이제 두 가지를 고려하여 출력층 숫자 2 뉴런에 대해 활성화 값을 올릴 수 있다.

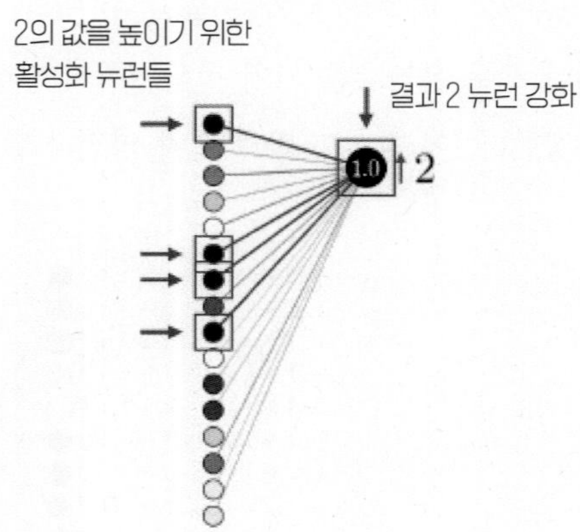

그림 8-36. 활성화 뉴런의 연결 강화

마지막으로 숫자 2의 뉴런 활성화 값을 증가시키는 데 도움이 되는 방법은 가중치 변경과 유사하게 이전 레이어의 모든 활성화를 변경하는 것이다. 즉, 숫자 2 뉴런에 연결된 뉴런들의 활성화 값을 올리고, 음의 가중치를 가진 연결된 뉴런들은 활성화 값을 조정하면 숫자 2 뉴런의 활성화 값이 증가할 것이다. 활성화에 비례해 가중치를 변경하는 것과 마찬가지로, 관련 가중치에 비례해서 활성화를 증가시키면 비용 대비 최대 효과를 얻을 수 있다.

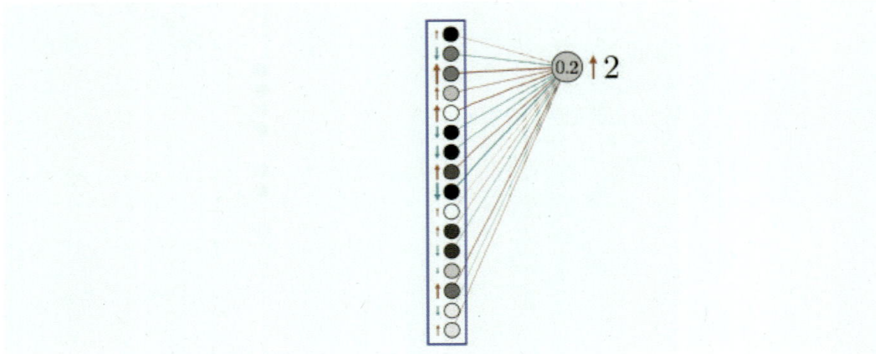

그림 8-37. 가중치에 비례하여 활성화 증가

정리하면, 마지막 출력층에서 발생한 오류값을 이용하여 원하는 결과값을 얻기 위해 이전 층에서 출력층에 가장 큰 영향을 주는 모든 뉴런의 가중치와 편향을 조절함으로써 출력층의 오차를 줄일 수 있다. 이와 같은 방식으로 다른 입력층을 제외한 모든 은닉층을 거쳐 출력층까지 진행하면서 영향을 주는 모든 뉴런의 값을 조정한다. 이 방식이 바로 오차 역전파 알고리즘의 원리이다.

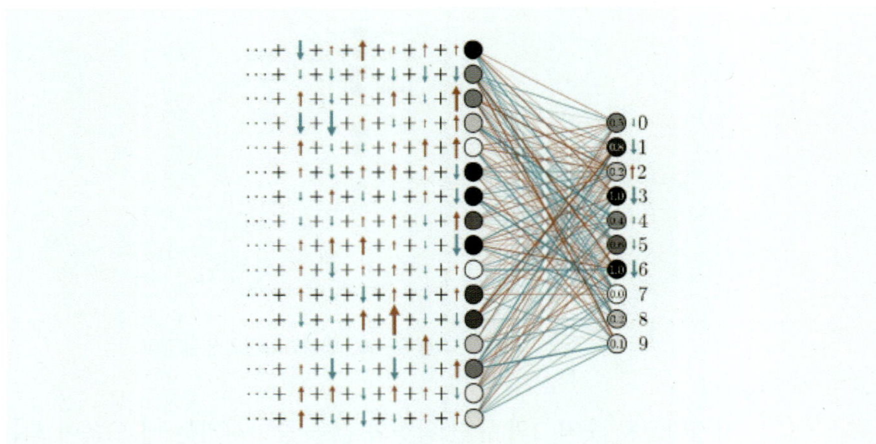

그림 8-38. 전체 뉴런의 가중치와 편향 조정값

숫자로 설명하면, 그림 8-39와 같이 숫자 2에 대한 가중치와 편향에 대한 비용 함수(경사 하강법) 결과값이 음수로 나온다면 해당 뉴런은 결과값에 영향을 주지 못하는 것으로 판단되어 값을 낮춰야 한다. 반대로 결과값이 양수로 크게 나온다면 해당 뉴런은 결과값에 큰 영향을 주는 것으로 판단되어 값을 높여야 한다. 이러한 조정은 입력층까지 되돌아가면서 적용된다.

$$-\nabla C(w_1, w_2, \ldots w_{13,001}) = \begin{bmatrix} -0.08 \\ +0.12 \\ -0.06 \\ \vdots \\ +0.04 \end{bmatrix}$$

그림 8-39. 비용 함수 결과값

물론 오차 역전파 알고리즘을 이해하기 위해서는 복잡한 수학 공식이 필요하지만, 본 교재에서는 최소한의 수학 공식을 사용하여 설명하였다.

이제 인공 신경망까지 설명했으므로 앞에서 설명한 내용을 더 잘 이해하기 위해 실제로 다양한 실습을 통해서 신경망과 머신러닝에 대해 자세히 알아보자.

2 〉 신경망과 머신러닝 실습

2.1 신경망 실습

다음의 코드는 파이썬을 이용한 텐서플로우(TensorFlow)와 케라스(Keras)를 사용하여 MNIST 데이터 세트로부터 손글씨 숫자를 분류하는 간단한 신경망 모델을 구현하는 예시이다. 앞서 설명한 과정들을 실제로 하나씩 살펴보면서 어떤 결과들이 나오는지 살펴보자.

❶ 필요한 라이브러리 가져오기

```
import tensorflow as tf
import matplotlib.pyplot as plt
import numpy as np
from tensorflow import keras
```

각 라이브러리에 대한 간단한 설명은 다음과 같다.

TensorFlow(tf)는 구글이 개발한 오픈 소스 머신러닝 라이브러리로, 주로 신경망과 딥러닝 모델을 구축하고 훈련시키는 데 사용된다. NumPy와 유사한 구조를 가진 텐서를 사용하여 다차원 배열을 다루며, GPU를 활용한 가속화 기능을 지원한다.

matplotlib.pyplot(plt)은 파이썬에서 데이터 시각화를 위해 사용되는 라이브러리로 그래프, 히스토그램, 산점도 등 다양한 그래프를 생성할 수 있다. 이 코드에서는 주로 이미지나 그래프를 시각화하는 데 사용할 수 있다.

NumPy(np)는 파이썬에서 수치 연산을 위해 사용되는 핵심 라이브러리로, 다차원 배열과 행렬을 지원하며, 수학 연산을 효율적으로 처리할 수 있다. 텐서플로우(TensorFlow)와 함께 주로 사용되어 데이터를 전처리하거나 계산을 수행하는 데 유용하다.

tensorflow.keras는 텐서플로우의 고수준 API인 케라스(Keras)를 TensorFlow 라이브러리로부터 가져오는 부분이다. 케라스(Keras)는 쉽고 빠르게 딥러닝 모델을 구축할 수 있는 사용자 친화적인 인터페이스를 제공하며, Sequential 모델을 사용하여 간단한 모델부터 복잡한 모델까지 손쉽게 만들 수 있다.

❷ MNIST 데이터 세트 읽어 오기

```
mnist = keras.datasets.mnist  #mnist 데이터 세트 준비
#MNIST 데이터 세트 학습용(x,y), 테스트용(x,y) 데이터로 나누기
(x_train, y_train), (x_test, y_test) = mnist.load_data()

print(x_train.shape) #결과(60000, 28, 28) 출력

print(x_train[0]) #첫 번째 학습용 데이터 '5' 출력
print(y_train[0]) #첫 번째 학습용 레이블 '5' 출력
```

〈결과〉

```
(60000, 28, 28)
[[  0   0   0   0   0   0   0   0   0   0   0   0   0   0   0   0   0   0
    0   0   0   0   0   0   0   0   0   0]
 [  0   0   0   0   0   0   0   0   0   0   0   0   0   0   0   0   0   0
    0   0   0   0   0   0   0   0   0   0]
 [  0   0   0   0   0   0   0   0   0   0   0   0   0   0   0   0   0   0
    0   0   0   0   0   0   0   0   0   0]
 [  0   0   0   0   0   0   0   0   0   0   0   0   0   0   0   0   0   0
    0   0   0   0   0   0   0   0   0   0]
 [  0   0   0   0   0   0   0   0   0   0   0   0   0   0   0   0   0   0
    0   0   0   0   0   0   0   0   0   0]
 [  0   0   0   0   0   0   0   0   0   0   0   0   3  18  18  18 126 136
  175  26 166 255 247 127   0   0   0   0]
 [  0   0   0   0   0   0   0   0  30  36  94 154 170 253 253 253 253 253
  225 172 253 242 195  64   0   0   0   0]
 [  0   0   0   0   0   0   0  49 238 253 253 253 253 253 253 253 253 251
   93  82  82  56  39   0   0   0   0   0]
 [  0   0   0   0   0   0   0  18 219 253 253 253 253 253 198 182 247 241
```

```
   0   0   0   0   0   0   0   0   0   0]
 [  0   0   0   0   0   0   0   0  80 156 107 253 253 205  11   0  43 154
    0   0   0   0   0   0   0   0   0   0]
 [  0   0   0   0   0   0   0   0   0  14   1 154 253  90   0   0   0   0
    0   0   0   0   0   0   0   0   0   0]
 [  0   0   0   0   0   0   0   0   0   0   0 139 253 190   2   0   0   0
    0   0   0   0   0   0   0   0   0   0]
 [  0   0   0   0   0   0   0   0   0   0   0  11 190 253  70   0   0   0
    0   0   0   0   0   0   0   0   0   0]
 [  0   0   0   0   0   0   0   0   0   0   0   0  35 241 225 160 108   1
    0   0   0   0   0   0   0   0   0   0]
 [  0   0   0   0   0   0   0   0   0   0   0   0   0  81 240 253 253 119
   25   0   0   0   0   0   0   0   0   0]
 [  0   0   0   0   0   0   0   0   0   0   0   0   0   0  45 186 253 253
  150  27   0   0   0   0   0   0   0   0]
 [  0   0   0   0   0   0   0   0   0   0   0   0   0   0   0  16  93 252
  253 187   0   0   0   0   0   0   0   0]
 [  0   0   0   0   0   0   0   0   0   0   0   0   0   0   0   0   0 249
  253 249  64   0   0   0   0   0   0   0]
 [  0   0   0   0   0   0   0   0   0   0   0   0   0   0  46 130 183 253
  253 207   2   0   0   0   0   0   0   0]
 [  0   0   0   0   0   0   0   0   0   0   0   0  39 148 229 253 253 253
  250 182   0   0   0   0   0   0   0   0]
 [  0   0   0   0   0   0   0   0   0   0  24 114 221 253 253 253 253 201
   78   0   0   0   0   0   0   0   0   0]
 [  0   0   0   0   0   0   0   0  23  66 213 253 253 253 253 198  81   2
    0   0   0   0   0   0   0   0   0   0]
 [  0   0   0   0   0   0  18 171 219 253 253 253 253 195  80   9   0   0
    0   0   0   0   0   0   0   0   0   0]
 [  0   0   0   0  55 172 226 253 253 253 253 244 133  11   0   0   0   0
    0   0   0   0   0   0   0   0   0   0]
 [  0   0   0   0 136 253 253 253 212 135 132  16   0   0   0   0   0   0
    0   0   0   0   0   0   0   0   0   0]
 [  0   0   0   0   0   0   0   0   0   0   0   0   0   0   0   0   0   0
    0   0   0   0   0   0   0   0   0   0]
 [  0   0   0   0   0   0   0   0   0   0   0   0   0   0   0   0   0   0
    0   0   0   0   0   0   0   0   0   0]
 [  0   0   0   0   0   0   0   0   0   0   0   0   0   0   0   0   0   0
    0   0   0   0   0   0   0   0   0   0]]
5
```

MNIST 데이터 세트는 손으로 쓴 숫자 이미지와 해당 숫자 레이블로 구성되어 있다. MNIST 데이터 세트를 로드하고 훈련 및 테스트 데이터를 변수에 할당하는 부분이다.

먼저 keras.datasets.mnist를 이용하여 MNIST 데이터 세트를 가져온다.

- **x_train** : 훈련 데이터 이미지 배열
- **y_train** : 훈련 데이터 레이블 배열
- **x_test** : 테스트 데이터 이미지 배열
- **y_test** : 테스트 데이터 레이블 배열

이때, (x_train, y_train), (x_test, y_test) = mnist.load_data()를 통해 데이터를 훈련 세트와 테스트 세트로 분리하여 가져온다.

print(x_train.shape)를 실행하면 x_train 형태를 출력한다. MNIST 데이터 세트에서 x_train은 (60000, 28, 28) 모양의 3D 배열로, 6만 개 이미지가 있고 각 이미지는 28×28 픽셀 크기라는 것을 보여준다.

x_train[0]은 첫 번째 훈련 이미지를 나타내며, 이를 실제 print()를 통해 출력해 보면 해당 이미지의 픽셀값 배열이 출력된다. 이때 픽셀값은 0과 255 사이 정수로 구성되며, 이미지는 흑백 이미지로 5를 보여준다.

y_train[0]은 첫 번째 훈련 이미지 레이블을 나타내며, 이를 실제 print()를 통해 출력하면 해당 이미지에 대응하는 숫자 레이블이 출력되는데, 레이블은 0부터 9까지의 정수로 구성되며, 해당 이미지가 숫자 5를 나타낸다.

❸ 데이터 전처리하기

```
x_train = x_train / 255  #학습용 데이터를 0~1 사이 숫자로 변환
x_test = x_test / 255    #테스트용 데이터를 0~1 사이 숫자로 변환
print(x_train[0])         #데이터 전처리 결과 출력
```

〈결과〉

```
array([[0.        , 0.        , 0.        , 0.        , 0.        ,
        0.        , 0.        , 0.        , 0.        , 0.        ,
        0.        , 0.        , 0.        , 0.        , 0.        ,
        0.        , 0.        , 0.        , 0.        , 0.        ,
        0.        , 0.        , 0.        , 0.        , 0.        ,
        0.        , 0.        , 0.        ],
       [0.        , 0.        , 0.        , 0.        , 0.        ,
        0.        , 0.        , 0.        , 0.        , 0.        ,
        0.        , 0.        , 0.        , 0.        , 0.        ,
        0.        , 0.        , 0.        , 0.        , 0.        ,
        0.        , 0.        , 0.        , 0.        , 0.        ,
        0.        , 0.        , 0.        ],
       [0.        , 0.        , 0.        , 0.        , 0.        ,
        0.        , 0.        , 0.        , 0.        , 0.        ,
        0.        , 0.        , 0.        , 0.        , 0.        ,
        0.        , 0.        , 0.        , 0.        , 0.        ,
        0.        , 0.        , 0.        , 0.        , 0.        ,
        0.        , 0.        , 0.        ],
       [0.        , 0.        , 0.        , 0.        , 0.        ,
        0.        , 0.        , 0.        , 0.        , 0.        ,
```

```
 0.        , 0.        , 0.        , 0.        , 0.        ,
 0.        , 0.        , 0.        , 0.        , 0.        ,
 0.        , 0.        , 0.        , 0.        , 0.        ,
 0.        , 0.        , 0.        ],
[0.        , 0.        , 0.        , 0.        , 0.        ,
 0.        , 0.        , 0.        , 0.        , 0.        ,
 0.        , 0.        , 0.        , 0.        , 0.        ,
 0.        , 0.        , 0.        , 0.        , 0.        ,
 0.        , 0.        , 0.        , 0.        , 0.        ,
 0.        , 0.        , 0.        ],
[0.        , 0.        , 0.        , 0.        , 0.        ,
 0.        , 0.        , 0.        , 0.        , 0.        ,
 0.        , 0.        , 0.01176471, 0.07058824, 0.07058824,
 0.07058824, 0.49411765, 0.53333333, 0.68627451, 0.10196078,
 0.65098039, 1.        , 0.96862745, 0.49803922, 0.        ,
 0.        , 0.        , 0.        ],
[0.        , 0.        , 0.        , 0.        , 0.        ,
 0.        , 0.        , 0.        , 0.11764706, 0.14117647,
 0.36862745, 0.60392157, 0.66666667, 0.99215686, 0.99215686,
 0.99215686, 0.99215686, 0.99215686, 0.88235294, 0.6745098 ,
 0.99215686, 0.94901961, 0.76470588, 0.25098039, 0.        ,
 0.        , 0.        , 0.        ],
[0.        , 0.        , 0.        , 0.        , 0.        ,
 0.        , 0.        , 0.19215686, 0.93333333, 0.99215686,
 0.99215686, 0.99215686, 0.99215686, 0.99215686, 0.99215686,
 0.99215686, 0.99215686, 0.98431373, 0.36470588, 0.32156863,
 0.32156863, 0.21960784, 0.15294118, 0.        , 0.        ,
 0.        , 0.        , 0.        ],
[0.        , 0.        , 0.        , 0.        , 0.        ,
 0.        , 0.        , 0.07058824, 0.85882353, 0.99215686,
 0.99215686, 0.99215686, 0.99215686, 0.99215686, 0.77647059,
 0.71372549, 0.96862745, 0.94509804, 0.        , 0.        ,
 0.        , 0.        , 0.        , 0.        , 0.        ,
 0.        , 0.        , 0.        ],
[0.        , 0.        , 0.        , 0.        , 0.        ,
 0.        , 0.        , 0.        , 0.31372549, 0.61176471,
 0.41960784, 0.99215686, 0.99215686, 0.80392157, 0.04313725,
 0.        , 0.16862745, 0.60392157, 0.        , 0.        ,
```

이미지 데이터를 0과 1 사이 값으로 정규화하는 부분으로, 이미지 데이터의 각 픽셀값은 0부터 255 사이 정수이다. 이를 신경망에 입력으로 사용하기 위해 0과 1 사이의 실수값으로 정규화한다.

x_train/255는 각 픽셀값을 255로 나누는 연산을 수행한다. 따라서 모든 픽셀값은 0과 1 사이 실수로 변환된다.

이를 위해 x_train과 x_test를 정규화한 뒤 x_train[0]을 print()를 이용해 출력하면 첫 번째 훈련 이미지가 0과 1 사이 실수값의 정규화된 배열로 출력된다. 이미지의 모든 픽셀값이 이제 0과 1 사이에 있다. 이렇게 정규화된 데이터를 사용하여 신경망 모델을 훈련하면 더 빠르고 안정적인 학습이 이루어진다.

❹ 신경망 모델 생성하기

```
model = keras.models.Sequential([
keras.layers.Flatten(input_shape = (28, 28)),  #입력층 784개
keras.layers.Dense(16, activation = 'relu'),
keras.layers.Dense(16, activation = 'relu'),
keras.layers.Dense(10, activation = 'softmax') #확률 출력
])
```

텐서플로우(TensorFlow)와 케라스(Keras)를 사용해 신경망 모델을 생성하는 부분으로 다음과 같이 각각의 ⓐ 입력층, ⓑ 은닉층 1, ⓒ 은닉층 2, ⓓ 출력층 레이어들로 구성된다.

ⓐ 입력층(Flatten 레이어)

```
keras.layers.Flatten(input_shape = (28, 28)) #입력층 784개
```

이 레이어는 28×28 크기 이미지를 1차원(784개 요소) 배열로 평탄화한다. MNIST 데이터 세트의 이미지 크기가 (28, 28)이기 때문에 이 레이어는 입력 데이터를 1차원 형태로 변환하는 역할을 한다.

잠깐만요

28×28 크기의 이미지를 1차원(784개 요소) 배열로 평탄화하는 이유는 다음과 같다.

1. **신경망의 입력 형태** : 대부분의 신경망 모델은 1차원 형태로 입력한다. 이미지는 픽셀로 구성된 2차원 배열이지만, 일반적으로 이를 1차원 배열로 변환해 신경망의 입력으로 사용한다. 이렇게 하면 신경망은 이미지를 단일 벡터로 취급하고 각 픽셀값을 독립적인 특성으로 다룰 수 있다.
2. **파라미터의 감소** : 1차원으로 평탄화하면 파라미터(가중치와 편향)의 수가 크게 감소한다. 2D 이미지를 그대로 사용하면 각 픽셀이 신경망에서 각각 다른 가중치로 처리되므로 파라미터의 수가 기하급수적으로 증가할 수 있다. 그러나 1차원으로 평탄화하면 각 픽셀이 동일한 가중치로 처리되므로 파라미터 수가 크게 줄어들기 때문에 계산량을 줄이고 과적합(Overfitting)을 방지하는 데 도움이 된다.

3. **벡터화 연산** : 1차원 배열은 벡터화 연산에 용이하다. 벡터화는 모델의 계산을 행렬 연산으로 처리하여 계산 속도를 향상시키는 기술로, 벡터화 연산을 사용하면 배치 처리(Batch Processing)도 효율적으로 수행할 수 있으며, 이는 GPU와 같은 하드웨어 가속기를 활용하여 빠르게 학습할 수 있다.

따라서 28×28 크기의 이미지를 1차원으로 평탄화하는 것은 신경망 모델의 입력에 맞추기 위해, 파라미터를 감소시키기 위해, 그리고 벡터화 연산을 적용하기 위해 사용된다.

ⓑ 은닉층 1(Dense 레이어)

```
keras.layers.Dense(16, activation = 'relu')
```

첫 번째 은닉층은 16개의 뉴런으로 구성된 완전 연결층이다. ReLU(Rectified Linear Unit) 활성화 함수가 사용되어 음수값을 제거하고 양수값은 그대로 출력한다.

ⓒ 은닉층 2(Dense 레이어)

```
keras.layers.Dense(16, activation = 'relu')
```

두 번째 은닉층으로, 첫 번째 은닉층과 같은 구조로 16개의 뉴런과 ReLU 활성화 함수가 사용된다.

ⓓ 출력층(Dense 레이어)

```
keras.layers.Dense(10, activation = 'softmax') #확률 출력
```

출력층으로, 10개의 뉴런으로 구성되어 있다. MNIST 데이터 세트의 클래스가 0부터 9까지 총 10개이기 때문에 출력층은 10개의 뉴런으로 구성된다. 활성화 함수로는 소프트맥스(softmax) 함수가 사용되며, 이를 통해 각 클래스에 속할 확률을 출력한다.

❺ 모델 컴파일하기

```
model.compile(optimizer = 'adam', loss = 'sparse_categorical_
crossentropy', metrics = ['accuracy'])
```

model.compile()은 모델을 컴파일하는 메서드로, 컴파일 단계에서는 모델의 학습 프로세스에 대한 구성이 이루어진다. 주요 매개 변수로는 optimizer, loss, metrics가 있다.

1. **optimizer(옵티마이저)** : 모델의 학습 과정에서 사용되는 최적화 알고리즘을 지정하며 'adam'은 많은 경우에 효과적으로 사용되는 최적화 알고리즘으로, 기울기 하강법의 변형이며 모멘텀과 AdaGrad 방식을 결합한 방법이다. 모델의 가중치를 업데이트하여 손실 함수를 최소화하는 방향으로 학습을 진행한다.
2. **loss(손실 함수)** : 모델이 예측과 실제값 사이의 차이를 측정하는 함수로 'sparse_categorical_crossentropy'는 Keras에서 사용되는 손실 함수 중의 하나로 다중 분류 문제에서 사용되며, 정수 형태로 제공되는 클래스를 처리할 때 유용하다. 따라서 MNIST 데이터 세트의 레이블이 정수 형태로 제공되므로 이 손실 함수를 사용한다. 만약 레이블이 one-hot 인코딩 형태라면 'categorical_crossentropy'를 사용할 수 있다.
3. **metrics(성능 평가 지표)** : 모델의 성능을 평가하는 지표를 지정하는데, 여기서는 'accuracy'를 사용하여 모델의 정확도를 평가한다. 정확도는 올바르게 분류된 샘플의 비율로 정의되며, 높은 값일수록 모델의 성능이 더 좋다는 의미이다.

따라서 model.compile()을 사용하여 모델이 준비되면 model.fit()을 호출해서 실제로 훈련을 수행하고, model.evaluate()를 사용해 모델의 성능을 평가할 수 있다.

❻ 모델 구조에 대해서 요약하여 출력하기

```
model.summary()        #모델 결과 확인
```

model.summary() 메서드는 Keras 모델의 요약 정보를 출력하는 함수로, 모델

의 구조와 각 레이어에 대한 정보를 제공한다. 이에 따른 결과는 다음과 같다.

```
Model: "sequential_3"
_________________________________________________________________
Layer (type)          Output Shape         Param #
=================================================================
flatten_3 (Flatten) (None, 784)             0
dense_9 (Dense)       (None, 16)            12560
dense_10 (Dense)      (None, 16)            272
dense_11 (Dense)      (None, 10)            170
=================================================================
Total params: 13,002
Trainable params: 13,002
Non-trainable params: 0
_________________________________________________________________
```

Trainable params는 모델에서 역전파를 통해 학습되는 파라미터 수로, 여기서는 모든 파라미터가 학습 가능하므로 총 파라미터와 동일하다. Non-trainable params는 학습되지 않는 파라미터의 수를 나타낸다. 이 모델에서는 학습되지 않는 파라미터가 없으므로 0이다.

이러한 요약 정보는 모델의 구조와 파라미터 수를 쉽게 확인할 수 있도록 도와준다. 또한 이러한 정보를 통해 모델의 복잡성을 평가하거나 하이퍼 파라미터를 조정하는 데 도움이 된다.

❼ 모델 트레이닝(trainning)하기

```
model.fit(x_train, y_train, epochs = 5)
```

model.fit(x_train, y _train, epochs = 5)은 모델을 주어진 데이터로 훈련하는 메서드로, 주어진 훈련 데이터 x_train과 레이블 y_train을 사용해 모델을 학습시킨다. 이때 학습하기 위해 epochs 횟수를 지정하며, 한 번의 epoch는 전체 훈련 데이터 세트를 한 번 훈련하는 것을 의미한다.

여기서는 다음과 같은 의미를 갖는다.

- **x_train** : 훈련 데이터로 사용될 이미지 배열
- **y_train** : 훈련 데이터에 대한 정답 레이블로, 각 이미지에 해당하는 숫자를 나타내는 정수 배열
- **epochs=5** : 전체 훈련 데이터 세트를 5번 반복해서 학습, 총 5번의 epoch 동안 모델의 가중치가 업데이트되고 손실 함수가 최소화되도록 학습

model.fit() 메서드는 입력 데이터와 정답 레이블을 이용하여 모델을 훈련시키며, 손실 함수를 최소화하는 방향으로 모델의 가중치를 조정한다. 또한, 정해진 epoch 횟수에 도달할 때까지 모델이 훈련된다. 훈련이 진행되는 동안 손실과 정확도 지표가 출력되며, 모델이 데이터에 적합해지도록 가중치가 업데이트된다.

이에 따른 실행 과정은 다음과 같다.

```
Epoch 1/5
1875/1875 [==============================] - 4s 2ms/step - loss: 0.4511 - accuracy: 0.8654
Epoch 2/5
1875/1875 [==============================] - 4s 2ms/step - loss: 0.2347 - accuracy: 0.9333
Epoch 3/5
1875/1875 [==============================] - 5s 2ms/step - loss: 0.1982 - accuracy: 0.9434
Epoch 4/5
1875/1875 [==============================] - 4s 2ms/step - loss: 0.1751 - accuracy: 0.9498
Epoch 5/5
1875/1875 [==============================] - 4s 2ms/step - loss: 0.1607 - accuracy: 0.9530
<keras.callbacks.History at 0x79d7721e14e0>
```

모델 훈련이 끝나면 이후에는 model.evaluate() 또는 model.predict()를 사용하여 테스트 데이터에 대한 성능을 평가하거나 예측할 수 있다.

❽ 모델 평가하기

```
model.evaluate(x_test, y_test)
```

model.evaluate(x_test, y_test)은 훈련된 모델을 테스트 데이터로 평가하는 메서드로, 모델을 훈련한 후 테스트 데이터 x_test와 해당하는 레이블 y_test를 사용하여 모델의 성능을 평가한다.

훈련된 모델 평가 시 출력 결과의 손실과 정확도는 조금씩 차이가 날 수 있는데, 그 이유는 처음 설정하는 가중치와 편향값 차이 때문이다.

- **x_test** : 테스트 데이터로 사용될 이미지 배열
- **y_test** : 테스트 데이터에 대한 정답 레이블로, 각 이미지에 해당하는 숫자를 나타내는 정수 배열

model.evaluate()는 테스트 데이터를 사용하여 모델의 손실과 지정한 메트릭(여기서는 'accuracy')을 계산한다. 손실값은 테스트 데이터에 대한 모델의 예측과 실제 레이블 사이의 차이를 나타낸다. 'accuracy'는 모델이 테스트 데이터에서 얼마나 정확하게 분류하는지를 나타내는 지표이다.

이 메서드의 호출 결과로, 평가된 손실과 정확도 값이 반환되는데 이때의 출력 형태는 다음과 같이 [손실(loss), 정확도(accuracy)]로 나타낸다.

```
313/313 [==============================] - 1s 1ms/step - loss: 0.1726 - accuracy: 0.9500
[0.1726108342409134, 0.9499999880790710]
```

실제 모델 평가 결과를 분석해 보면 다음과 같이 해석된다.

[평가된 손실(loss): 0.1726, 평가된 정확도(accuracy): 0.9500 (약 95%)]

테스트 데이터 세트를 사용하여 모델을 평가한 결과, 평균 손실값이 약 0.1726이고, 정확도가 약 95%이다. 이는 테스트 데이터 세트에서 95%의 샘플을 정확

하게 분류했다는 뜻으로 해석된다.

평가 결과를 통해 모델이 얼마나 잘 동작하는지 확인할 수 있다. 평가 결과가 높은 경우 모델이 좋은 성능을 가지며, 낮은 경우 모델을 개선할 필요가 있을 수 있다. 모델 성능을 더 향상시키기 위해 하이퍼 파라미터를 조정하거나 모델 구조를 개선하는 등의 작업을 수행할 수 있다.

❾ 예측하기를 통해 이에 대한 예측 결과 출력하기

```
print(model.predict(x_train[0].reshape(1, 28, 28)))
```

model.predict(x_train[0].reshape(1, 28, 28))는 모델에 입력 데이터를 주어서 예측값을 얻는 메서드로, model은 이미 정의된 딥러닝 모델 객체를 가리킨다. 여기서는 훈련 데이터 x_train 중 첫 번째 이미지를 모델에 입력으로 주고, 해당 이미지에 대한 예측값을 얻는다.

x_train[0]은 첫 번째 이미지를 나타내며, 이 이미지는 28×28 크기의 배열로 표현된다. 그러나 model.predict() 메서드는 3D 배열이 아닌 4D 배열(배치 크기를 추가한 배열)을 입력으로 받아들인다. 따라서 x_train[0].reshape(1, 28, 28)을 사용하여 이미지를 4D 형태로 변환한다. 이렇게 하면 해당 이미지를 하나의 샘플로 간주하는 4D 배열이 생성된다.

model.predict()는 이렇게 변환된 입력 데이터를 모델에 입력하여 예측값을 얻는다. 예측값은 확률 분포로 출력되며, 여기서는 MNIST 데이터 세트의 클래스(0부터 9까지의 숫자)에 해당하는 10개의 확률 값을 출력한다. 각 확률값은 해당 이미지가 각 클래스에 속할 확률을 의미한다. 따라서 출력 결과는 다음과 같다.

```
1/1 [==============================] - 0s 68ms/step
[[4.8344458e-07 1.4518908e-07 4.4778400e-07 1.4295205e-01 3.2313729e-12
  8.5704428e-01 1.6376967e-11 2.5450886e-06 8.0667746e-08 3.7671661e-08]]
```

이 출력은 모델이 입력 이미지에 대해 예측한 확률 분포를 나타낸다. 예측된 확률은 0부터 9까지 숫자 클래스에 속할 확률을 나타내며, 각각의 값은 해당 클래스에 속할 확률을 나타낸다.

출력된 결과를 이용하여 분석해 보면 다음과 같은 결과를 예측할 수 있다.

```
클래스 0: 4.83e-07 (약 0.00000048%)
클래스 1: 1.45e-07 (약 0.00000015%)
클래스 2: 4.48e-07 (약 0.00000045%)
클래스 3: 14.30% (약 0.1430)
클래스 4: 3.23e-12 (약 0.0000000000032%)
클래스 5: 85.70% (약 0.8570)
클래스 6: 1.64e-11 (약 0.0000000000016%)
클래스 7: 2.55e-06 (약 0.00026%)
클래스 8: 8.07e-08 (약 0.000000081%)
클래스 9: 3.77e-08 (약 0.000000038%)
```

모델이 예측한 결과를 보면 클래스 5(숫자 5)에 대한 확률이 가장 높게 나타났으며, 클래스 3(숫자 3)에 대해서도 상당한 확률이 나타났다. 이를 통해 모델이 입력 이미지를 숫자 5와 숫자 3 중 하나로 예측하고 있음을 알 수 있다. 클래스 확률값 중 가장 큰 값이 모델의 최종 예측이다. 여기서는 숫자 5일 확률이 더 높으므로 모델은 해당 이미지를 숫자 5로 예측한 것으로 해석할 수 있다.

전체 코드는 다음과 같다.

실습 예제

MNIST 데이터 세트를 활용한 간단한 신경망 모델 구현 예시

```
#필요한 라이브러리 불러오기
import tensorflow as tf
import matplotlib.pyplot as plt
import numpy as np
from tensorflow import keras
```

```
#MNIST 데이터 세트 로드
mnist = keras.datasets.mnist
(x_train, y_train), (x_test, y_test) = mnist.load_data()
print(x_train.shape)
x_train[0]
y_train[0]

#데이터 전처리
x_train = x_train / 255
x_test = x_test / 255
x_train[0]

#신경망 모델 생성 : 입력층(784) - 은닉층1(16) - 은닉층2(16) - 출력층(10)
model = keras.models.Sequential([
keras.layers.Flatten(input_shape = (28, 28)), #입력층 784개
keras.layers.Dense(16, activation = 'relu'),
keras.layers.Dense(16, activation = 'relu'),
keras.layers.Dense(10, activation = 'softmax') #확률 출력
])

#모델 컴파일
model.compile(optimizer = 'adam', loss = 'sparse_categorical_
crossentropy', metrics = ['accuracy'])

model.summary() #모델 요약

model.fit(x_train, y_train, epochs = 5) #모델 훈련

model.evaluate(x_test, y_test) #모델 평가

print(model.predict(x_train[0].reshape(1, 28, 28))) #예측
```

2.2 선형 회귀 실습

당뇨병 진행도와 관련된 데이터로 당뇨병 진행을 예측하는 선형 회귀를 이용해 하나하나 분석하면서 실제 학습 및 실행 결과를 분석해 보자.

❶ 필요한 라이브러리 불러오기

```
import sklearn
import numpy as np
import pandas as pd
import matplotlib.pyplot as plt
import seaborn as sns
from sklearn.datasets import load_diabetes
from sklearn.model_selection import train_test_split
from sklearn.linear_model import LinearRegression
from sklearn.metrics import mean_squared_error
```

다양한 머신러닝 작업을 수행하는 데 필요한 라이브러리들을 가져오는 부분으로 각 라이브러리는 다음과 같다.

1. **import sklearn** : scikit-learn은 파이썬에서 머신러닝 작업을 수행하는 데 사용되는 인기 있는 머신러닝 라이브러리로, 다양한 머신러닝 알고리즘, 데이터 전처리 도구, 평가 지표 등을 제공한다.
2. **import numpy as np** : NumPy는 파이썬에서 과학적 계산을 위한 라이브러리로, 다차원 배열과 행렬 연산에 사용된다. NumPy 배열은 다양한 수학적 연산을 효율적으로 수행할 수 있도록 지원한다.
3. **import pandas as pd** : Pandas는 데이터 조작과 분석을 위한 라이브러리로, 데이터를 구조화된 형태로 다룰 수 있는 데이터 프레임을 제공한다. 데이터 프레임은 표 형태의 데이터 구조로, 열과 행으로 구성된다.
4. **import matplotlib.pyplot as plt** : Matplotlib은 파이썬에서 데이터 시각화를 위해 사용되는 라이브러리로, 그래프와 플롯을 생성하는 데 사용된다. plt는 일반적으로 Matplotlib의 pyplot 모듈을 줄여서 사용하는 관습적인 이름이다.

5. **import seaborn as sns** : seaborn은 Matplotlib을 기반으로 한 데이터 시각화 라이브러리로, matplotlib보다 사용하기 쉽고 통계적인 그래픽 기반 기능을 더 많이 제공한다. seaborn은 아름답고 인상적인 시각화를 만드는 데 도움이 된다.
6. **from sklearn.datasets import load_diabetes** : scikit-learn에서 제공하는 내장 데이터 세트 중에서 '당뇨병(Diabetes)' 데이터 세트를 로드하기 위한 import 문으로, 이 데이터 세트는 당뇨병 환자들의 특성과 당뇨병 진행률 사이의 관계를 다루는 데이터이다.
7. **from sklearn.model_selection import train_test_split** : 데이터를 훈련 세트와 테스트 세트로 분할하기 위해 사용하는 함수로, 머신러닝 모델의 성능을 평가하기 위해 데이터를 이렇게 분할하는 것이 중요하다.
8. **from sklearn.linear_model import LinearRegression** : 선형 회귀 모델을 생성하기 위한 클래스로, 선형 회귀는 입력 변수와 출력 변수 간의 선형 관계를 모델링하는 데 사용된다.
9. **from sklearn.metrics import mean_squared_error** : 성능 평가를 위해 사용하는 평균 제곱 오차(MSE, Mean Squared Error)를 계산하기 위한 함수로, MSE는 예측값과 실제값 간의 차이를 나타내는 지표로, 모델의 성능을 평가하는 데 많이 사용된다.

잠깐만요

Pandas(판다스)

Pandas(판다스)는 파이썬 프로그래밍 언어를 위해 데이터 분석과 조작을 위한 강력한 라이브러리이다. Pandas는 데이터 구조와 분석 도구를 제공해 데이터를 효율적으로 다룰 수 있도록 도와준다. 주로 표 형식의 데이터를 다루는 데에 사용되며, 데이터 프레임(DataFrame)이라는 중요한 자료 구조를 제공하여 데이터를 로우와 컬럼으로 구성된 2차원 형태로 다룰 수 있다.

Pandas의 주요 기능과 특징은 다음과 같다.

1. **DataFrame 및 Series** : Pandas는 주로 두 가지 중요한 데이터 구조인 DataFrame과 Series를 제공한다.
   - **DataFrame** : 2차원 표 형식의 데이터 구조로, 행과 열로 구성된 테이블 데이터를 다루는 데 사용된다. 여러 종류의 데이터 타입을 담을 수 있으며, SQL의 테이블이나 엑셀 스프레드시트와 유사한 형태이다.
   - **Series** : 1차원 레이블이 지정된 배열로, 하나의 열(column)을 나타낸다. 리스트나 배열과 유사하지만, 각 요소에 인덱스(라벨)가 지정될 수 있다.
2. **데이터 조작과 변환** : Pandas를 사용하면 데이터를 필터링, 정렬, 그룹화, 변환, 결합 등 다양한 방법으로 조작할 수 있다.
3. **데이터 로딩 및 저장** : 다양한 데이터 소스에서 데이터를 로딩하고, CSV, Excel, SQL 데이터베이스 등 다양한 형식으로 데이터를 저장할 수 있다.
4. **누락된 데이터 처리** : Pandas는 누락된 데이터를 처리하고, 처리하는 도구를 제공하여 데이터의 무결성을 유지하며 분석을 수행할 수 있다.

5. **계열 데이터 처리** : Pandas는 시계열 데이터(날짜와 시간 데이터)를 쉽게 다룰 수 있는 기능을 제공한다.

6. **통계 및 집계** : 데이터의 통계량을 계산하고 집계하는 기능을 제공하여 데이터의 특성을 파악하는 데 도움을 준다.

Pandas는 데이터 분석과 관련된 다양한 작업을 간단하고 효율적으로 수행할 수 있도록 도와주는 매우 유용한 라이브러리로 데이터 과학, 머신러닝, 데이터베이스 연동 등 다양한 분야에서 활용된다. Pandas를 사용하려면 먼저 라이브러리를 설치하고, 데이터를 로드하고 처리하는 방법을 학습해야 한다.

잠깐만요

scikit-learn(사이킷런)

scikit-learn(사이킷런)은 파이썬에서 사용할 수 있는 오픈 소스 머신러닝 라이브러리로, 다양한 머신러닝 알고리즘과 도구를 제공하여 데이터 분석과 모델링 작업을 쉽게 할 수 있도록 도와주는 도구이다. 데이터 전처리, 특성 추출, 모델 선택, 모델 평가 등 다양한 작업을 지원하며, 다른 머신러닝 라이브러리와 함께 사용할 수 있다.

scikit-learn의 7가지 주요 특징 및 기능은 다음과 같다.

1. **일관된 API** : scikit-learn은 일관된 API를 제공하여 여러 종류의 머신러닝 모델을 통일된 방식으로 사용할 수 있도록 한다. 이를 통해 모델 교체나 비교가 쉽다.

2. **다양한 알고리즘** : scikit-learn은 다양한 머신러닝 알고리즘을 제공한다. 회귀, 분류, 군집화, 차원 축소 등 다양한 작업에 사용할 수 있는 알고리즘이 포함되어 있다.

3. **데이터 전처리** : 데이터 전처리 기능을 통해 데이터를 정규화하거나 특성을 변환하는 등의 작업을 수행할 수 있다. 예를 들어, 스케일링, 인코딩, 결측치 처리 등이 가능하다.

4. **특성 추출 및 선택** : scikit-learn은 특성 추출과 선택을 위한 다양한 도구를 제공한다. 주성분 분석(PCA)이나 특성 선택 알고리즘을 사용해 데이터 차원을 축소하거나 중요한 특성을 선택할 수 있다.

5. **모델 평가** : 모델 평가를 위한 도구들도 포함되어 있다. 교차 검증, 그리드 서치와 같은 기법을 사용하여 모델의 성능을 평가하고 튜닝할 수 있다.

6. **예제와 문서** : scikit-learn은 다양한 예제와 문서를 제공하여 사용자가 머신러닝 개념을 이해하고 적용하는 데 도움을 준다.

7. **확장성** : scikit-learn은 다른 라이브러리와 함께 사용할 수 있도록 설계되어 있다. NumPy, SciPy, pandas 등과 연동하여 사용할 수 있다.

만약 설치가 안 되어 있다면 코랩 환경에서 !pip install scikit-learn을 쉘에 입력하여 먼저 설치한다.

❷ 데이터 세트에 대한 자세한 설명과 데이터 의미 출력하기

```
diabetes = load_diabetes() #앞서 가지고 온 데이터를 diabets 변수에 넣기
print(diabetes.DESCR)      #diabetes 데이터 출력
```

sklearn.datasets 모듈의 load_diabetes 함수는 당뇨병 데이터 세트를 불러오는 역할을 한다. 이 데이터 세트는 머신러닝 알고리즘을 실험하고 연습하기 위해 널리 사용되는 데이터 중 하나이다. 데이터 세트는 당뇨병 환자들의 생체 특성과 당뇨병의 진행 정도(타깃 값) 사이의 관계를 다루며, 회귀 분석을 연습하는 데 적합하다.

데이터 세트에는 다음과 같은 정보들이 포함되어 있다.

1. **data** : 환자들의 여러 생체 특성(Feature)을 담은 배열이며 각 행은 다른 환자를 나타내고, 각 열은 다양한 생체 특성을 나타낸다. 예를 들어, 나이, 성별, BMI(체질량 지수), 혈압 등이 포함될 수 있다.
2. **target** : 환자들의 당뇨병 진행 정도를 나타내는 배열이다. 이 값은 연속적인 실수값이며, 보통 당뇨병의 진행 정도를 나타내는 지표로 사용된다.
3. **feature_names** : 생체 특성의 이름을 나타내는 리스트이다. 예를 들어, "age", "sex", "bmi" 등이 포함될 수 있다.

당뇨병(Diabetes) 데이터 세트는 scikit-learn 라이브러리에서 제공되는 내장 데이터 세트 중 하나로, print(diabetes.DESCR)을 실행하면 데이터 세트에 대한 자세한 설명과 데이터 의미가 출력된다. 이를 통해 데이터 세트의 구성, 각 특성들의 의미, 특성 단위 등에 대한 정보를 확인할 수 있다.

diabetes.DESCR은 당뇨병 데이터 세트의 설명(Description)을 포함하는 문자열이다. 이 문자열에는 데이터 세트의 출처, 각 특성(Feature)에 대한 설명, 타깃 변수(target)에 대한 설명 등이 포함되어 있으며 이를 통해 데이터 세트가 어떤 정보를 담고 있는지 자세히 이해할 수 있다. diabetes.DESCR을 출력하면 데이터 세트 설명을 확인할 수 있으며 이러한 설명은 데이터 분석 및 모델링 작업을 수행할 때 유용한 배경 정보를 제공한다.

좀 더 자세히 살펴보자. 해당 데이터 세트는 442명의 당뇨병 환자들 특성과 당뇨병 진행률 사이 관계를 다루는데, 각 환자들에게는 다음과 같은 10가지 특성들이 측정되었다.

```
.. _diabetes_dataset:
Diabetes dataset
----------------
Ten baseline variables, age, sex, body mass index, average blood
pressure, and six blood serum measurements were obtained for each of n =
442 diabetes patients, as well as the response of interest, a
quantitative measure of disease progression one year after baseline.

**Data Set Characteristics:**

  :Number of Instances: 442

  :Number of Attributes: First 10 columns are numeric predictive values

  :Target: Column 11 is a quantitative measure of disease progression one year after
baseline

  :Attribute Information:
    - age     age in years
    - sex
    - bmi     body mass index
    - bp      average blood pressure
```

- s1 tc, total serum cholesterol
- s2 ldl, low-density lipoproteins
- s3 hdl, high-density lipoproteins
- s4 tch, total cholesterol / HDL
- s5 ltg, possibly log of serum triglycerides level
- s6 glu, blood sugar level

Note: Each of these 10 feature variables have been mean centered and scaled by the standard deviation times the square root of 'n_samples' (i.e. the sum of squares of each column totals 1).

Source URL:
https://www4.stat.ncsu.edu/~boos/var.select/diabetes.html

For more information see:
Bradley Efron, Trevor Hastie, Iain Johnstone and Robert Tibshirani (2004) "Least Angle Regression," Annals of Statistics (with discussion), 407-499.
(https://web.stanford.edu/~hastie/Papers/LARS/LeastAngle_2002.pdf)

1. 나이(age)
2. 성별(sex)
3. 체질량 지수(bmi, body mass index)
4. 평균 혈압(bp, average blood pressure)
5. 혈중 총 콜레스테롤(s1, total serum cholesterol)
6. 저밀도 지질 단백질(s2, low-density lipoproteins)
7. 고밀도 지질 단백질(s3, high-density lipoproteins)
8. 총 콜레스테롤 수치(s4, total cholesterol / HDL)
9. 혈중 트리글리세라이드 수치(s5, possibly log of serum triglycerides level)
10. 혈당 수치(s6, blood sugar level)

각 환자들의 당뇨병 진행률은 실제값으로 주어지며, 이는 당뇨병 진행률을 예측하는 회귀 문제로 사용할 수 있다.

❸ 당뇨병 속성 호출 및 타깃 변수(또는 종속 변수) 속성 살펴보기

```
print(diabetes.feature_names)  #10가지 속성 출력
```

diabetes.feature_names는 Diabetes 데이터 세트에 포함된 특성(또는 특징)들의 이름을 담고 있는 속성으로, 이 속성을 호출하면 각 특성들의 이름이 리스트 형태로 10가지 특성을 출력한다.

```
['age', 'sex', 'bmi', 'bp', 's1', 's2', 's3', 's4', 's5', 's6']
```

```
print(diabetes.target)  #타깃은 1년 후의 당뇨병이 진전된 정도를 나타냄
```

diabetes.target은 당뇨병 데이터 세트에서 타깃 변수(또는 종속 변수)를 담는 속성으로 각 환자의 당뇨병 진행 정도를 나타내는 배열이다. 이 배열은 연속적인 실수값을 가지며 데이터 세트에서 'target'은 예측하려는 값으로, 이 값은 당뇨병의 진행 정도를 나타내는 지표로 사용된다. 이 값은 회귀 분석과 같은 작업에서 예측 모델의 목표 변수가 된다. 이 속성을 호출하면 타깃 변수의 값들이 numpy 배열 형태로 반환되고 그에 따른 결과는 다음과 같다.

```
array([151.,  75., 141., 206., 135.,  97., 138.,  63., 110., 310., 101.,
        69., 179., 185., 118., 171., 166., 144.,  97., 168.,  68.,  49.,
        68., 245., 184., 202., 137.,  85., 131., 283., 129.,  59., 341.,
        87.,  65., 102., 265., 276., 252.,  90., 100.,  55.,  61.,  92.,
       259.,  53., 190., 142.,  75., 142., 155., 225.,  59., 104., 182.,
       128.,  52.,  37., 170., 170.,  61., 144.,  52., 128.,  71., 163.,
       150.,  97., 160., 178.,  48., 270., 202., 111.,  85.,  42., 170.,
       200., 252., 113., 143.,  51.,  52., 210.,  65., 141.,  55., 134.,
        42., 111.,  98., 164.,  48.,  96.,  90., 162., 150., 279.,  92.,
```

```
 83., 128., 102., 302., 198.,  95.,  53., 134., 144., 232.,  81.,
104.,  59., 246., 297., 258., 229., 275., 281., 179., 200., 200.,
173., 180.,  84., 121., 161.,  99., 109., 115., 268., 274., 158.,
107.,  83., 103., 272.,  85., 280., 336., 281., 118., 317., 235.,
 60., 174., 259., 178., 128.,  96., 126., 288.,  88., 292.,  71.,
197., 186.,  25.,  84.,  96., 195.,  53., 217., 172., 131., 214.,
 59.,  70., 220., 268., 152.,  47.,  74., 295., 101., 151., 127.,
237., 225.,  81., 151., 107.,  64., 138., 185., 265., 101., 137.,
143., 141.,  79., 292., 178.,  91., 116.,  86., 122.,  72., 129.,
142.,  90., 158.,  39., 196., 222., 277.,  99., 196., 202., 155.,
 77., 191.,  70.,  73.,  49.,  65., 263., 248., 296., 214., 185.,
 78.,  93., 252., 150.,  77., 208.,  77., 108., 160.,  53., 220.,
154., 259.,  90., 246., 124.,  67.,  72., 257., 262., 275., 177.,
 71.,  47., 187., 125.,  78.,  51., 258., 215., 303., 243.,  91.,
150., 310., 153., 346.,  63.,  89.,  50.,  39., 103., 308., 116.,
145.,  74.,  45., 115., 264.,  87., 202., 127., 182., 241.,  66.,
 94., 283.,  64., 102., 200., 265.,  94., 230., 181., 156., 233.,
 60., 219.,  80.,  68., 332., 248.,  84., 200.,  55.,  85.,  89.,
 31., 129.,  83., 275.,  65., 198., 236., 253., 124.,  44., 172.,
114., 142., 109., 180., 144., 163., 147.,  97., 220., 190., 109.,
191., 122., 230., 242., 248., 249., 192., 131., 237.,  78., 135.,
244., 199., 270., 164.,  72.,  96., 306.,  91., 214.,  95., 216.,
263., 178., 113., 200., 139., 139.,  88., 148.,  88., 243.,  71.,
 77., 109., 272.,  60.,  54., 221.,  90., 311., 281., 182., 321.,
 58., 262., 206., 233., 242., 123., 167.,  63., 197.,  71., 168.,
140., 217., 121., 235., 245.,  40.,  52., 104., 132.,  88.,  69.,
219.,  72., 201., 110.,  51., 277.,  63., 118.,  69., 273., 258.,
 43., 198., 242., 232., 175.,  93., 168., 275., 293., 281.,  72.,
140., 189., 181., 209., 136., 261., 113., 131., 174., 257.,  55.,
 84.,  42., 146., 212., 233.,  91., 111., 152., 120.,  67., 310.,
 94., 183.,  66., 173.,  72.,  49.,  64.,  48., 178., 104., 132.,
220.,  57.])
```

❹ Diabetes 데이터 세트를 Pandas DataFrame으로 변환하기

```
diabetes_df = pd.DataFrame(data=diabetes.data,
columns=diabetes.feature_names)
diabetes_df['target'] = diabetes.target   #target 열 마지막에 추가
diabetes_df.head()   #처음 5행 출력
```

Diabetes 데이터 세트를 Pandas DataFrame으로 변환하는 과정을 보여주는데, 이때 DataFrame을 사용하면 데이터를 구조화된 표 형태로 다룰 수 있다.

pd.DataFrame(data=diabetes.data, columns=diabetes.feature_names)에서 diabetes.data는 Diabetes 데이터 세트의 특성 데이터(입력 데이터)를 numpy 배열로 가져온다. 이를 pd.DataFrame으로 변환하고, 각 열의 이름을 diabetes.feature_names에 있는 특성 이름으로 설정하여 DataFrame인 diabetes_df를 생성한다.

diabetes_df['target'] = diabetes.target에서는 DataFrame diabetes_df에 'target'이라는 새로운 열을 추가해 이 열에는 diabetes.target에 있는 실제 당뇨병 진행률 데이터가 들어간다.

diabetes_df.head()를 이용해 DataFrame diabetes_df의 첫 다섯 개 행을 출력한다. 이를 통해 데이터 세트의 구조와 일부 데이터를 살펴볼 수 있다.

	age	sex	bmi	bp	s1	s2	s3	s4	s5	s6	target
0	0.038076	0.050680	0.061696	0.021872	-0.044223	-0.034821	-0.043401	-0.002592	0.019907	-0.017646	151.0
1	-0.001882	-0.044642	-0.051474	-0.026328	-0.008449	-0.019163	0.074412	-0.039493	-0.068332	-0.092204	75.0
2	0.085299	0.050680	0.044451	-0.005670	-0.045599	-0.034194	-0.032356	-0.002592	0.002861	-0.025930	141.0
3	-0.089063	-0.044642	-0.011595	-0.036656	0.012191	0.024991	-0.036038	0.034309	0.022688	-0.009362	206.0
4	0.005383	-0.044642	-0.036385	0.021872	0.003935	0.015596	0.008142	-0.002592	-0.031988	-0.046641	135.0

그림 8-40. 당뇨병 데이터 프레임에서 첫 5개 행을 출력한 결과

위 코드의 실행 결과 diabetes_df는 Diabetes 데이터 세트를 특성과 타깃 변수를 포함하는 형태로 DataFrame으로 변환한 결과이다. 이때 'target' 열은 실제 당뇨병 진행률을 나타내며, 각 특성 열은 당뇨병 환자들의 생리학적 측정값을

나타낸다. 데이터 세트의 구조와 일부 데이터를 확인할 수 있다.

따라서 위 코드는 당뇨병 데이터 세트의 특성 데이터와 특성 이름을 가지고 데이터 프레임을 생성하고, 'target' 열을 추가하여 전체 데이터 세트를 하나의 테이블로 표현한 후, 처음 5개 행을 출력하는 작업을 수행하고 데이터를 더 구조적으로 확인하고 분석할 수 있다.

❺ 데이터 정보를 요약하여 출력하기

```
diabetes_df.info   #data 정보 확인
```

diabetes_df.info()는 DataFrame인 diabetes_df의 정보를 요약하여 출력하는 메서드로, 이를 호출하면 데이터 프레임의 기본 정보와 각 열의 데이터 유형, 누락된 값의 개수 등을 확인할 수 있다. 이에 따른 결과는 다음과 같다.

```
<bound method DataFrame.info of          age       sex       bmi        bp        s1        s2        s3  \
0    0.038076  0.050680  0.061696  0.021872 -0.044223 -0.034821 -0.043401
1   -0.001882 -0.044642 -0.051474 -0.026328 -0.008449 -0.019163  0.074412
2    0.085299  0.050680  0.044451 -0.005670 -0.045599 -0.034194 -0.032356
3   -0.089063 -0.044642 -0.011595 -0.036656  0.012191  0.024991 -0.036038
4    0.005383 -0.044642 -0.036385  0.021872  0.003935  0.015596  0.008142
..        ...       ...       ...       ...       ...       ...       ...
437  0.041708  0.050680  0.019662  0.059744 -0.005697 -0.002566 -0.028674
438 -0.005515  0.050680 -0.015906 -0.067642  0.049341  0.079165 -0.028674
439  0.041708  0.050680 -0.015906  0.017293 -0.037344 -0.013840 -0.024993
440 -0.045472 -0.044642  0.039062  0.001215  0.016318  0.015283 -0.028674
441 -0.045472 -0.044642 -0.073030 -0.081413  0.083740  0.027809  0.173816

           s4        s5        s6  target
0   -0.002592  0.019907 -0.017646   151.0
1   -0.039493 -0.068332 -0.092204    75.0
```

```
2   -0.002592  0.002861 -0.025930   141.0
3    0.034309  0.022688 -0.009362   206.0
4   -0.002592 -0.031988 -0.046641   135.0
..        ...       ...       ...     ...
437 -0.002592  0.031193  0.007207   178.0
438  0.034309 -0.018114  0.044485   104.0
439 -0.011080 -0.046883  0.015491   132.0
440  0.026560  0.044529 -0.025930   220.0
441 -0.039493 -0.004222  0.003064    57.0

[442 rows x 11 columns]>
```

0부터 441까지 총 442개 데이터 프레임 행의 범위를 보여주며 그에 따른 열의 정보들을 나열한다. DataFrame의 기본 정보를 확인함으로써 데이터 타입과 누락된 값의 유무 등을 파악할 수 있다.

diabetes_df.info() 출력에는 다음과 같은 정보가 포함된다.

1. 데이터 프레임의 전체 크기(행의 개수)
2. 각 열의 이름
3. 각 열에 포함된 비어 있는 값(null 또는 NaN) 개수
4. 각 열의 데이터 타입(정수, 실수, 문자열 등)

이 메서드를 사용하여 데이터 프레임의 전반적인 데이터 품질과 구성을 파악할 수 있다. 만약 어떤 열에 결측치(값이 없는 경우)가 많다면 데이터를 전처리해야 할 필요가 있다.

❻ 상관 관계의 절대값을 내림차순으로 정렬하여 출력하기

```
diabetes_corr = diabetes_df.corr()
```

```python
#target 사이의 상관계수만 슬라이싱했고, abs()(절대값)를 통해 양수로 바꿨으며 상관계수가 큰 순서대로 정렬
cor_order = diabetes_df.loc[:, 'age':'s6'].corrwith(diabetes_
df['target']).abs().sort_values(ascending=False)
print(cor_order)   #특성들 간 상관계수 표현
```

위 코드 중 cor_order는 당뇨병 데이터 세트에서 각 특성과 'target' 변수 간 상관계수의 크기를 내림차순으로 정렬하여 나타낸 Series(시리즈) 객체이다. 이를 통해 당뇨병 데이터 세트의 특성들 중에서 'target' 변수와 상관계수의 크기가 큰 순서대로 변수들을 나열할 수 있다.

이 코드의 각 부분을 하나씩 살펴보자.

1. **diabetes_corr :** 이 변수는 당뇨병 데이터 세트에서 각 변수들 간의 상관계수를 계산해 저장한 상관계수 행렬(데이터 프레임)이다. 상관계수 행렬은 변수들 간 선형 관계의 강도와 방향을 나타내며, −1에서 1 사이 값을 가진다.
2. **diabetes_corr.loc[:'s6', 'target'] :** 이 부분은 상관계수 행렬에서 'target' 변수와 's6' 변수까지의 행을 선택하고, 이들 행에 해당하는 'target' 열을 추출한다. 즉, 'target' 변수와 's6' 변수 사이 상관계수를 나타내는 Series 객체가 된다.
3. **.abs() :** 이 메서드는 상관계수 값들의 절대값을 계산한다. 절대값을 취하는 이유는 상관계수 크기를 비교하기 위함이다.
4. **.sort_values(ascending=False) :** 이 메서드는 상관계수 값을 크기에 따라 내림차순으로 정렬하기 때문에 'target' 변수와 각 특성 간의 상관계수 크기가 큰 순서대로 나열된 Series 객체가 생성된다. 결과적으로 cor_order는 'target' 변수와 각 특성 간 상관계수의 크기가 큰 순서대로 정렬된 Series 객체이며, 이를 통해 어떤 특성들이 당뇨병 진행 정도와 더 강한 상관 관계를 가지는지를 확인할 수 있다.

아래 결과와 같이 특성(피처)들과 타깃 간의 상관계수를 표현할 수 있다. 이때 절대값이 0에 가까울수록 두 변수 간의 상관성이 약하고, 1에 가까울수록 강한 상관성을 가진다.

```
bmi     0.586450
s5      0.565883
```

```
bp       0.441482
s4       0.430453
s3       0.394789
s6       0.382483
s1       0.212022
age      0.187889
s2       0.174054
sex      0.043062
dtype: float64
```

출력 결과를 확인하면 각 특성들과 'target' 간 상관 관계의 크기와 순서를 파악할 수 있다. 'bmi'와 's5' 특성들이 'target' 열과 가장 강한 상관 관계를 가지며 'bp', 's4', 's3', 's6' 특성들이 그 다음으로 상관 관계가 높은 것을 확인할 수 있다. 상관 관계 절대값이 크다는 것은 해당 특성과 'target' 간 관계가 강하다는 의미이다.

따라서 'bmi'와 's5'가 당뇨병 진행률과 가장 강력한 상관 관계를 가지는 특성들로 보여진다. 이 정보를 활용하여 특성 선택이나 모델 학습에 중요한 변수로 활용할 수 있다. 'sex'는 'target'과의 상관 관계가 매우 낮으므로 이 특성은 당뇨병 진행률과 거의 상관없다고 볼 수 있다.

결과적으로 이 정보를 활용하여 특성 선택 또는 데이터 분석에 유용하게 사용할 수 있다.

잠깐만요

슬라이싱(Slicing)

슬라이싱(Slicing)은 파이썬의 시퀀스 형태 데이터(리스트, 문자열, 튜플 등)에서 원하는 부분을 추출하는 방법으로, 데이터 일부를 선택하거나 자르는 데 사용되며 다음과 같은 구문으로 표현된다.

[start:stop:step]

- **start** : 슬라이싱을 시작할 인덱스로, 이 인덱스 원소를 포함해 추출된다. 생략하면 기본값은 0이다.

- **stop** : 슬라이싱을 종료할 인덱스로, 이 인덱스의 원소는 추출되지 않는다. 생략하면 기본값은 시퀀스의 길이이다.
- **step** : 인덱스를 증가시키는 간격을 나타내는 값이다. 생략하면 기본값은 1이다.

일반적으로 start와 stop 인덱스는 생략할 수 있으며, 생략하면 기본값에 따라 동작한다. step은 생략할 수 있으며, 생략하면 인덱스가 1씩 증가한다. 슬라이싱은 리스트, 문자열, 튜플 등 다양한 시퀀스 형태의 데이터에 적용할 수 있다. 예를 들어, 리스트에서 특정 범위의 요소를 추출하거나 문자열에서 일부 문자를 추출하는 등의 작업에 사용할 수 있다.

❼ target과 상관 관계가 높은 bmi와 s5 선택하여 시각화하기

```
#상관계수 0.5 넘은 bmi와 s5 대상 선정, 선형 관계 뚜렷하진 않지만 존재
names = ['target', 'bmi', 's5']
diabetes_df_l = diabetes_df.loc[:, names]
plt.figure(figsize=(16, 6))
for i, name in enumerate(names[1:]):
 ax=plt.subplot(1, 2, i+1)
  sns.regplot(x=name, y=names[0], data=diabetes_df_l, ax=ax)
plt.show() #그래프 그리기
```

위 코드는 당뇨병 데이터 프레임에서 선택한 특정 변수들 간의 관계를 시각화하기 위한 작업을 수행하는 코드이다. 이 코드는 matplotlib와 seaborn 라이브러리를 활용하여 산점도(Regression Plot)를 그리는 과정을 보여준다.

여기서 사용된 변수와 라이브러리에 대해 알아보자.

1. **names** : 시각화에 사용할 변수들의 이름이 담긴 리스트이며 'target', 'bmi', 's5' 변수를 사용하겠다고 지정하였다.
2. **diabetes_df_l** : 'names' 리스트에 포함된 변수들만을 선택해 새로운 데이터 프레임을 생성한다.

3. **plt.figure(figsize=(16, 6))** : 새로운 그림(figure)을 생성하고 그 크기를 설정한다. figsize 매개 변수를 사용하여 가로 16, 세로 6의 크기로 설정하였다.
4. **for i, name in enumerate(names[1:])** : 'names' 리스트에서 첫 번째 변수('target')를 제외하고 반복한다. enumerate( ) 함수를 사용하여 변수의 인덱스(i)와 이름(name)을 얻을 수 있다.
5. **ax = plt.subplot(1, 2, i+1)** : 하위 그래프(subplot)를 생성하고, 1행 2열의 위치 중 i+1번째 위치로 설정한다. 이 부분은 총 2개의 하위 그래프를 나란히 나타내기 위한 설정이다.
6. **sns.regplot(x=name, y=names[0], data=diabetes_df_l, ax=ax)** : seaborn 라이브러리의 regplot 함수를 사용하여 산점도를 그린다. x축에는 'name' 변수값, y축에는 'target' 변수값을 사용한다. 데이터는 'diabetes_df_l' 데이터 프레임에서 가져오며, 그림은 'ax' 하위 그래프에 그려진다.
7. **plt.show( )** : 그림을 화면에 표시한다.

결과적으로 위 코드는 선택한 변수들 간의 관계를 시각화하여 그림 8-41 결과처럼 1행 2열의 하위 그래프 형태로 두 개의 산점도가 나란히 표시되는 산점도를 생성하며 'bmi'와 's5' 변수가 'target' 변수와 어떤 관계를 가지는지 시각적으로 확인할 수 있다.

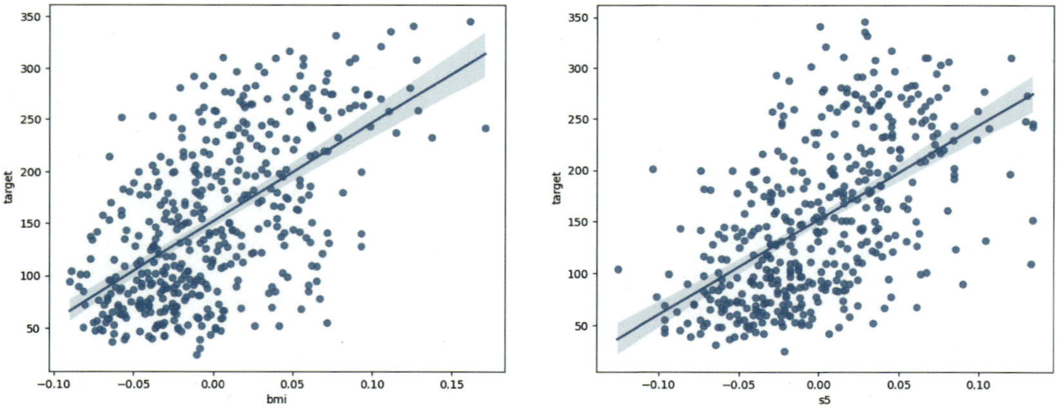

그림 8-41. target, bmi, s5 간 산점도와 회귀선

'bmi'와 'target' 간의 산점도와 회귀선, 그리고 's5'와 'target' 간의 산점도와 회귀선이 서로 다른 subplot으로 나란히 그려진다.

❽ 데이터 훈련(train) 세트와 테스트(test) 세트로 나누기

```
from sklearn.model_selection import train_test_split
x_data=diabetes_df.loc[:, ['bmi', 's5']]
y_data=diabetes_df.loc[:, 'target']
X_train, X_test, y_train, y_test=train_test_split(x_data, y_
data, test_size=0.2, random_state=1)

print(X_train.shape, y_train.shape)
print(X_test.shape, y_test.shape)
```

'bmi'와 's5' 두 개의 특성을 입력 변수(X)로 사용하고, 'target'을 목표 변수(y)로 사용하여 데이터를 훈련(train) 세트와 테스트(test) 세트로 분할하는 과정을 보여준다. 이때, x_data=diabetes_df.loc[:, ['bmi', 's5']]에서 'bmi'와 's5' 열들을 선택하여 새로운 DataFrame인 x_data를 생성한다. 이것은 입력 변수(X)로 사용할 데이터를 의미한다. 그리고 y_data=diabetes_df.loc[:, 'target']에서 'target' 열을 선택하여 새로운 Series인 y_data를 생성한다. 이것은 목표 변수(y)로 사용할 데이터를 의미한다.

X_train, X_test, y_train, y_test=train_test_split(x_data, y_data, test_size=0.2, random_state=1)은 train_test_split() 함수를 사용해 데이터를 훈련 세트와 테스트 세트로 분할하는데, x_data와 y_data를 입력으로 받고 test_size=0.2는 테스트 세트 비율을 20%로 설정한다는 의미이다. 이때 random_state=1은 난수 시드를 지정하여 재현 가능한 결과를 얻기 위한 용도이다.

잠깐만요

random_state=1은 train_test_split() 함수의 매개 변수 중 하나로, 이를 사용하면 데이터를 무작위로 섞는 과정에서 사용되는 난수 시드(Random Seed)를 지정할 수 있다. 이때, 난수 시드를 지정하면 매번 데이터를 섞을 때마다 같은 순서로 섞이도록 만들어준다. 즉, 난수 시드를 고정하면 동일한 데이터에서 매번 같은 훈련 세트와 테스트 세트를 얻을 수 있다. 이는 머신러닝 모델을 학습하거나 평가할 때 재현 가능성(Reproducibility)을 보장하기 위한 용도로 사용된다.

훈련 세트와 테스트 세트의 분할은 머신러닝 모델을 훈련하고 검증하는 데 사용되며, 이를 통해 모델의 성능을 평가할 수 있다. 출력 결과에서 X_train과 y_train 형태는 (샘플 수, 특성 수)로 훈련 세트의 크기를 나타내고, X_test와 y_test 형태는 마찬가지로 테스트 세트의 크기를 나타낸다.

print(X_train.shape, y_train.shape)에서 X_train과 y_train 형태를 출력하는데, X_train은 훈련 세트의 입력 변수이며, y_train은 훈련 세트의 목표 변수이다.

print(X_test.shape, y_test.shape)는 X_test와 y_test의 형태를 출력하는데, X_test는 테스트 세트의 입력 변수이며, y_test는 테스트 세트의 목표 변수이다.

출력 결과는 다음과 같다.

```
(353, 2) (353,)
(89, 2) (89,)
```

X_train의 형태는 (353, 2)이며, y_train의 형태는 (353,)으로, 이는 훈련 세트에 총 353개의 샘플이 있고 각 샘플은 2개의 특성으로 구성되어 있다는 의미이다. 입력 변수 X_train에는 353개의 행(row)과 2개의 열(column)로 구성된 특성 데이터가 들어 있다. 목표 변수 y_train은 353개의 행으로 이루어진 1차원 배열이다.

X_test의 형태는 (89, 2)이며, y_test의 형태는 (89,)로, 이는 테스트 세트에 총 89개의 샘플이 있고 각 샘플은 2개의 특성으로 구성되어 있다는 의미이다. 입력 변수 X_test에는 89개의 행(row)과 2개의 열(column)로 구성된 특성 데이터가 들어 있다. 목표 변수 y_test는 89개의 행으로 이루어진 1차원 배열이다.

따라서 데이터 세트가 성공적으로 훈련 세트과 테스트 세트로 분할되었으며, 각 세트에 적절한 수의 샘플과 특성이 포함되어 있다. 이제 이 훈련 세트과 테스트 세트를 이용하여 머신러닝 모델을 훈련하고 평가할 수 있다.

데이터 형태를 확인하는 것은 데이터 구성을 이해하고, 모델을 훈련하고 평가할 때 데이터가 제대로 사용되는지를 확인하는 중요한 단계이며 출력된 형태 정보를 통해 데이터 세트의 크기와 차원을 파악할 수 있다.

❾ 선형 회귀 모델 생성 및 학습하기

```
lr = LinearRegression()
lr.fit(X_train, y_train)

print(np.round(lr.coef_, 2))
print(np.round(lr.intercept_, 2))
```

선형 회귀(Linear Regression) 모델을 생성하고 훈련 세트를 이용하여 해당 모델을 학습하는 과정을 보여준다.

lr = LinearRegression()는 LinearRegression 클래스의 객체를 생성하여 선형 회귀 모델을 초기화한다. lr은 이 모델의 인스턴스를 나타내는 변수이다.

lr.fit(X_train, y_train)는 생성한 선형 회귀 모델을 훈련 데이터에 맞추기 위해 사용한다. fit 메소드는 훈련 데이터의 입력 변수(X_train)와 출력 변수(y_train)를 인자로 받아 모델을 훈련시키는 역할을 한다. 모델은 주어진 데이터에 대해 입력 변수와 출력 변수 간의 선형 관계를 학습하려고 시도하며, 이를 통해 회귀 계수(intercept와 coefficients)를 조정한다. 이렇게 훈련된 모델은 주어진 특성 데이터를 사용하여 타깃 변수를 예측할 수 있는 상태가 된다.

선형 회귀 모델은 주어진 데이터를 가장 잘 설명하는 선형 관계를 찾는 모델로, 특성 데이터와 타깃 변수 간의 선형적인 관계를 모델링하기 위해 사용된다. 위 코드를 실행하고 나면 lr 객체는 훈련된 선형 회귀 모델을 나타내며, 이 모델을 활용하여 입력 데이터에 대한 예측을 수행할 수 있다.

np.round(lr.coef_, 2)에서 lr.coef_는 훈련된 선형 회귀 모델의 회귀 계수(계수)를 나타내는 속성이다. 각 특성(Feature)에 대한 회귀 계수 값들이 포함되어 있다. 이 코드는 np.round() 함수를 사용해 회귀 계수 값을 소수점 둘째 자리까지 반올림한 후 출력한다. 회귀 계수는 각 특성이 출력 변수에 미치는 영향의 크기와 방향을 나타내는 값이다.

np.round(lr.intercept_, 2)에서 lr.intercept_는 훈련된 선형 회귀 모델의 절편(intercept) 값을 나타내는 속성이다. 절편은 모델이 입력 변수가 0일 때 출력 변수의 예측값을 나타내는 값이다. 이 코드는 np.round() 함수를 사용하여 절편 값을 소수점 둘째 자리까지 반올림한 후 출력한다.

출력된 결과는 학습된 선형 회귀 모델의 특성들에 대한 가중치와 절편을 보여준다.

```
[696.73 604.62]
151.73
```

따라서 학습된 선형 회귀 모델의 예측 방정식은 다음과 같다고 볼 수 있다.

```
target = 696.73 * bmi + 604.62 * s5 + 151.73
```

이를 통해 'bmi'와 's5' 특성들이 'target'에 어떤 영향을 미치는지를 이해할 수 있으며, 새로운 입력 데이터를 이용하여 'target' 값을 예측할 수 있다.

따라서 회귀 계수와 절편은 선형 회귀 모델이 데이터를 잘 설명하고 예측하는 데 사용되는 중요한 파라미터이며 이 값들을 통해 특성과 출력 변수 간 선형 관계의 방향과 강도를 이해할 수 있다.

⑩ 테스트 세트로 학습된 선형 회귀 모델 예측 여부를 시각적으로 확인하기

```
pred = lr.predict(X_test)
plt.figure(figsize=(10, 6))
plt.scatter(X_test['bmi'], y_test, label='test')
plt.scatter(X_test['bmi'], pred, c='r', label='predict')
plt.legend()        #범례 표시
plt.show()          #산점도 그리기
```

테스트 데이터를 사용하여 선형 회귀 모델이 예측한 값을 시각적으로 확인하기 위한 작업을 수행하는 코드이다. matplotlib 라이브러리를 사용하여 산점도를 그리고 실제값과 예측값 사이 비교를 시각화하여 이에 따른 결과를 보여준다. pred = lr.predict(X_test)는 테스트 세트인 X_test를 입력으로 하여 학습된 선형 회귀 모델인 lr을 이용해 'target' 값을 예측한 결과를 pred에 저장한다.

plt.figure(figsize=(10, 6))은 시각화를 위한 새로운 그림(Figure)을 생성하는데 이때 figsize=(10, 6)는 그림의 가로 길이를 10, 세로 길이를 6인치로 설정한다.

plt.scatter(X_test['bmi'], y_test, label='test')는 테스트 세트의 'bmi' 값을 x축으로, 실제 'target' 값을 y축으로 하여 산점도를 그리는데, label='test'는 범례(legend)에 표시될 레이블을 설정한다.

plt.scatter(X_test['bmi'], pred, c='r', label='predict')는 테스트 세트의 'bmi' 값을 x축으로, 모델이 예측한 'target' 값을 y축으로 하여 빨간색으로 산점도를 그린다. 이때 c='r'은 점의 색상을 빨간색으로 설정하며, label='predict'는 범례에 표시될 레이블을 설정한다. plt.legend()는 범례를 추가하여 'test'와 'predict' 데이터를 구분하여 표시하는 것이고, plt.show()는 그림을 출력해 준다.

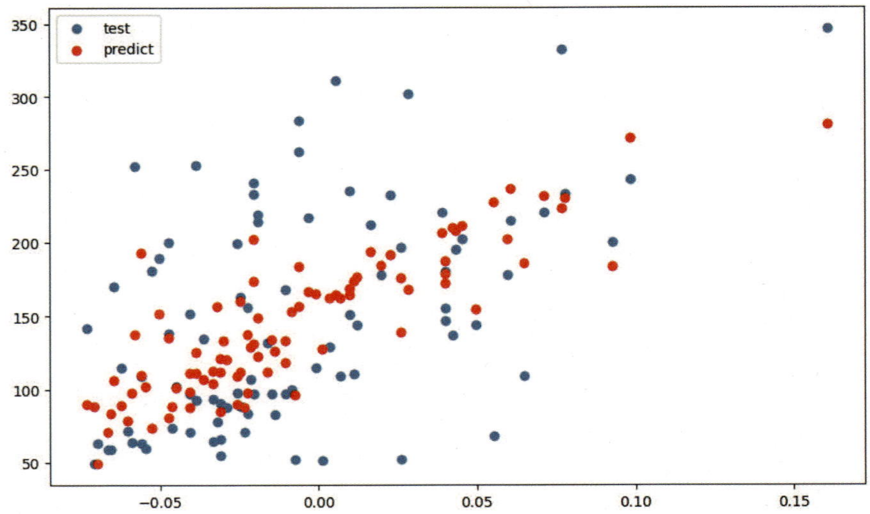

그림 8−42. 테스트 세트를 이용한 선형 회귀 모델 확인

이렇게 그려진 산점도를 통해 학습된 선형 회귀 모델의 예측값과 실제값 차이를 시각적으로 확인할 수 있다. 산점도에서 빨간색 점과 파란색 점들이 얼마나 일치하는지를 보면 모델이 얼마나 잘 예측했는지 알 수 있다. 예측값과 실제값이 비슷하게 분포되어 있다면 모델이 잘 학습된 것으로 볼 수 있다.

⑪ 's5' 특성과 'target' 간의 관계를 시각적으로 확인하기

```
plt.figure(figsize=(10, 6))
plt.scatter(X_test['s5'], y_test, label='test')
plt.scatter(X_test['s5'], pred, c='r', label='predict')
plt.legend()
plt.show()
```

위에서 사용한 방법과 비슷하게 테스트 데이터를 사용하여 선형 회귀 모델의 예측값을 시각적으로 확인하는 작업을 수행하는 코드이다. 이번에는 's5' 특성을 사용하여 산점도를 그리고 실제값과 예측값 사이의 비교를 시각화한다.

plt.figure(figsize=(10, 6))는 시각화를 위한 새로운 그림(Figure)을 생성한다. 이때 figsize=(10, 6)는 그림의 가로 길이를 10, 세로 길이를 6인치로 설정한다. plt.scatter(X_test['s5'], y_test, label='test')는 테스트 세트의 's5' 값을 x축으로, 실제 'target' 값을 y축으로 하여 산점도를 그리는데, label='test'는 범례(legend)에 표시될 레이블을 설정한다.

plt.scatter(X_test['s5'], pred, c='r', label='predict')에서는 테스트 세트의 's5' 값을 x축으로, 모델이 예측한 'target' 값을 y축으로 하여 빨간색으로 산점도를 그린다. 이때 c='r'은 점의 색상을 빨간색으로 설정하며, label='predict'는 범례에 표시될 레이블을 설정한다. plt.legend()는 범례를 추가해 'test'와 'predict' 데이터를 구분하여 표시하고, 마지막으로 plt.show()로 그림을 출력한다.

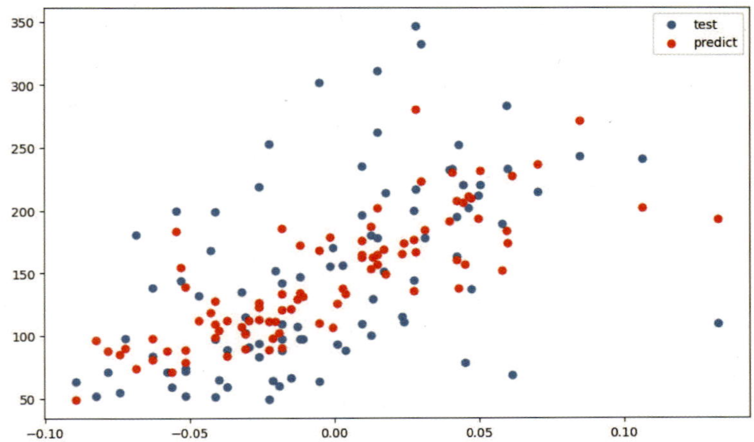

그림 8-43. 's5' 특성과 'target' 간의 관계 시각화

이 코드를 실행하면 's5' 특성 값과 'target' 값 사이의 관계를 시각화한 산점도가 출력된다. 실제값은 파란색 점으로 표시되고, 모델의 예측값은 빨간색 점으로 표시된다. 이를 통해 모델의 예측이 실제값과 얼마나 일치하는지를 확인할 수 있다. 이와 같은 방식으로 다양한 특성을 사용하여 모델의 예측 결과를 시각화하여 분석할 수 있다. 예측과 실제값이 비슷하게 분포되어 있다면 모델이 's5' 특성을 잘 학습한 것으로 볼 수 있다.

⓬ 마지막으로 예측 결과를 이용해서 선형 회귀 모델에 대해 평가하기

```
test_pred = lr.predict(X_test)
train_pred = lr.predict(X_train)
train_mse = mean_squared_error(y_train, train_pred)
test_mse = mean_squared_error(y_test, test_pred)
print("train data set RMSE :", round(train_mse**0.5, 3))
print("test data set RMSE :", round(test_mse**0.5, 3))
```

학습된 선형 회귀 모델이 훈련 세트와 테스트 세트에 대해 얼마나 잘 예측하는지 평가하는 과정을 보여주는 것으로, test_pred = lr.predict(X_test), train_pred = lr.predict(X_train)는 선형 회귀 모델을 사용하여 테스트 데이터와 훈련 데이터에 대한 예측값을 계산한다. test_pred는 테스트 데이터에 대한 예측 결과, train_pred는 훈련 데이터에 대한 예측 결과를 담은 배열이다.

train_mse = mean_squared_error(y_train, train_pred)는 mean_squared_error 함수를 사용하여 훈련 데이터에 대한 평균 제곱 오차를 계산한다. y_train은 실제 훈련 데이터의 타깃 변수값이며, train_pred는 훈련 데이터에 대한 모델의 예측값이다.

test_mse = mean_squared_error(y_test, test_pred)는 mean_squared_error 함수를 사용하여 테스트 데이터에 대한 평균 제곱 오차를 계산한다. y_test는 실제 테스트 데이터의 타깃 변수값이며, test_pred는 테스트 데이터에 대한 모델의 예측값이다.

print("train data set RMSE :", round(train_mse**0.5, 3))는 훈련 데이터에 대한 RMSE 값을 계산하여 출력한다. RMSE 값을 계산하기 위해 평균 제곱 오차의 제곱근을 계산하고, 소수점 셋째 자리까지 반올림하여 출력한다. 이는 훈련 데이터에 대한 모델의 예측 정확도를 나타낸다.

print("test data set RMSE :", round(test_mse**0.5, 3))는 테스트 데이터에 대한 RMSE 값을 계산하여 출력한다. 마찬가지로 RMSE 값을 계산하여 소수점 셋째 자리까지 반올림해서 출력한다. 이는 테스트 데이터에 대한 모델의 예측 정확도를 나타낸다.

```
train data set RMSE : 56.517
test data set RMSE : 57.045
```

선형 회귀 모델이 훈련 데이터와 테스트 데이터 모두에 대해 예측 오차를 어느 정도로 줄였다. 현재 결과에서 훈련 데이터 세트와 테스트 데이터 세트 간의 RMSE 차이는 크지 않다. 이는 모델이 과적합되지 않고 테스트 데이터 세트에서도 잘 일반화되었다는 것을 의미한다.

만약 훈련 세트의 RMSE가 매우 낮지만 테스트 세트의 RMSE가 높다면, 모델이 과적합(Overfitting)되었을 가능성이 있다. 즉, 훈련 데이터에는 적합하지만 새로운 데이터에 대해 예측 성능이 좋지 않을 수 있다. 이러한 경우 모델의 일반화 성능을 높이기 위해 하이퍼 파라미터 튜닝 등과 같은 다양한 방법을 적용해서 과적합을 줄여야 한다.

선형 회귀 실습에 대한 전체 코드는 다음과 같다.

실습 예제

당뇨병 진행 예측을 위한 선형 회귀

```
#필요한 라이브러리 불러오기
import sklearn
import numpy as np
import pandas as pd
import matplotlib.pyplot as plt
import seaborn as sns
from sklearn.datasets import load_diabetes
from sklearn.model_selection import train_test_split
from sklearn.linear_model import LinearRegression
from sklearn.metrics import mean_squared_error

#당뇨병 데이터 세트 설명과 의미 출력
diabetes = load_diabetes()
print(diabetes.DESCR)

#당뇨병 속성 호출 및 타깃 변수(또는 종속 변수) 속성 출력
print(diabetes.feature_names)
print(diabetes.target)

#Diabetes 데이터 세트를 Pandas DataFrame으로 변환 및 데이터 정보 요약 출력
diabetes_df = pd.DataFrame(data=diabetes.data,
columns=diabetes.feature_names)
diabetes_df['target'] = diabetes.target
diabetes_df.head()
diabetes_df.info
```

```
#상관 관계의 절대값을 내림차순으로 정렬하여 출력
diabetes_corr = diabetes_df.corr()
cor_order = diabetes_df.loc[:, 'age':'s6'].corrwith(diabetes_
df['target']).abs().sort_values(ascending=False)
print(cor_order)

#target과 상관 관계가 높은 bmi와 s5를 선택해 시각화
names = ['target', 'bmi', 's5']
diabetes_df_l = diabetes_df.loc[:, names]
plt.figure(figsize=(16, 6))
for i, name in enumerate(names[1:]):
  ax=plt.subplot(1, 2, i+1)
  sns.regplot(x=name, y=names[0], data=diabetes_df_l, ax=ax)
plt.show()

#데이터 훈련(train) 세트와 테스트(test) 세트 분할 과정
x_data=diabetes_df.loc[:, ['bmi', 's5']]
y_data=diabetes_df.loc[:, 'target']

X_train, X_test, y_train, y_test=train_test_split(x_data, y_
data, test_size=0.2, random_state=1)

print(X_train.shape, y_train.shape)
print(X_test.shape, y_test.shape)

#선형 회귀 모델 생성 및 학습
lr = LinearRegression()
lr.fit(X_train, y_train)

print(np.round(lr.coef_, 2))
print(np.round(lr.intercept_, 2))

#테스트 세트를 이용한 선형 회귀 모델 시각화 확인
pred = lr.predict(X_test)
```

```
plt.figure(figsize=(10, 6))
plt.scatter(X_test['bmi'], y_test, label='test')
plt.scatter(X_test['bmi'], pred, c='r', label='predict')
plt.legend()
plt.show()

#'s5' 특성과 'target' 간의 관계 시각화 확인
plt.figure(figsize=(10, 6))
plt.scatter(X_test['s5'], y_test, label='test')
plt.scatter(X_test['s5'], pred, c='r', label='predict')
plt.legend()
plt.show()

#예측 평가
test_pred = lr.predict(X_test)
train_pred = lr.predict(X_train)
train_mse = mean_squared_error(y_train, train_pred)
test_mse = mean_squared_error(y_test, test_pred)
print("train data set RMSE :", round(train_mse**0.5, 3))
print("test data set RMSE :", round(test_mse**0.5, 3))
```

2.3 분류 알고리즘 실습

붓꽃(iris) 데이터를 이용해 K-최근접 이웃 분류 알고리즘을 하나하나 분석하며 전체적인 분류 알고리즘을 이해해 보자.

❶ 필요한 라이브러리 불러오기

```
from sklearn.datasets import load_iris  #붓꽃 데이터 세트 불러오기
from sklearn.model_selection import train_test_split
from sklearn.neighbors import KNeighborsClassifier
from sklearn.metrics import accuracy_score
```

from sklearn.datasets import load_iris는 scikit-learn 라이브러리의 datasets 모듈에서 load_iris 함수를 가져온다. 이 함수를 사용하여 붓꽃 데이터 세트를 로드할 수 있다.

from sklearn.model_selection import train_test_split은 scikit-learn 라이브러리의 model_selection 모듈에서 train_test_split 함수를 가져온다. 이 함수를 사용하여 데이터를 훈련 및 테스트 세트로 나눌 수 있다.

from sklearn.neighbors import KNeighborsClassifier는 scikit-learn 라이브러리의 neighbors 모듈에서 KNeighborsClassifier 클래스를 가져온다. 이 클래스는 KNN 분류기를 구현한 클래스이다.

from sklearn.metrics import accuracy_score는 scikit-learn 라이브러리의 metrics 모듈에서 accuracy_score 함수를 가져온다. 이 함수는 분류 모델의 정확도를 평가하기 위해 사용된다.

❷ 데이터 세트 읽어오기

```
iris = load_iris()
X = iris.data       #입력 특성
y = iris.target     #타깃 변수
```

load_iris() 함수를 사용해 붓꽃 데이터 세트를 로드한다. iris는 데이터와 타깃 변수로 구성된 딕셔너리 형태의 객체이다.

'data'는 입력 변수(features)를 나타내는 배열 X에 저장되고, 'target'은 목표 변수(target)를 나타내는 배열 y에 저장된다.

❸ 데이터 세트 훈련과 테스트 세트로 분할하기

```
X_train, X_test, y_train, y_test = train_test_split(X, y, test_
size=0.2, random_state=42)
```

train_test_split 함수를 사용하여 데이터를 훈련 세트와 테스트 세트로 분할한다. 이때, X는 입력 변수(features)를 나타내는 배열이고, y는 목표 변수(target)를 나타내는 배열이다.

iris.data는 특성 데이터를 나타내며, iris.target은 타깃 변수 데이터를 나타낸다. 훈련 세트와 테스트 세트의 비율은 8:2로 설정되어 있다. test_size=0.2로 설정해 전체 데이터의 20%를 테스트 세트로 사용하고, random_state=42로 설정해 랜덤 분할이 항상 같도록 고정한다.

❹ K-최근접 이웃 알고리즘 모델 생성하기

```
knn = KNeighborsClassifier(n_neighbors=3)
```

KNeighborsClassifier 클래스를 사용하여 K-최근접 이웃 분류기 객체인 knn을 생성한다. 이때, n_neighbors=3으로 설정하여 예측할 때 가장 가까운 이웃의 수를 3개로 설정한다.

❺ 모델 학습하기

```
knn.fit(X_train, y_train)
```

fit 메서드를 사용해 K-최근접 이웃 분류기를 훈련 세트인 X_train과 y_train을 사용하여 학습시킨다.

❻ 테스트 세트를 이용한 예측하기

```
y_pred = knn.predict(X_test)
```

predict 메서드를 사용하여 테스트 세트인 X_test를 이용해서 분류기가 예측한 결과를 y_pred에 저장한다.

❼ 정확도 계산하기

```
accuracy = accuracy_score(y_test, y_pred)
print("Accuracy:", accuracy)
```

accuracy_score 함수를 사용해 테스트 세트의 실제 목표 변수인 y_test와 예측한 목표 변수인 y_pred를 비교하여 정확도를 계산한다.

결과적으로 위 코드는 붓꽃 데이터 세트를 사용해 KNN 분류기를 훈련하고 평가하여 정확도를 출력하는 작업을 수행한다. 정확도는 모델의 예측 성능을 나타내는 지표로 0부터 1까지 값을 가지며, 높을수록 모델 성능이 우수함을 나타낸다.

이에 따른 계산된 정확도를 출력하는데 그 결과는 다음과 같다.

```
Accuracy: 1.0
```

정확도(Accuracy)가 1.0인 것을 확인할 수 있다. 정확도 1.0은 모든 테스트 데이터에 대해 모델이 완벽하게 예측했다는 것을 의미한다. 즉, 붓꽃 데이터 세트에서 테스트 세트의 모든 샘플들에 대해 정확한 분류를 수행한 것이다.

그러나 100% 정확도가 항상 바람직한 것은 아니다. 데이터 세트가 충분히 크지 않거나, 특정 클래스의 샘플 수가 다른 클래스보다 현저히 적을 때, 모델이 훈련 데이터를 완벽하게 외워버리는 과적합(Overfitting)이 발생할 수 있기 때문이다. 이 경우에는 훈련 데이터에 대한 정확도는 높지만 새로운 데이터에 대한 일반화 성능이 낮아질 수 있다. 따라서 정확도가 높더라도 다른 평가 지표들과 함께 모델을 평가하고, 모델의 일반화 성능을 확인하는 것이 중요하다. 또한, 하이퍼 파라미터 튜닝과 교차 검증 등을 통해 모델의 성능을 더욱 신뢰할 수 있도록 개선하는 작업이 필요할 수 있다.

K-최근접 이웃 분류기를 사용하여 붓꽃 데이터 세트를 분류하고, 테스트 세트의 정확도를 출력하는 간단한 머신러닝 예제로, 전체 코드는 다음과 같다.

실습 예제

붓꽃(iris) 데이터 세트를 활용한 K-최근접 이웃 분류 알고리즘

```
#필요한 라이브러리 불러오기
from sklearn.datasets import load_iris
from sklearn.model_selection import train_test_split
from sklearn.neighbors import KNeighborsClassifier
from sklearn.metrics import accuracy_score

#데이터 세트 읽어오기
iris = load_iris()
X = iris.data       #입력 특성
y = iris.target     #타깃 변수

#데이터 세트를 훈련 세트와 테스트 세트로 분할
X_train, X_test, y_train, y_test = train_test_split(X, y, test_
size=0.2, random_state=42)

#K-최근접 이웃 알고리즘 모델 생성
knn = KNeighborsClassifier(n_neighbors=3)

#모델 훈련
knn.fit(X_train, y_train)

#테스트 세트에 대한 예측
y_pred = knn.predict(X_test)

#정확도 계산
accuracy = accuracy_score(y_test, y_pred)
print("Accuracy:", accuracy)
```

2.4 K-평균 클러스터링 실습 1

K-평균 클러스터링 실습을 위한 예시 코드를 통해 K-평균 클러스터링이 무엇인지 살펴보자. 이를 위해 하나하나 코드를 분석하면서 전체적인 의미를 파악해 보자.

❶ 필요한 라이브러리 불러오기

```
from sklearn.cluster import KMeans
import numpy as np
```

from sklearn.cluster import KMeans는 Scikit-learn의 KMeans 클래스를 불러온다. KMeans 클래스는 K-평균 클러스터링을 구현한 클래스이다. K-평균 클러스터링은 비지도 학습 알고리즘으로, 데이터를 K개의 클러스터로 그룹화하는 작업을 수행한다.

import numpy as np는 numpy 라이브러리를 가져온다. numpy는 파이썬에서 수치 계산을 위한 라이브러리로, 배열(Array)을 다루는 데 유용한 함수와 도구를 제공한다.

K-평균 클러스터링은 데이터를 K개의 클러스터로 나누는 알고리즘으로, 각 클러스터는 데이터의 유사성을 기반으로 형성된다. 데이터 포인트는 가장 가까운 중심점에 할당되며, 클러스터 내의 분산을 최소화하고 각 클러스터 간의 분리를 극대화하는 방식으로 클러스터를 형성한다. 이를 통해 데이터 구조를 파악하거나 유사한 그룹을 찾는 데 사용할 수 있다.

❷ 간단한 데이터 준비하기

```
X = np.array([[1, 2], [1.5, 1.8], [5, 8], [8, 8], [1, 0.6], [9, 11]])
```

간단한 2차원 데이터 X를 준비한다. 이때, 이 데이터는 2개의 특성을 가진 6개의 데이터 포인트로 이루어진 배열이다.

❸ K-Means 클러스터링 모델 생성하기

```
kmeans = KMeans(n_clusters=2, n_init=10*)
```

K-Means 클러스터링 알고리즘을 생성할 때 클러스터의 개수를 2로 설정하고 초기 중심점을 10번 랜덤하게 선택하여 최적의 클러스터링 결과를 찾는 방식을 사용한다.

n_clusters=2는 클러스터 개수를 2로 설정한다. 즉, 데이터를 2개의 클러스터로 묶는다. 그 다음 n_init=10은 알고리즘을 랜덤 초기 중심점으로 10번 실행(기본값)하여 최적의 클러스터링 결과를 선택한다. 그 이유는 여러 번 실행하여 가장 좋은 결과를 선택하는 것이 초기 중심점에 따라 결과가 달라질 수 있기 때문이다. 이렇게 여러 번 실행하여 가장 좋은 결과를 선택하는 방법을 'K-Means++' 초기화라고도 한다.

이렇게 n_clusters와 n_init을 설정하면 K-Means 알고리즘을 여러 번 실행해 더 좋은 클러스터링 결과를 얻을 수 있다.

❹ 모델 학습하기

```
kmeans.fit(X)      #모델 훈련
```

fit 메서드를 사용하여 K-Means 클러스터링 알고리즘을 훈련 데이터 X에 적용한다. 이때, 클러스터링은 주어진 데이터를 기반으로 각 데이터 포인트들을 클러스터에 할당하는 작업을 수행한다.

체크 포인트

* n_init=10은 생략해도 크게 상관없다. 물론 warning은 표시되지만 그렇다고 코드 실행에 있어서는 크게 문제가 없다.

❺ 데이터 포인트의 클러스터 할당 확인하기

```
labels = kmeans.labels_
print("클러스터 할당:")          #출력 메시지 표시
print(labels)       #각 데이터 포인트의 클러스터 할당 출력
```

labels = kmeans.labels_는 훈련된 K-평균 클러스터링 모델을 사용하여 데이터 포인트를 클러스터에 할당한다. labels는 각 데이터 포인트가 속한 클러스터의 인덱스를 나타내는 배열이다.

이를 통해 각 데이터 포인트가 어떤 클러스터에 할당되었는지를 확인할 수 있다. 실행 결과는 다음과 같다.

```
클러스터 할당: [1 1 0 0 1 0]
```

X[0]과 X[1]은 같은 클러스터인 1번째 클러스터에 속하고, X[2], X[3]과 X[5]는 같은 클러스터인 0번째 클러스터에 속한다. 또한, X[4]는 1번째 클러스터에 속한다.

실행 결과를 보면 각 데이터 포인트가 어떤 클러스터에 할당되었는지를 나타내는 숫자가 출력되었다.

Scikit-learn의 KMeans 클래스를 사용하여 간단한 K-Means 클러스터링을 수행하는 예제로, 전체 코드는 다음과 같다.

실습 예제

K-평균 클러스터링(K-Means Clustering) 실습 1

```
#필요한 라이브러리 불러오기
from sklearn.cluster import KMeans
import numpy as np
```

```
#데이터 준비
X = np.array([[1, 2], [1.5, 1.8], [5, 8], [8, 8], [1, 0.6], [9, 11]])

#K-Means 클러스터링 모델 생성
kmeans = KMeans(n_clusters=2, n_init=10)

#모델 훈련
kmeans.fit(X)

#데이터 포인트의 클러스터 할당 확인
labels = kmeans.labels_
print("클러스터 할당:")
print(labels)
```

2.5 K-평균 클러스터링 실습 2

또 다른 예시를 이용해서 실습해 보자. 이번에는 가상의 데이터를 생성해 이를 이용해서 K-평균 클러스터링을 해 보자.

❶ 필요한 라이브러리 불러오기

```
from sklearn.datasets import make_blobs
from sklearn.cluster import KMeans
import pandas as pd
import numpy as np
import scipy as sp
import seaborn as sns
import matplotlib.pyplot as plt
```

주로 데이터 생성, 클러스터링, 시각화 관련 라이브러리와 함수를 가져오고 활용하는 작업을 수행한다. 이를 통해 가상의 데이터를 생성하고 클러스터링 결과를 시각화하여 분석할 수 있다. scikit-learn 라이브러리를 사용하여 가상의 데이터를 생성하고, K-평균 클러스터링을 수행한 후 데이터를 시각화하는 작업을 수행하는 코드이다. 아래는 코드에서 사용된 주요 라이브러리와 함수에 대한 설명이다.

from sklearn.datasets import make_blobs는 scikit-learn 라이브러리의 datasets 모듈에서 make_blobs 함수를 가져온다. 이 함수는 가상의 데이터 세트를 생성하는 데 사용되며 클러스터링을 시각화하거나 알고리즘 테스트용 데이터를 생성할 때 유용하다.

from sklearn.cluster import KMeans는 scikit-learn 라이브러리의 cluster 모듈에서 KMeans 클래스를 가져온다. 이 클래스는 K-평균 클러스터링을 구현한 클래스이다.

import pandas as pd는 pandas 라이브러리를 가져온다. pandas는 데이터 조작과 분석을 위한 라이브러리로, 데이터 프레임(DataFrame) 형식을 다루는 데 유용하다.

import numpy as np는 numpy 라이브러리를 가져온다. numpy는 파이썬에서 수치 계산을 위한 라이브러리로, 배열(array)을 다루는 데 유용한 함수와 도구를 제공한다.

import math는 파이썬의 기본 math 라이브러리를 가져온다. 수학적인 계산을 위한 함수들을 제공한다.

import scipy as sp는 spciy 라이브러리를 가져온다. scipy는 과학 및 공학 분야에서 사용되는 수치 계산 라이브러리로, 다양한 과학적 알고리즘과 함수를 제공한다.

import seaborn as sns는 seaborn 라이브러리를 가져오며 seaborn은 matplotlib을 기반으로 한 데이터 시각화 라이브러리로, 더 간편하고 아름다운 그래프를 생성하는 데 사용되는 라이브러리이다.

import matplotlib.pyplot as plt는 matplotlib의 pyplot 모듈을 가져오며

matplotlib은 데이터 시각화를 위한 라이브러리로, 그래프와 플롯을 생성하는 데 사용된다.

sns.set_palette("Set2")는 seaborn의 그래프 스타일과 색상 팔레트를 설정하며 이 코드에서는 "Set2" 팔레트를 사용하여 그래프에 색상을 지정한다. 다양한 색상을 사용하여 그래프를 더 직관적으로 이해할 수 있도록 도와준다.

❷ 가상의 데이터 생성하기

```
x, y=make_blobs(n_samples=200, centers=4, random_state=42)
```

make_blobs 함수는 가상의 데이터를 생성하는 함수로, 클러스터링 알고리즘을 테스트하는 데 자주 사용된다. 해당 함수로 생성된 데이터는 클러스터들이 각기 다른 중심을 가지며, 특정 중심 주위에 데이터들이 모여 있는 형태를 띤다.

이 코드에서는 다음과 같은 매개 변수로 make_blobs 함수를 호출한다.

- **n_samples=200** : 생성할 데이터의 총 개수를 200개로 지정
- **centers=4** : 생성할 클러스터의 개수를 4개로 지정
- **random_state=42** : 난수 생성을 위한 시드값을 42로 지정해 재현 가능한 랜덤 데이터 생성

make_blobs 함수는 X와 y 두 개의 반환값을 가지는데, 이들은 각각 입력 변수와 타깃 변수를 나타내는 데이터이다.

X는 입력 변수 데이터로, 특성(Feature)을 나타내는 2차원 배열이고, 각 행은 하나의 데이터 포인트를 나타내며, 열은 특성을 나타낸다. y는 타깃 변수 데이터로, 각 데이터 포인트가 어떤 클러스터에 속하는지를 나타내는 1차원 배열로, 각 요소는 데이터 포인트의 클러스터 번호를 나타낸다. 클러스터 번호는 0부터 시작하며, centers 개수에 따라 달라진다.

따라서 x와 y에는 각각 200개의 데이터 포인트와 해당 데이터 포인트가 속하는 클러스터 번호가 저장되어 있고, 이렇게 생성된 데이터를 기반으로 K-Means 클러스터링 등의 알고리즘을 테스트하고, 클러스터링 결과를 시각화할 수 있다.

❸ 데이터 프레임 생성하기

```
points = pd.DataFrame(x, y).reset_index(drop=True)
points.columns = ["x", "y"]
points["cluster"] = y
```

이 코드를 통해 make_blobs 함수를 사용하여 가상의 데이터를 생성하고 "x"와 "y" 컬럼으로 구성된 pandas DataFrame 형태로 저장된다. 이 데이터는 K-평균 클러스터링을 수행하여 클러스터링 결과를 시각화하는 데 활용될 수 있다.

다음은 코드에서 사용된 주요 변수와 함수에 대한 설명이다.

points = pd.DataFrame(x, y).reset_index(drop=True)는 생성된 데이터를 pandas DataFrame으로 변환한다. x와 y를 사용하여 DataFrame을 생성하며, 각 데이터 포인트의 특성은 "x" 컬럼, 클러스터 레이블은 "y" 컬럼에 저장된다. reset_index(drop=True)는 DataFrame의 인덱스를 재설정하고 이전 인덱스를 삭제하는 역할을 한다.

1. **x** : 입력 변수 데이터로, 특성(Feature)을 나타내는 2차원 배열
2. **y** : 타깃 변수 데이터로, 각 데이터 포인트가 어떤 클러스터에 속하는지를 나타내는 1차원 배열
3. **.reset_index(drop=True)** : 생성된 데이터프레임의 인덱스 재설정
4. **drop=**True로 설정하여 기존 인덱스 삭제

points.columns = ["x", "y"]는 DataFrame의 컬럼 이름을 설정한다. "x" 컬럼은 데이터 포인트의 첫 번째 특성을, "y" 컬럼은 클러스터 레이블을 나타낸다.

❹ 데이터 시각화하기

```
sns.scatterplot(x="x", y="y", hue="cluster", data=points,
palette="Set2")
```

Seaborn의 scatterplot 함수를 사용하여 "x"와 "y" 열의 데이터를 시각화하면서 "cluster" 열의 값에 따라 데이터를 클러스터별 다른 색상으로 구분해 시각화하는 부분이다.

- **x="x"** : x축에 표시할 데이터는 "x" 열 데이터 사용
- **y="y"** : y축에 표시할 데이터는 "y" 열 데이터 사용
- **hue="cluster"** : "cluster" 열 값에 따라 데이터를 구분하여 각 클러스터별로 다른 색상으로 표시
- **data=points** : 데이터는 points 데이터 프레임에 저장된 값 사용
- **palette="Set2"** : Seaborn의 팔레트를 "Set2"로 설정하여 시각화할 때 사용할 색상 지정

이렇게 하면 "x"와 "y" 열의 데이터를 시각화하면서 각 데이터 포인트들이 "cluster" 열에 저장된 클러스터 번호에 따라 다른 색상으로 구분되어 표시된다. 각 클러스터별로 다른 색상을 가지므로 데이터들이 어떻게 클러스터링되어 있는지 한눈에 확인할 수 있다. 이에 따른 실행 결과는 다음과 같다.

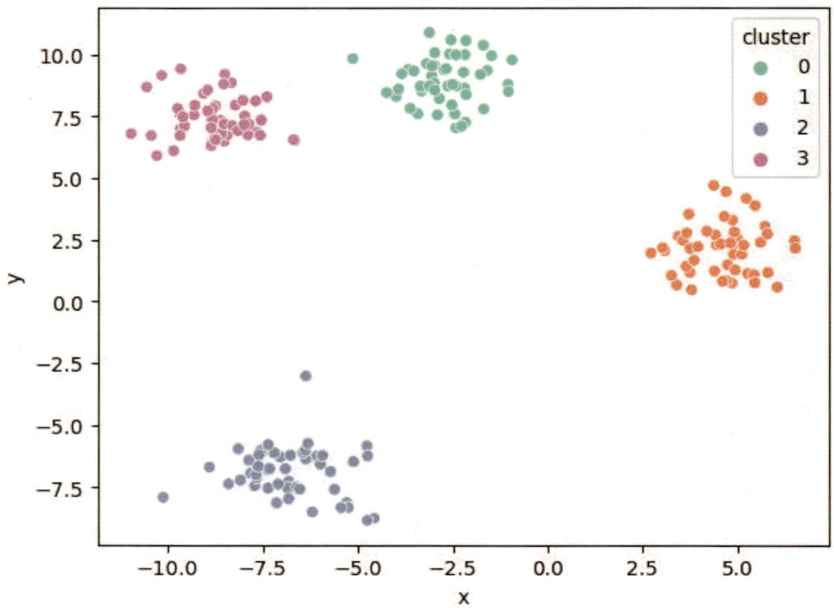

그림 8-44. "x"와 "y"의 데이터 시각화

잠깐만요

hue

hue는 데이터 시각화에서 색상을 활용하여 데이터를 구분하거나 그룹화하는 데 사용되는 중요한 개념이다. 주로 그래프나 플롯을 생성할 때 데이터의 다양한 카테고리를 시각적으로 구분하기 위해 활용된다.

hue는 seaborn 라이브러리와 같은 데이터 시각화 도구에서 제공되며, 주로 범주형 데이터를 효과적으로 표현하는 데 사용된다. 예를 들어, 데이터가 여러 그룹으로 나뉘어져 있을 때, hue를 사용하여 각 그룹을 다른 색상으로 표시하면 그래프에서 그룹 간의 차이를 쉽게 확인할 수 있다.

예를 들어, 산점도를 그릴 때 hue를 사용하면 각 데이터 포인트가 어떤 그룹에 속하는지를 다른 색상으로 표시할 수 있어 데이터 포인트가 어떤 범주에 속하는지를 빠르게 파악할 수 있다. 마찬가지로 막대 그래프, 선 그래프, 박스 플롯 등 다양한 그래프 유형에서 hue를 활용하여 데이터의 그룹화를 시각적으로 표현할 수 있다.

요약하면, hue는 데이터 시각화에서 다양한 그룹 또는 범주형 변수를 색상을 통해 구분하고 강조하는 역할을 한다. 이를 통해 데이터의 패턴이나 특징을 빠르게 파악할 수 있으며, 시각적으로 더 효과적인 정보 전달이 가능해진다.

⑤ 초기 중심점 생성 및 시각화하기

```
centrpoints = points.sample(4, random_state=1)
centrpoints
```

points 데이터 프레임에서 4개의 랜덤한 데이터 포인트를 샘플링하여 새로운 데이터 프레임 centrpoints를 생성하는 부분으로 points.sample(4, random_state=1)의 points 데이터 프레임에서 4개의 랜덤 데이터 포인트를 샘플링한다.

- **4** : 샘플링할 개수로, 여기서는 4개의 데이터 포인트 샘플링
- **random_state=1** : 랜덤 시드를 지정하여 동일한 샘플링 결과를 재현할 수 있도록 함. 따라서 같은 랜덤 시드로 호출하면 항상 같은 샘플 선택

이렇게 생성된 centrpoints 데이터 프레임은 points 데이터 프레임에서 랜덤하

게 선택된 4개의 데이터 포인트를 포함하고 있다. 이러한 랜덤 샘플링은 주어진 데이터를 대표할 수 있는 초기 클러스터 중심점을 설정하는 데 사용될 수 있다. 클러스터링 알고리즘에서 시작점이 중요한 역할을 하기 때문에 랜덤한 시작점을 여러 번 시도하고 좋은 결과를 선택하는 방식으로 알고리즘의 성능을 개선하는 경우가 있다.

centrpoints 데이터 프레임에는 4개의 랜덤한 데이터 포인트가 포함되어 있으며, 각 데이터 포인트의 "x", "y" 값과 해당 데이터 포인트가 속한 클러스터를 나타내는 "cluster" 열의 값을 확인할 수 있다. 이 정보는 주어진 데이터를 기반으로 랜덤하게 선택된 초기 클러스터 중심점들을 나타낸다.

	x	y	cluster
58	-3.211251	8.686624	0
40	-8.079924	-7.214611	2
34	-2.147802	10.552323	0
102	-2.851912	8.212009	0

그림 8-45. 랜덤 생성된 초기 중심점 결과

각 데이터 포인트는 "x", "y" 좌표를 가지며, "cluster" 열의 값으로 해당 데이터 포인트가 속한 클러스터를 나타낸다. 예를 들어, 첫 번째 데이터 포인트는 x값이 약 −3.21, y 값이 약 8.69이며, 클러스터 번호가 0이다. 두 번째 데이터 포인트는 x 값이 약 −8.08, y 값이 약 −7.21이며, 클러스터 번호가 2이다. 이와 같이 랜덤하게 선택된 초기 클러스터 중심점들의 정보를 확인할 수 있다.

```
sns.scatterplot(x="x", y="y", hue="cluster", data=centrpoints,
palette="Set2")
```

Seaborn의 scatterplot 함수를 사용하여 centrpoints 데이터 프레임의 "x"와 "y" 열 데이터를 시각화하면서 "cluster" 열의 값에 따라 데이터를 클러스터별로 다른 색상으로 구분하여 시각화하는 부분이다.

- **x="x" :** x축에 표시할 데이터는 centrpoints 데이터 프레임의 "x" 열 데이터 사용
- **y="y" :** y축에 표시할 데이터는 centrpoints 데이터 프레임의 "y" 열 데이터 사용
- **hue="cluster" :** centrpoints 데이터 프레임 "cluster" 열 값에 따라 데이터 구분해 각 클러스터별로 다른 색상 표시
- **data=centrpoints :** 데이터는 centrpoints 데이터 프레임에 저장된 값들 사용
- **palette="Set2" :** Seaborn 팔레트 "Set2"로 설정하여 시각화할 때 사용할 색상 지정

이렇게 하면 centrpoints 데이터 프레임의 "x"와 "y" 열의 데이터를 시각화하면서 "cluster" 열의 값을 hue 파라미터에 지정하여 클러스터별로 다른 색상으로 구분해서 시각화할 수 있다. 각 클러스터별로 다른 색상을 가지므로 데이터들이 어떻게 클러스터링되어 있는지 한눈에 확인할 수 있다. 이에 따른 실행 결과는 다음과 같다.

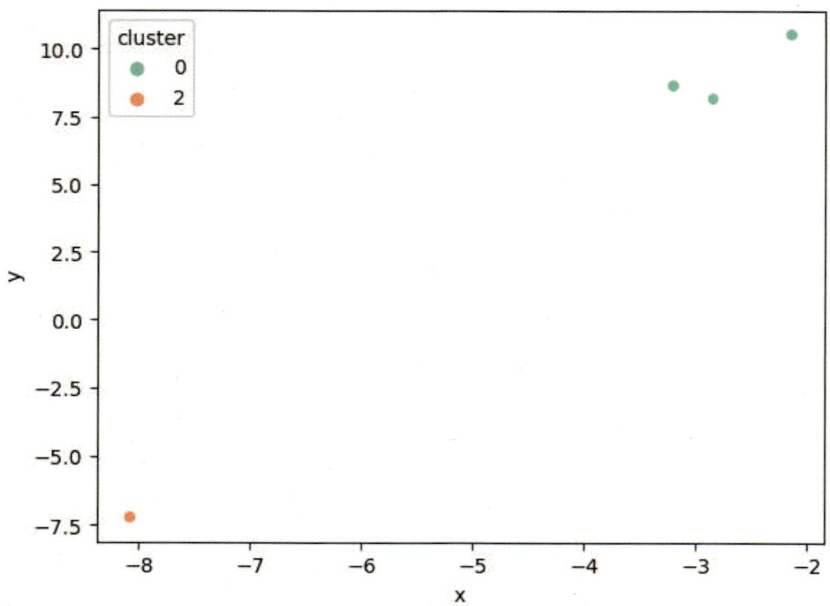

그림 8-46. 초기 중심점 생성에 따른 시각화

❻ 데이터 포인트와 초기 중심점 사이의 거리 계산하기

주어진 데이터 포인트와 클러스터 중심점 간의 거리를 계산해 각 데이터 포인트를

가장 가까운 클러스터에 할당하고, 결과를 확인하는 과정을 나타낸다. 이러한 할당을 통해 클러스터링 결과를 시각화하거나 분석하는 등의 작업을 수행할 수 있다.

```
distance = sp.spatial.distance.cdist(points, centrpoints,
"euclidean")
```

SciPy의 cdist 함수를 사용하여 points 데이터 프레임의 각 데이터 포인트와 centrpoints 데이터 프레임의 각 데이터 포인트 사이 유클리디안 거리를 계산하는 부분이다.

- **points** : "x"와 "y" 열을 가지고 있는 데이터 프레임으로, 클러스터링할 데이터 포인트들을 포함
- **centrpoints** : "x"와 "y" 열을 가지고 있는 데이터 프레임으로, 초기 클러스터 중심점들을 포함
- **"euclidean"** : 거리 측정 방법으로, 여기서는 유클리디안 거리 사용

distance = sp.spatial.distance.cdist(points, centrpoints, "euclidean")는 SciPy의 spatial.distance.cdist 함수를 사용하여 데이터 포인트와 클러스터 중심점 간의 유클리디안 거리를 계산한다. points는 데이터 포인트를 나타내는 배열이고, centrpoints는 클러스터 중심점을 나타내는 배열이다. distance는 각 데이터 포인트와 모든 클러스터 중심점 사이의 거리를 나타내는 2D 배열이다.

❼ 클러스터 할당하기

```
cluster_num = np.argmin(distance, axis=1)
result = points.copy()
result["cluster"] = np.array(cluster_num)
result.head()
```

클러스터 중심점과 각 데이터 포인트 사이의 거리를 계산한 distance 배열에서 가장 작은 거리를 가지는 클러스터 중심점의 인덱스를 np.argmin 함수를 사용하여 찾고, 이를 이용해서 각 데이터 포인트의 클러스터 할당 정보를 업데이트하는 부분이다.

cluster_num = np.argmin(distance, axis=1)은 np.argmin 함수를 사용하여 각 데이터 포인트에 대해 가장 작은 거리 값을 갖는 클러스터의 인덱스를 계산한다. distance 배열에서 각 행마다 최소 거리의 열 인덱스를 찾아서 cluster_num에 저장한다.

result = points.copy()는 points 데이터를 복사해 result 데이터 프레임을 생성하고 이후 클러스터 할당 결과를 추가한다.

result["cluster"] = np.array(cluster_num)는 result 데이터 프레임에 "cluster" 컬럼을 추가하고, 해당 컬럼에 cluster_num 값을 할당한다. 이 컬럼은 각 데이터 포인트의 클러스터 할당 정보를 담고 있다.

result.head()는 result 데이터 프레임의 처음 5개 행을 출력하고 이를 통해 클러스터 할당 정보가 추가된 데이터를 확인할 수 있다.

결과적으로 result 데이터 프레임에는 "x", "y" 열의 데이터와 클러스터 할당 정보를 담은 "cluster" 열의 데이터가 포함되어 있다. 이로써 클러스터링 결과를 포함하는 데이터 프레임을 얻을 수 있다. 실행 결과는 다음과 같다.

	x	y	cluster
0	6.505653	2.447003	3
1	-5.128943	9.836189	0
2	-8.850575	6.426269	0
3	-10.286412	5.916059	0
4	-7.468992	-6.030507	1

그림 8-47. x, y 좌표와 해당 데이터 포인트가 속한 클러스터 값 출력

각 데이터 포인트의 "x", "y" 좌표는 해당 데이터의 위치를 나타내며, "cluster" 열의 값은 해당 데이터 포인트가 속한 클러스터 번호를 나타낸다. 예를 들어, 첫 번째 데이터 포인트는 "x" 좌표가 약 6.51, "y" 좌표가 약 2.45이며, 클러스터 번호가 3인 클러스터에 속하는 것을 의미한다.

클러스터링 결과를 시각화하면 데이터 포인트들이 서로 다른 색으로 구분된 클러스터들로 분리된 것을 확인할 수 있다. 이를 통해 클러스터링 알고리즘이 성공적으로 데이터를 군집화했음을 알 수 있다.

⑧ 클러스터 할당 결과 시각화하기

```
sns.scatterplot(x="x", y="y", hue="cluster", data=centrpoints,
palette="Set2")
```

Seaborn의 scatterplot 함수를 사용하여 result 데이터 프레임의 "x"와 "y" 열 데이터를 시각화하면서 "cluster" 열 값에 따라 데이터를 클러스터별로 다른 색상으로 구분하여 시각화하는 부분이다.

- **x="x"** : x축에 표시할 데이터는 result 데이터 프레임의 "x" 열 데이터 사용
- **y="y"** : y축에 표시할 데이터는 result 데이터 프레임의 "y" 열 데이터 사용
- **hue="cluster"** : result 데이터 프레임의 "cluster" 열 값에 따라 데이터를 구분해 각 클러스터별 다른 색상으로 표시
- **data=result** : 데이터는 result 데이터 프레임에 저장된 값 사용
- **palette="Set2"** : Seaborn 팔레트 "Set2"로 설정하여 시각화할 때 사용할 색상 지정

이렇게 하면 result 데이터 프레임의 "x"와 "y" 열 데이터를 시각화하면서 "cluster" 열의 값을 hue 파라미터에 지정하여 클러스터별로 다른 색상으로 구분하여 시각화할 수 있다. 각 클러스터별로 다른 색상을 가지므로 데이터들이 어떻게 클러스터링되어 있는지 한눈에 확인할 수 있다. 이에 따른 실행 결과는 다음과 같다.

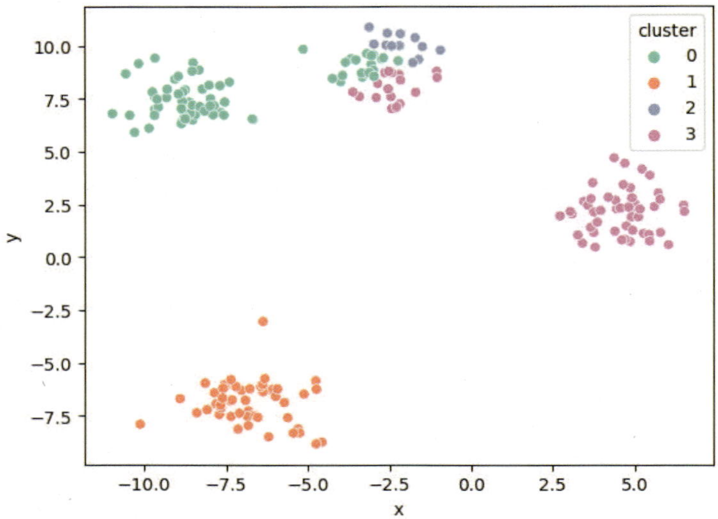

그림 8-48. 클러스터 값에 따라 데이터를 클러스터별로 구분하는 시각화 결과

❾ 클러스터 중심점 재계산 및 시각화하기

```
centerpoint_2 = result.groupby("cluster").mean()
centerpoint_2
```

result 데이터 프레임을 "cluster" 열을 기준으로 그룹화해 각 클러스터의 중심점을 계산하는 부분이다.

- **result.groupby("cluster")** : result 데이터 프레임을 "cluster" 열을 기준으로 그룹화함으로써 각 클러스터에 해당하는 데이터들이 함께 묶여서 그룹화
- **.mean()** : 그룹화된 각 클러스터의 데이터들에 대해 평균을 계산하는데 이때, 여기서는 "x"와 "y" 열의 값을 평균 내어 각 클러스터의 중심점 계산

결과적으로 centerpoint_2 데이터 프레임에는 "x", "y" 열의 데이터와 클러스터별로 해당하는 중심점들의 평균값이 저장된다. centerpoint_2를 출력하면 각 클러스터의 중심점 좌표를 확인할 수 있다. 이에 따른 실행 결과는 다음과 같다.

cluster	x	y
0	-7.208406	7.877088
1	-6.753996	-6.889449
2	-2.117851	10.057193
3	2.744966	3.685357

그림 8-49. x, y 해당 클러스터 중심 좌표

각 행은 클러스터 번호를 나타내며 "x"와 "y" 열의 값은 해당 클러스터의 중심점 좌표를 나타낸다.

```
클러스터 0: (x, y) = (−7.21, 7.88)
클러스터 1: (x, y) = (−6.75, −6.89)
클러스터 2: (x, y) = (−2.12, 10.06)
클러스터 3: (x, y) = (2.74, 3.69)
```

각 클러스터의 중심점 좌표는 해당 클러스터에 속한 데이터 포인트들의 평균값으로 계산된다. 이를 통해 각 클러스터가 어떤 위치에 형성되어 있는지 확인할 수 있다. 클러스터링 알고리즘은 이러한 중심점을 기준으로 데이터를 군집화하는데, 이렇게 추출된 중심점은 클러스터의 대표점으로 사용될 수 있으며, 실제 데이터를 이해하고 해석하는 데 도움이 될 수 있다.

⑩ K-Means 클러스터링 실행하기

```
kmeans = KMeans(n_clusters=4, n_init=10)
kmeans.fit(points)
```

KMeans 클러스터링 알고리즘을 이용하여 주어진 데이터 points를 4개의 클러스터로 군집화하는 과정을 나타낸다.

KMeans(n_clusters=4, n_init=10)은 4개의 클러스터를 생성하는 KMeans 객체를 생성, n_init=10은 무작위 초기화를 10번 수행하여 최적의 결과를 선택하도록 설정한 것이다.

kmeans.fit(points)는 KMeans 객체를 이용하여 points 데이터를 클러스터링하는데, 이때 fit() 메서드를 호출해서 데이터를 군집화한다.

이렇게 하면 points 데이터가 4개의 클러스터로 군집화되며, 각 데이터 포인트에 대한 클러스터 할당 정보는 kmeans.labels_ 속성에 저장된다. 또한, 클러스터의 중심점 좌표는 kmeans.cluster_centers_ 속성에 저장된다. 이후에는 이러한 정보를 활용하여 데이터를 시각화하거나 분석하는 등의 작업을 할 수 있다.

⑪ 최종 결과 확인하기

```
result_by_sklearn = points.copy()
result_by_sklearn["cluster"] = kmeans.labels_
result_by_sklearn.head()
```

KMeans 클러스터링 알고리즘을 이용하여 데이터를 군집화한 결과를 result_by_sklearn 데이터 프레임에 저장하는 과정을 나타낸다. result_by_sklearn = points.copy()에서 points 데이터 프레임의 복사본인 result_by_sklearn을 생성한다. copy() 메서드를 사용해서 데이터 프레임을 복사하여 동일한 데이터를 가진 새로운 데이터 프레임을 생성한다. result_by_sklearn["cluster"] = kmeans.labels_에서 KMeans 객체로부터 얻은 클러스터 할당 정보인 kmeans.labels_를 이용하여 result_by_sklearn 데이터 프레임에 "cluster" 열을 추가하는데, 이렇게 하면 각 데이터 포인트가 속한 클러스터 번호가 해당 열에 저장된다.

결과적으로 result_by_sklearn 데이터 프레임에는 원본 데이터를 그대로 가지면서 "cluster" 열이 추가되어 각 데이터 포인트의 클러스터 할당 정보가 저장된다. 이를 통해 result_by_sklearn 데이터 프레임을 통해서 클러스터링 결과를 분석하거나 시각화할 수 있다. result_by_sklearn.head()를 호출하여 처음 5개의 데이터를 출력한다.

	x	y	cluster
0	6.505653	2.447003	0
1	-5.128943	9.836189	3
2	-8.850575	6.426269	1
3	-10.286412	5.916059	1
4	-7.468992	-6.030507	2

그림 8-50. 각 데이터 포인트 좌표와 해당 클러스터 번호 클러스터링 결과

각 행은 데이터 포인트를 나타내며, "x", "y" 열 값은 해당 데이터 포인트의 좌표, "cluster" 열 값은 해당 데이터 포인트가 속한 클러스터 번호를 나타낸다.

```
데이터 포인트 0: (x, y) = (6.51, 2.45), 클러스터 0에 속함
데이터 포인트 1: (x, y) = (−5.13, 9.84), 클러스터 3에 속함
데이터 포인트 2: (x, y) = (−8.85, 6.43), 클러스터 1에 속함
데이터 포인트 3: (x, y) = (−10.29, 5.92), 클러스터 1에 속함
데이터 포인트 4: (x, y) = (−7.47, −6.03), 클러스터 2에 속함
```

이렇게 result_by_sklearn 데이터 프레임은 각 데이터 포인트들의 좌표와 해당 클러스터 번호를 포함하여 클러스터링 결과를 표현하고 있다. 이 결과를 활용해 시각화하거나 분석하는 등의 작업을 수행할 수 있다.

K-Means 클러스터링을 사용하여 가상의 데이터를 클러스터링하고, 결과를 시각화하는 예제로, 전체 코드는 다음과 같다.

실습 예제

K-평균 클러스터링(K-Means Clustering) 실습 2

```
#필요한 라이브러리 불러오기
from sklearn.datasets import make_blobs
from sklearn.cluster import KMeans
import pandas as pd
import numpy as np
import scipy as sp
import seaborn as sns
import matplotlib.pyplot as plt

#가상의 데이터 생성
x, y=make_blobs(n_samples=200, centers=4, random_state=42)

#데이터 프레임 생성
points = pd.DataFrame(x, y).reset_index(drop=True)
points.columns = ["x", "y"]
points["cluster"] = y

#데이터 시각화
sns.scatterplot(x="x", y="y", hue="cluster", data=points,
palette="Set2")

#초기 중심점 생성 및 시각화
centrpoints = points.sample(4, random_state=1)
centrpoints

sns.scatterplot(x="x", y="y", hue="cluster", data=centrpoints,
palette="Set2")

#데이터 포인트와 초기 중심점 사이의 거리 계산
distance = sp.spatial.distance.cdist(points, centrpoints,
"euclidean")
```

```
#클러스터 할당
cluster_num = np.argmin(distance, axis=1)
result = points.copy()
result["cluster"] = np.array(cluster_num)
result.head()

#클러스터 할당 결과 시각화
sns.scatterplot(x="x", y="y", hue="cluster", data=result,
palette="Set2")

#클러스터 중심점 재계산 및 시각화
centerpoint_2 = result.groupby("cluster").mean()
centerpoint_2

#K-Means clustering 실행
kmeans = KMeans(n_clusters=4, n_init=10)
kmeans.fit(points)

#결과 확인
result_by_sklearn = points.copy()
result_by_sklearn["cluster"] = kmeans.labels_
result_by_sklearn.head()
```

연습 문제

연습 01

[실습 1]의 인공 신경망 실습에서 하이퍼 파라미터를 고쳐 정확도를 높여보자.

연습 02

서포트 벡터 머신(SVM, Support Vector Machine)은 분류와 회귀 문제에 사용되는 지도 학습 알고리즘이다. Scikit-learn 라이브러리와 붓꽃 데이터 세트를 사용하여 SVM을 학습하고 예측하는 SVM 코드를 구현해 보자.

연습 문제

연습 03 생물학적 뉴런과 인공 신경망의 동작 원리에 대해 비교해서 설명하시오.

연습 04 다음의 유튜브 링크는 강화 학습을 이용한 스네이크 게임에 대한 설명이다. 이 영상을 통해 강화 학습을 학습하고 실제로 강화 학습 코드를 구현해 보자.

https://youtube.com/playlist?list=PLqnslRFeH2UrDh7vUmJ60YrmWd64mTTKV

| 9장 |

딥러닝

학습 목표

- 딥러닝의 기본 개념을 이해하고 주요 개념과 용어를 익힐 수 있다.
- 간단한 예시를 통해 딥러닝에 대한 이해도를 높일 수 있다.
- 대표 모델인 합성곱 신경망(CNN), 순환 신경망(RNN)에 대한 개념과 활용 예시를 통해 이해도를 높일 수 있다.

1 〉딥러닝 소개

딥러닝을 이해하기 위해서는 기본 개념에 대한 이해가 필수이다. 따라서 딥러닝의 발전 과정과 중요한 이벤트를 살펴볼 필요가 있다. 더불어 이를 통해 인공지능, 머신러닝, 그리고 딥러닝 간의 차이를 비교하고, 딥러닝의 구성 요소에 대해서도 알아보도록 하자.

1.1 딥러닝의 개념과 역사

딥러닝은 인공지능의 한 분야로, 컴퓨터가 인간의 뇌를 모방하여 학습하고 문제를 해결하는 방법이다. 딥러닝은 인공 신경망을 기반으로 하며, 다층 인공 신경망을 사용하여 복잡한 문제를 처리한다. 이를 위해 대량의 데이터를 활용하여 모델을 학습하고, 학습된 모델을 사용해서 예측이나 분류와 같은 작업을 수행한다.

딥러닝의 역사는 1940년대에 시작되었다. 초기에는 인공 신경망과 관련된 연구가 진행되었으며, 생물학적 뉴런의 동작 원리를 수학적 모델로 모방하는 시도가 있었다. 그러나 1960년대에는 인공 신경망 연구의 한계와 컴퓨팅 성능의 제한 등으로 인해 연구가 정체되었다.

1980년대에는 다층 퍼셉트론(Multilayer Perceptron) 개념과 역전파 알고리즘이 등장하여 딥러닝에 대한 관심이 다시 높아졌다. 다층 퍼셉트론은 여러 개의 은닉층을 가지는 인공 신경망으로, 비선형 문제를 해결할 수 있는 능력을 갖췄다. 역전파 알고리즘은 신경망의 가중치를 조정해 오차를 최소화하는 학습 방법으로, 딥러닝 모델을 효율적으로 학습시킬 수 있게 되었다.

하지만 1990년대에는 딥러닝의 한계와 컴퓨팅 자원의 한정으로 인해 다시 후퇴

하였다. 그러나 2010년대 이후로는 컴퓨팅 성능의 향상과 대용량 데이터 세트의 활용 가능성이 증가하면서 딥러닝이 발전되고 널리 사용되었다. 특히 그래픽 처리 장치(GPU)의 활용과 분산 컴퓨팅 기술의 발전은 딥러닝 모델의 학습과 추론 속도를 크게 향상시켰다.

현재에 이르러 딥러닝은 AlexNet, GANs, AlphaGo 등의 등장으로 큰 영향력을 발휘하며, 다양한 분야에서 활발한 연구와 적용이 이루어지고 있다. 이미지 인식, 음성 인식, 자연어 처리, 추천 시스템 등의 다양한 응용 분야에서 딥러닝은 뛰어난 성능을 보여주며 많은 기대를 받고 있다. 게다가 자율 주행 자동차, 의료 진단, 금융 예측과 같은 사회적으로 중요한 영역에서도 딥러닝은 큰 영향력을 발휘하고 있다.

딥러닝의 발전은 지속되고 있으며, 앞으로 더 많은 혁신과 발전이 기대된다.

표 9-1. 딥러닝의 역사

연도	내용
1940년대	딥러닝의 초기 연구 시작, 인공 신경망 개념 등장, 인공 신경망과 관련된 연구 진행
1960년대	인공 신경망 연구의 한계와 어려움으로 연구 중단
1980년대	다층 퍼셉트론과 역전파 알고리즘의 등장으로 딥러닝에 대한 관심 재조명
1990년대	딥러닝의 한계와 컴퓨팅 자원의 문제로 인해 다시 후퇴
2010년대	컴퓨팅 성능 향상과 대용량 데이터 세트의 활용으로 딥러닝 다시 부상, GPU와 분산 컴퓨팅 기술 발전
2012년	AlexNet이 이미지 인식 대회에서 우수한 성적을 달성하여 딥러닝 대중화 이끔
2014년	GANs(Generative Adversarial Networks) 등장으로 생성 모델링 분야에 영향
2015년	알파고(AlphaGo)가 세계 토론 기보에서 인간 선수를 이기며 딥러닝의 발전 가능성 보여줌
현재	딥러닝은 다양한 분야(이미지 인식, 음성 인식, 자연어 처리 등)에서 활발히 연구되고 계속 발전

1.2 머신러닝과의 비교

머신러닝(Machine Learning)은 인공지능 분야 중 하나로, 데이터를 기반으로 스스로 학습하여 패턴과 규칙을 파악하고 예측, 분류, 판단 등의 작업을 수행하는 기술이다. 머신러닝과 딥러닝은 비슷한 목표를 가지고 있지만, 다음과 같은 차이점이 있다. 이해를 돕기 위해 지도 학습, 비지도 학습, 강화 학습에 대한 예시를 들며 비교해 본다.

지도 학습(Supervised Learning)

- **개념** : 레이블이 달린 입력 데이터를 통해 모델을 학습하는 방법으로, 입력 데이터와 그에 대응하는 정답(레이블)을 사용하여 모델을 훈련시킨다.
- **예시** : 이메일 스팸 분류
- **데이터** : 이메일의 텍스트 내용
- **레이블** : 스팸인지 아닌지(1 : 스팸, 0 : 스팸 아님)
- **모델 학습** : 스팸과 스팸 아님을 분류할 수 있는 패턴과 규칙을 학습하여 새로운 이메일이 스팸인지 아닌지 예측

비지도 학습(Unsupervised Learning)

- **개념** : 레이블이 없는 입력 데이터에서 숨겨진 구조와 패턴을 찾아내는 방법으로, 데이터 내부 구조를 이해하거나 유사한 데이터를 그룹화하는 데 사용된다.
- **예시** : 고객 세그먼테이션(Segmentation)
- **데이터** : 고객의 구매 이력(상품, 가격, 구매 일자 등)
- **모델 학습** : 유사한 소비 패턴을 가진 고객을 그룹화하여 세그먼트 형성, 마케팅 전략 수립 등에 활용

강화 학습(Reinforcement Learning)

- **개념** : 에이전트가 환경과 상호 작용하며 보상을 최대화하는 의사 결정 전략을 학습하는 방법으로, 에이전트는 시행착오를 통해 보상을 최대화하는 최적의 행동을 학습한다.
- **예시** : 자율 주행 자동차
- **에이전트** : 자율 주행 자동차
- **환경** : 도로, 교통 상황 등

- **보상** : 안전한 운전, 목적지 도착 등
- **학습** : 시행착오를 통해 보상을 최대화하는 운전 전략 학습

머신러닝은 이러한 방법들을 활용하여 데이터로부터 학습하고 패턴을 탐색해서 예측, 분류, 군집화, 추천 등 다양한 작업을 수행할 수 있다.

반면에 딥러닝은 머신러닝의 한 분야로, 다층 인공 신경망(Multi-layer Artificial Neural Network)을 사용하여 복잡한 문제를 해결하고 대용량 데이터 세트를 학습하는 능력을 갖추고 있다. 다층 인공 신경망은 여러 개의 은닉층으로 구성되며, 각 층은 다양한 뉴런(Neuron)으로 이루어져 있다. 입력층(Input Layer), 은닉층(Hidden Layer), 출력층(Output Layer)으로 구성되어 있으며, 층과 층 사이의 뉴런들은 가중치(Weights)와 활성화 함수(Activation Function)를 통해 연결되어 있다.

딥러닝은 이러한 다층 인공 신경망을 활용하여 입력 데이터의 특징을 추출하고, 복잡한 비선형 관계를 모델링해서 문제를 해결한다. 대용량 데이터 세트를 사용하여 모델을 학습시키기 때문에 딥러닝은 특히 대규모 이미지, 음성, 텍스트 데이터 등 고차원 정보를 다루는 작업에서 뛰어난 성능을 보인다. 이를 통해 이미지 인식, 음성 인식, 자연어 처리, 기계 번역 등 다양한 분야에서 높은 정확도와 성능을 달성할 수 있다. 또한, 딥러닝은 데이터의 특징을 자동으로 학습하기 때문에 사전에 정의된 규칙이나 특징 추출 과정이 필요 없어 더욱 유연하고 범용적인 모델을 구축할 수 있다.

1.3 딥러닝의 구성 요소

딥러닝의 구성 요소와 그들의 역할, 상호 작용을 알아보고, 딥러닝이 어떻게 동작하는지 개략적으로 살펴보자. 딥러닝은 다음의 구성 요소로 이루어져 있다.

인공 신경망(Artificial Neural Network)

인공 신경망은 딥러닝의 핵심 구성 요소이다. 여러 개의 뉴런으로 구성된 계층(Layer)들이 연결되어 있으며, 입력 데이터를 받아 출력을 생성하는 역할을 한다. 각 뉴런은 가중치(Weight)와 활성화 함수(Activation Function)를 가지고 있다.

입력 데이터(Input Data)

딥러닝 모델에 입력되는 데이터로 이미지, 텍스트, 음성 등 다양한 형태의 데이터가 사용될 수 있다. 입력 데이터는 모델의 학습과 예측을 위해 필요한 정보를 포함하고 있다.

가중치(Weights)

인공 신경망의 각 연결에는 가중치가 할당된다. 가중치는 입력 데이터의 특징을 나타내며, 모델의 학습 과정에서 조정되는데 이때, 가중치는 모델이 입력 데이터의 특징을 잘 파악할 수 있도록 결정되는 중요한 요소이다.

활성화 함수(Activation Function)

인공 신경망의 각 뉴런은 활성화 함수를 통해 입력 데이터와 가중치의 조합을 변환하여 출력을 생성한다. 활성화 함수는 비선형성을 추가하여 모델이 복잡한 패턴과 관계를 학습할 수 있도록 도와준다.

손실 함수(Loss Function)

손실 함수는 모델의 출력값과 실제값 차이를 측정하여 모델의 성능을 평가한다. 모델이 예측한 결과와 실제 결과 사이의 오차를 최소화하기 위해 사용되며, 주로 평균 제곱 오차(Mean Squared Error)나 교차 엔트로피(Cross Entropy) 등이 사용된다.

최적화 알고리즘(Optimization Algorithm)

최적화 알고리즘은 손실 함수의 값을 최소화하기 위해 가중치를 조정하는 방법으로, 대표적인 최적화 알고리즘으로는 아담(Adam)이 있으며 그 밖에도 확률적 경사 하강법(SGD, Stochastic Gradient Descent), RMSproof, Momentum 등이 있다. 최적화 알고리즘은 학습 속도와 모델의 수렴을 개선하기 위해 사용된다.

딥러닝은 이러한 구성 요소들이 상호 작용하여 학습과 예측을 수행한다. 먼저 입력 데이터가 인공 신경망에 주어지고, 이를 통해 순전파(Forward Propagation) 과정을 거치면 출력이 예측된다. 이후 손실 함수를 사용해서 예측값과 실제값의 차이를 계산하고, 이를 역전파 알고리즘을 통해 가중치를 조정한다. 이러한 과정이 반복되면서 모델은 점차적으로 더 우수한 예측 능력을 갖추게 된다.

2 〉 딥러닝에서 사용되는 인공 신경망

인공 신경망(ANN, Artificial Neural Network)은 딥러닝의 기본 구성 요소 중 하나로, 인간의 뇌의 동작 원리에서 영감을 받아 설계된 수학적 모델이다. 이 모델은 여러 개의 뉴런(노드)들이 상호 연결된 네트워크 구조로 구성되어 있다. 딥러닝에서 사용되는 다양한 인공 신경망 종류에 대해 알아보자.

딥러닝에서 사용하는 인공 신경망 종류에는 여러 가지가 있다. 몇 가지 주요한 종류는 다음과 같다.

2.1 피드포워드 신경망(FFNN)

피드포워드 신경망(FFNN, FeedForward Neural Network)은 입력층에서 출력층으로 단방향으로 정보가 전달되는 가장 기본 형태의 인공 신경망이다. 입력 데이터는 순차적으로 각 층의 뉴런으로 전달되며, 각 뉴런은 입력에 대한 가중치와 활성화 함수를 통해 출력을 계산한다. 주로 분류(Classification)나 회귀(Regression)와 같은 문제에 피드포워드 신경망이 사용된다.

2.2 합성곱 신경망(CNN)

합성곱 신경망(CNN, Convolutional Neural Network)은 주로 이미지 처리에 사용되는 인공 신경망이다. 이 신경망은 입력 데이터의 공간적인 구조를 활용하여 이미지에서 특징을 추출하고 분석하는 데 특화되어 있다. 합성곱층(Convolutional

Layer)과 풀링층(Pooling Layer)으로 구성되어 있는데, 합성곱 연산을 통해 이미지에서 특징을 감지하고, 풀링 연산을 통해 중요한 정보를 요약한다. 이러한 구조를 통해 합성곱 신경망은 이미지 인식, 객체 검출, 이미지 분할 등의 작업에서 주로 활용된다.

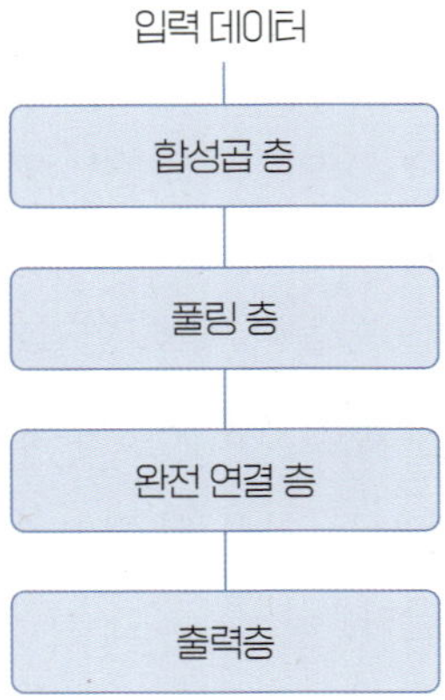

그림 9-1. CNN 구조

그림 9-1에서는 입력 데이터가 합성곱층으로 통과하며, 합성곱 연산을 통해 입력 데이터의 특징이 추출된다. 그다음 풀링층을 거쳐 특징이 압축되고 요약된다. 이어서 완전 연결층으로 전달되어 분류, 회귀 등의 작업을 수행할 준비가 된다. 마지막으로 출력층에서 최종 예측이 이루어진다.

합성곱 신경망은 주로 이미지 처리에 사용되는 신경망 구조로, 공간적인 구조를 활용하여 특징을 추출하는 데 강점을 가지고 있다. 합성곱층은 입력 이미지에서 지역적인 패턴을 인식하고, 풀링층은 공간적인 크기를 줄여 계산 효율성을 높이며 변화에 강인한 특징을 추출한다. 이를 통해 이미지 인식, 객체 검출, 이미지 분할 등 다양한 작업을 수행할 수 있다.

합성곱 신경망은 가중치를 공유하고 지역 패턴을 인식하기 때문에 이미지의 공간 구조를 잘 이해할 수 있다. 이러한 특성은 이미지 처리뿐만 아니라 음성 인식, 자연어 처리 등의 다양한 분야에도 활용된다. 합성곱 신경망은 데이터의 공간 특징을 효과적으로 파악하고 다양한 문제에 적용할 수 있는 강력한 신경망 구조이다.

2.3 순환 신경망(RNN)

순환 신경망(RNN, Recurrent Neural Network)은 순서가 있는 시퀀스 데이터에 적합한 인공 신경망 구조로, 이전 상태의 정보를 현재 상태에 반영하여 데이터의 순차적인 특성을 학습한다. 이 신경망은 순환 구조를 가지며, 시퀀스 데이터의 길이에 제한이 없어 임의의 길이 입력을 처리할 수 있다.

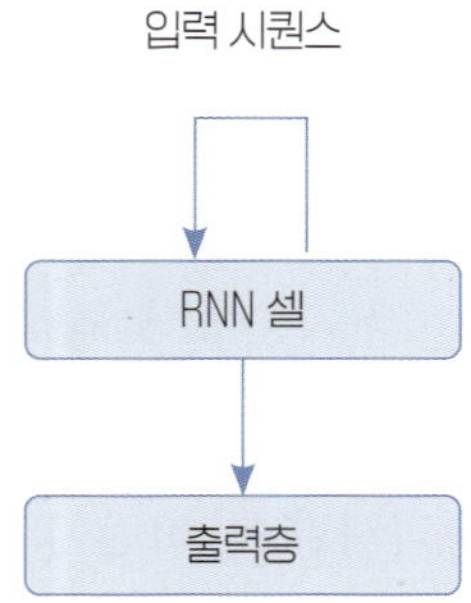

그림 9-2. 순환 신경망 구조

순환 신경망은 입력 시퀀스를 처리하기 위해 RNN 셀에 전달되며, 각 시퀀스 시점마다 RNN 셀은 입력과 이전 시점의 은닉 상태를 고려하여 출력을 계산한다. 이 출력은 다음 시점의 RNN 셀로 전달되어 시퀀스의 끝까지 진행된다. 최종적으로 출력층에서는 최종 출력이 생성된다.

순환 신경망은 순서가 있는 시퀀스 데이터를 처리하는 데 적합한 구조로, 이전 시점의 정보를 현재 시점에 반영함으로써 시퀀스의 의미를 학습할 수 있다. 이러한 구조는 특히 자연어 처리(Natural Language Processing) 분야에서 주로 사용되며, 기계 번역, 감성 분석, 음성 인식 등에 다양하게 활용된다.

그러나 순환 신경망은 순환적인 구조를 가지고 있어 시점별로 연속적으로 처리되어야 하기 때문에 병렬 처리에 제약을 가진다. 또한, 순환 신경망은 장기적인 의존 관계를 학습하는 능력이 제한적일 수 있어서 긴 시퀀스 처리에 어려움을 겪을 수 있다. 이러한 제약을 극복하기 위해 LSTM과 같은 변형된 RNN 구조가 제안되었다.

2.4 장단기 메모리 신경망(LSTM)

장단기 메모리 신경망(LSTM, Long Short-Term Memory)은 순환 신경망(RNN)의 한 종류로, 장기적인 의존 관계를 학습할 수 있는 능력을 갖추었다. 순환 신경망은 이전 상태의 정보를 현재 상태에 반영해 순차적인 데이터 처리에 주로 사용되지만, 장단기 메모리 신경망은 순환 신경망의 한계를 극복하기 위해 고안된 모델이다.

장단기 메모리 신경망은 시퀀스 데이터에서 긴 시간 간격의 의존성을 학습하고 기억할 수 있는데, 이를 가능하게 하는 핵심은 LSTM 셀 내부의 구조이다. LSTM 셀은 입력 게이트(Input Gate), 삭제 게이트(Forget Gate), 출력 게이트(Output Gate) 등으로 구성되어 있다. 각 게이트는 시그모이드 함수와 함께 작동하여 입력 데이터를 얼마나 통과시킬지, 이전 정보를 얼마나 유지할지, 그리고 출력으로 어떤 정보를 내보낼지를 결정한다.

장단기 메모리 신경망은 이러한 게이트 메커니즘을 통해 시퀀스 데이터의 중요한 정보를 장기 기억 상태(Long-Term Memory)에 저장하고 필요할 때 추출해서 사용한다. 이를 통해 장단기 메모리 신경망은 긴 의존 관계를 학습하고 시퀀스 데이터 패턴을 파악할 수 있다. 장단기 메모리 신경망은 주로 자연어 처리 분야에서 활용되며, 기계 번역, 문장 생성, 감성 분석 등 다양한 작업에 적용된다.

장단기 메모리 신경망은 순환 신경망과 비교하여 긴 시퀀스 데이터를 처리할 때 기울기 소실(Vanishing Gradient) 문제를 완화하고, 장기 의존성을 학습할 수 있는 능력을 제공한다. 이로 인해 장단기 메모리 신경망은 딥러닝 모델에서 성능 향상을 이끌어내고, 자연어 처리와 관련된 다양한 작업에서 우수한 결과를 얻을 수 있다. 따라서 특히 자연어 처리 등의 작업에서 효과적으로 사용되고 있다.

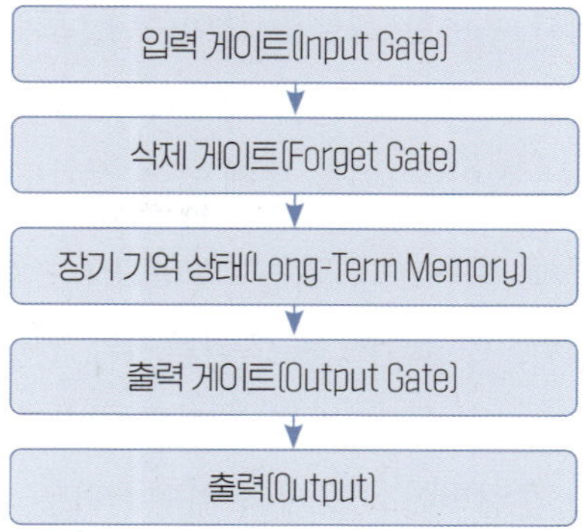

그림 9-3. 장단기 메모리(LSTM) 신경망의 구조

그림 9-3에서 각 상자는 LSTM 셀의 구성 요소를 나타낸다. 입력 게이트는 입력 중 장기 기억 셀에 저장될 양을 결정한다. 삭제(Forget) 게이트는 이전 장기 기억 셀이 얼마나 많이 잊어야 하는지를 제어한다. 장기 기억 셀은 이전 시점의 정보를 보관하며, 출력 게이트는 얼마나 많은 장기 기억을 출력해야 하는지를 조절한다. 마지막으로 출력은 LSTM 셀의 출력을 나타낸다.

또한 LSTM 셀 내에서 정보가 어떻게 흘러가며, 순차적인 데이터에서 장기적인 의존성을 어떻게 포착하고 활용할 수 있는지를 보여준다.

2.5 트랜스포머(Transformer)

트랜스포머는 딥러닝 분야에서 중요한 모델로 자연어 처리에 주로 활용된다. 2017년에 발표된 〈Attention is All You Need〉 논문에서 소개되었으며, 기존 순환 신경망(RNN)의 대안으로 등장한 구조이다.

트랜스포머는 순차적인 처리를 필요로 하지 않고, 병렬 처리가 가능한 구조를 가지고 있다. 이를 위해 어텐션(Attention) 메커니즘을 중심으로 설계되었다. 어텐션 메커니즘은 입력과 출력 사이의 관계를 모델링하고, 입력 시퀀스의 각 위치에 대해서 가중치를 계산하여 정보에 집중할 수 있는 능력을 갖추고 있다.

주로 자연어 처리 작업에 적용되며, 기계 번역, 요약, 질의응답 등 다양한 태스크(Task)에서 우수한 성능을 보여준다. 트랜스포머의 장점은 병렬 처리를 통해 계산 속도를 향상시킬 수 있으며, 장기 의존성 문제를 해결할 수 있는 능력을 가지고 있다는 점이다. 이를 통해 높은 정확도와 효율성을 동시에 달성할 수 있다.

가장 최근에 주목받고 있는 ChatGPT는 OpenAI에서 개발한 대화형 인공지능 모델이다. ChatGPT는 아키텍처와 원리를 기반으로 하며, GPT(Generative Pre-trained Transformer)라는 모델을 기반으로 한다. ChatGPT는 대화형 인공지능을 위해 훈련되어 사용자와 자연스러운 대화를 수행할 수 있다. 모델은 대량의 텍스트 데이터를 사전 훈련한 후, 사용자의 입력에 적절한 응답을 생성한다. ChatGPT는 입력 문맥을 이해하고 다음 단어를 예측하기 위해 훈련된 모델로, 이를 통해서 자연어 이해와 생성 작업을 수행한다.

트랜스포머 아키텍처를 사용하는 ChatGPT는 대화의 의미와 문맥을 이해하고, 문장을 구성하며, 자연스러운 응답을 생성하는 데 강점을 가지고 있다. 이러한 대화형 모델은 딥러닝과 자연어 처리 기술의 발전으로 인해 실제 응용 분야에서 큰 관심과 사용이 이루어지고 있다.

트랜스포머는 계속해서 연구와 발전이 이루어지고 있으며, 다양한 응용 분야에서 활용할 수 있는 잠재력을 가지고 있다.

그림 9-4. 트랜스포머 구조

입력 시퀀스는 임베딩 과정을 거쳐 인코더로 전달된다. 인코더는 여러 개의 인코더층으로 구성되어 있으며, 각 층은 셀프 어텐션과 피드포워드 신경망을 포함한다. 이후 디코더는 인코더로부터 전달받은 정보와 이전 시점의 출력을 활용해 출력 시퀀스를 생성한다.

셀프 어텐션은 입력 시퀀스 내 단어들 사이의 상관 관계를 모델링하는 역할을 하며, 피드포워드(Feed Forward) 신경망은 단어의 특징을 추출하고 다음 단어의 예측에 활용된다. 각각의 인코더층과 디코더층은 서로 다른 파라미터를 가지고 있어 다양한 특성을 학습할 수 있다.

트랜스포머의 구조는 입력과 출력 시퀀스 간의 상호 작용을 가능하게 하며, 병렬 처리를 통해 학습과 추론 속도를 향상시킨다. 이를 통해 자연어 처리 및 기타 시퀀스 기반 작업에 대한 우수한 성능을 제공한다.

본 교재에서 설명한 인공 신경망 종류는 일부에 불과하며, 딥러닝 연구와 발전에 따라 다양한 변형과 새로운 구조가 제안되고 있다. 따라서 선택하는 인공 신경망 종류는 문제의 특성과 데이터 종류에 따라 다양하게 달라질 수 있다.

3 〉이미지 분류 예측 모델

이미지 분류 예측 모델은 주어진 이미지를 사전 정의된 클래스 또는 카테고리로 분류하는 딥러닝 모델이다. 이 모델은 이미지 특징을 추출하고, 이러한 특징을 기반으로 이미지를 올바른 클래스로 분류한다. 이미지 데이터와 딥러닝의 관련성, 합성곱 신경망(CNN)에 대한 소개, 그리고 간단한 이미지 분류 예측 모델 구축 예시를 통해 이러한 개념을 하나하나씩 알아보자.

3.1 이미지 데이터와 딥러닝의 관련성

이미지 데이터는 주변에서 가장 풍부한 데이터 유형 중 하나로, 딥러닝은 이미지 처리와 관련된 다양한 작업에서 놀라운 성능을 보여주어 큰 관심을 받고 있다.

특히 딥러닝은 이미지 분류, 객체 검출, 분할 등의 문제를 효과적으로 해결할 수 있다. 이미지 분류는 주어진 이미지를 사전 정의된 클래스로 분류하는 작업을 의미하며, 딥러닝 모델은 복잡한 이미지의 특징을 자동으로 학습하여 대용량의 이미지 데이터 세트에서 패턴을 인식하고 정확한 예측을 수행할 수 있다.

딥러닝 모델은 이미지의 다양한 특징을 추출하고 이를 기반으로 이미지를 효과적으로 이해할 수 있다. 합성곱 신경망(CNN, Convolutional Neural Network)은 이미지 처리에 특화된 딥러닝 모델로, 이미지의 공간 정보를 보존하면서 특징을 추출한다. 합성곱층과 풀링층을 통해 이미지 특징을 계층적으로 학습하고, 이를 이용하여 이미지 분류 등의 작업을 수행할 수 있다.

딥러닝은 대량의 이미지 데이터를 필요로 하는데, 현대의 디지털 환경에서는 이러한 데이터를 쉽게 얻을 수 있다. 인터넷, 사진 공유 플랫폼, 디지털 카메라 등을 통해 수많은 이미지 데이터가 생성 및 공유되고 있으며, 이러한 대량의 데이터를 활용하여 딥러닝 모델을 학습시키면 모델은 이미지의 다양한 변형, 조명 조건, 객체의 크기와 위치 등에서 강건한 특성을 학습할 수 있다.

딥러닝을 통해 이미지 데이터를 처리하고 분석함으로써 컴퓨터 비전 분야에서 혁신과 발전을 이루고 있다. 이미지 분류, 객체 검출, 분할 등의 작업은 컴퓨터 비전 애플리케이션, 자율 주행 차량, 의료 이미징, 보안 시스템 등 다양한 분야에서 활용되고 있으며, 딥러닝을 통해 더욱 정확하고 신뢰할 수 있는 결과를 얻을 수 있게 되었다.

3.2 합성곱 신경망(CNN) 소개

합성곱 신경망(CNN)은 주로 이미지 처리와 패턴 인식에 사용되는 딥러닝 모델이다. 합성곱 신경망의 구조와 동작 원리를 간단히 설명하면 그림 9-5와 같다.

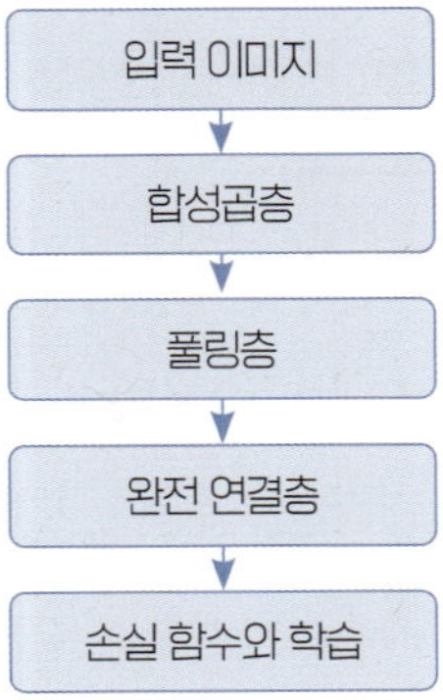

그림 9-5. CNN 구조와 동작 원리

합성곱층(Convolutional Layer)

합성곱층은 입력 이미지에 여러 개의 필터를 적용해 특징 맵(Feature Map)을 생성하는 역할을 한다. 필터('커널' 또는 '마스크'라고도 함)는 작은 크기의 창으로 입력 이미지를 슬라이딩하면서 특징을 탐지한다. 합성곱 연산은 입력과 필터의 각 위치에서 곱을 합산하여 특징 맵을 생성하는데, 이는 이미지의 공간적인 구조를 고려하여 중요한 특징을 추출하는 역할을 수행한다.

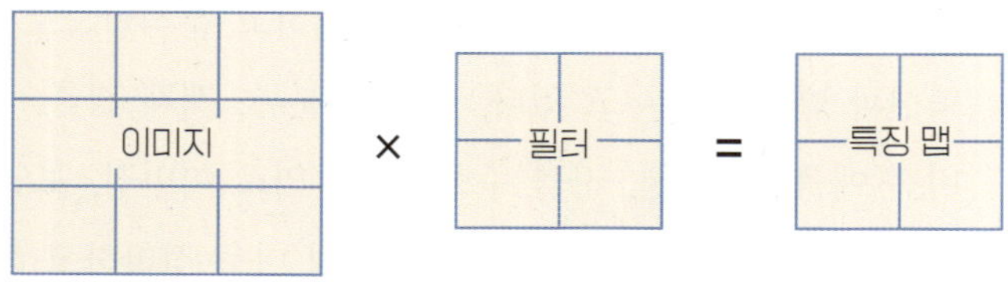

그림 9-6. 특징 맵 추출 방법

예를 들어, 3×3 크기의 이미지를 가정해 보자. 이미지 특징 추출을 위해 다양한 필터를 차례대로 적용하면서 이미지 특징을 추출한다. 이러한 과정에서 합성곱 연산을 통해 이미지의 각 위치에서 필터와의 곱을 계산하고 합산하는 작업을 반복한다. 이를 통해 이미지 전체에 걸쳐 특징을 감지하고 추출하는 과정이 이루어지는데, 이때 필터는 특징 추출을 위해 사용된다.

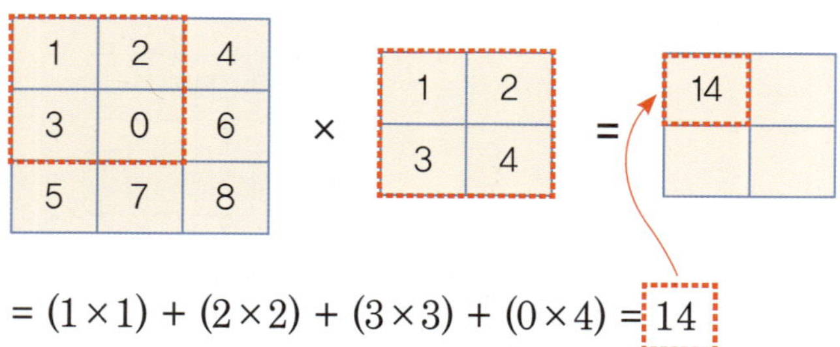

그림 9-7. 필터를 이용해 특징 맵을 구하는 과정

풀링층(Pooling Layer)

풀링층은 특징 맵의 크기를 줄이고 중요한 정보를 강조하는 역할을 한다. 주로 맥스 풀링(Max Pooling)이 사용되며, 특정 영역에서 가장 큰 값을 선택하여 해당 영역의 특징을 강조한다. 또한, 평균 풀링(Average Pooling) 등 다른 종류의 풀링도 있다. 풀링을 통해 공간적인 해상도를 줄이면서 추상화된 특징을 유지할 수 있다.

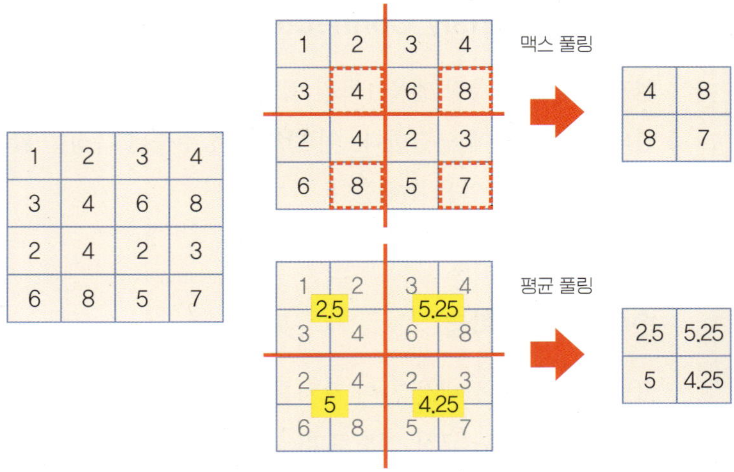

그림 9-8. 맥스 풀링과 평균 풀링

잠깐만요

풀링

풀링은 일반적으로 맥스 풀링(Max Pooling)과 평균 풀링(Average Pooling) 두 가지 종류가 사용된다.

- **맥스 풀링(Max Pooling)**

  맥스 풀링은 입력 영역에서 가장 큰 값을 선택하여 특징을 강조하는 방식이다. 입력 영역을 구간으로 나누고, 각 구간에서 최대값을 선택하여 풀링된 특징 맵을 생성한다. 이 방법은 주로 가장 강한 특징을 감지하는 데 효과적이며, 불필요한 정보를 줄여 연산량을 감소시킨다.

- **평균 풀링(Average Pooling)**

  평균 풀링은 입력 영역에서 평균값을 계산해 특징을 요약하는 방식이다. 입력 영역을 구간으로 나누고, 각 구간에서 평균값을 계산하여 풀링된 특징 맵을 생성한다. 이 방법은 전체적인 특징을 유지하는 데 도움이 되며, 이미지의 변화에 대한 민감도를 줄일 수 있다.

맥스 풀링은 주로 합성곱 신경망에서 이미지 처리 작업에 사용되며, 공간적인 불변성을 강조하기 위해 활용된다. 반면, 평균 풀링은 주로 컴퓨터 비전 작업에서 입력 크기를 축소하면서도 공간적인 정보를 보존하는 용도로 사용된다. 선택하는 풀링 방법은 주어진 작업과 데이터 특성에 따라 달라질 수 있다.

완전 연결층(Fully Connected Layer)

완전 연결층은 특징 맵을 1차원 벡터로 펼친 뒤, 다층 퍼셉트론이라는 인공 신경망의 기본 구조에 연결한다. 이 단계에서 추출된 특징을 활용하여 분류, 객체 검출 등 다양한 작업을 수행한다.

손실 함수와 학습

모델의 예측과 실제값 사이 오차를 계산하기 위해 손실 함수를 정의한다. 주로 분류 문제에서는 교차 엔트로피(Cross-Entropy) 손실 함수가 사용된다. 손실 함수를 최소화하기 위해 역전파 알고리즘을 사용해서 가중치를 업데이트하고 모델을 학습시킨다.

합성곱 신경망은 입력 이미지로부터 특징을 추출하고, 이를 활용해 다양한 이미지 처리 작업을 수행하는데, 이러한 구조와 동작 원리를 통해 컴퓨터 비전 분야에서 많은 성과를 이뤄내고 있다.

3.3 간단한 이미지 분류 예측 모델 구축 예시

간단한 이미지 분류 예측 모델을 구축해 보자.

1. **데이터 수집** : 적절한 이미지 데이터 세트를 수집한다. 예를 들어, 고양이와 개 이미지를 포함하는 데이터 세트를 사용할 수 있다. 이 데이터 세트는 각 이미지가 고양이인지 개인지에 대한 레이블을 가지고 있어야 한다.
2. **데이터 전처리** : 이미지 데이터를 모델에 적합한 형태로 전처리한다. 일반적으로 이미지를 일정한 크기로 조정하고, 색상은 정규화하거나 필요에 따라 데이터를 증강시킨다. 이러한 전처리는 이미지의 특징을 강화하고 모델 학습을 지원한다.
3. **모델 구축** : 딥러닝 프레임워크를 활용하여 이미지 분류 예측 모델을 구축한다. 이를 위해 가장 기본적인 형태인 피드포워드 신경망(FFNN, FeedForward Neural Network)이나 합성곱 신경망(CNN, Convolutional Neural Network)을 사용할 수 있다.

4. **모델 학습** : 전처리된 이미지 데이터를 모델에 입력하여 학습을 진행한다. 학습 과정은 입력 이미지와 해당 이미지의 실제 레이블 간 오차를 최소화하기 위해 모델의 가중치와 편향을 조정하는 과정이다. 이를 위해 손실 함수(Loss Function)와 최적화 알고리즘(Optimizer)을 사용한다.
5. **모델 평가** : 학습이 완료된 모델을 평가한다. 이를 위해 별도의 테스트 데이터 세트를 사용하여 모델의 성능을 평가한다. 정확도(Accuracy)나 혼동 행렬(Confusion Matrix) 등의 지표를 사용하여 모델의 분류 성능을 측정한다.
6. **예측 수행** : 최종으로 학습된 모델을 사용하여 새로운 이미지에 대한 예측을 수행할 수 있다. 모델은 입력된 이미지를 분석하고, 해당 이미지가 고양이 또는 개인지를 예측한 결과를 제공한다.

잠깐만요

혼동 행렬

혼동 행렬(Confusion Matrix)은 분류 모델의 성능을 평가하기 위해 사용되는 행렬이다. 이 행렬은 예측 결과와 실제 레이블 간의 일치 여부를 보여준다. 주로 다중 클래스 분류 문제에서 사용되며, 각 클래스에 대해 예측된 결과의 일치 여부와 오분류를 시각적으로 파악할 수 있다. 혼동 행렬은 다음과 같은 4개의 항목으로 구성된다.

	실제 양성(Positive)	실제 음성(Negative)
예측 양성(Positive)	True Positive(TP)	False Positive(FP)
예측 음성(Negative)	False Negative(FN)	True Negative(TN)

1. **True Positive(TP)** : 실제로 양성(Positive)인 샘플을 양성으로 올바르게 예측한 경우이다.
2. **True Negative(TN)** : 실제로 음성(Negative)인 샘플을 음성으로 올바르게 예측한 경우이다.
3. **False Positive(FP)** : 실제로 음성인데 양성으로 잘못 예측한 경우이다.
4. **False Negative(FN)** : 실제로 양성인데 음성으로 잘못 예측한 경우이다.

혼동 행렬을 통해 모델의 성능을 평가하고 다음과 같은 지표들을 계산할 수 있다.

1. **정확도(Accuracy)** : 모든 예측 결과 중 올바르게 예측한 비율로, (TP+TN) / (TP+TN+FP+FN)으로 계산된다.
2. **정밀도(Precision)** : 양성으로 예측한 샘플 중 실제로 양성인 비율로, TP / (TP+FP)로 계산된다.
3. **재현율(Recall)** : 실제 양성인 샘플 중 양성으로 정확히 예측한 비율로, TP / (TP+FN)로 계산된다.
4. **F1 점수(F1 Score)** : 정밀도와 재현율의 조화 평균으로, 2*(정밀도*재현율) / (정밀도+재현율)로 계산된다.

혼동 행렬을 통해 모델이 어떤 클래스를 얼마나 정확하게 예측하고 있는지, 어떤 클래스 간에 혼동이 발생하는지 등을 확인할 수 있다.

실습 예제

CIFAT-10 데이터 세트를 활용한 분류 예측 모델

CIFAR-10 데이터 세트를 사용하여 10개의 클래스로 이루어진 이미지를 분류하는 모델을 생성하는 간단한 이미지 분류 예측 모델을 구축해 보자.

```
import tensorflow as tf
from tensorflow.keras import datasets, layers, models

#데이터 세트 로드 및 전처리
(train_images, train_labels), (test_images, test_labels) = datasets.
cifar10.load_data()
train_images, test_images = train_images / 255.0, test_images / 255.0

#CNN 모델 구축
model = models.Sequential()
model.add(layers.Conv2D(32, (3, 3), activation='relu', input_shape=
(32, 32, 3)))
model.add(layers.MaxPooling2D((2, 2)))
model.add(layers.Conv2D(64, (3, 3), activation='relu'))
model.add(layers.MaxPooling2D((2, 2)))
model.add(layers.Conv2D(64, (3, 3), activation='relu'))
model.add(layers.Flatten())
model.add(layers.Dense(64, activation='relu'))
model.add(layers.Dense(10))

#모델 컴파일
model.compile(optimizer='adam',
loss=tf.keras.losses.SparseCategoricalCrossentropy(from_logits=True),
metrics=['accuracy'])

#모델 학습
model.fit(train_images, train_labels, epochs=10, validation_data=
(test_images, test_labels))
```

```
#모델 평가
test_loss, test_acc = model.evaluate(test_images, test_labels,
verbose=2)
print("Test accuracy:", test_acc)
```

<실행 결과 예>

```
Downloading data from https://www.cs.toronto.edu/~kriz/cifar-10-python.tar.gz
170498071/170498071 [==============================] - 2s 0us/step
Epoch 1/10
1563/1563 [==============================] - 56s 34ms/step - loss:
1.5548 - accuracy: 0.4285 - val_loss: 1.3101 - val_accuracy: 0.5232
Epoch 2/10
1563/1563 [==============================] - 50s 32ms/step - loss:
1.2256 - accuracy: 0.5630 - val_loss: 1.1417 - val_accuracy: 0.5963
Epoch 3/10
1563/1563 [==============================] - 51s 33ms/step - loss:
1.0755 - accuracy: 0.6219 - val_loss: 1.0348 - val_accuracy: 0.6331
Epoch 4/10
1563/1563 [==============================] - 51s 32ms/step - loss:
0.9736 - accuracy: 0.6565 - val_loss: 0.9700 - val_accuracy: 0.6617
Epoch 5/10
1563/1563 [==============================] - 50s 32ms/step - loss:
0.8982 - accuracy: 0.6875 - val_loss: 0.9258 - val_accuracy: 0.6748
Epoch 6/10
1563/1563 [==============================] - 50s 32ms/step - loss:
0.8416 - accuracy: 0.7055 - val_loss: 0.9582 - val_accuracy: 0.6679
Epoch 7/10
1563/1563 [==============================] - 49s 32ms/step - loss:
0.8015 - accuracy: 0.7206 - val_loss: 0.8708 - val_accuracy: 0.6947
Epoch 8/10
1563/1563 [==============================] - 52s 33ms/step - loss:
0.7554 - accuracy: 0.7352 - val_loss: 0.8779 - val_accuracy: 0.6966
Epoch 9/10
```

```
1563/1563 [==============================] - 50s 32ms/step - loss:
0.7173 - accuracy: 0.7478 - val_loss: 0.8962 - val_accuracy: 0.6877
Epoch 10/10
1563/1563 [==============================] - 50s 32ms/step - loss:
0.6790 - accuracy: 0.7623 - val_loss: 0.8542 - val_accuracy: 0.7057
313/313 - 3s - loss: 0.8542 - accuracy: 0.7057 - 3s/epoch - 8ms/step
Test accuracy: 0.7056999802589417
```

위의 코드는 CIFAR-10 데이터 세트를 사용해 간단한 이미지 분류 예측을 모델로 하는 코드로 다음과 같다.

❶ 필요한 모듈과 라이브러리 불러오기

```
import tensorflow as tf
from tensorflow.keras import datasets, layers, models
```

❷ 데이터 세트 읽어 오기

```
#데이터 세트 로드
(train_images, train_labels), (test_images, test_labels) =
datasets.cifar10.load_data()
```

datasets.cifar10.load_data()를 사용하여 CIFAR-10 데이터 세트를 로드한다. 이때 데이터 세트는 훈련용 이미지, 훈련용 레이블, 테스트용 이미지, 테스트용 레이블로 분할된다.

❸ 데이터 세트 전처리하기

```
#데이터 세트 전처리
train_images, test_images = train_images / 255.0, test_images / 255.0
```

훈련용 이미지와 테스트용 이미지를 0에서 255 사이 값으로 구성된 픽셀값으로 나누어 정규화(Normalization)한다. 정규화는 입력 데이터의 범위를 조정해 모델이 더 잘 수렴하고 안정적으로 학습할 수 있도록 도와준다. train_images와 test_images는 0부터 255까지의 픽셀값으로 이루어진 이미지 데이터를 0에서 1 사이 값으로 변환하기 위해 255로 나눈다. 이 과정을 통해 모든 픽셀값이 0과 1 사이에 위치한다.

잠깐만요

이미지를 정규화하는 이유는 다음과 같다.

1. **수치적인 안정성** : 정규화를 통해 입력 데이터의 범위가 작아지므로 연산 과정에서 발생할 수 있는 수치적 불안정성을 줄일 수 있기 때문이다.
2. **빠른 수렴** : 입력 데이터의 범위가 작아지면 경사 하강법 알고리즘 등의 최적화 과정에서 빠르게 수렴할 수 있기 때문이다.
3. **일반화 능력 향상** : 정규화를 통해 모델이 다양한 데이터에 대해 더 잘 일반화할 수 있기 때문이다.

따라서 train_images와 test_images를 0과 1 사이의 값으로 정규화하여 모델 학습에 활용한다.

❹ CNN 모델 구축하기

```
#CNN 모델 구축
model = models.Sequential()
model.add(layers.Conv2D(32, (3, 3), activation='relu', input_
shape=(32, 32, 3)))
model.add(layers.MaxPooling2D((2, 2)))
model.add(layers.Conv2D(64, (3, 3), activation='relu'))
model.add(layers.MaxPooling2D((2, 2)))
model.add(layers.Conv2D(64, (3, 3), activation='relu'))
model.add(layers.Flatten())
model.add(layers.Dense(64, activation='relu'))
model.add(layers.Dense(10))
```

models.Sequential()을 사용하여 Sequential 모델 객체를 생성하는 것으로 이미지 분류를 위한 CNN(Convolutional Neural Network) 모델을 구성하는 과정이다. model.add()를 사용하여 각 레이어를 모델에 추가한다.

1. **첫 번째 레이어** : 32개의 3×3 크기의 필터를 가진 합성곱(Convolution) 레이어로, 입력 이미지의 형태는 (32, 32, 3)으로 설정하고, 활성화 함수로는 ReLU(Rectified Linear Unit)를 사용한다.
2. **두 번째 레이어** : 2×2 크기의 맥스 풀링(Max Pooling) 레이어로, 이전 레이어 출력의 2×2 영역에서 최대값을 추출하여 다운 샘플링한다. 이를 통해 공간적인 크기를 줄이고 중요한 특징을 강조하는 역할을 수행한다.
3. **세 번째 레이어** : 64개의 3×3 크기의 필터를 가진 합성곱 레이어로 활성화 함수로는 ReLU를 사용한다.
4. **네 번째 레이어** : 2×2 크기의 맥스 풀링 레이어이다.
5. **다섯 번째 레이어** : 64개의 3×3 크기의 필터를 가진 합성곱 레이어로 활성화 함수로는 ReLU를 사용한다.
6. **여섯 번째 레이어** : Flatten()은 다차원 입력인 이전 레이어의 출력을 1차원으로 펼치는 레이어로 다음 완전 연결 레이어에 전달하기 위해 차원을 조정한다.
7. **일곱 번째 레이어** : 64개의 뉴런을 가진 완전 연결(Dense) 레이어로, 활성화 함수로는 ReLU를 사용한다.
8. **여덟 번째 레이어** : 10개의 뉴런을 가진 완전 연결 레이어로, 최종 분류 결과를 출력하기 위해 사용된다.

위의 모델은 Convolutional 레이어, Pooling 레이어, Fully Connected 레이어 등을 조합하여 이미지 분류 작업에 적합한 구조로 설계되어 있다. 따라서, 각 레이어는 이미지 특징을 추출하고 중요한 정보를 강조하여 모델이 입력 이미지를 올바르게 분류할 수 있도록 도와준다.

❺ 모델 컴파일하기

```
#모델 컴파일
model.compile(optimizer='adam',
loss=tf.keras.losses.SparseCategoricalCrossentropy(from_logits=True),
metrics=['accuracy'])
```

model.compile()을 사용하여 모델을 컴파일하고, 최적화(optimizer)로는 'adam'을 사용했다. 또한, 손실 함수(loss)로는 tf.keras.losses.SparseCategoricalCrossentropy(from_logits=True)를 사용하는데 이것은 다중 클래스 분류 문제에서 주로 사용된다. 이때, from_logits=True는 모델의 출력값이 확률값으로 정규화되지 않았음을 의미한다. 그다음 평가 지표(metrics)로는 정확도(accuracy)를 설정한다.

참고로 딥러닝 모델에서는 손실 함수를 최소화하는 방향으로 학습이 진행되며, 범주형 교차 엔트로피 손실 함수는 다중 클래스 분류 문제에서 일반적으로 사용되는 손실 함수 중 하나이다.

❻ 모델 학습하기

```
#모델 학습
model.fit(train_images, train_labels, epochs=10, validation_
data=(test_images, test_labels))
```

model.fit 함수를 사용하여 주어진 학습 데이터로 모델을 학습시키고 검증 데이터를 사용해서 성능을 평가한다. 이때 훈련용 이미지(train_images)와 레이블(train_labels)을 입력으로 주고, epochs(에포크)는 전체 데이터 세트를 몇 번 반복해서 학습할지 지정하는 것으로 10으로 설정하여 10번의 에포크 동안 훈련을 진행한다. 검증 데이터(validation_data)로 테스트용 이미지(test_images)와 레이블(test_labels)을 사용한다.

❼ 마지막으로 모델 평가하기

```
#모델 평가
test_loss, test_acc = model.evaluate(test_images, test_labels,
verbose=2)
print("Test accuracy:", test_acc)
```

model.evaluate 함수를 사용하여 주어진 테스트 데이터에 대한 손실과 정확도를 계산하여 모델을 평가한다. 테스트용 이미지(test_images)와 레이블(test_labels)을 입력으로 주고, 손실과 정확도를 계산한다. verbose는 출력의 상세도를 지정하는 매개 변수로, 여기서는 2로 설정하여 상세한 출력을 표시한다.

model.evaluate 함수는 모델의 손실과 정확도를 반환받아 이를 test_loss와 test_acc 변수에 저장하고, print 함수를 사용해 계산된 테스트 정확도를 출력한다.

TensorFlow를 사용하여 간단한 CNN 모델을 구축하고 CIFAR-10 데이터 세트를 통해 학습과 평가를 수행했다. 이를 통해 〈실행 결과 예〉처럼 CIFAR-10 데이터 세트에서 약 70% 이상의 정확도를 달성할 수 있는 간단한 이미지 분류 예측 모델을 생성할 수 있다. 그러나 실제로 정확도를 더 높이기 위해서는 모델 구조, 하이퍼 파라미터, 데이터 전처리 등을 조정하고 더 많은 에포크로 학습하는 등의 추가 작업이 필요하다.

잠깐만요

CIFAR-10 데이터 세트

CIFAR-10은 컴퓨터 비전 분야에서 널리 사용되는 이미지 데이터 세트로, 이 데이터 세트는 10개의 다른 클래스에 속하는 6만 개의 32×32 컬러 이미지로 구성되어 있다. 각 이미지는 10개의 클래스 중 하나에 해당하는 사물 또는 동물을 나타내는데, CIFAR-10 데이터 세트에 포함된 클래스는 다음과 같다.

1. 비행기(Airplane)
2. 자동차(Automobile)
3. 새(Bird)
4. 고양이(Cat)
5. 사슴(Deer)
6. 개(Dog)
7. 개구리(Frog)
8. 말(Horse)
9. 배(Ship)
10. 트럭(Truck)

이 데이터 세트는 학습 세트와 테스트 세트로 구성되어 있으며, 학습 세트는 5만 개의 이미지, 테스트 세트는 1만 개의 이미지로 이루어져 있다. CIFAR-10 데이터 세트는 딥러닝 모델의 성능을 평가하고 이미지 분류 문제를 해결하는 데 사용되는 벤치마크 데이터 세트로 널리 알려져 있다.

딥러닝 모델을 학습시키기 위해 CIFAR-10 데이터 세트는 입력 이미지와 해당 이미지에 대한 정답(레이블)으로 구성된 형태로 사용된다. 이 데이터 세트는 이미지 분류, 객체 검출, 객체 분할 등과 같은 다양한 컴퓨터 비전 작업에서 활용된다.

4 〉 자연어 처리와 순환 신경망

일상생활 속에서 가장 흔히 사용하는 인공지능과 연결된 기술은 자연어 처리이다. 자연어 처리는 우리의 음성이나 텍스트와 같은 자연어를 이해하고 해석하는 능력을 가진 컴퓨터 시스템을 구축하는 기술이다. 이를 통해 우리는 음성 비서, 기계 번역, 자동 요약, 챗봇과의 대화 등 다양한 상황에서 자연스러운 상호 작용을 경험하고 있다.

자연어 처리 기술은 머신러닝과 딥러닝을 기반으로 하며, 텍스트 데이터의 특성을 이해하고 처리하는 알고리즘과 모델을 개발한다. 예를 들어, 텍스트 분류를 통해서 스팸 메일을 필터링하거나 감성 분석을 통해 소셜 미디어에서 사용자 의견을 분석할 수 있다. 또한, 자연어 이해를 통해 질문에 답변하는 시스템을 만들거나 기계 번역을 통해 다른 언어로 텍스트를 변환하는 등 다양한 작업을 수행할 수 있다.

자연어 처리 기술은 우리의 일상생활과 밀접한 관련이 있어 점점 발전하고 다양한 분야에 적용되고 있다. 앞으로 더 발전된 자연어 처리 기술을 통해 우리의 음성과 텍스트로 이루어진 소통이 더 원활해지며, 다양한 산업 분야에서 혁신적인 변화를 가져올 것으로 기대된다.

이에 자연어 처리의 기본 개념부터 대표적인 순환 신경망(RNN), 그리고 간단한 자연어 처리 예시를 살펴보자.

4.1 자연어 처리의 기본 개념

자연어 처리는 인간의 언어를 컴퓨터가 이해하고 처리할 수 있도록 하는 분야이다.

우리는 일상생활에서 다양한 형태의 텍스트 데이터를 다루며, 이를 통해 의미를 추출하고 언어의 특성을 모델링하여 다양한 자연어 처리 작업을 수행한다. 자연어 처리는 기계 번역, 텍스트 분류, 감성 분석, 질의응답 시스템, 챗봇 등 다양한 응용 분야에서 중요한 역할을 한다.

자연어 처리의 기본 개념으로는 다음과 같은 주요 작업들이 있다.

1. **텍스트 전처리** : 자연어 처리 작업을 수행하기 전에 텍스트 데이터를 정제하고 형식을 통일하는 과정이 필요하다. 이 단계에서는 문장 부호 제거, 대소문자 통일, 불필요한 공백 제거 등의 작업을 수행한다.
2. **토큰화(Tokenization)** : 텍스트를 처리하기 위해 일반적으로 토큰화 과정을 수행한다. 이 과정에서 텍스트를 작은 단위로 나누는데, 주로 단어 단위로 토큰화를 진행한다. 이를 통해 문장을 단어로 분리하고, 각 단어를 기본적인 의미 단위로 변환한다.
3. **언어 모델링(Language Modeling)** : 자연어의 구조와 통계적 특성을 학습하는 과정이다. 언어 모델은 문장의 확률을 예측하는 데 사용되며, 다음 단어 예측, 문장 생성, 기계 번역 등 다양한 자연어 처리 작업에 활용된다.
4. **문장 분류(Sentence Classification)** : 주어진 문장을 미리 정의된 클래스 또는 범주로 분류하는 작업이다. 이를 통해 텍스트의 의도 파악, 감정 분류, 스팸 여부 판별 등 다양한 분류 작업을 수행할 수 있다.

자연어 처리는 다양한 기술과 알고리즘을 활용하여 자연어의 의미를 추출하고 처리하는 분야이다. 최근에는 딥러닝을 기반으로 한 순환 신경망(RNN)과 변형된 모델들이 자연어 처리 분야에서 많은 성과를 거두고 있다. 이러한 발전은 더 정확하고 유연한 자연어 처리 시스템을 구축하는 데 도움을 주고 있다.

하나의 예시로 온라인 상점에서 제품 리뷰를 분석하여 긍정적인 리뷰와 부정적인 리뷰를 구분하는 감성 분석 시스템을 개발한다고 가정해 보자. 이를 위해 우리는 앞에서 설명한 과정을 통하여 제품 리뷰를 분석하고 감성 분석 시스템을 구축해야 한다.

❶ 텍스트 전처리하기

사용자가 작성한 리뷰 텍스트를 전처리해 정제한다. 문장 부호나 특수문자를 제거하고, 대소문자를 통일하며, 불필요한 공백을 제거하는 등의 작업을 수행한다.

> **예) 원본 리뷰 텍스트** : "This product is amazing!! I love it!!!"
> **1. 문장 부호 및 특수문자 제거** : 문장 부호나 특수문자를 제거하여 텍스트를 정제한다.
> 정제된 텍스트 : "This product is amazing I love it"
> **2. 대소문자 통일** : 모든 문자를 소문자 또는 대문자로 통일한다.
> 정제된 텍스트 : "This product is amazing i love it"
> **3. 불필요한 공백 제거** : 텍스트에서 불필요한 공백을 제거한다.
> 정제된 텍스트 : "This product is amazing i love it"

위와 같은 과정을 통해 텍스트 전처리를 수행하여 원본 리뷰 텍스트를 정제된 텍스트로 변환한다. 이를 통해 모델이 불필요한 정보나 잡음을 최소화하고, 의미 있는 특징을 더 잘 추출할 수 있게 된다.

❷ 토큰화(Tokenization)하기

전처리된 리뷰 텍스트를 단어 단위로 나눈다. 예를 들어, "이 제품은 정말 훌륭하다"라는 리뷰는 '이', '제품은', '정말', '훌륭하다'와 같은 단어로 분리한다.

> 예) 전처리된 텍스트 : "이 제품은 정말 훌륭하다"
> 공백을 기준으로 단어 분리 : 공백을 기준으로 텍스트를 단어로 분리한다.
> 분리된 단어 : ['이', '제품은', '정말', '훌륭하다']

위와 같은 과정을 통해 토큰화를 수행하여 전처리된 텍스트를 단어 단위로 나누고, 이렇게 텍스트를 단어로 분리하면 각 단어는 독립적인 의미의 단위로 사용될 수 있으며, 이후 자연어 처리 작업에서 단어 단위로 다양하게 분석할 수 있다.

❸ 언어 모델링(Language Modeling)하기

토큰화된 단어들을 바탕으로 언어 모델을 구축한다. 이 모델은 문장에서 단어 간의 관계와 의미를 파악하고, 문장의 긍정적 또는 부정적인 성향을 예측하는 데 사용된다. 예를 들어, "훌륭하다"와 같은 긍정적인 단어가 등장하면 해당 리뷰는 긍정적인 리뷰로 분류될 가능성이 높아진다.

> 예) 토큰화된 단어들 : ['이', '제품은', '정말', '훌륭하다']

언어 모델은 이러한 토큰화된 단어들을 입력으로 받아 다음 단어를 예측하는 과정을 수행한다. 예를 들어, '이 제품은'이라는 문장이 주어졌을 때, 모델은 '정말'이 다음에 나올 가능성이 높다고 예측할 수 있다. 학습된 언어 모델은 긍정적인 단어가 등장하면 해당 리뷰가 긍정적인 성향을 가질 가능성이 높다고 예측할 수 있게 된다.

따라서 언어 모델링은 문장 분류, 문장 생성, 기계 번역 등 다양한 자연어 처리 작업에 활용되며, 텍스트 데이터의 의미 파악과 문맥 이해에 큰 도움을 준다.

④ 문장 분류(Sentence Classification)하기

언어 모델링을 통해 얻은 정보를 기반으로 리뷰를 긍정적인 리뷰 또는 부정적인 리뷰로 분류한다. 언어 모델이 예측한 확률 정보를 확인하여 임계값(Threshold)을 기준으로 긍정적인 리뷰와 부정적인 리뷰로 분류한다.

> 예) 언어 모델이 주어진 리뷰가 긍정적인 리뷰일 확률을 0.8로 예측했다고 가정해 보자. 이때 임계값을 0.5로 설정한다면 이 리뷰는 긍정적인 리뷰로 분류될 것이다. 그러나 임계값을 0.7로 설정한다면 이 리뷰는 분류되지 않고, 중립적인 리뷰로 처리될 수도 있다.

임계값은 분류 작업에서 분류의 강도를 조절하는 매개 변수이다. 임계값을 낮추면 모델은 더 많은 리뷰를 긍정적인 리뷰로 분류할 가능성이 있지만, 잘못된 분류가 더 많이 발생할 수 있다. 반대로, 임계값을 높이면 모델은 더 엄격하게 분류하게 되어 정확도는 높아지지만, 긍정적인 리뷰를 놓치는 경우가 늘어날 수 있다.

따라서 문장 분류 작업에서는 언어 모델이 예측한 확률값을 확인하고, 이를 임계값과 비교하여 분류 결정을 수행한다. 이를 통해 리뷰를 긍정적인 리뷰 또는 부정적인 리뷰로 분류할 수 있다.

위에서 언급한 텍스트 전처리, 토큰화, 언어 모델링, 문장 분류의 과정을 통해 감성 분석 시스템은 제품 리뷰의 감정을 자동으로 파악해서 긍정적인 리뷰와 부정적인 리뷰를 구분할 수 있다.

4.2 순환 신경망(RNN) 소개

순환 신경망(RNN, Recurrent Neural Network)은 자연어 처리에 주로 사용되는 신경망 구조 중 하나이다. 순환 신경망은 시퀀스 데이터를 처리하는 데 특화되어 있으며 문장, 문서, 음성 등의 시퀀스 데이터를 입력받아 순차적으로 처리하면서 이전 상태의 정보를 기억한다.

순환 신경망은 각각의 입력에 대해 이전 상태와 함께 처리되며, 이전 상태의 정보가 현재 상태에 영향을 미치는 재귀적인 구조를 가지고 있다. 이러한 구조를 통해 순환 신경망은 시퀀스 데이터의 특징을 학습하고, 시간적인 의존성을 파악할 수 있다.

순환 신경망은 각 시점(Time Step)에서 입력을 받아 처리하고, 다음 시점으로 상태를 전달한다. 이때 각 시점에서의 상태는 이전 시점의 상태와 현재 입력에 의해 결정된다. 이러한 반복 구조를 통해 순환 신경망은 시퀀스 데이터의 길이에 상관없이 입력과 출력을 처리할 수 있다.

간단한 순환 신경망의 구조를 설명하기 위해 시퀀스 데이터가 단어들로 이루어진 문장이라고 가정해 보자. 각 단어는 임베딩된 벡터로 표현되어 입력으로 사용된다. 순환 신경망은 첫 번째 단어를 받아 처리하고, 다음 단어를 받을 때는 이전 상태의 정보를 포함하여 처리한다. 이 과정을 문장의 끝까지 반복하면서 시퀀스 데이터의 특징을 추출하고, 문맥을 이해하는 데 도움을 준다.

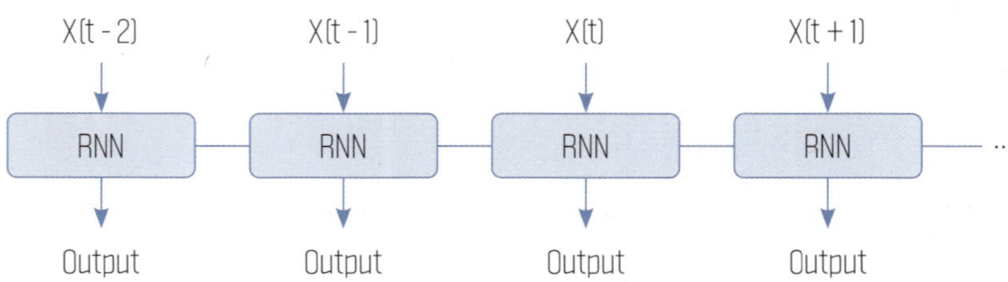

그림 9-9. 순환 신경망(RNN) 구조

순환 신경망은 이전 상태의 정보를 기억하면서 현재 입력을 처리하고, 출력을 내보낸다. 이 출력은 다음 시점의 RNN 레이어로 전달되거나, 최종 출력으로 사용될 수 있다.

예를 들어, "I love natural language processing"이라는 문장을 순환 신경망에 입력하면 어떻게 동작하는지 살펴보자. 각 단어는 임베딩되어 순환 신경망에 순차적으로 입력되고, 순환 신경망은 문장의 순서를 고려해 단어들을 처리한다.

1. 예를 들어, 'I'라는 단어를 입력받은 순환 신경망은 이전 상태가 없어 현재 상태를 만들어낸다.
2. 다음으로 'love'를 입력받을 때는 이전 상태와 'love'의 정보를 함께 고려해 현재 상태를 업데이트한다.
3. 이어서 'natural'과 'language'를 차례로 입력받으면서 순환 신경망은 각각의 단어를 처리하고 상태를 업데이트한다.
4. 마지막으로 'processing'을 입력받으면 순환 신경망은 해당 단어를 처리하고 최종 상태를 만들어낸다.

이런 식으로 문장의 모든 단어를 처리하면서 순환 신경망은 문장의 의미와 문맥을 파악한다.

순환 신경망은 시퀀스 데이터 처리에 특화된 모델로, 자연어 처리에서 문장 분류, 기계 번역, 챗봇 등 다양한 작업에 활용되지만 장기 의존성(Long-Term Dependency) 문제와 기울기 소실(Vanishing Gradient) 문제를 가지고 있다. 장기 의존성 문제는 순환 신경망이 긴 시퀀스에서 이전 정보를 오랫동안 기억하지 못하는 현상을 의미하며, 기울기 소실 문제는 역전파 과정에서 기울기가 사라져 가중치 업데이트가 어려워지는 문제이다.

이러한 문제를 해결하기 위해 제안된 모델 중 하나가 LSTM(Long Short-Term Memory)이다. LSTM은 순환 신경망의 문제점을 해결하기 위해 제안된 모델로, 기억된 정보를 오랫동안 유지하면서도 장기 의존성 문제를 해결할 수 있다. LSTM은 게이트 메커니즘을 도입하여 정보의 흐름을 조절하고, 기억된 정보를 업데이트하는 방식으로 동작한다. 이를 통해 순환 신경망보다 긴 시퀀스에서 장기 의존성을 학습할 수 있다. 그러나 무조건 긴 데이터를 모두 기억할 수 있는 것은 아니기에 인코더와 디코더 기반 구조로 이런 문제를 해결했다.

Seq2Seq(Sequence-to-Sequence) 모델은 입력 시퀀스를 다른 길이의 출력 시퀀스로 변환하는 모델로, 주로 기계 번역, 챗봇 등에서 활용된다. 이 모델은 인코더와 디코더라는 두 개의 순환 신경망으로 구성된다. 인코더는 입력 시퀀스를 고정된 크기의 벡터로 압축하여 의미를 담고, 디코더는 해당 벡터를 입력으로 받아 출력 시퀀스를 생성한다.

어텐션(Attention)은 Seq2Seq 모델에서 인코더 정보를 디코더가 활용할 때 사용되는 메커니즘으로, 어텐션은 디코더가 각각의 인코더 단계에서 어디에 집중해야 하는지를 학습하여 가중치를 할당한다. 이를 통해 디코더는 입력 시퀀스의 다양한 부분에 집중하며 출력을 생성할 수 있다. 어텐션은 기계 번역에서 특정 단어의 번역에 해당하는 입력 문장의 단어를 찾는 등의 작업에 활용된다.

예를 들어, 기계 번역 시스템에서 "I love natural language processing"이라는 영어 문장을 한국어로 번역한다고 가정해 보자. Seq2Seq 모델은 이 입력 문장을 인코더에 순차적으로 주입해 의미를 압축한 벡터로 변환한다. 그리고 디코더는 이 벡터를 초기 입력으로 받고, 한국어 문장을 단어 단위로 생성한다. 이때, 어텐션 메커니즘을 사용하면 디코더가 출력을 생성하는 과정에서 인코더의 각 단계에서 어떤 단어에 집중해야 하는지를 결정한다. 이를 통해 디코더는 입력 문장의 다양한 부분에 집중하면서 정확한 번역을 수행할 수 있다. 즉, 'I'라는 단어를 번역할 때, 어텐션 메커니즘은 'I'와 관련된 인코더의 단어들에 집중할 수 있도록 가중치를 부여한다. 이를 통해 디코더는 입력 문장의 다양한 부분에 주의를 기울이며 정확한 번역을 수행할 수 있다.

구글 트랜스포머(Transformer)는 자연어 처리를 위한 범용 딥러닝 모듈 아키텍처로 주요 구성 요소는 다음과 같다.

1. 어텐션 메커니즘(Attention Mechanism)

어텐션은 구글 트랜스포머의 핵심 요소로, 입력과 출력 간의 상호 관계를 모델링하는 데 사용된다. 어텐션은 입력 시퀀스의 모든 위치에서 다른 위치로 정보를 전달하고, 각 위치의 중요도를 계산하여 해당 위치에 집중한다. 이를 통해 어텐션은 입력 시퀀스 내 단어 간의 관계를 파악하고 문맥을 이해하는 데 도움을 준다.

2. 인코더-디코더 구조(Encoder-Decoder Architecture)

구글 트랜스포머는 인코더-디코더 구조로 구성되어 있다. 입력 문장을 인코더에 주입해 인코딩한 후 이를 디코더에 전달한다. 디코더는 인코더의 출력과 이전 단계에서의 출력을 활용해 출력 문장을 생성한다.

3. 잔차 연결(Residual Connections)

잔차 연결은 딥러닝에서 기울기 소실 문제를 완화하기 위해 도입된 개념이다. 이 개념은 네트워크 깊이를 증가시켜도 기울기 소실 문제를 완화하는 데 도움을 준다. 구글 트랜스포머에서는 각 서브 레이어(Sublayer) 입력과 출력에 잔차 연결을 추가하여 정보의 흐름을 보존한다.

4. 멀티헤드 어텐션(Multi-Head Attention)

멀티헤드 어텐션은 어텐션 메커니즘을 여러 개의 헤드로 분리하여 병렬로 수행하는 방식이다. 각 헤드는 서로 다른 부분 공간에 집중함으로써 다양한 관점에서 정보를 추출한다. 이를 통해 구글 트랜스포머는 여러 측면에서의 상호 의존성을 모델링하고 문맥 정보를 더 잘 이해할 수 있다.

5. 포지셔널 인코딩(Positional Encoding)

포지셔널 인코딩은 단어의 위치 정보를 입력 임베딩에 추가해 모델에 순서 정보를 전달하는 기법이다. 구글 트랜스포머에서는 사인과 코사인 함수를 사용해 단어의 상대적인 위치를 인코딩한다.

구글 트랜스포머는 위에서 언급한 구성 요소들을 결합해 강력한 모델 구조를 형성하며, 대규모 병렬 처리와 자연어 처리 작업에 효과적이다. 이 모델은 기계 번역, 문장 생성, 요약, 질의응답 등 다양한 자연어 처리 작업에서 높은 성능을 보여주며, 최근 자연어 처리 연구와 응용 분야에서 널리 활용되고 있다.

4.3 간단한 자연어 처리 예시

감성 분류를 통해 긍정과 부정에 대한 분석 예시로 앞에서 배운 내용들을 다뤄보자.

실습 예제

긍정과 부정에 대한 감성 분석

문장 데이터를 토큰화하고 패딩을 적용한 뒤, LSTM을 이용해서 학습된 모델을 통하여 새로운 문장의 감성(긍정, 부정)을 분류해 보자.

```
#문장 데이터
sentences = [
    '이 영화는 정말 재미있다.',
    '배우들의 연기가 좋지 않아 실망스럽다.',
    '이 영화는 지루하고 별로다.'
]
```

새로운 문장, 예측하는 문장 데이터는 다음과 같다.

```
#새로운 문장 예측
new_sentences = [
    '이 영화는 정말 멋지다.',
    '배우들의 연기가 아주 훌륭하다.'
]
```

```
import tensorflow as tf
import numpy as np
from tensorflow.keras.preprocessing.text import Tokenizer
from tensorflow.keras.preprocessing.sequence import pad_sequences
from tensorflow.keras.models import Sequential
from tensorflow.keras.layers import Embedding, LSTM, Dense

#문장 데이터
sentences = [
    '이 영화는 정말 재미있다.',
    '배우들의 연기가 좋지 않아 실망스럽다.',
    '이 영화는 지루하고 별로다.'
]
```

```
#라벨 데이터
labels = np.array([1, 0, 0])  #1 : 긍정, 0 : 부정

#토큰화와 인덱싱
tokenizer = Tokenizer()
tokenizer.fit_on_texts(sentences)
sequences = tokenizer.texts_to_sequences(sentences)

#문장의 길이 맞추기
max_length = max(len(seq) for seq in sequences)
padded_sequences = pad_sequences(sequences, maxlen=max_length)

#데이터 형식 변환
padded_sequences = np.array(padded_sequences)
labels = np.array(labels)

#모델 구성
vocab_size = len(tokenizer.word_index) + 1
embedding_dim = 16
model = Sequential()
model.add(Embedding(vocab_size,embedding_dim,input_length=max_
length))
model.add(LSTM(16))
model.add(Dense(1, activation='sigmoid'))

#모델 컴파일
model.compile(optimizer='adam',loss='binary_crossentropy',metri
cs=['accuracy'])

#모델 학습
model.fit(padded_sequences, labels, epochs=10)
new_sentences = [
```

```
    '이 영화는 정말 멋지다.',
    '배우들의 연기가 아주 훌륭하다.'
]

new_sequences = tokenizer.texts_to_sequences(new_sentences)
new_padded_sequences = pad_sequences(new_sequences, maxlen=max_
length)
predictions = model.predict(new_padded_sequences)

for i, sentence in enumerate(new_sentences):
    if predictions[i] > 0.5:
        sentiment = '긍정'
    else:
        sentiment = '부정'

    print(f'입력 문장: {sentence}')
    print(f'감성 분류: {sentiment}')
```

〈실행 결과 예〉

```
Epoch 1/10
1/1 [==============================] - 3s 3s/step - loss: 0.6940
- accuracy: 0.3333
Epoch 2/10
1/1 [==============================] - 0s 16ms/step - loss:
0.6923 - accuracy: 0.6667
Epoch 3/10
1/1 [==============================] - 0s 14ms/step - loss:
0.6907 - accuracy: 0.6667
Epoch 4/10
1/1 [==============================] - 0s 17ms/step - loss:
0.6890 - accuracy: 0.6667
Epoch 5/10
1/1 [==============================] - 0s 16ms/step - loss:
0.6873 - accuracy: 0.6667
```

```
Epoch 6/10
1/1 [==============================] - 0s 17ms/step - loss: 0.6857 - accuracy: 0.6667
Epoch 7/10
1/1 [==============================] - 0s 22ms/step - loss: 0.6840 - accuracy: 0.6667
Epoch 8/10
1/1 [==============================] - 0s 16ms/step - loss: 0.6822 - accuracy: 0.6667
Epoch 9/10
1/1 [==============================] - 0s 14ms/step - loss: 0.6805 - accuracy: 0.6667
Epoch 10/10
1/1 [==============================] - 0s 15ms/step - loss: 0.6787 - accuracy: 0.6667
1/1 [==============================] - 0s 468ms/step
입력 문장: 이 영화는 정말 멋지다.
감성 분류: 부정
입력 문장: 배우들의 연기가 아주 훌륭하다.
감성 분류: 부정
```

간단한 감성 분석 모델을 구현하는 예제로, 감성 분석은 문장이나 문서의 긍정 또는 부정적인 감성을 예측하는 작업이다.

❶ 문장 데이터와 라벨 데이터 정의하기

```
#문장 데이터
sentences = [
    '이 영화는 정말 재미있다.',
    '배우들의 연기가 좋지 않아 실망스럽다.',
    '이 영화는 지루하고 별로다.'
]
#라벨 데이터
labels = np.array([1, 0, 0])  #1 : 긍정, 0 : 부정
```

문장 데이터인 sentences 리스트와 해당 문장들의 감성을 나타내는 라벨 데이터인 labels를 정의한다. 여기서 1은 긍정, 0은 부정을 나타낸다. labels = np.array([1, 0, 0])은 감성 분석 모델의 라벨 데이터를 나타낸다.

예를 들어, sentences 리스트에 있는 문장들과 순서대로 대응되는 라벨은 다음과 같다.

> '이 영화는 정말 재미있다.' : 1 (긍정)
> '배우들의 연기가 좋지 않아 실망스럽다.' : 0 (부정)
> '이 영화는 지루하고 별로다.' : 0 (부정)

이렇게 문장과 감성의 대응 관계를 나타내는 라벨 데이터를 모델 학습에 사용한다. 학습을 통해 모델은 주어진 문장을 입력으로 받아 해당 문장의 감성을 예측한다.

❷ 토큰화와 인덱싱하기

```
#토큰화와 인덱싱
tokenizer = Tokenizer()
tokenizer.fit_on_texts(sentences)
sequences = tokenizer.texts_to_sequences(sentences)
```

문장을 토큰화하고 각 토큰을 정수로 인덱싱하는 과정을 수행한다. 먼저 Tokenizer를 사용하여 문장 데이터를 토큰화하고, 각 단어에 대해 고유한 정수 인덱스를 부여한다. fit_on_texts 메서드를 호출하여 토큰화와 인덱싱을 수행할 문장들을 입력으로 전달하며, 이를 통해 Tokenizer 객체는 문장들을 토큰화하고 각 단어에 고유한 정수 인덱스를 할당한다. 이때 문장의 단어들은 빈도수를 기준으로 정렬되며, 높은 빈도수를 가진 단어일수록 낮은 정수 인덱스를 부여받는다.

sequences 변수에는 인덱싱된 결과인 정수 시퀀스들이 저장된다. 각 문장은 해당하는 단어의 정수 인덱스들의 시퀀스로 변환된다.

예를 들어, 아래와 같은 문장들이 주어졌을 때는 다음과 같다.

```
sentences = [
    '이 영화는 정말 재미있다.',
    '배우들의 연기가 좋지 않아 실망스럽다.',
    '이 영화는 지루하고 별로다.'
]
```

Tokenizer 객체를 사용하여 토큰화와 인덱싱을 수행하면 다음과 같은 결과가 반환된다.

```
sequences = [
[2, 1, 3, 4],
[5, 6, 7, 8, 9, 10],
[2, 1, 11, 12, 13]
]
```

각 문장이 단어 정수 인덱스들의 시퀀스로 변환되었고, 이러한 정수 시퀀스들은 모델의 입력으로 사용될 수 있다.

❸ 문장 길이 맞추기

```
#문장의 길이 맞추기
max_length = max(len(seq) for seq in sequences)
padded_sequences = pad_sequences(sequences, maxlen=max_length)
```

pad_sequences 함수를 사용하여 문장 시퀀스들의 길이를 맞추고, 패딩을 적용한다. 이를 통해 모든 문장 시퀀스가 동일한 길이를 가진다.

먼저 max_length 변수에는 sequences 리스트 내 모든 정수 시퀀스들 중 가장 긴 길이를 저장한다. 이를 위해 리스트 컴프리헨션을 사용하여 len(seq)을 각 시퀀스 seq에 대해 계산하고, 그중 가장 큰 값을 선택한다.

pad_sequences 함수를 호출하여 패딩을 수행한다. 이 함수는 시퀀스들을 입력으로 받고, maxlen 매개 변수를 사용하여 패딩 후 길이를 지정한다. 이때 패딩은 길이가 maxlen보다 짧은 시퀀스들에 대해 추가적인 값으로 채워진다.

예를 들어, 정수 시퀀스들이 주어졌을 때는 다음과 같다.

```
sequences = [
[2, 1, 3, 4],
[5, 6, 7, 8, 9, 10],
[2, 1, 11, 12, 13]
]
```

max_length 변수에는 6이 저장된다. pad_sequences 함수를 사용하여 패딩을 수행하면 다음과 같은 결과가 반환된다.

```
padded_sequences = [
[ 0,  0,  2,  1,  3,  4],
[ 5,  6,  7,  8,  9, 10],
[ 0,  2,  1, 11, 12, 13]
]
```

각 시퀀스 길이가 6으로 맞춰지고, 부족한 길이만큼 0으로 채워진 것을 확인할 수 있다. 패딩된 시퀀스들은 모델의 입력으로 사용될 수 있다.

❹ 데이터 형식을 변환하여 모델 학습을 위해 준비하기

```
#데이터 형식 변환
padded_sequences = np.array(padded_sequences)
labels = np.array(labels)
```

모델에 입력하기 위해 문장 시퀀스와 라벨 데이터를 넘파이(NumPy) 배열로 변환한다. 먼저 padded_sequences 변수에 있는 패딩된 시퀀스들을 넘파이 배열로 변환한다. 이를 위해 np.array() 함수를 사용하는데, 이렇게 하면 리스트 형식의 padded_sequences가 넘파이 배열로 변환된다. 동일하게 labels 변수에 있는 라벨들도 넘파이 배열로 변환된다.

예를 들어, 패딩된 시퀀스들과 라벨들이 주어졌을 때는 다음과 같다.

```
padded_sequences = [
[0, 0, 2, 1, 3, 4],
[5, 6, 7, 8, 9, 10],
[0, 2, 1, 11, 12, 13]
]
labels = [1, 0, 0]
```

np.array() 함수를 사용해 데이터 형식을 변환하면 다음의 결과가 반환된다.

```
padded_sequences = np.array([
[0, 0, 2, 1, 3, 4],
[5, 6, 7, 8, 9, 10],
[0, 2, 1, 11, 12, 13]
])
labels = np.array([1, 0, 0])
```

이렇게 변환된 데이터는 모델 학습에 사용될 수 있다.

❺ 모델 구성하기

```
#모델 구성
vocab_size = len(tokenizer.word_index) + 1
embedding_dim = 16
model = Sequential()
model.add(Embedding(vocab_size,embedding_dim,input_length=max_length))
model.add(LSTM(16))
model.add(Dense(1, activation='sigmoid'))
```

Sequential 모델을 생성하고, 임베딩층, LSTM층, 그리고 출력층을 차례대로 추가한다. 임베딩층은 단어를 밀집 벡터로 변환하는 역할을 한다.

먼저 vocab_size 변수는 tokenizer 단어 인덱스 총 개수를 나타낸다. tokenizer.word_index는 단어와 그에 대응하는 고유한 인덱스를 포함하는 딕셔너리로, 단어 인덱스의 총 개수에 1을 더하는 이유는 인덱스는 0부터 시작하지만, 임베딩층의 입력으로 사용할 때는 0을 제외한 나머지 인덱스를 사용하기 때문이다.

embedding_dim 변수는 임베딩 벡터의 차원을 나타낸다. 임베딩은 단어를 밀집 벡터로 표현하는 기법으로, 이 벡터의 차원을 결정하는 것이 중요하다.

Sequential() 함수를 사용해 순차적인 모델을 생성한다. 모델은 레이어를 차례대로 쌓는 방식으로 구성된다.

Embedding 레이어는 단어를 밀집 벡터로 변환하는 역할을 하는데, 이 레이어의 입력 크기인 vocab_size는 단어 인덱스의 총 개수, embedding_dim은 임베딩 벡터의 차원을 의미한다. input_length는 입력 시퀀스의 길이를 나타내며, 이 값은 모델의 다음 레이어에서도 사용된다.

LSTM 레이어는 임베딩된 단어 시퀀스를 입력으로 받아 시퀀스 데이터의 특징을 추출하는 역할을 하는데, 여기서는 16개의 은닉 유닛을 가진 LSTM 레이어를 사용하였다.

마지막으로 Dense 레이어는 LSTM 레이어 출력을 받아 이진 분류를 수행하는 역할을 한다. activation='sigmoid'로 설정해 0과 1 사이 값을 출력하도록 했다.

이렇게 모델이 구성되면 model.compile() 함수를 사용하여 모델을 컴파일할 수 있다.

❻ 모델 컴파일하기

```
#모델 컴파일
model.compile(optimizer='adam',loss='binary_crossentropy',metrics
=['accuracy'])
```

compile 함수를 사용해 모델의 손실 함수, 옵티마이저, 평가 지표 등을 설정한다. optimizer='adam'에서 옵티마이저로 Adam을 사용한다. Adam은 경사 하강법의 한 종류로, 효율적인 최적화를 제공하는 알고리즘이다. loss='binary_crossentropy'에서는 손실 함수로 이진 분류(Binary Classification)에 적합한 이진 교차 엔트로피(Binary Cross-Entropy)를 사용한다. 이진 분류에서는 두 개의 클래스(긍정, 부정)를 구분하므로 이 손실 함수가 적합하다.

metrics=['accuracy']에서는 모델의 평가 지표로 정확도(Accuracy)를 사용하는데, 정확도는 예측 결과가 실제 라벨과 일치하는 비율을 나타낸다.

❼ 모델 학습하기

```
#모델 학습
model.fit(padded_sequences, labels, epochs=10)
```

fit 함수를 사용하여 모델을 주어진 데이터로 학습한다. 지정한 에포크 수만큼(epochs=10) 반복하여 학습이 이루어진다.

학습 과정에서는 주어진 데이터를 사용하여 모델의 가중치와 편향을 조정한다. 학습이 진행됨에 따라 손실 함수가 최소화되고, 모델의 예측 결과가 실제 라벨에 더 잘 맞춰지도록 조정된다.

❽ 새로운 문장을 통해 예측하기

```
#새로운 문장 예측
new_sentences = [
    '이 영화는 정말 멋지다.',
    '배우들의 연기가 아주 훌륭하다.'
]
new_sequences = tokenizer.texts_to_sequences(new_sentences)
new_padded_sequences = pad_sequences(new_sequences, maxlen=max_length)
predictions = model.predict(new_padded_sequences)
for i, sentence in enumerate(new_sentences):
    if predictions[i] > 0.5:
        sentiment = '긍정'
    else:
        sentiment = '부정'

    print(f'입력 문장: {sentence}')
    print(f'감성 분류: {sentiment}')
```

새로운 문장(new_sentences)에 대해 감성을 예측한다. 먼저 tokenizer.texts_to_sequences() 함수를 사용하여 문장을 숫자 시퀀스로 변환하고, pad_sequences() 함수를 사용하여 문장의 길이를 맞춘 후 변환된 시퀀스를 모델의 입력으로 제공하고, model.predict() 함수를 사용하여 각 문장에 대한 예측값을 얻는다. 이때 예측값이 0.5보다 크면 '긍정'으로 분류하고, 그렇지 않으면 '부정'으로 분류한다. 이에 따른 예측 결과를 출력한다.

기존 문장에 새로운 문장이 추가되어 이를 통해 예측하는 것이기 때문에 이를 기반으로 결과가 출력된다. sentences에 긍정적인 부분의 내용이 많았다면 긍정이 나올 것이고, 부정적인 내용이 훨씬 더 많았다면 부정이 나올 것이다.

이렇게 코드를 실행하면 주어진 문장 데이터를 학습하여 새로운 문장의 감성을 예측하는 간단한 감성 분석 모델이 구현된다.

연습 문제

연습 01 딥러닝이란 무엇인가? 머신러닝과 어떤 관련이 있는가?

연습 02 머신러닝과 딥러닝의 차이점에 대해 설명하고, 각각의 장단점을 비교하시오.

연습 문제

연습 03

딥러닝 모델은 어떤 구성 요소들로 이루어져 있는가? 각 요소의 역할은 무엇인가?

연습 04

합성곱 신경망(CNN)과 전결합 신경망의 사용 목적과 특징을 비교하여 설명하시오.

연습 문제

연습 05 **주어진 3×3 크기의 입력 이미지와 2×2 크기의 필터를 사용하여 합성곱 연산을 수행하고, 계산 과정을 직접 나타내보시오.**

1	2	3
4	5	6
7	8	9

이미지

2	1
0	3

필터

| 10장 |

딥러닝 응용 분야 – 강화 학습

학습 목표

- 강화 학습의 개념과 원리를 이해한다.
- 에이전트, 환경, 상태, 행동, 보상, 정책이 강화 학습에서 어떤 역할을 하는지 이해한다.
- 강화 학습이 실제 어떤 응용 분야에서 사용되는지 알아본다.
- 강화 학습의 주요 도전 과제에 대해 이해하고, 미래에는 어떤 방향으로 발전할 수 있는지 살펴본다.

1 〉 강화 학습

강화 학습은 인공지능의 한 분야로, 에이전트가 특정 환경에서 최대한의 보상을 얻기 위해 어떤 행동을 취할지 학습하는 방법이다. 에이전트는 주어진 환경에서 일련의 행동을 선택하고 실행함으로써 보상을 받는다. 에이전트는 시행착오를 통해 최적의 행동을 학습하고, 보상을 최대화하는 정책을 찾아낸다.

이번 장에서는 강화 학습의 기본 개념과 주요 구성 요소를 파악하고, 실생활 예시를 통해서 강화 학습의 작동 방식을 간단히 이해해 보자.

1.1 강화 학습이란?

강화 학습(RL, Reinforcement Learning)은 인공지능 분야에서 사용되는 학습 방법 중 하나로, 에이전트가 특정 환경에서 어떤 행동을 취함으로써 얻는 보상을 최대화하기 위해 학습하는 기법이다. 강화 학습은 주어진 환경에서 시행착오를 통해 최적의 행동을 학습하는 것에 초점을 두고 있다.

강화 학습은 감독 학습과는 다른 방식으로 작동한다. 감독 학습에서는 레이블된 데이터를 사용하여 모델을 훈련시키지만, 강화 학습에서는 에이전트가 환경과 상호 작용하면서 보상을 통해 피드백을 받아 학습된다. 에이전트는 현재 환경의 상태를 관찰하고, 선택할 수 있는 행동 중에서 최적의 행동을 선택하여 환경에 적용한다. 그 후 에이전트는 환경으로부터 보상을 받고, 이를 통해 행동의 성공 여부를 평가한다. 예를 들어, 로봇이 주어진 환경에서 학습하여 움직이는 방법을 익히거나, 게임에서 에이전트가 최고 점수를 얻기 위한 전략을 학습하는 경우에 강화 학습이 활용될 수 있다. 이러한 과정을 반복하면서 에이전트는 보상을 최대화하기 위한 최적의 정책(Policy)을 학습한다.

1.2 강화 학습의 정의와 특징

강화 학습은 지도 학습과 달리 명확한 입력–출력 쌍으로 이루어진 데이터가 없는 비지도 학습의 한 형태로, 에이전트는 환경과 상호 작용하면서 행동을 선택하고, 그에 따른 보상을 받는다. 이를 통해 에이전트는 보상을 최대화하는 방향으로 학습을 진행한다.

강화 학습의 정의와 특징을 좀 더 구체적으로 살펴보자. 먼저 강화 학습 정의는 다음과 같다.

> 강화 학습은 에이전트가 환경과 상호 작용하면서 보상을 최대화하기 위해 학습하는 방법이다. 에이전트는 현재 환경의 상태를 관찰하고, 선택할 수 있는 행동 중에서 최적의 행동을 선택해 환경에 적용한다. 그 후 에이전트는 환경으로부터 보상을 받고, 이를 통해 행동의 성공 여부를 평가한다. 이러한 과정을 반복하면서 에이전트는 보상을 최대화하기 위한 최적의 정책을 학습한다.

강화 학습의 특징은 다음과 같다.

1. 시간적 연속성

강화 학습은 시간적으로 연속된 상호 작용을 통해 학습하는 방법이다. 에이전트는 일련의 행동을 수행하고, 그에 따른 결과로써 보상을 받는다. 이를 통해 에이전트는 어떤 행동이 좋은지, 어떤 행동이 나쁜지를 경험을 통해 학습한다.

2. 시행착오

강화 학습은 시행착오를 통해 최적의 행동을 탐색한다. 초기에는 에이전트가 무작위로 행동을 선택하고, 그에 따른 보상을 받아 피드백을 얻는다. 이를 통해 보상이 높은 행동을 선택하는 경향을 보이고, 시간이 지나면서 보상을 최대화하는 행동을 학습한다.

3. 보상 기반 학습

강화 학습은 보상 기반 학습이라는 특징을 가지고 있다. 에이전트는 환경으로부터 양수, 음수 또는 중립적인 보상을 받는다. 이 보상은 에이전트가 행동을 통해 환경에 영향을 주었을 때 얻는 결과를 나타낸다. 에이전트는 이 보상을 최대화하기 위해 어떤 행동을 선택해야 하는지를 학습한다.

1.3 지능적인 에이전트와 환경의 상호 작용 개념

강화 학습에서 핵심적인 개념은 지능적인 에이전트와 환경의 상호 작용이다. 이 개념은 다음과 같은 역할을 수행한다.

1. 에이전트(Agent)

강화 학습의 주체로서 의사 결정을 수행하는 학습 알고리즘이다. 에이전트는 현재 환경의 상태를 관찰하고, 이에 기반하여 행동을 선택한다.

2. 환경(Environment)

에이전트가 상호 작용하는 외부 세계를 나타낸다. 환경은 에이전트가 행동을 적용하면 다음 상태로 전환되며, 보상을 반환한다.

에이전트는 환경으로부터 상태 정보를 받아와서 행동을 선택하고, 선택한 행동을 환경에 적용한다. 이후 환경은 다음 상태로 전환되고, 보상을 반환한다. 이러한 상호 작용을 통해 에이전트는 보상을 최대화하는 최적의 행동을 학습하게 된다.

이 개념은 로봇이 환경에서 학습하여 움직이는 경우, 게임할 때 에이전트가 게임 환경과 상호 작용하는 경우 등 다양한 실제 예시에 적용될 수 있다.

2 〉 강화 학습의 주요 개념

강화 학습이 무엇인지 살펴봤다면 이번에는 강화 학습의 주요 개념인 에이전트, 환경, 상태, 행동, 보상, 정책, 그리고 MDP란 무엇인지 또한 이들은 어떤 역할을 하는지 살펴보자.

2.1 에이전트, 환경, 상태, 행동, 보상, 정책의 역할과 의미

에이전트(Agent)

에이전트는 강화 학습의 주체로서 의사 결정을 내리는 학습 알고리즘으로 주어진 환경과 상호 작용하며 현재 상태를 관찰하고, 선택할 수 있는 행동 중에서 최적의 행동을 선택한다. 에이전트는 보상을 통해 피드백을 받고, 이를 기반으로 학습하여 보상을 최대화하는 행동을 선택하는 것이 목표다.

환경(Environment)

환경은 에이전트가 상호 작용하는 외부 세계를 나타낸다. 환경은 현재 상태를 제공하고, 에이전트의 선택한 행동에 의해 다음 상태로 전환된다. 또한 보상을 반환하여 에이전트에게 피드백을 제공한다. 환경은 강화 학습 문제의 도메인을 구성하며, 예를 들어 게임 화면, 로봇의 센서 데이터 등이 될 수 있다.

상태(State)

상태는 특정 시점에서 환경의 현재 상황이나 구성을 나타낸다. 에이전트는 상태 정보를 관찰하고, 이를 기반으로 행동을 선택한다. 이때 상태는 에이전트가 현재 시점에서 가지고 있는 정보를 의미하며, 강화 학습의 성공은 주어진 상태에서 최적의 행동을 선택할 수 있는 능력에 달려있다.

행동(Action)

행동은 에이전트가 특정 상태에서 선택할 수 있는 선택지다. 에이전트는 상태에 따라 가능한 행동 중에서 최적의 행동을 선택하여 환경에 적용한다. 예를 들어, 게임에서의 키보드 입력, 로봇에서의 움직임 방향 선택 등이 행동에 해당한다.

보상(Reward)

보상은 에이전트가 환경과 상호 작용하며 받는 피드백으로, 행동의 결과를 평가하는 지표다. 보상은 양수(+), 음수(–) 또는 중립적인 값으로 표현되며, 에이전트가 보상을 최대화하기 위해 좋은 행동을 선택하도록 유도한다. 보상은 강화 학습의 목표인 보상을 최대화하는 정책을 학습하는 데 중요한 역할을 한다.

정책(Policy)

정책은 에이전트가 상태에 따라 행동을 선택하는 전략 또는 규칙이다. 정책은 상태를 행동으로 매핑하여 에이전트의 행동을 결정한다. 강화 학습의 목표는 보상을 최대화하는 최적의 정책을 찾는 것이다. 이때 정책은 확률적 정책(Stochastic Policy) 또는 결정적 정책(Deterministic Policy)으로 표현될 수 있다.

그림 10-1. 강화 학습의 주요 개념

로봇 청소기의 강화 학습에 대한 예시로 강화 학습의 주요 개념에 더 쉽게 접근해 보자.

잠깐만요

확률적 정책(Stochastic Policy)

확률적 정책은 상태에 따라 여러 행동 중에서 확률적으로 선택하는 정책이다. 동일한 상태에서도 다양한 행동을 선택할 수 있으며, 각 행동이 선택될 확률이 정해져 있다. 이러한 확률적 선택은 불확실성을 고려하여 탐색과 다양성을 제공하는 데 도움이 된다. 예를 들어, 로봇이 환경에서 이동할 때 다양한 경로를 확률적으로 선택할 수 있다. 확률적 정책은 많이 사용되는 정책 중 하나이다.

결정적 정책(Deterministic Policy)

결정적 정책은 상태에 따라 한 가지 행동을 결정적으로 선택하는 정책이다. 동일한 상태에서는 항상 동일한 행동을 선택한다. 결정적 정책은 확률적 선택보다 간단하며, 에이전트의 행동이 예측 가능하고 일관성을 갖는다. 예를 들어, 로봇이 환경에서 오른쪽으로 이동하는 결정적 정책은 항상 오른쪽으로 이동하도록 선택한다.

확률적 정책과 결정적 정책은 각각 다른 상황에 적합하며, 문제의 복잡성과 환경의 특성에 따라 선택된다. 일부 문제에서는 탐색을 위해 확률적 정책이 유용하며, 일부 문제에서는 결정적 정책이 효율적일 수 있다. 선택된 정책은 강화 학습의 목표인 보상을 최대화하기 위한 최적의 정책을 찾는 데 영향을 미친다.

실습 예제

로봇 청소기의 강화 학습 주요 개념

1. 에이전트(Agent)

예시로 사용하는 로봇 청소기는 에이전트이다. 로봇 청소기는 주어진 환경에서 청소 작업을 수행하는 주체이다. 에이전트는 상태를 관찰하고, 그에 따라 행동을 선택한다. 로봇 청소기는 주변 상태를 감지하고, 해당 상태에 따라 어떤 행동을 취할지 결정한다.

2. 환경(Environment)

환경은 로봇 청소기가 상호 작용하는 외부 세계를 의미한다. 예시에서 로봇 청소기가 청소할 집의 공간은 환경이 된다. 환경은 로봇 청소기에게 상태 정보를 제공하고, 청소 작업을 수행하면서 변경되는 요소이다. 환경은 로봇 청소기의 움직임에 대한 제약 사항이나 장애물 등을 포함할 수 있다.

3. 상태(State)

로봇 청소기가 환경으로부터 관찰하는 정보를 상태라고 한다. 예시에서는 로봇 청소기가 청소하는 공간에서의 위치나 청소가 필요한 구역 등을 상태로 관찰할 수 있다. 이러한 상태 정보를 기반으로 로봇 청소기는 행동을 선택한다.

4. 행동(Action)

행동은 로봇 청소기가 취할 수 있는 선택지를 의미한다. 예시에서 로봇 청소기의 행동으로는 이동, 청소, 회전 등이 있을 수 있다. 로봇 청소기는 현재 상태에 따라 가능한 행동 중에서 최적의 행동을 선택하여 환경에 적용한다.

5. 보상(Reward)

로봇 청소기는 환경으로부터 보상을 받는다. 예를 들어, 로봇 청소기가 효과적으로 청소 작업을 수행하고 성공적으로 장애물을 피하면 양수의 보상을 받을 수 있다. 반대로 충돌이나 실패한 경우에는 음수의 보상을 받을 수도 있다. 보상은 로봇 청소기 행동의 결과를 평가하고 학습에 활용한다.

6. 정책(Policy)

정책은 로봇 청소기가 상태에 따라 행동을 결정하는 규칙 또는 전략을 나타낸다. 예시에서는 로봇 청소기가 현재 상태에서 어떤 행동을 선택해야 할지를 정하는 방식을 정책이라고 할 수 있다. 정책은 보상을 최대화하기 위한 최적의 행동 선택 전략이다. 예를 들어, 로봇 청소기가 현재 위치에서 청소가 필요한 상태라면 청소 행동을 선택하고, 장애물이 있는 상태라면 회전 행동을 선택할 수 있다.

위의 예시에서 로봇 청소기는 주어진 환경에서 상태를 관찰하고, 선택한 행동을 환경에 적용한다. 그 후 환경은 다음 상태로 전환되며 보상을 반환한다. 이러한 상호 작용을 반복하면서 로봇 청소기는 보상을 최대화하기 위한 최적의 정책을 학습하게 된다.

2.2 MDP 개념과 구성 요소

MDP(Markov Decision Process, 마르코프 결정 과정)는 강화 학습에서 많이 사용되는 수학적 모델로서, 강화 학습 문제를 수학적으로 정의하고 해결하는 데 사용된다.

MDP는 다음과 같은 구성 요소로 이루어져 있다.

1. 상태 집합(State Space)

상태 집합은 가능한 모든 상태의 집합으로, 이는 에이전트가 관찰할 수 있는 모든 환경의 상태를 포함한다. 예를 들어, 로봇 청소기의 상태 집합은 청소가 필요한 구역의 위치와 청소 여부 등을 포함할 수 있다.

2. 행동 집합(Action Space)

행동 집합은 가능한 모든 행동의 집합으로, 이는 에이전트가 선택할 수 있는 모든 행동을 포함한다. 예를 들어, 로봇 청소기의 행동 집합은 이동, 청소, 회전 등의 행동을 포함할 수 있다.

3. 전이 확률(Transition Probability)

전이 확률은 상태와 행동에 따른 다음 상태로의 전이 확률을 나타낸다. 특정 상태에서 특정 행동을 취했을 때 다음 상태로 전이될 확률을 정의한다. 예를 들어, 로봇 청소기가 특정 위치에서 이동 행동을 취했을 때 다음 위치로 이동할 확률을 전이 확률로 나타낼 수 있다.

4. 보상 함수(Reward Function)

보상 함수는 상태와 행동에 따른 보상의 값을 계산하는 함수로, 에이전트의 행동에 대한 피드백으로 사용된다. 예를 들어, 로봇 청소기가 청소를 성공적으로 수행했을 때 양수의 보상을 받고, 충돌이 발생했을 때 음수의 보상을 받을 수 있다.

5. 할인율(Discount Factor)

할인율은 미래 보상에 대한 중요도를 결정하는 요소로, 현재 보상을 더 중요하게 여기고 미래 보상을 상대적으로 감소시키는 역할을 한다. 이는 에이전트가 미래 보상을 고려하여 최적의 행동을 선택하도록 유도한다.

MDP는 에이전트와 환경의 상호 작용을 확률적인 모델로 표현하여 강화 학습 문제를 수학적으로 다루는 데에 활용된다. MDP의 구성 요소를 정의하고 활용함으로써 강화 학습 알고리즘은 보상을 최대화하는 최적의 정책을 학습하게 된다.

앞에서 설명했던 로봇 청소기를 예시로 MDP의 개념과 구성 요소에 좀 더 쉽게 접근해 보자.

실습 예제

로봇 청소기의 MDP

로봇 청소기는 집 안에서 청소 작업을 수행하며, 이를 MDP로 모델링할 수 있다.

1. 상태 집합(State Space)

상태 집합은 로봇 청소기가 관찰할 수 있는 모든 상태의 집합이다. 예를 들어, 집의 각 방이 청소가 필요한지 여부로 상태를 표현할 수 있다. 각 방이 청소되어 있는 상태와 청소가 필요한 상태가 상태 집합에 포함된다.

2. 행동 집합(Action Space)

행동 집합은 로봇 청소기가 선택할 수 있는 모든 행동의 집합이다. 예를 들어, 이동, 청소, 회전 등이 행동 집합에 포함될 수 있다. 로봇 청소기는 현재 상태에서 선택할 수 있는 행동을 행동 집합에서 선택한다.

3. 전이 확률(Transition Probability)

전이 확률은 상태와 행동에 따른 다음 상태로의 전이 확률이다. 예를 들어, 로봇 청소기가 특정 방에서 청소 행동을 취했을 때 다음 상태로 청소가 완료된 상태로 전이될 확률을 나타낸다. 이때 이 확률은 로봇 청소기가 청소 작업을 수행하면서 상태가 변경되는 확률 모델로 사용된다.

4. 보상 함수(Reward Function)

보상 함수는 상태와 행동에 따른 보상의 값을 계산하는 함수로, 로봇 청소기의 보상 함수는 청소 작업의 성공 여부에 따라 보상을 할당한다. 예를 들어, 청소가 성공적으로 완료되면 양수의 보상을 받고, 충돌이나 장애물을 만날 경우 음수의 보상을 받을 수 있다. 이러한 보상은 로봇 청소기가 보상을 최대화하는 방향으로 학습을 진행하도록 도와준다.

5. 할인율(Discount Factor)

할인율은 미래 보상에 대한 중요도를 나타내는 요소로, 현재 보상을 더 중요하게 여기고 미래 보상을 상대적으로 감소시키는 역할을 한다. 이는 로봇 청소기가 즉각적인 보상을 최대화하면서도 장기적인 보상을 고려하여 학습하도록 도와준다.

즉, 로봇 청소기의 MDP는 상태 집합, 행동 집합, 전이 확률, 보상 함수, 할인율의 구성 요소로 이루어져 있다. 이러한 MDP 모델을 활용해 강화 학습 알고리즘이 보상을 최대화하는 최적의 정책을 학습하게 된다.

2.3 Q-러닝과 Deep Q-러닝

Q-러닝(Q-Learning)은 강화 학습에서 사용되는 가치 기반 학습 알고리즘 중 하나이다. 이 알고리즘은 MDP(Markov Decision Process) 모델을 기반으로 학습을 진행한다. 에이전트는 환경과 상호 작용하며 행동을 선택하고 보상을 받으면서 학습을 진행한다.

Q-러닝은 Q-값(행동 가치)을 추정하고 업데이트하는 과정을 통해 최적의 행동을 학습하는 알고리즘이다. Q-값은 특정 상태에서 특정 행동을 선택했을 때 얻을 수 있는 기대 보상을 나타낸다. 에이전트는 Q-함수를 학습하여 최적의 행동을 선택해서 보상을 최대화하도록 학습한다.

Q-러닝에서는 Q-테이블이라는 구조를 사용하여 각 상태와 행동에 대한 Q-값을 저장하고 업데이트한다. 초기에는 모든 Q-값이 0으로 초기화되며, 학습 과정에서 경험을 통해 Q-값이 업데이트된다. Q-테이블은 상태-행동 공간을 표현하며, 에이전트는 이 테이블을 참조하여 최적의 행동을 선택한다.

Q-러닝 알고리즘은 주로 다음과 같은 절차를 따른다.

1. **초기화** : Q-테이블을 0으로 초기화한다.
2. **상호 작용** : 에이전트는 상태를 관찰하고 현재의 Q-테이블을 기반으로 행동을 선택한다.
3. **행동 및 보상** : 선택한 행동을 환경에 적용하고 보상을 받는다.
4. **Q-값 업데이트** : 새로운 상태에서의 최대 Q-값을 이용하여 Q-값을 업데이트한다.
5. **종료 조건** : 학습이 충분히 진행될 때까지 위 과정을 반복하고, 종료 조건을 설정하여 학습을 종료한다.

간단한 그림을 이용해서 Q-러닝의 개념을 이해해 보자.

상태 1	상태 2	상태 3	상태 4
행동 1	행동 2	행동 3	행동 4
0.5	0.8	1.2	0.2

그림 10-2. Q-테이블

그림 10-2는 4개의 상태와 4개의 행동을 가지는 간단한 Q-테이블 예시이다. 각 상태와 행동의 조합에 따른 Q-값이 테이블에 저장된다. 예를 들어, 상태 1에서 행동 2를 선택하면 Q-값은 0.8로 표시된다.

Q-테이블은 상태와 행동의 조합에 따른 Q-값을 기록하고 업데이트하는 중요한 요소이다. 이를 통해 Q-러닝 알고리즘은 최적의 행동을 선택할 수 있다. 실제로는 더 복잡한 상태와 행동의 공간이 있을 수 있으며, Q-테이블의 크기는 그에 따라 증가할 수 있다.

간단한 예시를 통해서 Q-러닝을 이해해 보자.

> 에이전트는 3개의 방 중 하나에 숨겨진 보상을 찾아야 한다. 각 방에는 보상의 크기가 다르다. 에이전트는 시작할 때 어떤 방에 있더라도 어떤 행동을 선택하면 다음 상태로 이동할 수 있다. 에이전트는 보상을 최대화하기 위해 어떤 방에서 어떤 행동을 선택해야 할까?

위 문제를 해결하기 위해 Q-러닝 알고리즘을 사용할 수 있다. 에이전트는 3개의 방을 상태로 나타내고, 각 방에서 가능한 행동을 선택하도록 한다. Q-테이블을 사용하여 상태와 행동에 대한 Q-값을 저장하고 업데이트한다. 에피소드를 반복하면서 학습을 진행하고, 최적의 행동을 선택해 보상을 최대화하도록 학습된다.

3개의 상태와 2개의 행동을 가지는 경우를 가정해 보자. 표의 각 행은 상태를 나타내며, 각 열은 행동을 나타낸다. 각 셀은 해당 상태에서 해당 행동을 선택했을 때의 Q-값을 나타낸다.

상태 / 행동	행동 1	행동 2
상태 1	Q(1, 1)	Q(1, 2)
상태 2	Q(2, 1)	Q(2, 2)
상태 3	Q(3, 1)	Q(3, 2)

그림 10-3. Q-테이블

각 셀에는 상태와 행동에 대한 Q-값이 들어간다. 예를 들어, Q(1, 1)은 상태 1에서 행동 1을 선택했을 때 Q-값을 의미한다. 표로 나타내면 Q-테이블의 구조를 한눈에 파악할 수 있다.

실제로는 상태와 행동의 개수가 더 많거나 연속적인 상태, 행동 공간을 다룰 수 있으며, Q-테이블의 크기도 커질 수 있다. 이는 실제 문제에 맞게 환경을 구현하고 Q-테이블을 구성할 때 고려해야 할 사항이다. 위 예시는 간단한 형태로 Q-테이블을 표현한 것이므로, 실제 문제에 적용할 때는 문제의 특성에 맞게 Q-테이블을 구성해야 한다.

실제로 Q-러닝 알고리즘에는 다양한 개선 방법과 확장된 형태인 Deep Q-러닝(DQN) 등이 존재한다. 이들은 더 복잡하고 대규모 문제에 적용할 수 있는 강화 학습 알고리즘이다.

잠깐만요

Deep Q-러닝(DQN)은 Q-러닝의 확장 형태로, Q 함수를 심층 신경망으로 근사하는 방식이다. Deep 러닝의 강점을 활용하여 복잡한 환경과 대규모 상태 및 행동 공간에서의 강화 학습 문제를 해결할 수 있다. Deep Q-러닝은 상태와 행동을 입력으로 받고, 해당 행동의 Q-값을 출력으로 내는 신경망 모델을 구성하여 최적의 행동을 선택한다.

앞서 소개한 예제에서는 3개의 방이 있는 간단한 환경을 사용하여 Q-러닝 알고리즘을 이해할 수 있다. 에이전트는 상태와 행동을 선택하고, 보상을 통해 Q-값을 업데이트해서 최적의 행동을 학습한다. 실제 문제에 적용할 때는 환경과 보상 함수를 구체화해 코드를 구현하고, 매개 변수 및 알고리즘 선택에 따라 학습 결과가 달라질 수 있다.

실습 예제

Q-러닝

에이전트는 2개의 방 중 하나에 숨겨진 보상을 찾아야 한다. 방 A와 B 중에서 보상이 있는 방을 찾는 것이 목표이다. 에이전트는 시작할 때 어떤 방에 있더라도 왼쪽으로 이동하거나 오른쪽으로 이동할 수 있다. 에이전트는 어떤 방에서 어떤 행동을 선택해야 보상을 찾을 수 있을까?

〈조건〉

이 문제를 해결하기 위해 다음과 같은 방식으로 진행한다.

1. 방 A와 방 B를 각각 상태로 나타낸다.
2. 에이전트는 초기에 무작위로 어떤 방에 있을지 선택한다.
3. 에이전트는 왼쪽으로 이동하거나 오른쪽으로 이동하는 행동을 선택한다.
4. 행동에 따른 보상을 설정한다. 방 A에 보상이 있는 경우 양수의 보상을 받고, 방 B에 보상이 있는 경우 음수의 보상을 받도록 설정한다.
5. 에이전트는 보상을 최대화하기 위해 어떤 방에서 어떤 행동을 선택해야 하는지를 학습한다.

〈결론〉

에이전트는 초기에 무작위로 방 A 또는 B 중 하나에 있을 수 있으므로 어떤 방에 있더라도 왼쪽으로 이동하면 보상을 찾을 수 있다. 왼쪽으로 이동하면 방 A에서 보상을 받고, 오른쪽으로 이동하면 방 B에서 보상을 받는다.

〈설명〉

Q-테이블을 작성해 보자. 제시한 문제에서는 상태가 2개(방 A, 방 B)이고, 행동이 2개(왼쪽으로 이동, 오른쪽으로 이동)인 경우를 가정했다.

상태 / 행동	왼쪽으로 이동	오른쪽으로 이동
방 A	0	0
방 B	0	0

그림 10-4. Q-테이블 초기 상태

초기에는 모든 Q-값이 0으로 초기화되어 있다. 에이전트는 보상을 최대화하기 위해서 학습 과정을 통해 이 Q-테이블을 업데이트하며 최적의 행동을 선택한다.

```
(에피소드 1)
Q(A, 왼쪽) = 10
Q(B, 오른쪽) = -5

(에피소드 2)
Q(A, 왼쪽) = 10
Q(B, 왼쪽) = -2

(에피소드 3)
Q(A, 왼쪽) = 10
Q(B, 왼쪽) = -2

...

(에피소드 N)
Q(A, 왼쪽) = 10
Q(B, 왼쪽) = -2
```

초기에는 모든 Q-값이 0이었지만, 에피소드가 진행되면서 Q-값이 업데이트되었다. 총 N번의 에피소드를 실행한 이후에는 Q-테이블에 수렴해 최종 Q-값이 결정된다.

이 예시는 간단한 형태로 Q-테이블의 변화를 보여주는 것이므로, 실제 문제에 적용할 때는 문제의 특성에 맞게 Q-테이블이 변화하도록 알고리즘을 구현해야 한다.

3 〉 강화 학습의 작동 원리

강화 학습의 작동 원리는 행동-보상 루프와 학습 과정으로 이루어져 있다. 이들의 학습 과정은 어떻게 이루어지는지 그리고 강화 학습에서 탐색과 이용이라는 두 가지 요소가 왜 중요한지도 살펴보자.

3.1 행동-보상 루프와 학습 과정

강화 학습에서 에이전트는 행동-보상 루프를 통해 학습한다. 이때 루프는 다음과 같은 단계로 이루어진다.

1. **상태 관찰** : 에이전트는 주어진 환경에서 현재 상태를 관찰한다.
2. **행동 선택** : 에이전트는 현재 상태에 기반하여 행동을 선택한다.
3. **환경과 상호 작용** : 에이전트가 선택한 행동은 환경에 적용되고, 다음 상태로 전이된다.
4. **보상 획득** : 에이전트는 환경으로부터 보상을 받는다. 보상은 에이전트 행동의 결과에 따라 결정된다.
5. **학습** : 에이전트는 현재 상태, 선택한 행동, 받은 보상을 기반으로 학습을 진행한다. 이때 목표는 누적된 보상을 최대화하는 최적의 정책을 학습하는 것이다.

강화 학습의 학습 과정은 주어진 행동-보상 루프를 통해 진행되는데, 학습 과정에서는 에이전트가 누적된 경험을 기반으로 정책을 개선하고 최적의 행동 선택 전략을 학습한다. 학습 과정은 다음과 같은 단계로 이루어진다.

1. **초기화** : 학습 알고리즘이나 모델을 초기화하고, 에이전트와 환경을 설정한다.
2. **상호 작용** : 에이전트는 환경과 상호 작용하며 행동-보상 루프를 반복한다.

3. **정책 개선** : 에이전트는 얻은 경험을 바탕으로 정책을 개선한다. 누적된 보상을 최대화하는 방향으로 정책을 조정한다.
4. **탐험과 이용** : 학습 과정에서 탐험과 이용의 균형을 유지하며 학습을 진행한다. 탐험은 새로운 경험을 탐색하고, 이용은 기존에 학습한 지식의 활용을 의미한다.
5. **종료** : 학습 알고리즘이나 모델의 종료 조건이 충족되면 학습을 종료한다.

이렇게 행동–보상 루프와 학습 과정을 통해 강화 학습은 보상을 최대화하는 최적의 정책을 학습하고, 에이전트는 환경과 상호 작용하며 학습하게 된다.

3.2 강화 학습에서 탐험과 이용의 중요성

강화 학습에서는 특히 탐험(Exploration)과 이용(Exploitation)이라는 두 가지 요소가 매우 중요하다.

1. 탐험(Exploration)

탐험은 새로운 행동을 탐색하는 과정이다. 불확실성을 감안하여 이루어지며, 에이전트가 아직 경험하지 않은 행동을 시도한다. 따라서, 탐험을 통해 에이전트는 새로운 지식을 얻고 미지의 영역을 탐구하므로 최적의 행동을 찾기 위해 중요하다.

2. 이용(Exploitation)

이용은 이미 학습한 지식과 경험을 활용하여 보상을 최대화하는 행동을 선택하는 과정이다. 탐험의 불확실성을 줄이고, 기존에 학습한 지식을 활용하여 효율적인 행동을 선택하며, 학습된 정책을 바탕으로 가치가 높은 행동을 선택하는 데에 중요한 역할을 한다.

강화 학습에서 탐험과 이용은 균형을 유지해야 한다. 너무 많은 탐험은 비효율적일 수 있고, 이용에만 치우치면 최적의 행동을 빠르게 발견하지 못할 수 있다. 따라서 강화 학습에서는 적절한 탐험과 이용의 균형을 찾는 것이 중요하다.

강화 학습은 행동–보상 루프와 학습 과정을 통해 에이전트가 환경과 상호 작용하며 학습하는 방식이다. 이를 통해 에이전트는 누적된 보상을 최대화하기 위한 최적의 정책을 학습하는데 이때, 탐험과 이용의 적절한 조절을 통해 효과적인 학습을 진행할 수 있다.

게임을 플레이하는 강화 학습 에이전트 예시를 통해 강화 학습의 작동 원리와 탐험과 이용의 중요성을 좀 더 쉽게 이해해 보자.

실습 예제

게임을 플레이하는 강화 학습 에이전트

강화 학습 에이전트가 어떤 게임을 플레이한다고 가정해 보자. 이 게임에서 에이전트는 게임 화면을 관찰하고 키를 눌러 조작한다. 각 상태에서는 게임 화면에 표시된 보상을 받는다.

행동–보상 루프

1. **상태 관찰** : 에이전트는 게임 화면을 관찰한다. 예를 들어, 현재 게임 화면에서 에이전트의 캐릭터 위치와 주변의 적, 보너스 아이템 등을 관찰한다.
2. **행동 선택** : 에이전트는 현재 상태를 기반으로 키보드 입력을 선택하여 게임 캐릭터를 움직인다. 예를 들어, 위쪽 방향키를 눌러 캐릭터를 위로 움직일 수 있다.
3. **환경과 상호 작용** : 에이전트가 선택한 행동은 게임 화면에 적용된다. 선택한 방향으로 캐릭터가 움직이며, 게임 화면이 변경된다.
4. **보상 획득** : 에이전트는 게임에서 얻은 결과에 따라 보상을 받는다. 예를 들어, 보너스 아이템을 획득하면 양수(+)의 보상을 받고, 적에게 공격을 받으면 음수(–)의 보상을 받을 수 있다.
5. **학습** : 에이전트는 획득한 보상을 기반으로 학습을 진행한다. 목표는 누적된 보상을 최대화하는 최적의 행동을 학습하는 것이다.

탐험과 이용의 중요성

1. **탐험** : 에이전트는 초기에 불확실한 상황에서 시작한다. 탐험을 통해 새로운 행동을 시도하여 게임의 다양한 상황과 보상을 탐색한다. 예를 들어, 다양한 방향으로 움직이며 새로운 지역을 탐험하거나 다른 키 입력을 시도해 보는 등의 방식으로 탐험한다. 이렇게 탐험을 통해 에이전트는 보상을 최대화하는 최적의 행동을 찾을 수 있다.
2. **이용** : 탐험만으로는 최적의 행동을 찾는 데에 시간이 오래 걸릴 수 있다. 이용은 이미 학습한 지식을 활용하여 보상을 최대화하는 행동을 선택하는 과정이다. 에이전트는 이용을 통해 학습한 경험과 지식을 활용해서 효율적인 행동을 선택한다. 예를 들어, 학습된 결과를 바탕으로 최적의 행동을 선택하거나 이전에 좋은 결과를 얻었던 행동을 반복한다.

이렇게 게임을 플레이하는 예시를 보면, 에이전트는 게임 상태를 관찰하고 행동을 선택하며, 게임에서 얻은 보상을 기반으로 학습을 진행한다. 탐험을 통해 새로운 행동을 탐색하고, 이용을 통해 학습한 지식을 활용해서 최적의 행동을 선택한다. 이러한 방식으로 강화 학습은 보상을 최대화하는 최적의 정책을 학습하고, 에이전트는 게임을 플레이하며 점점 더 좋은 성과를 낸다.

4 〉 실생활의 강화 학습

실생활의 다양한 소재 중 강화 학습으로 유도하는 로봇 청소기와 자율 주행 자동차, 로봇 팔(Arm) 제어 예시를 통해 강화 학습이 어떻게 이루어지는지 살펴보자.

4.1 | 로봇 청소기

로봇 청소기를 예시로 들어 강화 학습이 어떻게 이루어지는지 살펴보자. 로봇 청소기는 주변 환경을 탐색하고, 최적의 청소 전략을 학습해 청소 작업을 수행한다.

청소기의 학습 과정은 다음과 같은 단계로 이루어진다.

1. **초기 상태** : 로봇 청소기는 처음에 주어진 환경에서 초기 상태로 시작한다. 이 초기 상태는 청소가 필요한 구역과 장애물의 위치 등을 포함한다.
2. **상태 관찰** : 로봇 청소기는 센서를 통해 주변 환경을 관찰한다. 예를 들어, 센서로부터 방의 레이아웃, 청소가 필요한 구역, 장애물의 위치 등을 파악한다. 이를 통해 청소기는 현재 상태를 알 수 있다.
3. **행동 선택** : 로봇 청소기는 현재 상태에 따라 어떤 행동을 선택할지 결정한다. 행동은 로봇 청소기가 할 수 있는 동작으로, 예를 들어 이동, 청소, 회전 등이 포함된다. 로봇 청소기는 학습된 지식을 활용하여 최적의 행동을 선택한다.
4. **환경과의 상호 작용** : 로봇 청소기가 선택한 행동은 환경에 적용된다. 예를 들어, 로봇 청소기가 청소 행동을 선택하면 해당 구역을 청소한다. 이로 인해 환경이 변화하고, 새로운 상태로 전환된다.
5. **보상 획득** : 로봇 청소기는 환경으로부터 보상을 받으며 이때, 보상은 청소의 성공 여부나 작업의 효율성 등을 기준으로 결정된다. 예를 들어, 청소를 성공적으로 수행했을 경우 양수(+)의 보상을 받고, 충돌이나 장애물을 만났을 경우 음수(−)의 보상을 받을 수 있다. 이 보상은 청소기 행동에 대한 피드백 역할을 한다.

6. **학습** : 로봇 청소기는 받은 보상을 기반으로 학습을 진행하며 이때, 목표는 누적된 보상을 최대화하는 최적의 청소 전략을 학습하는 것이다. 로봇 청소기는 상태, 행동, 보상의 관계를 분석하고, 최적의 행동 선택을 위한 정책을 개선한다. 학습 알고리즘을 사용하여 최적의 정책을 찾아 나간다.

이러한 과정을 반복하면서 로봇 청소기는 더 나은 청소 전략을 학습하고, 보상을 최대화하는 효율적인 동작을 선택한다.

이때 로봇 청소기의 학습 과정을 살펴보자. 이는 다음과 같이 상태, 행동, 보상의 관계를 통해 이루어진다.

1. **상태** : 상태는 로봇 청소기가 관찰할 수 있는 주변 환경의 상태이다. 예를 들어, 청소가 필요한 구역의 위치, 장애물의 위치, 청소가 완료된 구역 등을 상태로 나타낼 수 있다.
2. **행동** : 행동은 로봇 청소기가 선택할 수 있는 동작으로 이동, 청소, 회전 등이 해당한다. 로봇 청소기는 상태에 기반하여 어떤 행동을 선택할지 결정한다.
3. **보상** : 보상은 환경으로부터 주어지는 피드백으로, 로봇 청소기가 선택한 행동의 결과에 따라 지급된다. 보상은 청소 성공 여부, 작업의 효율성, 충돌 또는 장애물과의 접촉 여부 등을 기준으로 결정된다. 예를 들어, 청소를 성공적으로 수행했을 경우 양수의 보상을 받고, 충돌이나 장애물과 접촉했을 경우 음수의 보상을 받을 수 있다. 보상은 로봇 청소기의 행동에 대한 피드백으로서 보상을 최대화하는 행동을 선택하는 것이 로봇 청소기의 목표다.

로봇 청소기의 학습 과정은 이러한 상태, 행동, 보상의 관계를 기반으로 이루어진다. 에이전트인 로봇 청소기는 상태를 관찰하고, 행동을 선택하여 환경과 상호 작용한다. 이를 통해 얻은 보상을 바탕으로 학습을 진행하고, 보상을 최대화하는 최적의 행동을 학습하게 된다. 예를 들어, 로봇 청소기가 특정 상태에서 청소 행동을 선택하고 보상을 받으면 학습 알고리즘은 이러한 상태-행동-보상 관계를 분석하여 최적의 정책을 개선한다. 이러한 학습 과정을 반복하면서 로봇 청소기는 보상을 최대화하는 효율적인 동작을 학습하고, 더욱 효과적으로 청소 작업을 수행할 수 있다.

간단한 예시로, 로봇 청소기가 주방을 청소하는 과정을 생각해 보자. 상태는 주방 내부의 청소가 필요한 구역과 장애물의 위치 등을 포함한다. 로봇 청소기는 주변 상태를 관찰하고, 이동, 청소, 회전 등의 행동을 선택할 수 있다. 예를 들어, 로봇 청소기가 상태를 관찰하여 청소가 필요한 구역을 확인하고 청소 행동을 선택한다. 이에 따라 환경이 변화하고, 로봇 청소기는 보상을 받는다. 보상은 청소가 성공적으로 이루어졌을 경우 양수의 보상이 주어지고, 충돌이나 장애물과 접촉했을 경우 음수의 보상이 주어진다. 이러한 보상을 기반으로 로봇 청소기는 보상을 최대화하는 효율적인 행동을 학습하고, 주방의 청소 작업을 최적화할 수 있다.

이처럼 로봇 청소기의 학습 과정은 상태, 행동, 보상의 관계를 통해 이루어지며, 보상을 최대화하는 최적의 행동 선택을 학습한다. 이를 통해 로봇 청소기는 주방 청소 작업을 최적화하고, 보상을 최대화하는 효율적인 동작을 학습하게 된다.

4.2 자율 주행 자동차

또 다른 예시로 자율 주행 자동차가 강화 학습을 통해 학습하는 과정을 살펴보자. 우선 자율 주행 자동차가 강화 학습을 통해 배우는 과정을 살펴보자.

1. **상태(State)** : 자율 주행 자동차는 주행 환경을 상태로 관찰한다. 이는 자동차 주변의 도로, 차량, 신호등, 보행자 등을 포함한다. 레이더, 카메라, LiDAR 등의 센서를 사용하여 주변 상황을 파악한다.
2. **행동(Action)** : 자율 주행 자동차는 상태에 기반하여 주행 동작을 선택한다. 예를 들어, 가속, 감속, 운전 경로 변경, 신호 대기 등의 행동을 선택할 수 있다. 이 행동들은 자동차가 주행 중에 할 수 있는 다양한 동작을 나타낸다.
3. **보상(Reward)** : 자율 주행 자동차는 환경으로부터 보상을 받는다. 보상은 주행의 성공 여부, 안전 운전, 스마트한 운행 등을 기준으로 결정된다. 예를 들어, 교통 규칙을 잘 준수해 안전하게 주행했을 경우 양수의 보상을 받고, 사고나 위험한 상황에서는 음수의 보상을 받을 수 있다.
4. **정책(Policy)** : 자율 주행 자동차는 상태를 기반으로 행동을 선택하는 정책을 가지고 있다. 정책은 주어진 상태에서 최적의 행동을 선택하기 위한 전략을 의미한다. 예를 들어, 자동차가 신호등을 만났을 때 정지해야 하는지, 직진해야 하는지 등을 결정하는 방식을 정책으로 나타낼 수 있다.

자율 주행 자동차의 학습 과정은 다음과 같이 이루어진다.

1. **초기 상태** : 자율 주행 자동차는 주행 환경의 초기 상태에서 시작한다. 초기 상태에서는 주변 도로, 차량, 신호등 등을 관찰하며 상태를 인식한다.
2. **행동 선택** : 자율 주행 자동차는 현재 상태를 기반으로 행동을 선택한다. 예를 들어, 신호등이 빨간색인 경우 정지하는 행동을 선택할 수 있다.
3. **환경과 상호 작용** : 자동차가 선택한 행동은 주변 환경에 적용된다. 예를 들어, 신호등이 빨간색인 경우 자동차가 정지한다.
4. **보상 획득** : 자동차는 환경으로부터 주어진 상황에서 보상을 받는다. 예를 들어, 교통 규칙을 잘 따라서 정지했을 경우 양수의 보상을 받고, 안전 운전을 하지 않았을 경우 음수의 보상을 받을 수 있다.
5. **학습** : 자율 주행 자동차는 받은 보상을 기반으로 학습을 진행한다. 목표는 누적된 보상을 최대화하는 최적의 행동 선택 전략을 학습하는 것으로, 학습 알고리즘을 사용해 정책을 개선하고, 보상을 최대화하는 효율적인 주행 방식을 학습한다.

자율 주행 자동차는 상태를 관찰하고, 행동을 선택하여 환경과 상호 작용한다. 받은 보상을 통해 학습을 진행하고, 보상을 최대화하는 최적의 행동을 선택하는 것이 목표가 된다. 이러한 학습 과정을 반복하며 자율 주행 자동차는 더욱 안전하고 효율적인 주행을 할 수 있다.

4.3 로봇 팔(Arm) 제어

또 다른 예시로 강화 학습을 통해 로봇 팔(Arm)의 제어 학습 과정을 살펴보자.

로봇 팔은 다양한 작업을 수행하기 위해 관절로 구성되어 있다. 로봇 팔의 제어는 강화 학습을 통해서 학습되는데, 이를 예시로 설명해 보자.

1. **상태(State)** : 로봇 팔의 상태는 현재 각 관절의 각도와 위치를 나타낸다. 각 관절의 상태를 관측하고, 로봇 팔이 움직일 수 있는 작업 공간의 상태를 파악한다.
2. **행동(Action)** : 로봇 팔은 상태에 기반해 각 관절의 움직임을 선택한다. 각 관절의 각도를 조절하거나 위치를 변경하여 원하는 작업을 수행한다.

3. **보상(Reward)** : 로봇 팔의 작업 성과에 따라 보상을 제공한다. 보상은 원하는 작업을 정확하게 수행하거나, 정확한 위치에 도달하는 등의 성공적인 작업을 보상으로 인식한다. 성공적인 작업에는 양수의 보상이 주어지고, 실패한 작업이나 잘못된 위치에 도달한 경우 음수의 보상을 주어 학습을 돕는다.
4. **정책(Policy)** : 로봇 팔의 정책은 주어진 상태에서 최적의 움직임을 선택하는 전략이다. 예를 들어, 특정 작업을 수행하기 위해 관절을 어떻게 움직여야 하는지, 각 관절의 목표 각도나 위치를 어떻게 설정해야 하는지를 결정하는 방식으로 정책을 설계한다.

로봇 팔의 학습 과정은 다음과 같이 이루어진다.

1. **초기 상태** : 로봇 팔은 초기 상태에서 시작한다. 이는 로봇 팔의 관절이 초기 각도와 위치에 설정되어 있는 상태이다.
2. **행동 선택** : 로봇 팔은 현재 상태를 기반으로 각 관절의 움직임을 선택한다. 예를 들어, 특정 작업을 수행하기 위해 각 관절의 각도를 조절하거나 위치를 변경한다.
3. **환경과의 상호 작용** : 로봇 팔이 선택한 움직임은 실제로 로봇 팔에 반영되어 작업을 수행한다. 관절이 움직이며 로봇 팔은 작업 공간 내에서 움직인다.
4. **보상 획득** : 로봇 팔은 작업 성과에 따라 보상을 받는다. 보상은 원하는 작업을 정확하게 수행하거나 정확한 위치에 도달하는 등의 성공적인 작업을 보상으로 인식한다.
5. **학습** : 로봇 팔은 받은 보상을 기반으로 학습을 진행한다. 목표는 누적된 보상을 최대화하는 최적의 움직임을 학습하는 것이다. 학습 알고리즘을 사용하여 정책을 개선하고, 보상을 최대화하는 효율적인 움직임을 학습한다.

로봇 팔은 상태를 관찰하고, 행동을 선택해 환경과 상호 작용한다. 보상을 통해 학습을 진행하고, 보상을 최대화하는 최적의 움직임을 선택하는 것이 목표로, 이를 통해 로봇 팔은 더 정확하고 효율적인 작업을 수행할 수 있다.

5 〉 강화 학습 응용 분야

강화 학습은 다양한 분야에서 응용될 수 있으며, 이를 통해 많은 문제를 해결하고 최적의 전략을 학습할 수 있다. 몇 가지 대표적인 응용 분야를 살펴보자.

게임 플레이

게임 플레이는 강화 학습의 대표적인 응용 분야이다. 예를 들어, 딥마인드의 알파고 프로젝트는 강화 학습을 통해 바둑에서 세계 챔피언을 이기는 데에 성공했다. 알파고는 게임 보드의 상태를 관찰하고 가능한 많은 수를 계산해 최적의 수를 선택하는 정책을 학습했다. 이를 통해 알파고는 인간 세계 챔피언과의 대국에서 승리를 거두었다. 또한, 강화 학습은 컴퓨터 게임에서 NPC(Non-Player Character) 행동을 학습시키는 데에도 사용된다.

잠깐만요

NPC(Non-Player Character)

NPC는 '비플레이어 캐릭터(Non-Player Character)'의 줄임말로, 게임에서 플레이어가 아닌 컴퓨터가 조작하는 캐릭터를 가리킨다. NPC는 게임에서 다양한 역할을 수행하며, 플레이어와 상호 작용하거나 게임 진행에 영향을 주는 역할을 한다.

NPC는 게임 디자인에서 중요한 요소로 작용하며, 게임 세계를 더욱 풍부하고 다양하게 만들어준다. 일반적으로 NPC는 퀘스트나 정보를 제공하는 역할을 한다. 플레이어는 NPC와 대화하거나 특정 작업을 수행하기 위해 NPC와 상호 작용할 수 있다. NPC의 행동은 미리 프로그래밍되어 있을 수 있고, 강화 학습을 통해 학습되는 경우도 있다.

예를 들어, 어드벤처 게임에서 플레이어가 마을에 도착하면 NPC가 플레이어에게 퀘스트를 제공하거나 정보를 제공할 수 있다. NPC와의 대화를 통해 플레이어는 게임 세계의 이야기를 진행하고 퀘스트를 수행한다. 또한, 액션 게임에서는 플레이어와 전투를 벌이는 적 NPC가 등장할 수 있다.

이러한 NPC는 특정 패턴을 따르거나 강화 학습을 통해 실시간으로 플레이어의 행동에 대응할 수도 있다.

NPC는 게임의 리얼리티를 증가시키고, 게임 세계를 더욱 다양하고 흥미롭게 만들어주는 역할을 한다. 강화 학습은 NPC의 행동을 학습시켜 게임 경험을 향상시키는 데에 활용될 수 있다. NPC가 플레이어와 상호 작용하는 방식을 학습하여 게임 플레이를 보다 현실적이고 도전적으로 만들 수 있다.

강화 학습을 활용한 NPC의 대표적인 예시는 다양한 게임에서 볼 수 있다. 이들은 플레이어와 상호 작용하거나 게임 세계에서 특정 역할을 수행하는 NPC이다. 몇 가지 대표적인 예시를 나열해 보면 다음과 같다.

1. 'The Elder Scrolls V: Skyrim(엘더스크롤 5: 스카이림)'의 경호원(NPC Guards)

이 RPG 게임에서 경호원은 도시의 안전을 유지하는 역할을 한다. 플레이어가 범죄를 저지르거나 위험한 행동을 하면 경호원은 플레이어를 검거하거나 경고한다. 경호원 NPC는 게임 세계의 법과 질서를 담당하며, 플레이어 행동에 따라 적절한 대응을 취한다.

2. 'World of Warcraft(월드 오브 워크래프트)'의 퀘스트 제공자(NPC Quest Givers)

대규모 다중 사용자 온라인 롤플레잉 게임(MMORPG)에서 퀘스트 제공자 NPC는 플레이어에게 퀘스트를 제공하고 진행을 안내하는 역할을 한다. 플레이어는 퀘스트 제공자와 대화하여 퀘스트 목표를 이해하고 수행할 수 있다. 이 NPC들은 게임 세계의 이야기와 임무를 전달하며, 플레이어의 진행 상황을 추적하고 보상을 제공한다.

이러한 예시들은 강화 학습을 통해 NPC 행동을 학습하고 플레이어와 상호 작용하는 방식을 조정하는 데에 사용될 수 있다. 강화 학습은 게임에서 NPC의 지능과 행동을 더욱 현실적이고 도전적으로 만들 수 있으며, 게임의 재미와 몰입도를 향상시킬 수 있다.

로봇 공학

로봇 공학 분야에서 강화 학습은 로봇의 자율적인 행동 학습에 많이 활용된다. 예를 들어, 로봇 팔은 다양한 작업을 수행하기 위해 관절이 있는 로봇 팔로 구성되어 있다. 강화 학습은 로봇 팔이 원하는 작업을 수행하도록 학습하는 데에 사용될 수 있다. 로봇 팔은 상태를 관찰하고, 행동을 선택하여 원하는 작업을 수행하며, 환경으로부터 보상을 받으며 최적의 작업 전략을 학습한다.

자율 주행 차량

자율 주행 차량은 강화 학습이 큰 관심을 받고 있는 분야 중 하나이다. 이러한 차량은 주행 환경을 관찰하고, 실시간으로 의사 결정을 내리며, 교통 상황에 맞춰 안전하고 효율적으로 운전해야 한다. 강화 학습은 이러한 자율 주행 시스템의 핵심 기술로 활용된다. 예를 들어, 자율 주행 차량은 주행 환경의 상태를 관찰하고, 적절한 주행 행동을 선택해 보상을 획득하고 최적의 주행 전략을 학습한다.

금융 및 거래

강화 학습은 금융 및 거래 분야에서도 널리 활용된다. 예측 모델을 학습하고 투자 포트폴리오를 최적화하는 등의 문제를 해결하는 데에 강화 학습이 적용될 수 있다. 또한, 주식 시장에서의 자동 거래 알고리즘 개발에도 강화 학습이 활용된다. 자동 거래 알고리즘은 상태를 관찰하고, 적절한 거래 행동을 선택해 수익을 극대화하고 손실을 최소화하는 전략을 학습한다.

금융 및 거래 분야에서 강화 학습이 활용되는 다양한 예시를 살펴보자.

- **자동 포트폴리오 관리**

  강화 학습은 투자 포트폴리오의 최적화와 관리에 활용될 수 있다. 예를 들어, 투자자는 다양한 자산(주식, 채권, 부동산 등)에 투자하여 수익을 극대화하고, 리스크를 최소화하는 포트폴리오를 구성하고자 한다. 강화 학습은 투자자의 목표 수익과 리스크에 대한 보상 함수를 설정하고, 다양한 자산 조합에 대한 최적의 투자 전략을 학습하여 포트폴리오 관리를 자동화할 수 있다.

- **주식 시장에서의 자동 거래**

  강화 학습은 주식 시장에서의 자동 거래 알고리즘 개발에 활용된다. 트레이더는 강화 학습을 통해 시장 동향을 예측하고, 매수 또는 매도 결정을 내릴 수 있는 AI 트레이딩 시스템을 개발할 수 있다. 강화 학습은 트레이딩 에이전트가 현재 주식 가격을 관찰하고, 행동을 선택하여 이익을 극대화하거나 손실을 최소화할 수 있는 최적의 거래 전략을 학습하는 데에 사용된다.

- **보험 프리미엄 책정**

  강화 학습은 보험 회사가 보험료를 책정하는 데에도 활용될 수 있다. 보험 회사는 고객의 위험 프로필을 분석해서 적절한 보험료를 책정해야 한다. 강화 학습은 보험 회사의 수익과 손실에 대한 보상 함수를 설정하고, 다양한 고객 특성에 대한 최적의 보험료 책정 전략을 학습해 위험 관리를 최적화할 수 있다.

• 금융 시장 예측

강화 학습은 금융 시장의 트렌드와 예측에 활용될 수 있다. 예를 들어, 트레이더는 강화 학습을 통해 다양한 지표와 시장 데이터를 분석해서 향후 주가 움직임을 예측하는 모델을 학습할 수 있다. 이를 통해 트레이더는 시장의 변동성을 파악하고, 효율적인 거래 결정을 내릴 수 있다.

이러한 예시들은 강화 학습을 통해 금융 분야에서 데이터 분석, 의사 결정, 거래 전략 등을 자동화하고 최적화하는 데에 활용된다. 강화 학습은 실시간 데이터를 기반으로 최적의 행동을 학습하고 조정할 수 있는 자율적인 트레이딩 시스템을 구축하는 데에 큰 잠재력을 가지고 있다.

의료

의료 분야에서도 강화 학습은 다양한 응용 가능성을 가지고 있다. 예를 들어, 암 진단, 의료 영상 처리, 환자 치료 계획 수립 등에 강화 학습이 적용될 수 있다. 의료 영상 처리의 경우 강화 학습을 통해 이미지에서 암 조직을 정확하게 감지하고 분류하는 모델을 학습할 수 있다. 또한, 환자 치료 계획 수립에서는 강화 학습을 통해 최적의 치료 전략을 학습하여 환자의 건강 상태를 개선할 수 있다.

의료 분야에서 강화 학습이 활용되는 다양한 예시를 살펴보자.

• 암 진단

강화 학습은 의료 영상 처리 분야에서 암 진단을 지원하는 데에 활용될 수 있다. 의료 영상 데이터를 학습하여 종양을 감지하고 분류하는 모델을 구축할 수 있다. 강화 학습은 영상에서 특징을 추출하고, 종양의 유무와 크기 등을 예측하는 데에 사용될 수 있다. 이를 통해 암 진단의 정확도를 향상시키고 초기 발견과 치료를 돕는 역할을 할 수 있다.

• 의료 영상 분석

의료 영상 데이터에서 강화 학습은 이미지 세그먼테이션, 객체 검출, 병변 분류 등의 작업에 활용될 수 있다. 예를 들어, 강화 학습을 이용해 신경 네트워크를 학습시키고, MRI 또는 CT 스캔에서 뇌종양을 자동으로 감지하고 분류할 수 있다. 이는 의료 영상의 해석과 진단에 효과적인 보조 수단을 제공한다.

• 의료 데이터 분석

의료 기록, 환자 데이터, 유전자 정보 등과 같은 다양한 의료 데이터를 활용하여 강화 학습은 질병 예측, 진단 보조, 치료 계획 등의 문제를 해결하는 데에 활용될 수 있다. 예를 들어, 강화 학습은 유전자 정보와 환자의 생체 신호를 분석하여 특정 질병에 대한 개인화된 예후 예측을 수행할 수 있다. 이를 통해 의료 결정에 대한 정확성과 개인화 수준을 높일 수 있다.

- **로봇 수술**

강화 학습은 로봇 수술 분야에서도 활용될 수 있다. 로봇 수술 시스템은 의료 영상을 기반으로 정밀한 수술 동작을 수행할 수 있도록 학습할 수 있다. 강화 학습을 이용하여 로봇 수술 시스템이 실시간으로 환자의 생체 정보를 관찰하고, 수술 동작을 최적화하여 정확성과 안전성을 향상시킬 수 있다.

이러한 예시들은 강화 학습을 통해 의료 분야에서 데이터 분석, 진단, 예후 예측, 수술 등에 활용될 수 있음을 보여준다. 강화 학습은 의료 영역에서의 정확성, 효율성, 개인화 수준을 향상시키는 데에 큰 잠재력을 가지고 있으며, 환자 치료와 건강 관리에 기여할 수 있다.

위에서 언급한 응용 분야는 강화 학습의 일부이며, 실제로는 더욱 다양한 분야에서 사용할 수 있다. 강화 학습은 목표를 달성하기 위한 최적의 전략을 학습하고 실행하는 데에 큰 잠재력을 가지고 있어 다양한 분야에서의 응용이 계속해서 발전하고 있다.

연습 문제

연습 01

강화 학습이란 무엇인가? 그리고 그 특징은 무엇인가?

연습 02

지능적인 에이전트와 환경의 상호 작용을 간단히 설명해 보시오.

연습 문제

연습 03

강화 학습에서 에이전트, 환경, 상태, 행동, 보상, 정책의 역할과 의미를 설명해 보자.

연습 04

MDP(Markov Decision Process)의 개념과 구성 요소를 설명해 보자.

연습 문제

연습 05

강화 학습의 작동 원리에 대해서 설명해 보자.

연습 06

강화 학습에서의 탐험과 이용의 중요성을 설명해 보자.

연습 문제

연습 07 로봇 청소기가 강화 학습을 통해서 배우는 과정을 예시를 들어 설명해 보자.

연습 08 상태, 행동, 보상을 통해 로봇 청소기의 학습 과정을 설명해 보자.

연습 문제

연습 09

게임 플레이, 로봇 공학, 자율 주행 자동차, 금융 및 거래, 의료 등 강화 학습의 다양한 응용 분야를 예시와 함께 설명해 보자.

연습 10

다양한 응용 분야에서 강화 학습의 잠재적인 장점을 설명해 보자.

연습 문제

연습 11

주어진 환경에서 강화 학습을 사용하여 특정 목표를 달성하는 로봇 에이전트를 학습해 보자. 이때, 에이전트는 상태를 관찰하고 행동을 선택하여 보상을 최대화하는 방향으로 학습된다.

1. 환경
격자 형태의 5×5 크기의 방을 가정한다.
방 안에는 벽과 목표 지점이 있다.
벽은 이동할 수 없는 장애물을 의미하며, 목표 지점에 도착하면 보상을 받는다.

2. 상태
로봇 에이전트는 방에서 현재 위치를 상태로 인식한다.
상태는 (x, y) 형태로 표현된다.
(0 <= x, y < 5)

3. 행동
에이전트는 상하좌우 네 가지 방향으로 이동할 수 있다.
이동할 때마다 행동 선택에 따른 보상을 받는다.

4. 보상
목표 지점에 도착하면 보상으로 +10을 받는다.
벽에 부딪히면 보상으로 −5를 받는다.
그 외의 경우에는 보상으로 0을 받는다.

5. 목표
에이전트는 목표 지점에 도착하는 것이 최종 목표이다.
목표 지점에 도달하면 학습이 완료된다.

위의 환경과 목표에 기반해 강화 학습을 수행해서 로봇 에이전트가 최적의 경로를 학습할 수 있도록 하자. 적절한 강화 학습 알고리즘을 선택하고, 에이전트의 상태, 행동, 보상, 정책 등을 정의해서 학습을 진행해 보자. 최종 목표 지점에 도착하는 최적의 경로를 확인할 수 있을 것이다.

〈주의〉

이 연습 문제는 간단한 예시이므로 실제 구현에는 추가적인 고려 사항이 필요할 수 있다.

〈힌트〉

이 문제는 주어진 환경과 목표에 대하여 학습 알고리즘을 적용해서 로봇 에이전트를 학습시키는 과정을 체험하기 위한 것이다. 따라서 답은 구현하고 있는 개별적인 학습 알고리즘과 상황에 따라 달라질 것이다.

연습 문제

연습 12

에이전트는 미로 안에서 보상을 얻기 위해 움직여야 한다. 미로는 3×3 크기이며, 에이전트는 왼쪽 상단에서 시작하여 오른쪽 하단에 도착해야 한다. 에이전트는 위쪽, 아래쪽, 왼쪽, 오른쪽으로 이동할 수 있다. 각 셀은 벽 또는 보상이 있는 곳일 수 있다. 벽에 부딪히면 보상을 받지 못하고 이동할 수 없다. 에이전트는 최대한 빠르게 도착 지점까지 이동하여 보상을 최대화해야 한다.

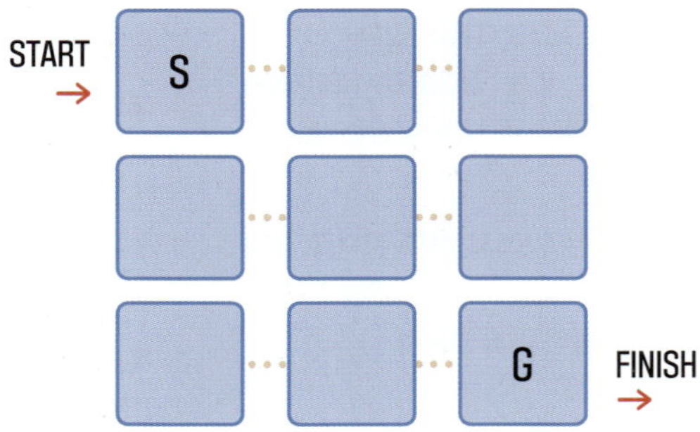

S : 시작 지점
G : 도착 지점
빈칸 : 보상이 없는 공간
에이전트는 벽에 부딪히면 이동할 수 없음

에이전트가 Q-러닝을 사용해 이 미로에서 최적의 경로를 학습하려고 한다. 에이전트가 Q-러닝 알고리즘을 사용하여 미로를 탐험하고 보상을 최대화하는 최적의 경로를 학습하는 과정을 설명하시오.

〈힌트〉

이 문제에서는 시작 지점에서 도착 지점까지 최적의 경로를 학습하는 것이 목표이다. 에이전트는 Q-테이블을 사용해 각 상태에서 가능한 행동의 가치를 추정하고, 보상을 최대화하는 행동을 선택한다. 이를 통해 최적의 경로를 학습하는 것이다.

| 11장 |

빅데이터

학습 목표

- 빅데이터에 대한 개념에 대해 배울 수 있다.
- 빅데이터를 이용한 실제 데이터를 분석해 볼 수 있다.

1 〉 빅데이터 개념

빅(Big)은 '큰', '많은'이라는 뜻을 포함하고 있다. 다시 말해 빅데이터는 많은 양의 데이터를 의미한다. 그렇다면 빅데이터에 대해 다음과 같이 질문해 보자. '빅데이터란 무엇인가?', '빅데이터는 왜 주목받고 있는가?', '미래 사회에서 빅데이터의 역할은 무엇일까?', '빅데이터는 과연 안전할까?' 이와 같이 여러 질문을 통해 빅데이터에 대한 개념과 다양한 데이터를 다뤄보자.

1.1 빅데이터의 부상

1997년 마이클 콕스(Michael Cox)와 데이비드 엘스워스(David Ellsworth)는 논문에서 빅데이터라는 개념을 이야기했다. 이 논문에서는 '더 이상 데이터 저장소에 담을 수 없는 사태를 맞이할 것이다.'라고 문제를 제기하면서 빅데이터 개념의 출발을 알렸고 아주 짧은 기간 동안 빅데이터는 다양한 방면에서 주목받았다.

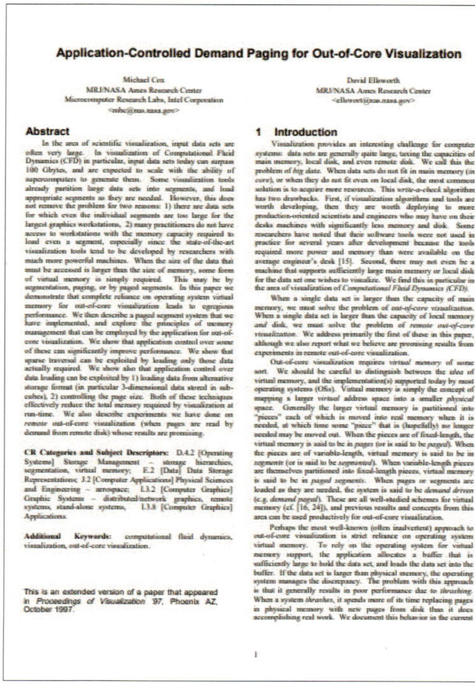

Application-Controlled Demand Paging for Out-of-Core Visualization

Michael Cox
MRJ/NASA Ames Research Center
Microcomputer Research Labs, Intel Corporation

David Ellsworth
MRJ/NASA Ames Research Center

Abstract

1 Introduction

This is an extended version of a paper that appeared in Proceedings of Visualization '97, Phoenix AZ, October 1997.

그림 11-1. 마이클 콕스와 데이비드 엘스워스의 〈핵심 외 시각화를 위한 애플리케이션 제어 수요 페이징(Application-controlled demand paging for out-of-core visualization)〉 논문

가트너(Gartner)의 정의에 따르면 "빅데이터란 인사이트와 의사결정, 자동화 과정을 강화할 수 있는 정보 처리 과정의 혁신적인 형태이며, 높은 비용과 효율을 요구하고 방대하며, 빠르고 다양한 형태의 정보 자산(Assets)이다."라고 했다.

빅데이터는 정형 혹은 비정형의 방대한 양의 데이터에 대해 설명하는데도 정의되는 전문 용어이기도 하다.

특히 최근 IDC(International Data Corporation) 추산에 따르면 현재 데이터 생성량은 44제타바이트(또는 44조 기가바이트)이며, 더 나아가 앞으로 다가올 2025년에는 163제타바이트로 증가할 것으로 전망했다. 이는 실제로 어마어마하고 방대한 양의 데이터이며 이렇게 방대한 데이터를 얻을 수 있는 것은 우리가 사용하는 다양한 기기에서 발생하는 데이터 즉 소셜 미디어, 스마트폰, 디지털로 연결된 사물 인터넷(IoT) 기기 등의 급증으로 인해 얻어지는 것이다.

이처럼 빅데이터가 주목받는 이유는 빅데이터가 이용되는 시장 규모의 증가 추세와 맞물려 빅데이터가 우리 삶에 지대한 영향을 미칠 것으로 예상되기 때문이다.

1.2 빅데이터란?

빅데이터를 정의하면 '통상적으로 사용되는 데이터 수집, 관리 및 처리 소프트웨어의 수용 한계를 넘어서는 크기의 데이터를 말한다'라고 할 수 있다. 통상적으로 사용되는 '데이터'라는 의미는 우리가 살아가면서 만나는 많은 데이터를 말하는데 과연 어떤 것들이 있을까?

데이터는 의미 있는 수치나 문자, 기호를 뜻한다. 처음 빅데이터의 개념이 나올 때 빅데이터는 단순히 많은 양의 정형화된 데이터를 의미했었다. 그러나 최근 빅데이터의 정의는 일상의 사소한 데이터, 예를 들어 카카오톡으로 주고받은 메시지 또는 SNS에 올리는 사진 등의 비정형화된 데이터들까지 포함하는 거대한 데이터의 의미로 해석되고 있다.

여기서 궁금증이 생길 것이다. '그렇다면 왜 이러한 비정형화된 일상적인 데이터들이 필요할까?' 왜냐하면 비정형화된 데이터는 비록 가공되지 않았지만, 가공되면 굉장한 의미가 있기 때문이다. 쉽게 이해가 안 간다면 몇 가지 예를 들어보자. 버스 정류소의 혼잡도, 유동 인구의 남녀 비율, SNS의 개인 소비자 요구 분석 등 가공 방법에 따라 이 일상의 데이터는 정보로써 충분한 가치를 가진다. 이와 같이 빅데이터는 정치, 사회, 경제, 문화, 과학 기술 등 모든 영역에 걸쳐서 사람들에게 가치 있는 정보를 제공하고 있으며 그 중요성이 높아져 가고 있다.

1.3 왜 빅데이터가 주목받을까?

앞에서 잠깐 언급했듯이 빅데이터가 이용되는 시장 규모의 증가 추세와 맞물려 빅데이터는 우리 삶에 지대한 영향을 미칠 것으로 예상되기에 주목받는다. 그렇다면 왜 빅데이터가 주목받을까에 관해 좀 더 자세히 살펴보자.

우선 빅데이터의 공통적인 특징은 크게 3V(다양성, 속도, 크기)라는 기본 속성을 가지고 있다. 첫 번째로 데이터 다양성(Variety)은 과거에는 정형화된 데이터가 기본으로 중심이었지만 빅데이터의 중요성 때문에 사진(이미지), 오디오, 비디오, 소셜 미디어 등의 비정형 데이터 중심으로 변화되고 있는 특징을 가지고 있다. 두 번째로 데이터 속도(Velocity)는 빅데이터의 빠른 증가 속도로 대용량 데이터를 실시간으로 생성하고 저장, 유통, 수집, 분석 처리할 수 있는 성능 및 이를 보장할 수 있어야 하는 것을 의미한다. 마지막 세 번째로 데이터 크기(Volume)는 물리적 장치에 단순히 저장되는 물리적인 데이터의 크기와 기록의 양 등이 현저하게 증가함을 의미한다. 이를 그림으로 표현하면 다음과 같다.

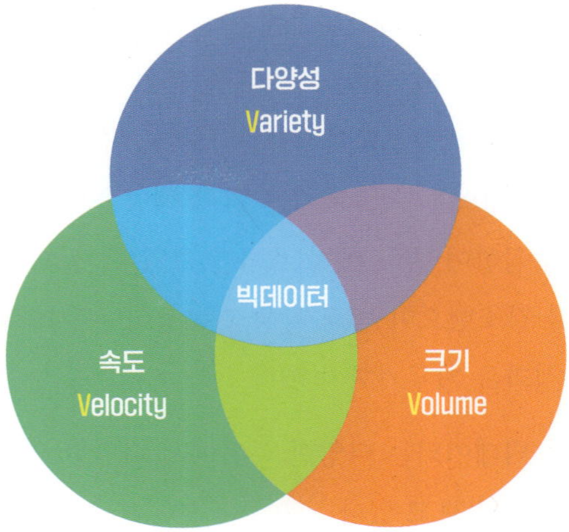

그림 11-2. 빅데이터의 공통적 3V

그러나 실제 분석과 활용 과정에서 필요한 사항들을 설명할 수 있어야 하기에 사용 분야마다 중요하게 생각하는 것이 다를 수 있어 계속해서 새로운 속성들이 추가되고 있다.

4V는 3V+신뢰성(Veracity), 5V는 4V+가치(Value), 6V는 5V+타당성(Validity), 7V는 6V+휘발성(Volatility)과 같이 4V, 5V, 6V, 7V 등 새로운 속성들이 계속해서 추가되고 있다.

앞서 빅데이터를 정의했지만, 실제로 새로운 속성들이 계속 추가되다 보니 정확하게 빅데이터가 무엇이라고 정의하기 어렵다. 그러나 기본 3V 속성은 변하지 않기에 대표적으로 공통적인 3V 특징으로 남고 이를 기반으로 빅데이터를 정의했다. 또한 이러한 특징을 바탕으로 다양하고 방대한 규모의 데이터를 분석해서 의미 있는 정보를 찾아 미래 경쟁력의 우위를 좌우하는 중요한 자원으로 활용될 수 있다는 점에서 빅데이터가 주목받고 있다.

1.4 미래 사회에서의 빅데이터 역할

구글은 2009년 2월에 대서양 연안 중부지역 주에 감기가 유행할 것이라고 예상했다. 이 예측은 2007년부터 구글에서 일정 기간 검색어 분석을 통해 독감 유형 패턴과 발생 가능성이 큰 지역을 분석한 후 이를 기반으로 예상하였고, 이 결과는 실제 미국 질병통제예방센터보다 2주 빠르게 내놓은 분석이라 크게 주목받았다. 이 밖에도 미국에서는 범죄 예방을 위해 범죄 데이터를 분석하고 사건 패턴을 수집하여 범죄 예방 효과를 보았다. 실제 이 효과로 인해 범죄율이 무려 약 30%나 감소했으며 범죄 발생 가능성이 큰 지역과 시기 등을 예측해 범죄를 예방하는 성과를 거두기까지 했다.

이렇듯 빅데이터는 다양한 분야에서 다양한 역할을 통해 미래 사회에 크게 이바지할 것이라 보고 있다.

1.5 빅브라더의 등장

동전의 양면과 같이 긍정적인 면이 있으면 그에 따른 부정적인 측면도 발생한다. 빅데이터로 인해 발생하는 빅브라더가 등장하기 시작한 것이다.

빅브라더라는 단어는 영국의 소설가로서 사회학적 풍자를 잘하는 유명 소설가인 조지 오웰(George Orwell, 1903~1950)의 소설 《1984》에서 비롯된 용어이다. 소설 속에 등장하는 '빅브라더'는 텔레스크린과 마이크로폰을 통해 사회를 끊임없이 감시하며 실로 가공할 만한 사생활 침해를 보여준다.

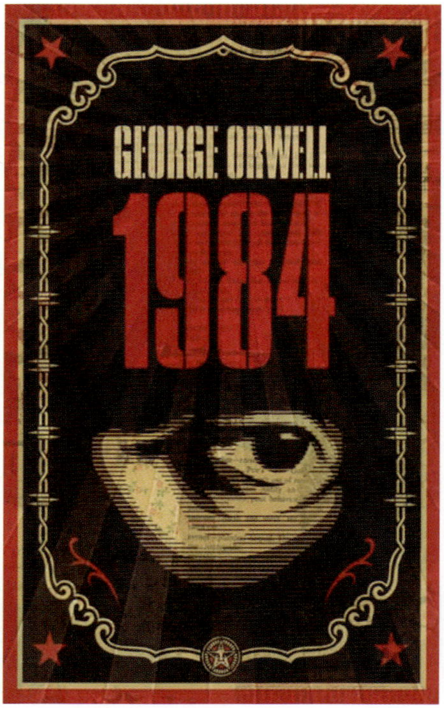

그림 11-3. 조지오웰 소설 《1984》

이런 사생활 침해는 빅데이터 시대에 빅브라더가 탄생할 수 있는 위험성이 있는데 빅데이터의 특성상 결국 거대 기업이나 국가에 적합한 산업이라는 부분을 감안해야 하고 개인을 감시할 수 있는 인공위성과 개인용 센서 기술의 발달을 이용하여 악의적인 목적으로 해킹을 하면 인터넷상에 개인 정보가 떠돌아다니면서 심각한 사생활 침해의 문제가 발생할 수 있다. 하나의 예로 영국에서 범죄 예방 및 대테러 예방을 위해 CCTV로 개인 정보를 수집하고 온라인에서도 개인 정보를 수집한 것으로 밝혀졌다. 이처럼 만약 정부가 빅데이터를 악용할 경우 우리가 우려하는 빅브라더가 나타날 수 있고, 더 나아가 인터넷 회사들도 무분별한 개인 정보 수집을 할 수 있다. 따라서 이를 제재하는 기반을 마련하여 빅데이터 기술의 역기능을 현명하게 해결해야 한다.

2 〉 빅데이터를 이용한 데이터 다루기

2.1 공공 데이터 다운로드 및 데이터 불러오기

빅데이터 개념을 이해했다면 이번에는 빅데이터를 이용해 데이터를 다뤄보자. 이를 위해 다양한 데이터가 제공되는 공공 데이터 사이트에서 데이터를 다운로드하고 이를 읽기 위해 코랩에 불러오는 방법부터 직접 실습해 보자.

공공 데이터 사이트는 검색창에서 '공공 데이터'라는 단어만 검색해도 쉽게 찾을 수 있다. 그중 대표적으로 몇 가지 사이트만 이용해서 직접 데이터를 다뤄보자.

실습 예제

공공 데이터 다운로드하기

1. 빅데이터 실습을 위한 공공 데이터를 다운로드해 보자.
2. 공공 데이터는 다양한 곳에서 얻을 수 있다.
   - 통계청에서 운영하는 국가 통계 포털 사이트인 KOSIS(Korean Statistical Infor mation Service – https://kosis.kr)에서 원하는 데이터를 찾을 수 있다.
   - 공공 데이터 포털(https://www.data.go.kr/index.do)은 공공기관이 생성 또는 취득하여 관리하는 공공 데이터를 한 곳에서 제공하는 통합 창구이다. 국민이 쉽고 편리하게 공공 데이터를 이용할 수 있도록 파일 데이터, 오픈 API, 시각화 등 다양한 방식으로 제공하며, 누구나 쉽고 편리한 검색을 통해 원하는 공공 데이터를 빠르고 정확하게 찾을 수 있다.
3. 이번 실습에서는 국가 통계 포털(https://kosis.kr)에서 다음과 같이 [국내통계]–[주제별 통계]–[인구]–[주민등록인구현황]–[행정구역(시군구)별 주민등록세대수]를 선택한다.

그림 11-4. 국가 통계 포털 메뉴 선택하기

4. 선택된 주민등록세대수가 열리면서 데이터를 확인할 수 있다. 오른쪽 메뉴에서 'CSV' 파일을 선택한 다음 〈다운로드〉 버튼을 클릭한다.

그림 11-5. 데이터 다운로드하기

5. 다운로드한 데이터 파일 이름을 추후에 사용하기 좋게 'data.csv'로 변경한다. 파일 이름을 변경하기 위해서는 파일을 선택하고 마우스 오른쪽 버튼을 클릭한 다음 [이름 변경]을 실행해 변경한다.
6. 변경된 데이터를 코랩(Colab)에서 사용하기 위해 다음과 같이 데이터를 불러오자. 데이터를 불러오는 방법은 여러 가지이지만 여기서는 쉽게 접근하는 방법을 알아본다.

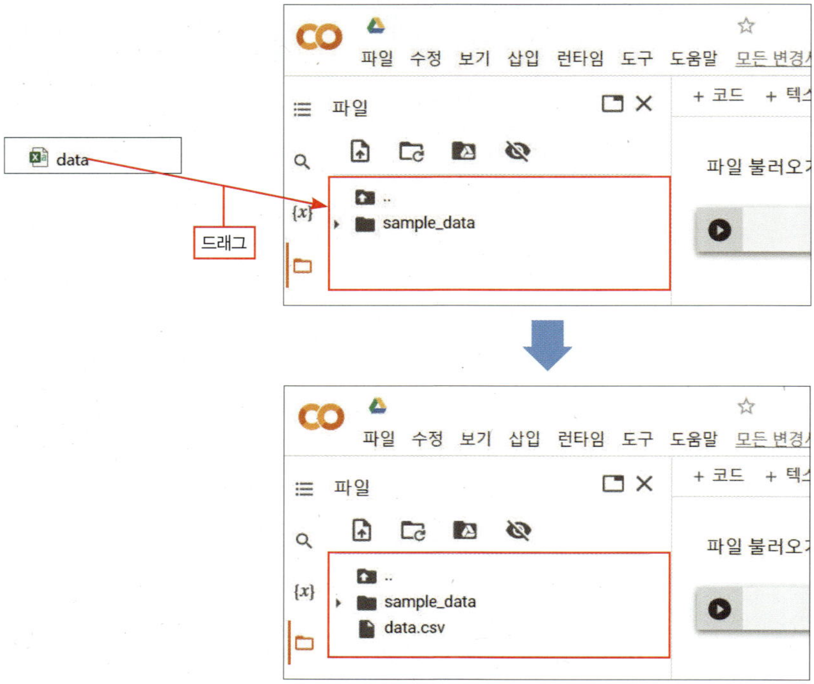

그림 11-6. 데이터 불러오기

7. 파일이 정상적으로 불러들여졌는지 확인하기 위해 다음과 같이 입력하고 내용을 확인해 보자.

```
import pandas as pd
df=pd.read_csv('data.csv', encoding='euc-kr')
df.head()
```

〈실행 결과 예〉

	행정구역(시군구)별	2022.07	2022.08	2022.09	2022.10
0	전국	23699750	23724829	23682288	23697051
1	서울특별시	4469392	4472975	4450525	4450389
2	종로구	73756	73866	72797	72758
3	중구	64040	64011	63300	63206
4	용산구	111948	112074	109954	109936

df.head()는 읽어온 파일에서 처음 다섯 줄만 보여주라는 의미이고, encoding='euc-kr'는 데이터에 한글이 있으면 이때 제대로 파일을 읽을 수 없으므로 한글을 사용한다고 지정하는 것이다.

잠깐만요

CSV 파일이란 콤마(,)로 구분한 변수(Comma Separated Variables)의 약자로 데이터 과학에서 사용되는 데이터 가운데 상당한 비율의 데이터들이 CSV 형식으로 공유되는 경우가 많다.

잠깐만요

데이터를 불러오는 또 다른 방법은 다음과 같다.

1. 방법 1 : 파일 직접 업로드하기

```
#파일 직접 업로드하기
from google.colab import files
files.upload()
#pd.read_csv로 csv파일 불러오기
data = pd.read_csv('파일명')
data.head()
```

```
df = pd.read_csv('파일명')
df = pd.read_excel('파일명')
df = pd.read_txt('파일명')
```

와 같이 확장자에 맞게 작성

2. 방법 2 : 구글 드라이브 마운트하기

```
#드라이브에 접근할 수 있도록 다음의 코드 입력
from google.colab import drive
drive.mount('/content/drive')

#불러올 파일의 경로를 file_path변수에 저장
file_path = '/content/drive/My Drive/data/파일명'

#pandas read_csv로 불러오기
data = pd.read_csv(file_path)
data.head()
```

3. 방법 3 : open()과 close() 이용하기

```
f=open('/content/파일명','r')

...(내용생략)

f.close()
```

2.2 데이터 다루기

앞에서 불러온 데이터를 실제 다뤄보며 어떻게 분석하는지 살펴보자.

실습 예제

데이터 분석하기

```
df.info() #데이터 정보 확인
```

〈실행 결과 예〉

```
<class 'pandas.core.frame.DataFrame'>
RangeIndex: 292 entries, 0 to 291
Data columns (total 5 columns):
 #   Column       Non-Null Count  Dtype
---  ------       --------------  -----
 0   행정구역(시군구)별  292 non-null    object
 1   2022.07      292 non-null    int64
 2   2022.08      292 non-null    int64
 3   2022.09      292 non-null    int64
 4   2022.10      292 non-null    int64
dtypes: int64(4), object(1)
memory usage: 11.5+ KB
```

```
df.describe()  #데이터 프레임의 통계 데이터
```

	2022.07	2022.08	2022.09	2022.10
count	2.920000e+02	2.920000e+02	2.920000e+02	2.920000e+02
mean	2.572832e+05	2.575555e+05	2.571034e+05	2.572637e+05
std	1.455610e+06	1.457142e+06	1.454438e+06	1.455347e+06
min	0.000000e+00	0.000000e+00	0.000000e+00	0.000000e+00
25%	2.790725e+04	2.797300e+04	2.799125e+04	2.804725e+04
50%	8.934500e+04	8.944850e+04	8.938600e+04	8.943850e+04
75%	1.682805e+05	1.684250e+05	1.681990e+05	1.682365e+05
max	2.369975e+07	2.372483e+07	2.368229e+07	2.369705e+07

간단하게 데이터를 다루는 방법을 살펴보았다. 이번에는 다른 데이터를 이용해서 여러 가지를 분석해 보자.

1. 캐글(https://www.kaggle.com/)에서 'ThoraricSurgery Dataset(https://www.kaggle.com/datasets/sojinoh/thoraricsurgery-dataset)'을 다운로드하여 분석해 보자. 폴란드의 브로츠와프 의과대학에서 2013년 공개한 폐암 수술 환자의 수술 전 진단 데이터와 수술 후 생존 결과를 기록한 실제 의료 기록 데이터이다.

   실제 입력값은 17가지 환자 상태(종양의 유형, 폐활량, 호흡 곤란 여부, 고통 정도, 기침, 흡연, 천식 여부 등)를 기록한 것으로 이를 통해 최종 결과(판정 결과 1개)에는 수술 후 생존 결과(1=수술 후 생존/0=수술 후 사망)가 있다. 이를 이용해서 직접 분석해 보자.

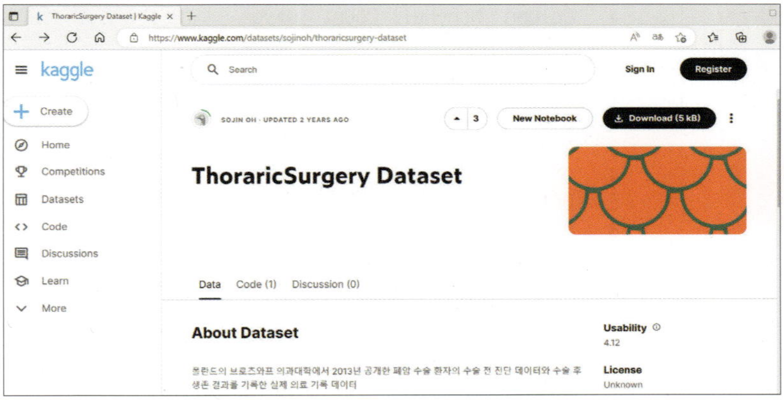

2. 데이터를 코랩에서 불러와 내용을 확인한다.

```
import pandas as pd
df=pd.read_csv('ThoraricSurgery.csv')
df.head()
```

〈실행 결과 예〉

	293	1	3.8	2.8	0	0.1	0.2	0.3	0.4	0.5	12	0.6	0.7	0.8	1.1	0.9	62	0.10
0	1	2	2.88	2.16	1	0	0	0	1	1	14	0	0	0	1	0	60	0
1	8	2	3.19	2.50	1	0	0	0	1	0	11	0	0	1	1	0	66	1
2	14	2	3.98	3.06	2	0	0	0	1	1	14	0	0	0	1	0	80	1
3	17	2	2.21	1.88	0	0	1	0	0	0	12	0	0	0	1	0	56	0
4	18	2	2.96	1.67	0	0	0	0	0	0	12	0	0	0	1	0	61	0

3. 각 속성의 정보들이 무엇인지 확인해 보자.

```
df.info()
```

〈실행 결과 예〉

```
<class 'pandas.core.frame.DataFrame'>
RangeIndex: 469 entries, 0 to 468
Data columns (total 18 columns):
 #   Column  Non-Null Count  Dtype
---  ------  --------------  -----
 0   293     469 non-null    int64
 1   1       469 non-null    int64
 2   3.8     469 non-null    float64
 3   2.8     469 non-null    float64
 4   0       469 non-null    int64
 5   0.1     469 non-null    int64
 6   0.2     469 non-null    int64
 7   0.3     469 non-null    int64
 8   0.4     469 non-null    int64
 9   0.5     469 non-null    int64
 10  12      469 non-null    int64
 11  0.6     469 non-null    int64
 12  0.7     469 non-null    int64
 13  0.8     469 non-null    int64
 14  1.1     469 non-null    int64
 15  0.9     469 non-null    int64
 16  62      469 non-null    int64
 17  0.10    469 non-null    int64
dtypes: float64(2), int64(16)
memory usage: 66.1 KB
```

연습 문제

연습 01

빅데이터란 무엇인지 설명하시오.

연습 02

빅데이터의 기본 3V 속성에 대해 설명하시오.

연습 문제

연습 03

다음 화면은 기상청 기상재료개방포털사이트(https://data.kma.go.kr/cmmn/main.do)이다. 제공되는 다양한 데이터 중 데이터-기상관측-지상-종관기상관측(ASOS)에서 다음과 같이 서울과 경기 지역의 기온 중 평균최저기온, 평균최고기온, 평균기온, 최저기온, 최저기온 나타난날, 최고기온, 최고기온 나타난날에 대한 정보를 직접 다운로드해서 분석해 보자. 이때, 기간은 2012년부터 2021년까지로 설정한다.

1. 다운로드한 데이터 불러오기
2. 전체 데이터의 구성 내용 정보 확인하기
3. 데이터의 총 개수 및 데이터 타입 확인하기
4. 데이터의 통계 데이터 확인하기

연습 문제

연습 04 **영화 평점 데이터 분석 데이터 세트를 통해 영화 평점에 대한 통계 분석을 하려고 한다. 분석 과정은 다음과 같다.**

1. MovieLens 웹사이트에서 영화 평점 데이터 세트를 다운로드한다.
2. 데이터 세트를 로컬 컴퓨터에 저장하고, 압축을 해제한다.
3. 주로 사용하는 프로그래밍 언어(예 : Python)를 사용해 데이터를 불러오고, 분석 및 시각화를 수행한다.
4. 다양한 분석 작업을 수행하여 평균 평점, 인기 있는 영화, 사용자 간의 상관관계 등을 파악한다.
5. 분석 결과를 그래프나 표로 시각화하여 해석 및 공유한다.

이를 통해 영화 평점 데이터 세트를 다운로드하여 저장 후 데이터를 분석하고 시각화를 나타내보시오. 이를 통해 평균 평점이나 인기 있는 영화 등을 파악해 보자. 또한 영화 산업에 대한 어떤 인사이트를 얻을 수 있는지도 분석해 보자.

연습 문제

연습 05

데이터 분석과 관련된 유용한 사이트 몇 가지를 추천한다.

1. Kaggle(https://www.kaggle.com) : 데이터 과학 및 머신러닝 경진대회 플랫폼으로, 다양한 데이터 세트와 노트북을 제공하여 데이터 분석 및 예측 모델링에 도움을 준다.
2. Data.gov(https://www.data.gov) : 미국 정부에서 운영하는 공공 데이터 포털로, 다양한 공공 데이터를 제공하여 데이터 분석 및 시각화에 활용할 수 있다.
3. UCI Machine Learning Repository(https://archive.ics.uci.edu/ml/index.php) : 머신러닝과 데이터 마이닝을 위한 데이터 세트를 제공하는 리포지토리로, 다양한 분야의 데이터 세트를 활용하여 연습할 수 있다.
4. Google Public Data Explorer(https://www.google.com/publicdata/directory) : 다양한 국가 및 지역의 공공 데이터를 시각화하여 탐색할 수 있는 도구로, 데이터 분석 및 비교를 위한 인사이트를 제공한다.
5. Reddit Data is Beautiful(https://www.reddit.com/r/dataisbeautiful) : Reddit의 데이터 관련 커뮤니티로, 다양한 시각화 및 데이터 분석 예시를 공유하고 논의할 수 있다.

이 사이트들은 데이터 분석과 관련된 다양한 데이터 세트, 예시, 도구, 커뮤니티를 제공하여 데이터 분석 역량을 향상시키는 데 도움이 될 것이다. 이들 사이트에서 각자 관심 있고 분석하고 싶은 데이터를 찾고 불러와 분석해 보자.

| 12장 |

딥러닝을 이용한 컴퓨터 비전

학습 목표

- 컴퓨터 비전(Computer Vision)에 대해 배울 수 있다.
- OpenCV를 설치하고 OpenCV에 딥러닝 기술을 실습한다.
- OpenCV의 Haar Cascades 방식을 이용해서 얼굴 인식을 실습해 본다.
- OpenCV와 dilb 알고리즘 중 face_recognition을 활용하여 얼굴 인식을 실습해 본다.
- OpenCV와 fer 라이브러리를 활용하여 얼굴 인식 후 감정을 만들어 보는 실습을 해 본다.

1 〉컴퓨터 비전이란?

컴퓨터 비전(Computer Vision)은 컴퓨터를 사용하여 시각적인 정보를 해석하고 이해하는 분야이다. 이 분야는 디지털 이미지나 비디오로부터 의미 있는 정보를 추출하고, 이미지나 비디오를 이해하고 해석하여 처리, 패턴 인식, 객체 감지, 추적, 분할 등의 작업을 수행한다.

❶ **이미지 처리**(Image Processing) : 디지털 이미지에 다양한 변환과 조작 작업을 수행하는 분야이다. 예를 들어, 이미지 필터링, 크기 조정, 회전, 명암 대비 조정 등이 해당한다.

❷ **패턴 인식**(Pattern Recognition) : 이미지에서 특정한 패턴을 인식하고 식별하는 작업을 수행한다. 이를 통해 얼굴 인식, 글자 인식, 손글씨 인식 등을 할 수 있다.

❸ **객체 감지**(Object Detection) : 이미지나 비디오에서 특정 객체를 감지하고 위치를 추정하는 작업을 수행한다. 객체 감지는 자율 주행 자동차, 보안 시스템, 얼굴 인식 등에 널리 사용된다.

❹ **객체 추적**(Object Tracking) : 이미지 시퀀스에서 움직이는 객체를 추적하고 위치를 유지하는 작업을 수행한다. 객체 추적은 비디오 분석, 움직임 인식, 활동 인식 등에 활용된다.

❺ **이미지 분할**(Image Segmentation) : 이미지를 작은 부분으로 분할하는 작업을 수행한다. 이를 통해 각 부분은 공통된 특징을 가지며, 이미지의 의미 있는 영역을 추출하는 데 사용된다.

❻ **3D 컴퓨터 비전**(3D Computer Vision) : 2D 이미지와 비디오뿐만 아니라 3D 공간에서의 컴퓨터 비전 작업을 다룬다. 여기에는 3D 모델링, 깊이 추정, 3D 객체 추적 등의 작업이 포함된다.

컴퓨터 비전은 자동화, 제조, 의료, 보안, 군사 등 다양한 분야에서 응용되며, 인간의 시각적 능력을 컴퓨터로 확장하여 다양한 작업을 자동화하고 개선하는 데 큰 도움을 준다. 특히 딥러닝과 같은 머신러닝 기술의 발전으로 컴퓨터 비전 분야는 더욱 발전하고 있다.

이 장에서는 컴퓨터 비전에서 가장 유명한 라이브러리인 OpenCV와 딥러닝 알고리즘 중 DNN(Deep Neural Network)을 이용하여 얼굴 인식 실습을 진행할 예정이다.

그림 12-1. 컴퓨터 비전을 이용한 얼굴 인식

1.1 OpenCV

OpenCV(Open Source Computer Vision)는 실시간 컴퓨터 비전을 위한 오픈 소스 라이브러리이다. 이 라이브러리는 주로 이미지 및 비디오 처리, 객체 감지 및 추적, 기계 학습 등과 같은 컴퓨터 비전 작업에 사용된다.

OpenCV는 C++, Python, Java 등 다양한 프로그래밍 언어에서 사용할 수 있다. 또한 윈도우, 리눅스, 맥 OS, 안드로이드, iOS 등 다양한 플랫폼에서도 작동하며, 컴퓨터 비전 알고리즘을 효율적으로 구현할 수 있는 다양한 기능을 제공한다.

이미지 및 비디오 입출력

주요 기능으로는 이미지 및 비디오 입출력이 가능하다. OpenCV는 이미지와 비디오 파일을 읽고 쓸 수 있을 뿐만 아니라 웹캠과 같은 실시간 비디오 스트림을 처리할 수도 있다.

이미지와 비디오 영상 처리

OpenCV는 이미지와 비디오에 대한 다양한 처리 작업을 수행할 수 있다. 이미지 필터링, 회전, 크기 조정, 명암 대비 조정, 히스토그램 분석 등이 가능하며 OpenCV는 이미지에서 특징을 추출하고, 이러한 특징을 활용해 객체 인식, 패턴 인식, 기계 학습 작업 등 다양한 작업을 수행할 수 있는 기능을 제공한다. 이를 위해 SIFT(Scale-Invariant Feature Transform), SURF(Speeded-Up Robust Features), ORB(Oriented FAST and Rotated BRIEF)와 같은 알고리즘을 포함하고 있다. 또한, OpenCV는 카메라 왜곡을 보정하고, 3D 공간에서 카메라의 위치와 방향을 추정하는 카메라 캘리브레이션 기능을 제공한다. 이를 통해 정확한 이미지 및 비디오 분석 작업을 수행할 수 있다.

객체 감지

객체 감지와 추적을 위한 기능도 제공된다. OpenCV는 Haar Cascade, HOG(Histogram of Oriented Gradients)와 딥러닝 기반의 객체 감지 알고리즘을 사용할 수 있어 얼굴, 물체, 도형 등 특정 객체를 감지하고 추적하는 작업을 수행할 수 있다.

OpenCV 딥러닝 기술

OpenCV에서는 아래와 같은 다양한 딥러닝 기술과 알고리즘이 사용되는데, 이를 활용하여 객체 감지, 분류 등의 작업을 수행할 수 있다.

❶ **신경망 모델** : OpenCV는 다양한 딥러닝 신경망 모델을 활용할 수 있다. 그 중에서도 합성곱 신경망(CNN, Convolutional Neural Networks)은 주요한 모델 중 하나이다. 합성곱 신경망은 주로 이미지 처리 작업에 사용되며, 이미지의 특징을 추출하고 객체 감지, 분류 등 다양한 작업에 효과적으로 활용된다.

❷ **사전 학습된 모델** : OpenCV는 사전 학습된 딥러닝 모델을 활용할 수 있다. 사전 학습된 모델은 대규모 데이터 세트로 미리 학습된 신경망 모델을 의미하며, 이미지 분류, 객체 감지, 얼굴 인식 등 다양한 작업에 활용될 수 있다. OpenCV에서는 이러한 사전 학습된 모델을 로드하여 실시간 이미지나 비디오에서 객체를 감지하거나 분류하는 작업을 수행할 수 있다.

❸ **객체 감지** : OpenCV는 딥러닝 기반의 객체 감지 알고리즘을 지원한다. SSD(Single Shot MultiBox Detector), YOLO(You Only Look Once), Faster R-CNN 등과 같은 알고리즘이 이에 해당한다. 이러한 알고리즘은 신경망을 기반으로 하며, 이미지나 비디오에서 객체의 위치와 클래스를 식별하여 객체 감지 작업을 수행한다. OpenCV를 사용해 이러한 알고리즘을 적용하면 실시간으로 객체를 감지하고 식별할 수 있다.

❹ **이미지 분할** : OpenCV는 딥러닝 기반의 이미지 분할 알고리즘을 제공한다. FCN(Fully Convolutional Network), U-Net, SegNet 등과 같은 알고리즘이 이에 해당한다. 이미지 분할은 이미지를 작은 영역으로 분할하고, 각 영역에 대해 픽셀의 클래스를 할당하는 작업을 의미한다.

❺ **얼굴 인식** : OpenCV는 8장에서 설명한 딥러닝을 사용하여 얼굴 인식을 수행할 수 있다. OpenCV에서는 딥러닝 기반의 얼굴 감지기를 제공하여 얼굴의 위치를 찾고 특징을 추출할 수 있다. 가장 많이 사용되는 딥러닝 기술 중 하나는 심층 신경망(DNN, Deep Neural Network)이다. 심층 신경망은 딥러닝의 기본 구조를 나타내며, 여러 개의 은닉층으로 구성된 인공 신경망이다. 각 은

닉층은 입력 데이터로부터 추상적인 특징을 학습하고, 최종적으로 출력층에서 원하는 결과를 예측하거나 분류하는 작업을 수행한다. OpenCV를 사용해 심층 신경망을 활용하면 얼굴 인식과 같은 작업을 더욱 정확하고 효과적으로 수행할 수 있다.

다양한 딥러닝 프레임워크

OpenCV는 다양한 딥러닝 프레임워크와 원활하게 통합될 수 있다. TensorFlow, PyTorch, Caffe, Keras 등과 같이 널리 사용되는 프레임워크와 함께 OpenCV는 딥러닝 모델을 사용하고 관리할 수 있는 API를 제공한다. 이를 통해 OpenCV를 사용해서 컴퓨터 비전 작업을 효율적으로 수행할 수 있다.

OpenCV는 컴퓨터 비전 관련 프로젝트와 애플리케이션 개발에 널리 사용되며, 컴퓨터 비전의 기본 작업을 빠르고 쉽게 수행할 수 있도록 도와준다. 다양한 기능과 라이브러리를 제공하여 컴퓨터 비전 작업에 대한 개발을 간편하고 효율적으로 할 수 있다.

그림 12-2. OpenCV와 Python

1.2 OpenCV 파이썬 설치하기

OpenCV 파이썬 버전을 사용하기 위해서는 몇 가지 단계를 거쳐 설치해야 한다. 윈도우에서 OpenCV를 설치하는 방법을 알아보자.

❶ 파이썬 설치하기

1장에서 파이썬 설치를 다시 한 번 살펴보고 설치한다.

❷ 파이썬 패키지 관리자 업그레이드하기

파이썬 패키지 관리자인 pip를 최신 버전으로 업그레이드하기 위하여 명령 프롬프트 또는 터미널에서 다음 명령을 실행한다.

```
pip install --upgrade pip
```

잠깐만요

pip(python package index)

pip는 파이썬 패키지 관리자로, 파이썬으로 작성된 패키지를 설치, 업그레이드, 제거, 관리하는 데 사용되는 명령줄 도구이며 파이썬을 설치할 때 기본으로 설치된다. pip를 사용하면 다른 사람이 작성한 파이썬 패키지를 쉽게 설치하고 관리할 수 있다.

pip의 주요 기능은 다음과 같다.

- **패키지 설치** : pip를 사용하여 파이썬 패키지를 설치할 수 있다. 다른 사람이 작성한 패키지를 인터넷에서 다운로드하여 로컬 시스템에 설치한다.
  예를 들어, 다음 명령을 실행하여 pandas 패키지를 설치할 수 있다.
  예) pip install pandas
- **패키지 업그레이드** : pip를 사용해 설치된 패키지를 최신 버전으로 업그레이드할 수 있다. 이를 통해 패키지의 새로운 기능과 버그 수정 사항을 활용할 수 있다.
  예를 들어, 다음 명령을 실행하여 설치된 패키지 중 numpy를 최신 버전으로 업그레이드할 수 있다.
  예) pip install --upgrade numpy
- **패키지 제거** : pip를 사용해 설치된 패키지를 제거할 수 있다. 더 이상 필요하지 않은 패키지를 제거하여 시스템 공간을 절약할 수 있다.
  예를 들어, 다음 명령을 실행하여 pandas 패키지를 제거할 수 있다.
  예) pip uninstall pandas
- **패키지 검색** : pip를 사용하여 패키지를 검색할 수 있다. 특정 패키지의 정보, 버전, 종속성 등을 확인할 수 있다.
  예를 들어, 다음 명령을 실행하여 numpy 패키지를 검색할 수 있다.
  예) pip search numpy
- **가상 환경 관리** : pip를 사용하여 가상 환경(Virtual Environment)에서 패키지를 관리할 수 있다. 가상 환경은 프로젝트별로 독립된 파이썬 환경을 생성하여 패키지의 충돌을 방지하고 프로젝트 간의 의존성을 관리하는 데에 유용하다.
  예를 들어, 다음 명령을 실행하여 가상 환경을 생성할 수 있다

예) python −m venv myenv

가상 환경을 활성화하면 해당 환경에서 pip를 사용하여 패키지를 설치, 업그레이드할 수 있다.

pip는 파이썬의 표준 패키지 관리자로 널리 사용되며, 다양한 파이썬 패키지를 손쉽게 설치하고 관리할 수 있도록 도와준다.

잠깐만요

venv(virtual environment)

venv는 파이썬에서 제공하는 가상 환경 관리 도구이다. 가상 환경은 프로젝트마다 독립적인 파이썬 환경을 생성하여 패키지의 충돌을 방지하고 프로젝트 간 의존성을 분리하는 데 사용된다. 현재 많이 사용되는 이유는 다음과 같은 장점 때문이다.

- **패키지 격리** : 가상 환경을 사용하면 프로젝트마다 독립된 환경을 생성할 수 있다. 각 프로젝트에 필요한 패키지를 설치하고 관리함으로써 패키지 간의 충돌을 방지할 수 있다.
- **의존성 관리** : 각 프로젝트는 자체적으로 필요한 패키지 버전과 의존성을 정의할 수 있다. 이를 통해 프로젝트 간에 패키지 버전 충돌 문제를 해결하고, 프로젝트마다 필요한 패키지 버전을 자유롭게 선택할 수 있다.
- **환경 복제** : 가상 환경은 프로젝트를 다른 환경으로 복제하고 이동할 수 있는 유연성을 제공한다. 가상 환경을 내보내거나 가져와서 다른 컴퓨터 또는 서버에서 동일한 환경을 구축할 수 있다.

venv를 사용해서 가상 환경을 생성해 보자.

1. **가상 환경 생성** : 프로젝트 디렉터리에서 명령 프롬프트 또는 터미널을 열고 다음 명령을 실행하여 가상 환경을 생성한다.
   명령 프롬프트는 윈도우 운영 체제에서 제공되는 명령줄 인터페이스(CLI, Command Line Interface)이다. 이를 통해 텍스트 명령어를 입력해서 다양한 시스템 작업을 수행할 수 있다. 명령 프롬프트는 사용자와 컴퓨터 간의 상호 작용을 가능하게 하는 도구이다.
   윈도우에서 명령 프롬프트(명령줄 인터페이스)를 실행하는 방법에는 여러 가지가 있으며 다음의 방법 중 편한 방법을 이용하면 된다.
   - 시작 메뉴에서 '명령 프롬프트' 검색 : 시작 메뉴에서 '명령 프롬프트'를 검색하여 명령 프롬프트를 찾고 일치하는 검색 결과 중 '명령 프롬프트' 또는 'Command Prompt'를 클릭해 실행한다.
   - [실행] 대화상자에서 실행 : [실행] 대화상자를 표시하려면 ⊞+R을 누르거나 작업 표시줄의 검색 상자에 '실행'을 입력한다. [실행] 대화상자가 표시되면 'cmd' 또는 'cmd.exe'를 입력한 다음 Enter를 눌러 명령 프롬프트를 실행한다.

명령 프롬프트를 실행하면 검은색 창이 나타나는데 이 창에서는 명령어를 입력하여 다양한 작업을 수행할 수 있다. 명령 프롬프트에서는 컴퓨터의 파일 시스템에 접근하고, 명령어를 실행하여 프로그램을 실행하거나 설정을 변경할 수 있다.
아래의 명령을 명령 프롬프트에 입력해 보자. 여기서 myenv는 가상 환경의 이름이며 원하는 이름으로 변경할 수 있다.

```
python -m venv myenv
```

2. **가상 환경 활성화** : 가상 환경을 생성한 후 가상 환경을 활성화해야 하며. 다음 명령을 실행해 보자.

   • 윈도우

```
myenv\Scripts\activate
```

   가상 환경이 활성화되면 프롬프트에 가상 환경 이름이 표시된다.

3. **가상 환경에서의 작업** : 가상 환경이 활성화된 상태에서는 pip를 사용하여 패키지를 설치, 업그레이드, 관리할 수 있으며 필요한 패키지를 설치하고, 파이썬 스크립트를 실행하거나 개발 작업을 수행할 수 있다.
4. **가상 환경 비활성화** : 가상 환경을 더 이상 사용하지 않을 때는 다음 명령을 실행해 가상 환경을 꼭 비활성화해야 한다.

```
deactivate
```

❸ NumPy 설치하기

OpenCV는 NumPy를 사용하여 배열과 수학 연산을 처리한다. 따라서 NumPy를 설치해야 하는데, 다음 명령을 실행하여 NumPy를 설치한다.

```
pip install numpy
```

❹ OpenCV 설치하기

OpenCV를 설치하기 위해서는 다음 명령을 사용하여 파이썬 패키지 관리자인 pip를 통해 OpenCV를 설치한다.

```
pip install opencv-python
```

만약 컴퓨터 비전 작업에 필요한 추가 기능을 사용하고 싶다면, 다음의 명령을 실행하여 opencv-contrib-python 패키지도 설치한다.

```
pip install opencv-contrib-python
```

❺ OpenCV 설치 확인하기

설치가 완료되면 명령 프롬프트를 열고 다음 명령을 실행해 OpenCV가 정상적으로 설치되었는지 확인한다.

```
C:\Users\>python
Python 3.6.8 (tags/v3.6.8:3c6b436a57, Dec 24 2018, 00:16:47) [MSC v.1916 64 bit (AMD64)] on win32
Type "help", "copyright", "credits" or "license" for more information.
>>> import cv2
>>> print(cv2.__version__)
4.5.5
```

설치된 OpenCV 버전 정보가 출력되면 성공적으로 설치가 완료된 것이며, 위 단계를 따라 하여 OpenCV 파이썬 버전을 설치할 수 있고, 윈도우에서 사용할 수 있다.

위 방법을 이용하려면 윈도우에서 사용되는 IDE(Integrated Development Environment)가 필요하다. IDE는 소프트웨어 개발을 위한 통합 개발 환경을 의미한다. IDE는 개발자가 프로그램을 작성, 편집, 디버그, 컴파일 등의 작업을 하기 위해 사용하는 소프트웨어 도구 모음이다. IDE는 개발자의 생산성을 향상시키고, 개발 과정을 편리하며 효율적으로 관리할 수 있도록 도와준다.

파이썬 언어의 주요 IDE로는 비주얼 스튜디오 코드(Visual Studio Code)와 파이참(PyCharm) 등이 있으며, 특히 비주얼 스튜디오 코드(VS Code)는 마이크로소프트에서 개발한 무료 및 오픈 소스 텍스트 편집기이다. 개발자들이 다양한 플랫폼과 프로그래밍 언어로 애플리케이션을 개발하는 데 사용할 수 있는 경량화된 통합 개발 환경(IDE)이기 때문에 많이 사용된다. 또한 비주얼 스튜디오 코드는 내장된 터미널(명령 프롬프트)을 제공하여 개발 환경에서 터미널 작업을 수행할 수 있는 장점이 있다.

본 교재의 실습은 구글 코랩 위주로 작성되었기 때문에 IDE는 직접 설치하지 않지만, 순수 파이썬 프로그램을 위해 설치하는 것을 추천한다. 자세한 설치 방법과 비주얼 스튜디오 코드의 다운로드는 공식 홈페이지(https://code.visualstudio.com/docs/setup/windows#_installation)를 참고하도록 한다.

구글 코랩에서는 이미 OpenCV와 관련된 파일들이 설치되어 있어 따로 설치할 필요는 없으며 설치가 필요하다면 위 설치 구문에 '!'를 붙여 실행하면 된다.

예) !pip install opencv-python opencv-contrib-python

2 〉 얼굴 인식 실습

2.1 얼굴 인식 코드

OpenCV에는 다양한 얼굴 인식 코드가 포함되어 있으며, 그중 Haar Cascades는 컴퓨터 비전 분야에서 객체 탐지 및 얼굴 인식을 위해 가장 많이 사용되는 알고리즘 중 하나이다. 이 알고리즘은 폴 비올라(Paul Viola)와 마이클 존스(Michael Jones)가 개발한 〈향상된 단순 기능 캐스케이드를 이용한 신속한 객체 감지(Rapid Object Detection Using a Boosted Cascade of Simple Features)〉 논문에서 제안되었다. Haar Cascades는 특정 객체(얼굴, 눈, 차량 등)를 탐지하기 위해 사용되며, 주로 사진에서 특정 객체를 찾는 데 쓰인다.

Haar Cascades 알고리즘은 다음과 같은 특징을 가지고 있다.

❶ **Haar-like 특징 추출** : Haar Cascades는 흑백 이미지에서 Haar-like 특징을 추출하여 사용한다. 이 특징은 이미지의 픽셀 영역을 나타내며, 밝기 변화에 따른 영역의 차이를 계산한다. 예를 들어, 직사각형 모양의 특징은 해당 영역의 합계와 다른 영역의 합계 차이로 정의된다.

그림 12-3. Haar Cascades 분류기를 이용한 훈련

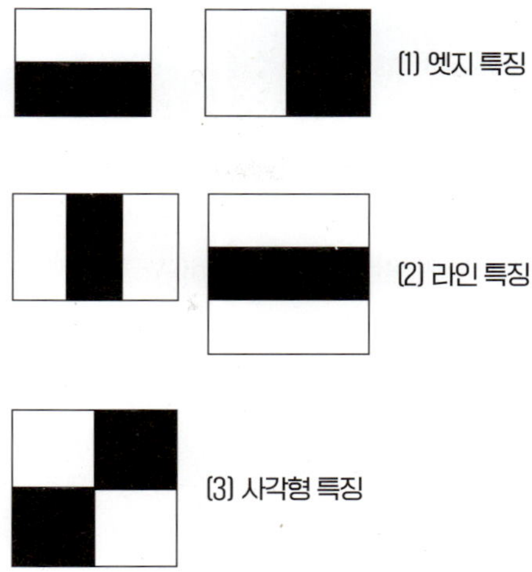

그림 12-4. Haar Cascades 분류기 종류

❷ **AdaBoost 알고리즘** : Haar Cascades는 AdaBoost(Adaptive Boosting) 알고리즘을 사용해 특징 선택 및 분류기 학습을 수행한다. AdaBoost는 약한 분류기(각 Haar-like 특징)를 결합하여 강력한 분류기를 구성한다. 약한 분류기는 학습 데이터에서 오분류된 샘플에 가중치를 높여 다음 분류기의 학습에 영향을 준다.

❸ **Cascade Classifier** : Haar Cascades는 여러 개의 분류기를 단계적으로 적용하는 Cascade Classifier를 사용한다. Cascade Classifier는 전체 이미지에서 초기 단계에서는 많은 수의 가짜 양성을 제거하고, 점차적으로 더 정교한 단계에서 실제 양성을 식별하도록 한다. 이를 통해 전체 이미지를 효율적으로 탐색하면서 탐지 성능을 향상시킨다.

Haar Cascades는 비교적 빠른 속도로 객체 탐지를 수행하며, 상대적으로 작은 데이터 세트로도 효과적인 학습이 가능하지만 회전, 크기 변화, 각도 변경과 같은 객체 변형에는 취약할 수 있다. 또한, 복잡한 객체의 탐지에는 한계가 있을 수 있다.

Haar Cascades는 OpenCV를 포함한 다양한 라이브러리에서 사용할 수 있으며, 얼굴, 눈, 웃음 등 다양한 객체의 탐지에 활용된다.

2.2 얼굴 인식 – Haar Cascades 실습

Haar Cascades를 이용한 얼굴 인식을 해보자. 이때 사용되는 Haar Cascades는 인공지능 기법이 아니지만 OpenCV를 이해하기에 가장 좋은 방법 중 하나로 꼽힌다. 다음의 코드는 파이썬과 OpenCV를 이용한 Haar Cascades 얼굴 인식 코드 예시이다. 각각의 코드와 의미를 이해하고 실행해 결과가 어떻게 나오는지 살펴보자.

❶ 필요한 라이브러리 가져오기

```
import matplotlib.pyplot as plt
from matplotlib.pyplot import imshow
import matplotlib.patches as patches
%matplotlib inline
import numpy as np
from PIL import ImageDraw
import PIL.Image
from io import BytesIO
import cv2
import operator
from google.colab import files
from google.colab.patches import cv2_imshow
```

이 코드들은 이미지 처리 및 시각화를 위한 다양한 라이브러리와 함수들을 불러오는 부분으로 간단히 설명하면 다음과 같다.

1. **matplotlib.pyplot as plt :** 시각화를 위한 서브 모듈을 가져온다.
2. **from matplotlib.pyplot import imshow :** 이미지 표시를 위한 함수를 가져온다.
3. **import matplotlib.patches as patches :** Matplotlib의 기하학적 도형 그리기 위한 patches 모듈을 가져온다.
4. **%matplotlib inline :** 주피터 노트북이나 코랩에서 Matplotlib 그림을 인라인으로 표시하도록 설정한다.

5. **import numpy as np :** 다차원 배열을 다루기 위한 NumPy 라이브러리를 가져온다.
6. **from PIL import ImageDraw :** 이미지에 그림을 그리기 위한 PIL(Pillow)의 ImageDraw 모듈을 가져온다.
7. **import PIL.Image :** 이미지를 다루기 위한 PIL(Pillow)의 Image 모듈을 가져온다.
8. **from io import BytesIO :** 바이트 데이터를 다루기 위한 BytesIO 모듈을 가져온다. 이때, BytesIO는 메모리 버퍼에서 바이너리 데이터를 읽고 쓰기 위한 인터페이스를 제공하며 주로 이미지 데이터를 메모리에 임시로 저장하거나 전달하기 위해 사용된다.
9. **import cv2 :** 영상 처리를 위한 OpenCV 라이브러리를 가져온다. OpenCV는 컴퓨터 비전과 이미지 처리를 위한 오픈 소스 라이브러리로, 이미지 또는 비디오 데이터를 로딩하고 처리하는 다양한 기능을 제공하며 주로 영상 처리, 객체 탐지, 얼굴 인식, 카메라 캡처 등에 사용된다.
10. **from google.colab import files :** 구글 코랩에서 파일 업로드와 관련된 함수를 가져온다.
11. **from google.colab.patches import cv2_imshow :** Colab에서 OpenCV로 보여주기 위한 함수를 가져온다.

❷ 이미지 파일 업로드하기

```
uploaded = files.upload()
```

구글 코랩 환경에서 파일을 업로드하는 데 사용되는 함수로, 이 함수를 사용하면 사용자가 로컬 컴퓨터에서 파일을 선택하고 업로드할 수 있다.

이 함수를 실행하면 [파일 선택] 대화상자가 표시되고, 선택한 파일이 코랩(Colab) 환경으로 업로드된다. 파일이 업로드되면 해당 파일의 데이터를 딕셔너리 형태로 반환한다. 이 딕셔너리의 키는 업로드한 파일의 이름이 되며, 값은 해당 파일의 데이터를 나타낸다.

❸ 이미지 처리 설정하기

```
boundary=24

im = PIL.Image.open(list(uploaded.keys())[0])
height = (im.size[1] / im.size[0]) * 20
fig=plt.subplots(figsize=(20,height))
```

boundary = 24는 boundary 변수에 24라는 값을 할당한다. 이 값은 boundary 변수에 할당하는 코드이며, 이 변수는 나중에 사용할 수 있는 경계(Boundary) 값을 나타내는 숫자이다.

im = PIL.Image.open(list(uploaded.keys())[0])은 업로드한 파일 중 첫 번째 파일을 선택해 해당 파일을 PIL.Image.open() 함수를 사용하여 이미지로 연다. 업로드한 파일 중 첫 번째 파일의 이름을 uploaded.keys()로 얻고, 이를 리스트로 변환한 후 첫 번째 요소를 선택하여 해당 파일을 연다.

이미지 크기 계산은 다음과 같이 한다.

- height=(im.size[1] / im.size[0]) * 20 : 업로드한 이미지 파일의 높이를 계산한다. 이미지의 높이와 너비 비율을 유지한 채로 너비를 20으로 맞추는 값을 계산하여 height 변수에 할당한다. 이렇게 함으로써 이미지의 원본 비율을 유지한 채 높이를 계산한다.

fig=plt.subplots(figsize=(20,height))는 Matplotlib의 subplots() 함수를 호출하여 그림을 생성한다. 이때 그림의 크기를 (20, height)로 설정하며, 이미지의 너비는 20으로 고정되고, 위에서 계산한 높이를 사용하여 이미지의 높이를 조정한다. 이렇게 생성된 그림 객체는 fig 변수에 저장된다.

❹ 얼굴 감지 설정하기

```
face_cascade = cv2.CascadeClassifier(cv2.data.haarcascades
+'haarcascade_frontalface_default.xml')
img = cv2.imread(list(uploaded.keys())[0])
gray = cv2.cvtColor(img, cv2.COLOR_BGR2GRAY)
```

cv2.CascadeClassifier 객체를 생성하여 얼굴 감지에 사용할 분류기를 로드한다.

업로드한 이미지를 OpenCV의 cv2.imread() 함수를 사용해 읽어온다. 읽어온 이미지를 흑백으로 변환한 gray 이미지를 생성한다.

잠깐만요

list( )

list( )는 파이썬에서 사용하는 함수로 다른 객체(시퀀스형, 반복 가능한 객체)를 리스트로 변환하는 함수이다. list( ) 함수를 사용해 다른 자료형이나 객체를 리스트로 변환할 수 있다.
list( ) 함수는 다음과 같이 사용된다.

예) list(iterable)
여기서 iterable은 리스트로 변환하려는 객체 또는 반복한 객체이며 iterable은 문자열, 튜플, 세트, 딕셔너리, range 객체 등 다양한 자료형이 될 수 있다.
list( ) 함수는 주어진 iterable을 순회하면서 각 요소를 새로운 리스트에 추가하여 반환하며 반환된 리스트에는 iterable 요소들이 순서대로 저장된다.
예를 들어, 다음은 list( ) 함수를 사용해 문자열과 튜플을 리스트로 변환하는 예시이다.

```
예) str_list = list("Hello")  #문자열을 리스트로 변환
print(str_list)  #['H', 'e', 'l', 'l', 'o']
tuple_list = list((1, 2, 3, 4, 5))  #튜플을 리스트로 변환
print(tuple_list)  #[1, 2, 3, 4, 5]
```

list( ) 함수는 반복 가능한 객체를 리스트로 변환하는 유용한 함수이며, 이를 활용하여 다른 자료형이나 객체를 리스트로 편리하게 변환할 수 있다.

딕셔너리(Dictionary)

파이썬에서 딕셔너리(Dictionary)는 키(Key)와 값(Value)의 쌍으로 이루어진 데이터 구조이며 딕셔너리는 중괄호( )로 둘러싸여 있고, 각 키와 값은 콜론(:)으로 구분된다.
딕셔너리는 다양한 용도로 활용된다. 예를 들어, 데이터를 빠르게 검색하고 접근하는 데 사용되며, 키와 값의 매핑 관계를 나타내는 데 유용하다. 딕셔너리를 사용하면 효과적으로 데이터를 구성하고 관리할 수 있다.
다음은 딕셔너리에 대한 예시 코드이다.

```
예) #딕셔너리 생성
student ={'name': 'John', 'age': 20, 'major': 'Computer Science', 'gpa': 3.8}

#키를 사용하여 값에 접근
print(student['name']) #'John'
print(student['age']) #20

#새로운 키-값 쌍 추가
student['university'] = 'ABC University' #값 수정
student['gpa'] = 3.9
```

```
del student['major'] #키-값 쌍 삭제

#모든 키 출력
print(student.keys( )) # dict_keys(['name', 'age', 'gpa', 'university'])
```

❺ 얼굴 감지 및 시각화하기

```
faces = face_cascade.detectMultiScale(gray, 1.3, 4)
for (x, y, w, h) in faces:
  cv2.rectangle(img, (x, y), (x + w, y + h), (0, 0, 255), 3)

ims = cv2.resize(img,(im.size[0],im.size[1]))
cv2_imshow(ims)
```

face_cascade.detectMultiScale() 함수를 사용하여 얼굴을 감지하고 감지된 얼굴의 정보를 faces 변수에 저장한다.

반복문(for 문)을 사용하여 감지된 각 얼굴에 대해 사각형을 그린다. 이때 (B, G, R) 형식의 색상값을 나타내는데, 여기서는 빨간색을 나타내기 위해 (0, 0, 255)를 사용했다. cv2.rectangle() 함수를 사용하여 얼굴 주위에 사각형을 그린다.

잠깐만요

rectangle 함수

rectangle 함수는 상자의 시작점과 끝점 좌표, 선 색상 및 두께를 인자로 받는다.
cv2.rectangle은 OpenCV 라이브러리에서 제공하는 함수로, 이미지에 사각형을 그리는 역할을 한다. 주어진 이미지에 대해 사각형을 그려서 객체 탐지 결과나 영역을 시각적으로 표시하는 데 사용한다.

cv2.rectangle(image, pt1, pt2, color[, thickness[, lineType[, shift]]]) 형태로 사용된다. 각 매개변수의 역할은 다음과 같다.

- image : 사각형을 그릴 대상 이미지이다.
- pt1 : 사각형의 시작점 좌표이며, (x1, y1) 형태로 표현된다.
- pt2 : 사각형의 끝점 좌표이며, (x2, y2) 형태로 표현된다.
- color : 사각형 색상을 지정한다. (B, G, R) 형태의 튜플이나 리스트로 표현된다.
- thickness(옵션) : 사각형의 선 두께이며, 기본값은 1이다.
- lineType(옵션) : 선 형태를 지정하며, 기본값은 cv2.LINE_8로 8-방향 연결선을 의미한다.
- shift(옵션) : 좌표값에 대한 비트 시프트(Shift)를 설정한다.

cv2.rectangle 함수는 주어진 이미지에 대해 시작점(pt1)과 끝점(pt2)으로 지정된 좌표 사각형을 그린다. 시작점과 끝점은 각각 왼쪽 상단과 오른쪽 하단의 꼭짓점을 나타내며, 사각형 테두리를 그린다.

튜플(Tuple)

파이썬에서 튜플(Tuple)은 변경 불가능한(Immutable) 순서형 데이터 타입이다. 튜플은 괄호로 둘러싸여 있으며 쉼표(,)로 각 요소를 구분한다.
튜플은 다음과 같은 특징을 가지고 있다.

- 변경 불가능한(Immutable) : 튜플은 한 번 생성되면 요소를 추가, 삭제, 수정할 수 없어 튜플 요소들은 보호되고 변경되지 않는다는 점에서 안정성을 제공한다.
- 순서 : 튜플은 요소들이 정의된 순서를 유지하기 때문에 인덱스를 사용해 특정 요소에 접근하거나 순회할 수 있다.
- 다양한 데이터 타입 지원 : 튜플은 다양한 데이터 타입 요소를 포함할 수 있다. 정수, 실수, 문자열 또는 다른 튜플 등을 포함할 수 있다.

튜플은 리스트와 유사한 방식으로 사용될 수 있으며, 주로 다음과 같은 상황에서 활용된다.

- 데이터 묶음 : 서로 관련된 값들을 묶어서 하나의 데이터 단위로 사용할 때 튜플을 활용할 수 있다.
- 함수 반환 값 : 함수가 여러 개의 값을 반환할 때 튜플을 사용해 값을 묶어서 반환할 수 있다.
- 딕셔너리의 키(Key) : 튜플은 변경할 수 없으므로 딕셔너리의 키로 사용될 수 있다.

튜플은 다음과 같이 정의하고 사용할 수 있다. my_tuple이라는 튜플을 정의하고, 튜플의 다양한 기능을 보여준다. 인덱싱, 슬라이싱, 길이 확인, 반복 등의 작업을 수행할 수 있으며, 변경 불가능하다는 특징을 확인할 수 있다.

```
#튜플 생성
my_tuple = (1, 2, 3, 'a', 'b')
#인덱싱
print(my_tuple[0])    #1
#슬라이싱
print(my_tuple[1:3])  #(2, 3)
#길이 확인
print(len(my_tuple))
#요소 반복
for item in my_tuple:
    print(item)
```

```
#변경 불가능성
#my_tuple[0] = 10   #오류: 튜플은 변경할 수 없음
```

튜플은 변경할 필요가 없는 데이터를 저장하고자 할 때 유용하며, 리스트와 함께 파이썬에서 많이 사용되는 데이터 구조이다.

cv2_imshow() 함수를 사용하여 OpenCV 이미지를 나타낸다.

그림 12-5. 얼굴 인식 결과

❻ 얼굴 인식 최종 결과 출력하기

```
cv2.waitKey()
print("Number of faces:",len(faces))
```

cv2.waitKey() 함수는 OpenCV 창에서 키보드 입력을 기다리는 역할을 한다. 이 함수는 키보드 이벤트가 발생할 때까지 프로그램 실행을 일시 중지하는 역할로, 보통 디버깅이나 특정 이벤트 처리를 위해 사용된다.

len(faces)를 사용하여 감지된 얼굴의 수를 출력한다.

```
Number of faces: 5
```

얼굴 인식의 결과에서 보듯 여러 사람의 얼굴을 표시할 때 살짝 옆얼굴이 포함되면 표현이 안 되는 결과가 나왔다. 이는 Haar Cascades의 단점 중 하나이며 이를 해결하기 위한 방법 중 하나로 [2.3 – 얼굴 인식 – dlib 라이브러리 실습]을 수행한다.

Harr Cascades를 이용해 얼굴을 인식한 전체 코드를 정리하면 다음과 같다.

실습 예제

Haar Cascades를 이용한 얼굴 인식

```
#필요한 라이브러리 불러오기
import matplotlib.pyplot as plt
from matplotlib.pyplot import imshow
import matplotlib.patches as patches
%matplotlib inline
import numpy as np
from PIL import ImageDraw
import PIL.Image
from io import BytesIO
import cv2
import operator
from google.colab import files
from google.colab.patches import cv2_imshow

#이미지 업로드
uploaded = files.upload()

#이미지 처리를 위한 설정
boundary = 24
im = PIL.Image.open(list(uploaded.keys())[0])
height = (im.size[1] / im.size[0]) * 20
fig=plt.subplots(figsize=(20,height))
#얼굴 감지를 위한 설정
face_cascade = cv2.CascadeClassifier(cv2.data.haarcascades
+'haarcascade_frontalface_default.xml')
img = cv2.imread(list(uploaded.keys())[0])
gray = cv2.cvtColor(img, cv2.COLOR_BGR2GRAY)
```

```
#얼굴 감지 및 시각화
faces = face_cascade.detectMultiScale(gray, 1.3, 4)
for(x, y, w, h) in faces:
 cv2.rectangle(img, (x, y), (x + w, y + h), (0, 0, 255), 3)

ims = cv2.resize(img,(im.size[0],im.size[1]))
cv2_imshow(ims)

#얼굴 감지 최종 결과 출력
cv2.waitKey()
print("Number of faces:",len(faces))
```

2.3 얼굴 인식 – dlib 라이브러리 실습

이번에는 앞에서 예를 들었던 Harr Cascades의 단점을 극복하기 위한 방법인 dlib 라이브러리를 이용한 얼굴 인식을 해보자.

잠깐만요

dlib 라이브러리

dlib은 C++로 개발된 강력하고 고성능의 머신러닝 및 컴퓨터 비전 라이브러리이다.
이 라이브러리는 얼굴 탐지, 얼굴 특징 추출, 얼굴 인식, 객체 추적, 이미지 변환 등 다양한 컴퓨터 비전 작업을 수행하는 데 사용된다.
dlib은 머신러닝 알고리즘과 컴퓨터 비전 기술을 효율적으로 구현하기 위해 다양한 도구와 함수를 제공하는데, 다음은 dlib의 주요 기능과 모듈에 대한 간단한 설명이다.

- 얼굴 탐지 : dlib은 얼굴 탐지를 위한 다양한 알고리즘과 모델을 제공한다. 이를 통해 이미지나 비디오에서 얼굴을 식별하고 경계 상자(Bounding Box)를 그릴 수 있다.
- 얼굴 특징 추출 : dlib은 얼굴 이미지에서 얼굴 특징을 추출하는 기능을 제공한다.
  이를 통해 눈, 코, 입 등과 같은 얼굴의 특정 지점을 식별하고, 이를 사용해 얼굴을 고유하게 식별할 수 있는 벡터 형태로 변환한다.

- 얼굴 인식 : dlib은 학습된 얼굴 인식 모델을 사용해 다른 얼굴들 간의 유사성을 비교하고, 얼굴 인식 및 식별 작업을 수행할 수 있다.
- 객체 추적 : dlib은 객체 추적 알고리즘을 제공해 비디오에서 움직이는 객체를 식별하고 추적할 수 있다.
- 머신러닝 및 특징 추출 : dlib은 다양한 머신러닝 알고리즘과 특징 추출 알고리즘을 구현하기 위한 도구와 함수를 제공한다. SVM, K-NN, 선형 회귀 등의 알고리즘을 사용하여 분류, 회귀 및 패턴 인식 작업을 수행할 수 있다.

dlib은 C++로 작성되었으며, 파이썬과 다른 프로그래밍 언어에서도 사용할 수 있는 인터페이스를 제공한다. 파이썬에서 dlib을 사용하기 위해서는 dlib 라이브러리를 설치하고, 필요한 모델 파일을 다운로드하여 사용해야 한다.

❶ 필요한 라이브러리 설치 및 불러오기

```
!pip install -q face_recognition
import face_recognition
```

!pip install –q face_recognition에서 !는 주피터 노트북이나 코랩에서 명령어를 실행하는 방식을 나타내는 것으로, pip install –q face_recognition은 face_recognition 라이브러리를 설치하는 명령어이다. 이때 –q 옵션은 설치 과정의 출력을 간소화한다.

❷ 얼굴 위치 감지하기

```
face_locations = face_recognition.face_locations(image)
fig,ax = plt.subplots(figsize=(20,height))
```

face_recognition 라이브러리를 임포트한다. 이 라이브러리는 얼굴 감지와 인식을 위한 다양한 기능을 제공한다.

face_recognition.face_locations() 함수는 이미지에서 얼굴의 위치를 찾는다. 입

력으로 이미지를 받아 감지된 얼굴의 위치를 반환한다. image는 이미지 데이터를 나타낸다.

fig,ax = plt.subplots(figsize=(20,height))는 Matplotlib를 사용하여 그림 객체와 축을 생성하는데 이렇게 생성된 그림 객체는 fig 변수, 축 객체는 ax 변수에 저장된다. 그림의 크기는 이미지의 너비와 height 변수로 설정된다.

❸ 이미지 및 얼굴 표시하기

```
for face_location in face_locations:
  top, right, bottom, left = face_location
  ax.imshow(im,aspect='auto')
  rect=patches.Rectangle((left,top),(right-left),(bottom-top),
linewidth=3,edgecolor='r',facecolor='none')
  ax.add_patch(rect)
```

face_locations에 저장된 감지된 얼굴의 위치 정보를 반복문을 이용해 나타낸다.

얼굴 시각화

- top, right, bottom, left = face_location을 통해 각 얼굴 위치 정보를 각각의 변수에 저장한다.
- ax.imshow(im, aspect='auto')는 이미지를 Matplotlib 축에 표시한다.
- patches.Rectangle() 함수로 사각형을 생성한다. 얼굴의 왼쪽 상단 모서리와 오른쪽 하단 모서리 좌표, 선 두께, 선 색상 등을 설정한다.
- ax.add_patch(rect)를 사용하여 생성한 사각형을 그림에 추가한다.

그림 12-6. dlib를 이용한 얼굴 인식 결과

❹ 얼굴 인식 최종 결과 출력하기

```
print("Number of faces:",len(face_locations))
```

감지된 얼굴의 수를 출력한다.

```
Number of faces: 6
```

Haar Cascade를 이용하여 얼굴 인식에서의 얼굴이 인식되지 않은 결과를 보완해서 옆얼굴도 잘 인식되는 것을 확인할 수 있다.

전체 코드는 다음과 같다.

실습 예제

dlib 라이브러리를 활용한 얼굴 인식

```
#필요한 라이브러리 불러오기
!pip install -q face_recognition
import face_recognition

#얼굴 위치 감지
face_locations = face_recognition.face_locations(image)
fig,ax = plt.subplots(figsize=(20,height))

#이미지 및 얼굴 표시
for face_location in face_locations:
  top, right, bottom, left = face_location
  ax.imshow(im,aspect='auto')
  rect=patches.Rectangle((left,top),(right-left),(bottom-top),
linewidth=3, edgecolor='r', facecolor='none')
  ax.add_patch(rect)

#얼굴 인식 최종 결과 출력
print("Number of faces:",len(face_locations))
```

2.4 감정 인식 – dlib 라이브러리 이용한 얼굴 감정 분석 실습

얼굴 감지와 감정 분석을 조합하여 이미지 내에서 얼굴을 찾고 해당 얼굴에 대한 감정을 분석하는 방법을 다뤄보자.

❶ 필요한 라이브러리 설치 및 불러오기

```
!pip install -q fer
from fer import FER
detector = FER()
```

!pip install -q fer는 fer(Facial Emotion Recognition) 라이브러리를 설치한다. 이 라이브러리는 얼굴 감정 분석을 위한 도구를 제공한다.

from fer import FER는 fer 라이브러리에서 FER 클래스를 임포트한다. 이 클래스는 얼굴 감정 분석을 위한 객체를 생성하는 데 사용된다.

detector = FER()는 FER 클래스의 인스턴스를 생성하여 얼굴 감정 분석을 위한 detector 객체를 만든다.

잠깐만요

fer 라이브러리

fer 라이브러리는 사전 훈련된 딥러닝 모델을 사용하여 감정을 인식한다. 모델은 대규모의 감정 레이블이 지정된 이미지 데이터 세트로 사전에 훈련되었으며, 다양한 감정을 포함하고 있다. fer 라이브러리는 이러한 모델을 로드하여 사용자가 제공한 이미지에서 얼굴을 인식하고, 해당 얼굴의 감정을 예측한다.

fer 라이브러리는 다음과 같은 주요 기능을 제공한다.

- 얼굴 감정 인식 : fer 라이브러리는 이미지에서 얼굴을 탐지하고, 해당 얼굴의 감정을 예측한다. 주요 감정으로는 행복, 슬픔, 분노, 놀람, 혐오, 공포, 중립 등이 있다.
- 다양한 입력 형식 지원 : fer 라이브러리는 이미지 파일, numpy 배열, PIL 이미지, OpenCV 이미지, 비디오 파일 등 다양한 형식의 입력을 지원한다.
- 확률 예측 : 각 감정 클래스에 대한 확률 예측을 제공한다. 각 클래스의 확률값을 확인하여 해당 감정에 대한 신뢰도를 파악할 수 있다.
- 다중 얼굴 인식 : 이미지에 여러 개의 얼굴이 있는 경우, 각 얼굴의 감정을 개별적으로 인식할 수 있다.

fer 라이브러리는 간단한 인터페이스를 제공하여 사용자가 쉽게 얼굴 감정 인식 작업을 수행할 수 있도록 한다. 이를 통해 얼굴 감정 인식을 활용해서 감정 분석, 사용자 경험 평가, 사회 연구 등 다양한 분야에 활용할 수 있다.

중요한 점은 fer 라이브러리를 사용하기 위해서는 라이브러리를 설치하고, 모델 파일을 다운로드하여 사용해야 한다. 또한, 감정 인식의 정확도를 높이기 위해 적절한 조명과 얼굴 표정을 가진 이미지를 사용하는 것이 좋다.
from fer import FER는 설치된 FER 패키지에서 FER 클래스를 현재 파이썬 스크립트 또는 노트북에서 사용하기 위해 가져오는 역할을 한다. 이를 통해 FER 패키지의 함수와 클래스를 사용할 수 있다.

❷ 얼굴 위치 감지 및 시각화 준비하기

```
face_locations = face_recognition.face_locations(image)
fig,ax = plt.subplots(figsize=(20,height))
```

face_recognition 라이브러리를 사용하여 이미지 내에서 얼굴의 위치를 찾는다. 이미지를 image 변수로부터 받아 얼굴의 위치를 face_locations 변수에 저장한다.

fig, ax = plt.subplots(figsize=(20, height))를 통해 시각화용 그림 객체와 축을 생성한다. height 변수는 이미지의 높이에 맞게 설정한다.

❸ 얼굴 감지와 시각화로 표시하기

```
for face_location in face_locations:
  top, right, bottom, left = face_location
  ax.imshow(im,aspect='auto')
  rect = patches.Rectangle((left,top), (right - left),(bottom-
top),linewidth=3, edgecolor='r', facecolor='none')
  ax.add_patch(rect)
```

for face_location in face_locations:를 사용하여 감지된 각 얼굴 위치에 대해 반복한다.

얼굴의 각 모서리 좌표를 변수에 저장하고, ax.imshow(image, aspect='auto')를 통해 이미지를 그림에 표시한다.

patches.Rectangle() 함수로 사각형을 생성하여 얼굴 주위에 표시한다. 이때, ax.add_patch(rect)로 생성한 사각형을 그림에 추가한다.

❹ 얼굴 이미지 추출 및 감정 분석하기

```
face_image = image[top-boundary:bottom+boundary,
leftboundary:right+boundary]
attribute = detector.detect_emotions(face_image)
if (not attribute) == False:
    emotion = max(attribute[0]['emotions'].items(),
key=operator.itemgetter(1))[0]
    plt.text(left, top, emotion, fontsize=8,bbox=dict(fill=True,
edgecolor='blue', linewidth=1))
```

얼굴 영역을 추출하고 detector.detect_emotions() 함수를 사용하여 해당 얼굴의 감정을 분석한다. 분석 결과를 바탕으로 가장 높은 확률의 감정을 찾고, 해당 감정을 얼굴 위에 텍스트로 표시한다.

그림 12-7. 얼굴 인식 및 감정 인식 분석 결과

탐지된 결과를 보면 여러 감정이 표기(neutral, happy)되었지만 옆얼굴에 대한 감정이 표기되지 않는 오류가 나왔다. 이는 감정을 인식할 때 앞 얼굴의 특징을 이용하기 때문이다.

❺ 최종 결과 출력하기

```
print("Number of faces:",len(face_locations))
```

감지된 얼굴의 수를 출력한다.

```
Number of faces: 6
```

얼굴 인식과 얼굴 감정 분석을 하는 전체 코드는 다음과 같다.

실습 예제

dlib 라이브러리 이용 및 감정 인식

```
#필요한 라이브러리 불러오기
!pip install -q fer
from fer import FER
detector = FER()

#얼굴 위치 감지
face_locations = face_recognition.face_locations(image)
fig,ax = plt.subplots(figsize=(20,height))

#얼굴 감지와 시각화를 통해 표시
for face_location in face_locations:
  top, right, bottom, left = face_location
  ax.imshow(im,aspect='auto')
```

```
    rect = patches.Rectangle((left,top), (right - left),(bottom-
    top),linewidth=3,edgecolor='r',facecolor='none')
    ax.add_patch(rect)
    #얼굴 이미지 추출 및 감정 분석
    face_image= image[top-boundary:bottom+boundary, leftboundary:
    right+boundary]
    attribute = detector.detect_emotions(face_image)
    if (not attribute)==False:
      emotion = max(attribute[0]['emotions'].items(), key=operator.
      itemgetter(1))[0]
      plt.text(left, top, emotion, fontsize=8,bbox=dict(fill=True,
      edgecolor='blue', linewidth=1))

#결과 출력
print("Number of faces:",len(face_locations))
```

연습 문제

연습 01

비주얼 스튜디오 코드(Visual Studio Code)를 설치하고 파이썬 가상 환경을 만들어 보자.

연습 02

파이썬으로 OpenCV를 사용해서 YOLO Object detection을 사용해 보자.

연습 문제

연습 03

Yolo5의 detect.py를 사용해서 Yolo 학습용 데이터 세트를 만들어 보자.

찾아보기

아

자

차

타

파

하